高职经管类精品教材

国际贸易

主　　编　汪圣佑

副主编　戴　艳　赵宝山　金龙布

编写人员（以姓氏笔画为序）

马　冰　朱　方　汪圣佑

吴浩波　金龙布　赵宝山

戴　艳

中国科学技术大学出版社

内 容 简 介

本书在认真总结国际贸易课程教学实践的基础上，力求准确地阐述国际贸易的基本概念、基本理论、基本政策和基本方法；广泛、系统地搜集和使用与国际贸易有关的最新知识、信息和数据，深入浅出地阐述了国际贸易的内容体系；在内容上突出系统性，帮助学生从总体上把握国际贸易的基本框架和发展脉络；理论与实践密切结合，运用案例分析的方法，培养学生的分析能力和对知识的灵活运用能力，体现学以致用的宗旨。

本书既可作为国际贸易类专业高职层次学生的教材，也可作为国际贸易专业继续教育和国际经贸从业人员培训的基础教材和参考读物。

图书在版编目(CIP)数据

国际贸易/汪圣佑主编. —合肥：中国科学技术大学出版社，2014.1
ISBN 978-7-312-03379-7

Ⅰ. 国…　Ⅱ. 汪…　Ⅲ. 国际贸易—教材　Ⅳ. F74

中国版本图书馆 CIP 数据核字(2014)第 005329 号

出版　中国科学技术大学出版社
地址：安徽省合肥市金寨路 96 号，230026
网址：http://press.ustc.edu.cn
印刷　中国科学技术大学印刷厂
发行　中国科学技术大学出版社
经销　全国新华书店
开本　787 mm×1092 mm　1/16
印张　19.75
字数　505 千
版次　2014 年 1 月第 1 版
印次　2014 年 1 月第 1 次印刷
定价　36.00 元

前　言

随着世界经济一体化的发展，各国、各地区参与国际贸易的程度越来越深，国际竞争国内化的趋势也日益明显，这需要我们培养出能够掌握国际贸易理论知识与实践技能的应用型人才。在本教材的编写过程中，我们密切联系国际贸易理论与发展的实际，联系我国改革开放的实际，力求反映当代国际经贸领域的最新发展理论和实践成果，凸显教材的基础性、应用性、操作性和前沿性，使其更贴近我国开放型经济发展实践。

本教材适应高等职业教育新形势和培养国际贸易专业人才的需要，内容适当，叙述上力求简明扼要，重视对学生进行运用所学知识分析与解决问题能力的培养，帮助学生准确把握国际贸易理论、政策与措施，了解国际贸易发展的最新动态与趋势。本教材充分考虑到国际贸易理论知识的系统性，能够满足读者全面把握国际贸易知识的需要，可供高职院校国际经济与贸易、国际商务和其他财经类专业的师生使用，也可作为国际贸易从业人员培训的基础教材和参考读物。

本教材由安徽商贸职业技术学院汪圣佑担任主编，由安徽商贸职业技术学院戴艳、赵宝山和安徽工商职业学院金龙布担任副主编，参加编写的还有安徽商贸职业技术学院朱方、合肥财经职业学院马冰、安徽工商职业学院吴浩波。各章分工如下：汪圣佑编写第 1 章、第 6 章、第 7 章；朱方编写第 2 章、第 3 章；赵宝山编写第 4 章、第 5 章、第 12 章；戴艳编写第 8 章、第 9 章；马冰编写第 10 章、第 14 章；吴浩波编写第 11 章；金龙布编写第 13 章。汪圣佑对全书统一加工整理，总纂定稿。

在编写过程中，我们参考、吸收了国内外众多专家、学者的同类教材和有关论著，同时得到了有关院校和中国科学技术大学出版社的大力支持和帮助，在此表示衷心的感谢。

由于编者水平有限，书中难免有不当之处，恳请同行专家、学者以及广大读者批评指正。

编　者

2014 年 1 月

目录

第1章 绪 论

学习目标

1. 了解国际贸易的产生条件和不同社会历史背景下国际贸易的发展状况；
2. 明确国内贸易与国际贸易的异同点；
3. 认识国际贸易的作用和发展趋势；
4. 掌握国际贸易的分类和常用概念。

1.1 国际贸易的产生与发展

1.1.1 国际贸易的产生条件

国际贸易属于一定的历史范畴，它是在一定的历史条件下产生和发展起来的，是社会生产发展的必然结果。国际贸易的产生必须具备两个基本条件：一是有可供交换的剩余产品；二是国家的形成。

在人类原始社会初期，由于社会生产力极为低下，人类劳动所得的产品仅能维持当时的氏族公社成员最基本的生存需要，没有什么剩余产品可以用来交换。到了原始社会末期，由于社会生产力的发展，出现了以畜牧部落从其他部落分离出来为标志的人类社会的第一次大分工。畜牧部落专门从事牲畜的驯养和繁殖，不仅能供养本部落，还有了部分剩余产品，于是产生了部落与部落之间的交换，也就是两个或两个以上政治经济实体进行的相互交换。人们把这种交换叫做初级对外贸易。人类社会的第二次大分工是手工业从农业中分离出来，于是也就出现了以交换为目的的生产活动。伴随着这种交换的发展和客观需要，产生了货币。这样，产品交换就逐渐地变成了以货币为媒介的商品生产和商品流通；随着商品流通的日益扩大，又产生了专门从事商品交换活动的商人和商业。这就是人类社会的第三次大分工，发生在人类奴隶社会的末期。当这种商品流通的规模扩大到奴隶社会初期已形成的国家的界限以外时，就产生了国际贸易。

在原始社会后期，随着社会分工的出现，个别地区有了部落之间的商品交换。随着私有制的出现，产生了奴隶社会，部分产品作为商品在国与国之间进行交换，出现了国际商品交换的萌芽。

由此可见，社会生产力和社会分工发展引起的商品生产和商品交换的扩大，以及商人和商业资本的出现、国家的形成，是国际贸易产生的不可缺少的必要条件。

1.1.2 国际贸易在前资本主义社会的发展

早在公元前3500年前后，人类文明就已开始在中东产生。当时，世界其他地方还比较落后，处于亚欧非三大洲之间的中东就已经比较发达。除了基督教、犹太教和伊斯兰教三大宗教发源于中东以外，农业、城市、贸易也都最早从中东开始。

到公元100年左右，地中海的罗马帝国、中东的帕提亚帝国、印度的贵霜帝国及中国的汉王朝分别发展成为各地区强大的政治经济实体。最初的“国际贸易”，更确切地说是“地区间贸易”也由此产生。当时各地区之间交换的物品主要有罗马的亚麻布、金银铜锡、玻璃，印度的香料、宝石和中国的丝绸。其中主要的产品是丝绸，主要的通道是欧亚大陆之间的“丝绸之路”。然而，从公元2世纪末开始，世界各文明古国均不同程度地出现了动荡。汉帝国和罗马帝国相继灭亡，东西方的贸易也随之断断续续，时盛时衰。

对国际贸易的第一次大推动是中世纪后期西欧的势力扩张。在中世纪以前，西欧还是一个不发达的地区，地处欧亚大陆的西端，不像中东地区那样有机会与其他民族接近，经济上也比较落后。然而，欧洲人所信仰的基督教使得他们有比别的民族更强烈的扩张性与好战性。为了使异教徒或不信教的人皈依基督教，他们会不惜使用武力。从公元11世纪到13世纪，十字军多次东征，从穆斯林手中夺得了地中海，从而使地中海像从前一样再一次成为欧亚大陆贸易的海上通道。

十字军东征对世界贸易的推动不仅仅是打通了地中海的通道，更主要的是将西欧融入了世界。成千上万的欧洲人参加了一次又一次的远征，看到了东方发达的经济和丰富的物产，以致回国后仍垂涎于看到的和享受到的奢侈品。此时，西欧人的扩张除了为上帝服务征服异教徒之外，寻找黄金和获取资源也成为其非常强烈的动机。由于地理位置和资源的限制，西欧做不到自给自足，他们急迫地寻找新的资源和产品，从而大大推动了欧洲及欧亚大陆的贸易发展。

到了14世纪，整个欧洲已形成了几个主要的贸易区，包括以意大利的威尼斯、热那亚和比萨等城市为中心的地中海贸易区，以布鲁日等城市为中心的北海和波罗的海贸易区，以基辅、诺甫哥罗得、车尔尼哥夫、彼列雅斯拉夫尔等城市为主的东欧罗斯贸易区，德意志北部和北欧斯堪的纳维亚地区的汉萨贸易区，以及不列颠贸易区。这些贸易区不仅有大量的区内交易，相互之间的贸易往来也很密切。

与此同时，亚洲也形成了几个比较重要的贸易区，包括以中国、朝鲜和日本为主的东亚贸易区，占婆(今越南南部)和扶南(今柬埔寨)等国的东南亚贸易区，以及以印度为主的南亚贸易区。

在13～14世纪，东西方之间通过陆路和海路进一步发展了贸易。陆上通道主要是原来的“丝绸之路”。此时正值中国元朝时期，元帝国三次西征，疆界扩至黑海南北两岸和波斯湾地区，打通了从中国直至欧洲的通道。海上通道则主要从地中海经红海和印度洋到印度，或从波斯湾经阿拉伯海到印度。

欧洲从东方进口的商品主要有中国的丝绸、瓷器、茶叶，印度的珠宝、蓝靛、药材、地毯，以及东南亚的香料。这些商品在欧洲人的消费中占据了越来越重要的地位。但欧洲能向东方出口的产品却不多，除了出口羊毛、呢绒和金属制品外，不得不支付大量的黄金与白银。

在15世纪前，整个国际贸易是建立在自然经济的基础上，按自愿交换的原则进行的。贸易在自然经济中的地位并不重要，只是人们经济生活中的一个补充。因此，当时各国之间、各洲之间的贸易还处于不连续不稳定的状态。

总之，由于奴隶社会和封建社会生产力水平低下，社会分工不发达，自然经济占统治地位，生产的目的主要是为了消费，而不是交换，进入流通的商品比例很小。因此，对外贸易发展缓慢，国际商品交换只是个别的、局部的现象，还不存在真正的世界市场，国际贸易在当时的社会经济中不占重要地位。直到资本主义社会，国际贸易才获得广泛的发展，才真正具有世界意义，对外贸易在各国国民经济中才占重要地位。

1.1.3 资本主义生产方式下的国际贸易

在14～15世纪，西欧出现了萌芽的资本主义生产，意大利北部的威尼斯、热那亚、佛罗伦萨等城市，以及波罗的海和北海沿岸的汉莎同盟诸城市，都已成为欧洲的贸易中心。15世纪末到16世纪初，随着资本主义生产关系的发展、地理上的大发现以及海外殖民地的开拓，对外贸易的范围不断扩大，逐渐形成了区域性的国际商品市场。

国际贸易的发展与资本主义生产方式的建立和发展密不可分。国际贸易的发展促进了资本主义生产方式的发展，而资本主义生产方式的确立又反过来拉动了近代、现代国际贸易的发展。近代资本主义国际贸易的发展大致可以分为资本原始积累时期、自由竞争时期和垄断时期三个阶段。

1. 资本原始积累时期(16～18世纪)

资本主义生产方式的确立，必须具备两个基本的经济条件：① 必须拥有大量有人身自由但丧失了一切生产资料的劳动者，这些劳动者就是出卖劳动力的雇佣工人；② 必须在少数人手中集中了大量的、为进行资本主义生产所必需的货币财富。单纯依靠小生产者的分化方法来形成这两个条件，必然是一个缓慢的过程，不能适应当时资本主义经济发展的需求。因而新兴的资产阶级和资产阶级化的封建贵族，使用暴力手段，加速了这两个条件的形成，从而加速了封建生产方式向资本主义生产方式的历史过渡。以暴力方式剥夺劳动者而实现的资本原始积累，为资本主义生产方式的确立提供了最初的和必要的前提。

对农业生产者即农民土地的剥夺，是原始积累的基础。在英国，这个过程进行得最彻底、最典型。15世纪末，英国的毛纺织业已成为当时发展最快的生产部门，产品拥有广阔的国内外市场。毛纺织业的发展迅速扩大了对羊毛的需求，羊毛的价格上涨，使养羊业成了极为有利可图的生产部门。大地主和农场经营主除了把自己已有的耕地变成牧场外，还用暴力掠夺公有土地，用栅栏和篱笆把大片土地圈起来变为牧场。这就是英国历史上最典型的"圈地运动"。

在原始积累过程中，新兴资产阶级和资产阶级化的封建贵族，还通过对殖民地人民和本国劳动人民的残酷掠夺积累起大量的货币财富。其主要手段有：推行殖民制度、贩卖黑奴、进行商业战争、发行国家公债、建立现代税收制度和保护关税制度等。

2. 资本主义自由竞争时期(18世纪后半期～19世纪末20世纪初)

在资本主义社会完成资本积累以后，为国际贸易的发展提供了强大的物质基础；同时国际贸易的发展也推动了工业革命的发展，加速了资本主义工业化的进程。19世纪初的英国有“世界工厂”之称，1820年英国的工业产量占世界工业总产量的一半以上；1850年以后的英国，有一半以上的工业制成品被销往国外，而工业原材料大部分从国外进口。因此，当时的国际贸易中心是英国。

3. 国家垄断资本主义时期(19世纪末以后)

19世纪末20世纪初，自由竞争的资本主义向垄断资本主义过渡，这也就是垄断资本主义的出现和形成。以电力和内燃机为代表的第二次产业革命推动了资本主义的发展。由于大量新技术的出现，国际贸易在这个时期得到了迅速的增长，同时资本主义的垄断输出组织逐步形成并占据经济的支配地位。

20世纪30年代的经济大萧条推动了国际垄断资本主义的发展。第二次世界大战后，以电子、航空和原子能为标志的第三次产业革命推动了世界经济和国际贸易的迅速增长，世界市场出现了一些新的特征：经济一体化趋势逐渐增强；跨国公司的作用越来越大；世界市场的垄断力量更加强大；社会主义国家纷纷建立市场经济。

1.1.4 战后国际贸易的发展

从1914年第一次世界大战爆发到1945年第二次世界大战结束，是世界经济和国际贸易波动和萧条的时期。两次世界大战和几次大的世界性经济衰退，大大削弱了欧洲各国的经济和军事实力，也极大地影响了世界贸易。第一次世界大战后，国际贸易缩减了40%，直到1924年才略超过战前水平。紧接着是1929年至1933年的大萧条，世界贸易量又一次大幅度下降。加上这一时期各国实行的贸易保护政策，国际贸易一直处于萎缩状态，到第二次世界大战爆发前的1937年，世界出口总额也只有254.8亿美元，尚未恢复到1929年的水平(327.5亿美元)，甚至低于1924年的水平(275.95亿美元)。这种状态直到第二次世界大战结束后才得到改变。

第二次世界大战后，世界经济又一次发生了巨大变化，国际贸易再次出现了飞速增长，其速度和规模都远远超过19世纪工业革命以后的贸易增长。从1950年到2000年的50年中，全世界的商品出口总值从约610亿美元增加到61328亿美元，增长了将近100倍。即使扣除通货膨胀因素后，实际商品出口值也增长了15倍多，远远超过了工业革命后乃至历史上任何一个时期的国际贸易增长速度。而且世界贸易实际价值的增长速度(年平均增长6%左右)超过了同期世界实际GDP增长速度(年平均增长3.8%左右)。这意味着国际贸易在各国的GDP中的比重在不断上升，国际贸易在现代经济中的地位越来越重要。

与工业革命后的世界贸易相比，第二次世界大战后的国际贸易有以下主要变化：

(1) 国际贸易中工业制成品的比重大大增加

1950年，工业制成品出口占世界全部商品出口价值的34.9%。20世纪60年代，这一比例增加到50%以上。70年代世界能源价格上涨，使得工业制成品的比重在50%～60%之间徘徊。80年代中期以后，工业制成品在贸易中的比重又开始攀升。到2000年，国际贸易中将近四分之三(74.85%)的商品是工业制成品。

工业革命后，在工业制成品贸易中曾经处于重要地位的纺织品、服装等轻纺工业产品和钢铁等金属工业产品的地位逐渐下降，取而代之的主要是包括汽车在内的交通和机器设备、电气电子产品及化工产品。

(2) 服务贸易迅速发展，成为国际贸易中的重要组成部分

战后科技发展的结果是：发达国家劳动生产率大大提高，不仅农业和其他初级产品生产中使用的劳动力越来越少，制造业的就业比重也逐渐由上升转为停滞或下降。与此同时，人们收入不断提高，在主要耐用消费品得到满足后，人们对服务的需求越来越大，服务业在各国经济中的比重越来越大，服务贸易也相应地得到了发展。战后初期，服务贸易在世界贸易中几乎没有引起重视。但从20世纪70年代开始，服务贸易日益成为国际贸易中的一个重要组成部分。1970年世界服务业出口总值为800多亿美元，1980年增加到4026亿美元，1990年又翻了一番，为8962亿美元，2000年则进一步达到16136亿美元。服务贸易占世界贸易的比重也从20世纪80年代的17%左右增加到90年代末的22%左右。服务贸易已上升到与货物贸易同等重要的地位，服务贸易总协定已成为世界贸易组织的三个主要协议之一。

(3) 发达国家之间的贸易成为主要的贸易流向，“北北贸易”取代“南北贸易”成为主要的贸易模式

从地理大发现开始，到工业革命以后很长一段时间内，世界贸易的模式是发达国家出口工业制成品，发展中国家出口矿产和原料等初级产品，即所谓的“南北贸易”。

战后随着制造品贸易的数量和种类的增加，工业发达国家之间的贸易量和占世界贸易的比重也都在不断提高。20世纪60年代初，北美、西欧和日本相互之间的贸易量占当时世界总贸易量的不到40%；80年代初(1983年)这一比重增加到41%；90年代初(1993年)为47%左右；到了2000年，世界贸易总额的将近50%发生在欧美发达国家和日本之间。如果把新加坡、韩国等新兴工业国家算上，这一比例则更高。1999年，全部工业国家73%的产品出口销往其他工业国家，有68%的产品从其他工业国家进口。

(4) 区域性自由贸易迅速发展

战后尤其是20世纪90年代以来，各种形式的区域性经济合作越来越多，其中最多的是自由贸易区，包括欧洲自由贸易组织(EFTA)、北美自由贸易区(NAFTA)、南美共同市场(MERCOSUR)、东南亚国家的自由贸易区(AFTA)、东南非洲自由贸易区(COMESA)等。合作程度稍高的有关税同盟、共同市场及经济同盟，如欧盟。几乎所有的关税总协定/世贸组织成员国都参加了一个或数个区域性自由贸易协定。从1948～1994年的46年中，关税总协定成员国共签订了124项区域性自由贸易协议，而1995年世贸组织成立到2000年的6年中，世贸组织已收到了100项成员国参加区域自由贸易的通知。区域性或局部性自由贸易发展迅速。

总之，从第二次世界大战结束到21世纪初的五十多年中，世界经济发生了天翻地覆的变化。科技革命、制度变迁和经济发展使得世界各国的经济日益融为一体，经济全球化已成为20世纪以来的主要趋势。作为经济全球化的基础，国际贸易与投资的自由化在20世纪末得到了很大的发展，并将继续成为21世纪世界经济发展的主要方向。

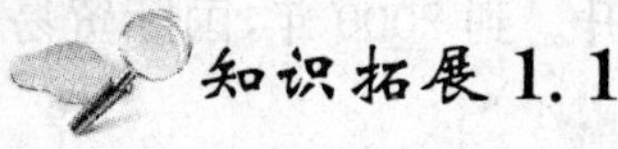

知识拓展1.1

战后国际贸易飞速发展的原因

(1) 战后较长的和平时期。经过两次世界大战,西方各主要工业国家都饱受战乱之苦,都不再愿意轻易卷入大规模的战争。战后各国通过建立联合国,以及各种多国政治经济和军事联盟以减少世界大战的危险。尽管在战后长达四十年的时间里仍然存在着东西方两大阵营的对立,但冷战毕竟不像军事战争那样对经济产生直接的破坏作用。东西方各有一个经济集团,双方的经济竞争在某种意义上说对经济发展有一定的推动作用。从20世纪50年代到80年代,西方工业国家的出口在世界总产值中的比重从7.7%增加到26.8%,苏联及东欧国家的比重也从4.6%增加到9.3%。90年代初冷战结束后,各国之间的政治经济关系进一步得到改善,有利于经济与贸易的发展。

(2) 战后出现的第三次科技革命和20世纪90年代的信息产业革命。第二次世界大战后,以美国为先导出现了以原子能、电子、合成材料、航天技术和生物技术为代表的新的科技革命。这场新的科技革命又产生了一系列新的产业,包括原子能工业、半导体工业、石油工业、化学工业、电子工业、宇航工业、生物工业等。从某种意义上说,这也是一次新的产业革命。新产业在发达工业国家的产生和发展,一方面意味着大量新的工业产品的出现,国际贸易的产品变得更加丰富,制造品越来越成为国际贸易中的主要产品;另一方面也意味着国际分工的日益扩大和深入。随着新产业的不断出现,任何一国都不可能在所有的产业上都具有比较优势。发达国家中新兴产业的发展也意味着其他产业的相对衰落,从而国际贸易更加成为必要。

进入20世纪90年代以后,以互联网为代表的现代信息技术革命又进一步推动了这场规模大、范围广、影响深的技术革命。信息技术革命不仅创造了另一个新的产业,还为现代贸易提供了新的信息交流和交易方式。

(3) 经济发展带来的收入增长促进了消费结构的变化。战后的和平环境和科技革命使世界经济出现了空前迅速的发展。经济快速增长不仅反映了一国生产能力的增加,也表现为人们收入的增加。从战后到20世纪末,大多数工业国家和新兴工业国家的人均收入成倍增长,而收入的增长则促进了人们消费结构的变化。在满足了基本生活品以外,人们对制造品包括耐用消费品等的需求欲望和购买能力都大大提高。对高质量和不同品种的新产品的需求也大大刺激了各国之间的贸易,尤其是工业制成品贸易。

(4) 战后国际经济秩序的改善。从19世纪末开始到第二次世界大战,西方各国为了争夺资源保护国内利益集团,纷纷实行贸易保护主义。不断出现的关税战、汇率战和贸易战不仅大大影响了经济与贸易的发展,还最终导致了战争。战后各国痛定思痛,决心建立国际经济新秩序。以布雷顿森林协定为基础的国际货币体系相对稳定,有利于国际贸易的发展。在《关税与贸易总协定》框架下的一轮又一轮降低关税的谈判及1995年世界贸易组织的建立不仅大大降低了各国的贸易壁垒,还建立了一个多边的解决贸易纠纷的机制。为国际贸易提供了一个相对稳定、公正和自由的环境。

（资料来源:海闻,等.国际贸易[M].上海:上海人民出版社,2002.）

1.2　国际贸易的特点和分类

1.2.1　国际贸易的特点

国际贸易和国内贸易是任何国家发展国民经济必不可少的重要手段。两者在性质和业务上,既有共同之处又各具特点,既有区别又存在着密切的联系。

1. 国际贸易与国内贸易的共同点

（1）在社会再生产中的地位相同

国际贸易和国内贸易都是商品和劳务的交换,都处在社会再生产过程中的交换环节,处于社会再生产过程中的中介地位。通过交换,商品的价值和使用价值得以体现。

（2）有共同的商品流通方式和经营目的

国际贸易与国内贸易的商品流通运动的方式完全一样,商品都是从生产者向消费者转移。商品经营的目的都是通过交换获取经济利益和利润。

（3）都受商品经济规律的影响和制约

不管是从事国际贸易还是国内贸易,都必须遵循商品经济的基本规律,如价值规律、供求规律、节约流通时间规律等,这些规律均会在一定时间和程度上影响到国际贸易和国内贸易。

2. 国际贸易与国内贸易的区别

（1）从事国际贸易的难度更大

由于各国在语言、风俗习惯、宗教信仰、经济政策、法律法规等方面均存在着很大差异,给国际贸易的市场调研、交易接洽、履行合同和处理贸易纠纷都增加了难度。国内贸易虽然也会遇到一些语言、风俗习惯的差异,但差别要小得多。

（2）国际贸易业务程序更加复杂

进行国际间商品交换,会经常遇到外汇兑换汇率变动,以及各国间度量衡制度、海关制度、商业习惯均有较大差别等诸多问题,使国际贸易业务的程序比国内贸易要繁琐复杂得多。相比之下,国内贸易就简单多了。

（3）国际贸易的政策性更强

各个国家的经济政策主要是为本国经济发展起作用的,但又会在一定程度上影响到国际贸易的开展，且很多政策也会因不同的经济形势、不同的执政者而变化。这里有金融政策、产业政策、进出口管理政策、关税政策等，从事国际商品交换活动必须研究这些政策。国内贸易研究的内容要少得多。

(4) 国际贸易的风险更高

商品交换离不开竞争，自然存在一定的风险，但相比之下，由于国际贸易买卖双方分属两个不同的国家或地区，货物一般要经过长途运送才能从生产国转移至消费国，贸易双方因此而要承受比国内贸易多得多的风险。其表现在资信风险、商业风险、价格风险、汇率风险、运输风险及政治风险等方面。

小思考1.1

通过对国际贸易与国内贸易的比较，请分析如何努力才能更好地做好外贸工作？

1.2.2 国际贸易的分类

国际贸易的内容广泛、性质复杂，为了加深对国际贸易的了解，需要对国际贸易从不同角度进行分类。

1. 按商品流向的不同划分为进口贸易、出口贸易和过境贸易

① 出口贸易(Export Trade)，又称输出贸易，是指本国生产或加工的商品输往国外市场销售。从国外输入的商品，未在本国消费，又未经本国加工而再次输出国外，称为复出口或再输出贸易(Re-Export Trade)。

② 进口贸易(Import Trade)，又称输入贸易，是指将外国商品输入本国市场销售。输往国外的商品未经消费和加工又输入本国，称为复进口或再输入贸易(Re-Import Trade)。

③ 过境贸易(Transit Trade)，又称通过贸易，是指商品由生产国运往消费国途中，途经其他国家，对途经国家来说即为过境贸易。过境贸易分直接和间接两类，商品入境后不存放海关仓库就直接运出国境的称为直接过境贸易；若存放海关仓库后未经加工整理又运往另一国的称为间接过境贸易。过境贸易数额不列入过境国家的进出口统计内。

2. 按贸易是否有第三国参加划分为直接贸易、间接贸易和转口贸易

① 直接贸易(Direct Trade)，是指商品生产国与商品消费国直接而不通过第三国买卖商品的行为。其中商品生产国是直接出口，消费国是直接进口。

② 间接贸易(Indirect Trade)，是"直接贸易"的对称，是指商品生产国与商品消费国通过第三国进行买卖商品的行为。其中商品生产国是间接出口，消费国是间接进口，第三国是转口。

③ 转口贸易(Entrecote Trade)，又称中转贸易或中介贸易，是指在间接贸易情况下，第

三国所进行的贸易。商品生产国和消费国通过第三国进行的贸易，对第三国而言就是转口贸易。转口贸易大致又可分为两种：一是商品由生产国输入转口国，再由转口国商人负责向消费国输出；二是商品还是从生产国直接运往消费国，但转口国商人参与商品的交易过程，分别与生产国的出口商和消费国的进口商订立买、卖合同。即使商品直接从生产国运到消费国去，只要两者之间并未直接发生交易关系，而是由第三国转口商分别同生产国与消费国发生的交易关系，仍然属于转口贸易范畴。从事转口贸易的大多是运输便利、贸易限制较少的国家和地区，如伦敦、鹿特丹、新加坡、香港等港口，由于地理位置优越，便于货物集散，所以转口贸易很发达。

3. 按商品形态的不同划分为有形贸易和无形贸易

① 有形贸易（Tangible Trade），是指贸易双方所进行交易的商品是看得见、摸得着的有形货物。国际贸易中的有形商品种类繁多，为便于统计，联合国编制了《国际贸易商品标准分类》（Standard International Trade Classification，简称 SITC），把国际贸易商品依次分为10大类、63章、233组、786个分组和1924个项目。10大类中商品分类如下：食品及活动物（0）；饮料及烟类（1）；燃料以外的非食用原料（2）；矿物燃料、润滑油及有关原料（3）；动、植物油脂及蜡（4）；化学品及有关产品（5）；按原料分类的制成品（6）；机械及运输设备（7）；杂项制品（8）；没有分类的其他商品（9）。其中，0～4类商品被称为初级产品，5～8类被称为工业制成品。初级产品指未经加工或只有简单加工的农、林、牧、渔、矿业产品；工业制成品是指经过机器完全加工的产品，可分为劳动密集型产品、资本密集型产品和技术密集型产品。

② 无形贸易（Intangible Trade），是“有形贸易”的对称，是指非实物形态劳务和技术的进出口。它主要包括：一是和商品进出口有关的一切从属费用的收支，如运输费、保险费、银行费用、商品加工费、装卸费、修理费等；二是和商品进出口无关的其他收支，如国际旅游费用、外交人员费用、侨民汇款、使用专利特许权的费用、国外投资汇回的股息和红利、公司或个人在国外服务的收支等。它们是在有形贸易的基础上形成与发展的，并对有形贸易的发展产生巨大影响，两者相辅相成，又存在着明显区别：有形商品的进出口需办理海关手续，其贸易额表现在一国的海关统计上，是国际收支的主要构成部分；而无形贸易通常不经过海关办理手续，其金额不反映在海关统计上，但它也是国际收支的一部分。

4. 按境界标准的不同分为总贸易和专门贸易

① 总贸易（General Trade），是指以国境为标准划分的进出口贸易。凡进入国境的商品一律列为总进口；凡离开国境的商品一律列为总出口。在总出口中又包括本国产品的出口和未经加工的进口商品的出口。总进口额加总出口额就是一国的总贸易额。美国、日本、英国、加拿大、澳大利亚、中国、俄罗斯、东欧等国采用的是这种划分标准。

② 专门贸易（Special Trade），是与“总贸易”相对的称呼，是指以关境为标准划分的进出口贸易。只有从外国进入关境的商品，以及从保税仓库中提出进入关境的商品才列为专门进口。从国内运出关境的本国产品及进口后经加工又运出关境的商品，则列为专门出口。专门进口额加专门出口额称为专门贸易额。德国、意大利等国采用这种划分标准。因此，当外国商品进入国境后，未进入关境，暂时存放在保税仓库的一类贸易活动，是不列入专门进口贸易项目之中的。显然，专门贸易与总贸易在数额上有可能不相等，因此，联合国公布各

国贸易额时，一般都注明该国的统计标准。

5. 按贸易参加国数量的不同分成双边贸易和多边贸易

① 双边贸易(Bilateral Trade)，是指两国(或地区)之间通过协议在双边结算的基础上进行的贸易。其基本特点是：双方保持贸易收支平衡，即各以向对方的出口来支付从对方的进口，不用向对方的出口来支付从其他国家的进口。这种方式多实行于外汇管制国家，另外，也泛指两国间的贸易往来。

② 多边贸易(Multilateral Trade)，又称多角贸易，是指三个或三个以上国家(或地区)通过协议在多边结算的基础上进行贸易，相互间保持贸易收支平衡。即在贸易往来中，每个国家都可以用对某些国家的出超，来支付对另一些国家的入超，以实现整体的平衡。在多边贸易中，若在三国(或地区)间发生的则称三角贸易。例如：两国进行贸易磋商时，由于商品不适合而无法在两国间达成进出口平衡，而外汇支付上又存在一定困难无法达成协议，于是就把磋商范围扩大到由第三国介入，在三国间，互相搭配商品，实现贸易平衡，解决外汇支付上的困难。

6. 按贸易形式的不同划分为一般贸易和加工贸易

① 一般贸易(General Trade)，是指国境内企业单边进口或单边出口货物的交易形式，但投资设备、捐赠等除外。

② 加工贸易(Processing Trade)，是指国内企业从境外进口全部或部分原辅材料、零部件、元器件、配套件、包装物料等，经加工或装配后，将成品或半成品复出口的交易形式。该项业务主要包括来料加工和进料加工两种贸易方式。

7. 按贸易过程中是否使用单证等商业文件划分为有纸贸易和无纸贸易

① 有纸贸易(Document Trade)，是指在国际货物买卖中，通过单证等商业文件的交接进行结算支付并履行合同的一种贸易方式。在国际贸易中常见的结算单据有：汇票、发票、提单、装箱单、保险单、产地证明书、商检证明书等。另外，信用证和合同都是书面文件，由于国际贸易的交易双方相距遥远，大多不容易做到“现钱现货”买卖，在信用证支付方式下，往往是单据的买卖，即一手交单，一手付款，单据在交易过程中就成了履行双方权利和义务的重要依据。

② 无纸贸易(Electronic Data Interchange，EDI)即电子数据交换，是指将贸易、运输、保险、海关等行业信息通过电子信息系统实现各有关部门间的数据交换，对商务信息按国际统一标准进行格式化处理，并把这些数据通过计算机网络相互交换和自动处理，在不使用纸张单证的情况下完成询问、订单、托运、投保、报关、结算等业务手续的一种现代化通信管理方式的新贸易。

8. 按清偿工具的不同划分为自由结汇贸易和易货贸易

① 自由结汇贸易(Free-Liquidation Trade)，又称现汇贸易，是指以国际货币作为清偿工具的国际贸易。能够作为国际清偿工具的货币主要有美元、欧元、英镑和日元等这些可以在国际金融市场上自由兑换的货币。

② 易货贸易(Barter Trade),又称换货贸易,是指不以货币为媒介,直接以货物相交换的国际贸易。这种方式大多起因于某些国家外汇紧缺,无法以正常的自由结汇方式与他国进行贸易。它的特点是:进口与出口直接相联系,以货换货,进出基本平衡,可不用现汇支付。这就解决了那些缺乏外汇的国家开展对外贸易的问题。加上现在各国之间经济依赖性的加强,有支付能力的国家也不得不接受这种贸易方式。因此,易货贸易在国际贸易中十分兴盛,已接近世界贸易额的三分之一。

1.3　国际贸易的作用和发展趋势

1.3.1　国际贸易的作用

国际贸易对参与贸易的国家乃至世界经济的发展具有重要作用,具体表现在以下几方面。

1. 调节各国市场的供求关系

调节各国市场的供求关系、互通有无始终是国际贸易的重要功能。世界各国由于受生产力发展水平、科学技术、经营管理和生产要素分布状况等因素的影响,生产能力和市场供求状况存在着一定程度的差异。各国国内既存在产品供不应求的状况,又存在着各种形式的产品过剩状况。而通过国际贸易既可以增加国内短缺产品的市场供给量,满足消费者的需求,又可以为各国国内市场的过剩产品提供新的出路,在一定程度上缓解了供求失衡的不利状况,从而调节了各国的市场供求关系,保证经济发展得以顺利进行。

2. 促进生产要素的充分利用

在当今世界上,劳动力、资本、土地等生产要素在各个国家的分布往往是不平衡的,有的国家劳动力富余而资本短缺,有的国家资本丰裕而土地不足,有的国家土地广阔而耕作技术落后。如果没有国际贸易,这些国家国内生产规模和社会生产力的发展,都会受到其短缺的生产要素的制约,一部分生产要素将闲置或浪费,生产潜力得不到发挥。通过国际贸易,这些国家就可以采取国际劳务贸易、资本转移、土地租赁、技术贸易等方式,与其他国家交换生产要素,从而使短缺生产要素的制约得以缓解或消除,富余生产要素得以充分利用,扩大生产规模,加速经济发展。

3. 利用比较优势,充分发挥国际分工的作用,提高生产效率

各国参与国际贸易的重要基础是比较利益和比较优势。利用比较利益和比较优势进行国际分工和国际贸易,可以扩大优势商品生产,缩小劣势商品生产,并出口优势产品,从国外换回本国居于劣势的商品,从而可在社会生产力不变的前提下提高生产要素的效能,提高生

产效率,获得更大的经济效益。

4. 提高生产技术水平,扩大生产能力,优化国内产业结构

在当今世界,各国普遍通过国际贸易引进先进的科学技术和设备,以提高国内的生产力水平,加快经济发展。同时,通过国际贸易,使国内的产业结构逐步协调和完善,促使整个国民经济协调发展。

5. 增加财政收入,满足国内需求,提高国民福利水平

国际贸易的发展,可为一国政府开辟财政收入的来源。政府可在对进出口贸易的货物征收关税和其他各种有关费用等方面获得大量财政收入。在美国联邦政府成立初期,关税收入曾占联邦财政收入的90%。至今,关税和涉外税收仍然是一些国家特别是发展中国家财政收入的重要来源。国际贸易还可以通过进口国内短缺而又是国内迫切需要的商品,或者进口比国内商品价格更低廉、质量更好、式样更新颖、特色更突出的商品,满足国内的各种需求,使国内消费者获得更多的福利。此外,国际贸易的扩大,特别是劳动密集型产品出口的增长,将为国内提供更多的就业机会,间接增进国民福利。

6. 加强各国经济联系,促进世界经济以及国际金融的发展

在现代,世界各国广泛开展国际贸易活动,不仅把生产力发展水平较高的发达国家互相联系起来,而且也把生产力发展水平较低的广大发展中国家卷入国际经济生活之中。国际市场的竞争活动,也促使世界总体的生产力发展进一步加快。这不仅促进了发达国家经济的进一步发展,也促进了不发达国家和地区的经济发展。

国际贸易的发展,促进了国际信用关系的建立,使现金结算方法逐步被非现金结算所代替,即信用工具(票据)代替现金起流通手段和支付手段的作用,来结算国际间的债权债务。因此,便利了国际间的货币收付和债权债务的清算。随着国际贸易的进一步发展,它也进一步促进了国际金融市场的形成和国际货币制度的建立与发展。

1.3.2 当代国际贸易的新趋势

1. 知识密集型产品成为重要的交易对象

随着知识经济的发展,产业结构中技术、服务的比重将大大提高,经济重心将由工业经济时代的制造业转向高新技术、服务业。近年来,主要工业化国家高技术产品出口增长均高于全部出口的增长速度,成为国际贸易新的增长点。在此背景下,国际贸易的商品结构也随之发生变化,2005年,高新技术产业在制造产业出口贸易中的份额将占1/4左右。

国际技术贸易发展之所以迅速,主要原因是:第一,随着知识经济时代的到来,各国都重视科技的开发研究,实行科技发展战略,进行科技竞争,把高科技产业作为制高点。谁在知识创新方面占领了制高点,谁就拥有了竞争的主动权。第二,世界技术发明创造与更新的周期大大缩短。蒸汽机从研制到生产用了100年的时间,而平面型晶体管从研制到批量生产

只用了5年时间。产品技术更新的周期在20世纪70年代是5～6年,80年代是4～5年,90年代则是1～2年。第三,与技术贸易有关的社会条件日益完善,尤其是各国在知识产权方面的努力,为国际技术贸易的发展提供了良好的经济、法律环境。第四,经济全球化和自由化浪潮使各国的经济合作与依赖加深,国际技术交流更加频繁。技术对经济的贡献率在20世纪上半叶不到50%,到20世纪末已达80%～85%。发达国家经济增长主要是通过技术进步获得的。

在国际贸易中增长最快的是信息产品与服务贸易。信息产品将成为未来贸易的主角。目前,发达工业化国家的信息技术产品出口占总出口的比重越来越大,这也是知识经济发展的一个重要标志。信息技术产品贸易目前在国际贸易中主要有两种类型:一是许可证贸易,即技术专利、技术知识和商标使用权的交易;二是产品的贸易。在发达国家之间的贸易形式主要是前者,在发达国家和发展中国家之间主要是后者。高技术产品的出口使美国对经济紧缩或经济周期的抵抗力更强,成为美国自20世纪90年代以来经济持续增长的主要因素。因此,知识经济是可持续发展的前提和基础,而可持续发展则是知识经济的发展过程和社会目的。

2. 网络贸易、电子商务成为新的贸易方式

国际互联网的发展,创造了一个全新的网上贸易市场。网络贸易将会得到迅猛发展,成为21世纪国际贸易的主要方式。网络贸易使整个交易过程,包括交易磋商、签约、货物交付、货款收付等大都在全球电信网络上进行。其交易的产品主要是数字化产品,如金融服务、网上娱乐、售票服务、音像书刊、软件设计、咨询服务、信息传递等;也有实物产品交易,它的交易磋商、签约、货款支付在网上进行,实物交付在具体地点进行。正是由于网络贸易具有如此强大的生命力,它才引起世界各国和国际经济组织的关注,纷纷制定各种政策、采取各种措施来维护和促进网络贸易的发展。

电子商务是信息技术进步在商业领域发动的一场革命。电子商务有望大幅度促进国际贸易的发展,而且将给服务业带来巨变。越来越多的企业正在通过鼠标操作在电子商务市场上推销产品和提高利润。电子商务不仅可以提高生产率,而且还有助于一个国家的繁荣。因此,有关人士大力提倡互联网上的自由贸易区,倡导免征关税。

3. 跨国公司飞跃发展,国际市场将高度一体化

跨国公司是新技术的主要开发者,也是技术贸易的主要交易者,它们成为当今拉动世界经济的火车头。知识经济的兴起与迅猛发展并成为未来经济主流的信息技术产业,强调产品和服务的数字化、网络化和智能化,主张敏捷制造和个性产品的规模生产。高新技术的实质是以先进的技术和持续的创新为基础的,迅速将知识转化为产品并形成未来产业的发展方向,而知识的创新、传播和使用则成为经济增长的重要推动力量。

信息化加快了经济全球化的进程,企业的跨国经营变得更加容易和有效,跨国公司的发展出现新的飞跃。当前,跨国公司纷纷调整其发展战略,进行经济结构的升级和技术更新。可以预见,在未来的国际贸易中,跨国公司的垄断地位将进一步加强。跨国公司在实现全球经济扩张战略的同时,也将给发展中国家带来最大的益处——技术转让。跨国公司以高新技术与各国开展合作或合资,这无疑将促进国际技术贸易的发展。

随着各国产业结构的调整和发展战略的变化，一方面，发达国家将加快自身过剩技术、设备和资本的向外转移，以求产业结构的进一步高级化；另一方面，由于技术寿命周期的不断缩短，发展中国家单纯引进技术的后发优势将减弱，这就要求发展中国家在不断提高自身技术开发、创新能力的前提下，加快有效吸收国际技术贸易的步伐，积极参与科技领域的国际分工和高技术领域的国际合作，发展技术贸易。

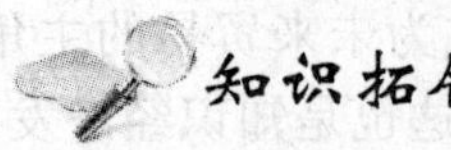

知识拓展 1.2

中国外贸发展对世界的贡献

中国对外贸易的发展不仅推动了中国经济的现代化和综合国力的提升，提高了13亿多中国人民的生活水平，也使中国经济成为世界经济的一部分，促进了经济全球化向有利于世界各国和地区共同繁荣的方向发展。

改革开放和积极参与经济全球化，使中国成为世界上增长最快的经济体之一。最近十多年来，中国与其他新兴经济体一起，成为推动世界经济增长日益重要的力量。根据世界银行的数据，2010年中国国内生产总值比2001年增长4.6万亿美元，占同期世界经济总值增量的14.7%。中国国内生产总值占世界经济总值的比重增加至9.3%。世界贸易组织的数据显示，2000～2009年，中国出口量和进口量年均增长速度分别为17%和15%，远远高于同期世界贸易总量3%的年均增长速度。

中国对外贸易在国际金融危机中率先趋稳，促进了全球经济复苏。2008年国际金融危机爆发以后，中国政府及时采取一系列政策措施刺激经济，扩大内需，稳定进出口规模。2009年，世界货物贸易进口量下降12.8%，中国进口量增长2.9%，是世界主要经济体中唯一保持增长的国家。中国因素支撑了许多受危机冲击国家的出口，刺激了全球大宗商品市场需求，提振了人们的信心，对世界经济复苏和增长起到了巨大的拉动作用。世界贸易组织在对中国进行第三次贸易政策审议时指出，应对金融危机期间，中国在刺激全球需求方面发挥了建设性作用，为世界经济稳定作出了重要贡献。

中国对外贸易的发展提高了中国与贸易伙伴的国民福利。随着加速融入世界分工体系，中国依靠劳动力成本优势、较强的产业配套和加工制造能力、不断提高的劳动生产率，逐渐发展成为世界工业品的主要生产国和出口国，为世界各国和地区提供了物美价廉的商品，满足了国际市场多种多样的需求。中国在全球制造业环节的规模经济优势和加工成本优势，部分地消化了上游生产要素的价格上涨，起到了抑制全球通货膨胀、提高贸易伙伴消费者实际购买力的作用。

中国对外贸易的发展为贸易伙伴提供了广阔市场。2001年以来，中国货物进口总额扩大了约5倍，年均增长约20%，中国迅速扩张的进口已成为世界经济增长的重要推动力，为贸易伙伴扩大出口创造了巨大市场空间。目前中国已经是日本、韩国、澳大利亚、东盟、巴西、南非等国家和地区的第一大出口市场，是欧盟的第二大出口市场，是美国和印度的第三大出口市场。中国工业化、城镇化正在快速推进，内需持续增长，不断扩大和开放的市场将为贸易伙伴提供越来越多的发展机会。

中国是对最不发达国家开放市场程度最大的发展中国家之一。截至2010年7月，中国已经对36个已建交最不发达国家原产的4700多个税目商品实施进口零关税，约占全部税则税目的60%。中国已承诺将继续扩大对已建交最不发达国家的给惠范围，使实施零关税商品达到全部税则税目的97%。零关税措施促进了最不发达国家对中国的出口。自2008年以来，中国一直是最不发达国家的第一大出口市场。2010年，中国自最不发达国家的货物进口总额比上年增长58%，约占这些国家出口总额的四分之一。

中国全面参与并推动了全球经济治理机制的改革。中国政府积极倡导以“均衡、普惠、共赢”作为多边贸易体制改革的目标，努力推动建立公平、公正的国际经济贸易新秩序。作为迅速成长的发展中大国，中国积极参与了二十国集团领导人峰会、金砖国家领导人会晤、多哈回合谈判等国际对话和合作机制，努力承担与自身发展水平及国力相适应的国际责任。中国不断加强与新兴国家在经济、金融、贸易和投资等领域的合作，促进国际经济秩序朝着公正、合理、共赢的方向发展。

中国严格履行有关出口管制的国际义务。中国一贯主张全面禁止和彻底销毁一切大规模杀伤性武器，坚决反对此类武器及其运载工具的扩散。中国有关法律明确规定对裂变、聚变物质或者衍生此类物质的货物、技术进出口，以及与武器、弹药或者其他军用物资有关的进出口采取必要的限制措施。中国认真遵守有关出口管制的国际公约，履行防扩散承诺，为国际和平与地区稳定作出了积极努力。近年来，中国政府广泛采纳国际通行规范和做法，形成了一整套涵盖核、生物、化学和导弹等敏感物项和技术的完备的出口管制体系，为更好地实现防扩散目标提供了法律依据和制度保障。

（资料来源：中华人民共和国国务院新闻办公室. 中国的对外贸易(白皮书). 2011.）

1.4 国际贸易的常用概念

1.4.1 国际贸易和对外贸易

国际贸易(International Trade)又称世界贸易，是指不同国家或地区之间进行的商品和劳务的交换活动[①]。国际贸易是世界各国相互间劳动分工的表现形式，是国际经济关系的基本形式，也是世界经济发展的重要因素，它反映了各国在经济上的相互依赖关系。

① 某些地区作为一个独立的经济体，参与国际间的贸易或金融业务，本书中的“国家”概念也包含这些地区，在后面的叙述中不再特别指明。

对外贸易(Foreign Trade),是指一个国家或地区与其他国家或地区之间所进行的商品与劳务的交换活动。有一些海洋岛国或者对外贸易活动主要依靠海运的国家或地区,如英国、日本、中国台湾等,也将对外贸易称为海外贸易。由于对外贸易由商品和劳务的进口和出口两部分组成,所以对外贸易又可以称为进出口贸易或输出入贸易。

国际贸易与对外贸易是总体与局部的关系,其实质内容是一致的,研究的内容都是超越国境的商品交换活动这一特定的经济现象。当我们从世界经济的整体来看,这种世界各国(地区)间商品和劳务的交换活动就构成了国际贸易;当我们从一个国家或地区的角度来看它与其他国家或地区之间的上述交换活动时,就称之为该国的对外贸易。

1.4.2 对外贸易额和国际贸易额

对外贸易额(Amount of Foreign Trade),是指以货币表示的一个国家或地区在一定时期内的进口总额(一国在一定时期内从国外进口商品的全部价值)和出口总额(一国在一定时期内向国外出口商品的全部价值)之和,又称对外贸易值(Value of Foreign Trade)。它用来反映一个国家或地区对外贸易的规模大小,一般都用本国货币表示,为了便于国际比较,许多国家同时又通行用美元计算。1978～2010 年中国货物进出口情况如图 1.1 所示。

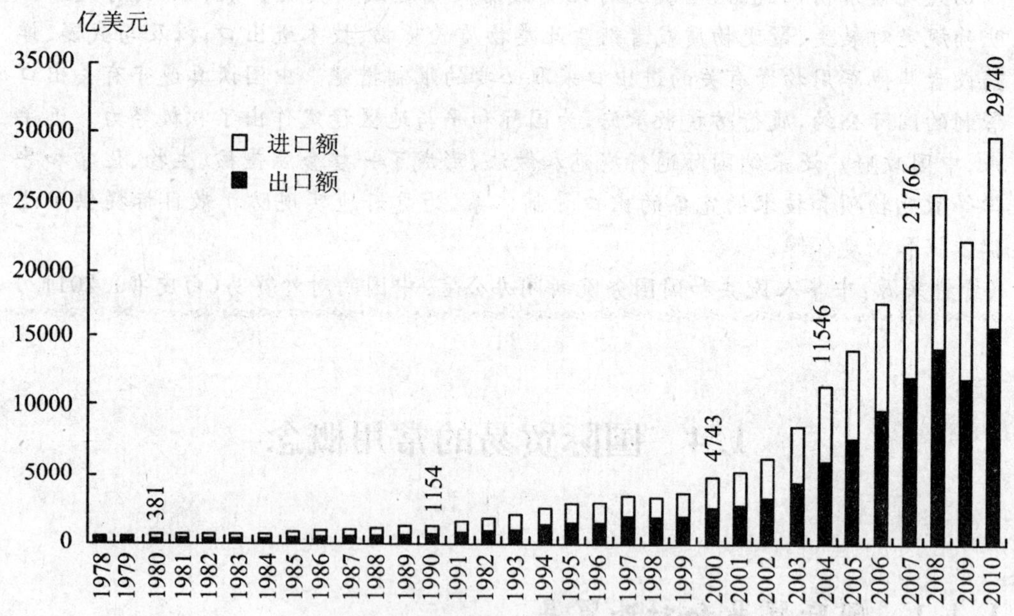

图 1.1 1978～2010 年中国货物进出口情况

数据来源:中国海关统计

国际贸易额(Amount of International Trade),是指以货币表示的一定时期内世界各国(地区)的出口贸易额的总和。它用来反映国际贸易的规模大小。一般用美元表示,这主要是因为美元长期以来是国际贸易中最广泛使用的结算货币,也是国际储备货币。

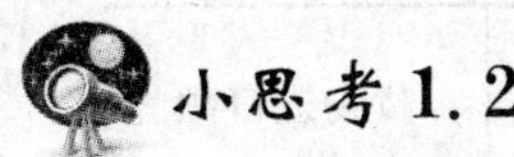

小思考1.2

为什么用世界各国(地区)的出口总额相加作为国际贸易额?

分析:计算国际贸易额与计算一国和地区的对外贸易额的方法不同,不能简单地把世界各国(地区)进口总额和出口总额加起来,因为那样会造成重复计算。从世界范围来看,一国的出口就是另一国的进口,世界各国(地区)的进口总额理应等于各国(地区)的出口总额之和。但也不能把各国(地区)进口总额加起来作为国际贸易额,由于世界上大多数国家根据FOB价格(Free On Board,装运港船上交货)计算出口额,用CIF价格(Cost Insurance and Freight,成本和保险费、运费)计算进口额,进口总额中除了包括货物本身的价值外,还包括运费和保险费,世界进口总额总是大于世界出口总额。所以,通常把世界各国(地区)的出口总额相加作为国际贸易额。

1.4.3　对外贸易量和国际贸易量

对外贸易量(Quantum of Foreign Trade),是指以一定时期的不变价格为标准来计算的对外贸易额。它是为剔除价格变动的影响,准确反映一个国家或地区对外贸易的实际规模而确立的一个指标。在计算时,是以某一固定年份为基期而确定的价格指数去除报告期的出口额或进口额,所得到的相当于按不变价格计算的进口额或出口额就是报告期的对外贸易量。即

$$\text{对外贸易量}=\frac{\text{对外贸易额(出口或进口)}}{\text{价格指数(出口或进口)}}$$

$$\text{价格指数}=\frac{\text{报告期价格}}{\text{基期价格}}$$

国际贸易量(Quantum of International Trade),是指以一定时期的不变价格为标准来计算的国际贸易额。2000～2007年世界货物贸易情况如表1.1所示。在计算时,是以某一固定年份为基期而确定的价格指数去除报告期的国际贸易额,得到的就是相当于按不变价格计算(剔除价格变动的影响)的国际贸易额,该数值就是报告期的国际贸易量。

$$\text{国际贸易量}=\frac{\text{国际贸易额}}{\text{价格指数}}$$

表1.1　世界货物贸易情况

金额单位:10亿美元

年份	货物贸易出口额			货物进口额
	金额	增长率(%)	贸易量增长率(%)	
2000	6454	12.8	10.4	6725
2001	6187	－4.1	－0.6	6482
2002	6487	4.8	3.5	6742

续 表

年份	货物贸易出口额			货物进口额
	金额	增长率(%)	贸易量增长率(%)	
2003	7580	16.9	5.2	7859
2004	9210	21.6	9.5	9559
2005	10472	14.0	7.0	10842
2006	12083	16.0	8.5	12413
2007	13900	15.0	5.5	14200

注:贸易量增长率扣除汇率和价格因素。

数据来源:中国海关统计

1.4.4 对外贸易差额

对外贸易差额(Balance of Foreign Trade),是指一个国家或地区在一定时期内出口总额与进口总额之间的差额。当出口总额大于进口总额时,出现贸易盈余,称为贸易顺差,亦称出超;当进口总额大于出口总额时,出现贸易赤字,称为贸易逆差,亦称入超;当出口总额与进口总额相等时,称为贸易平衡。通常,贸易顺差以正数表示,贸易逆差以负数表示。2006～2010 年中国对主要贸易伙伴顺差及逆差情况如图 1.2 所示。

对外贸易差额是衡量一个国家对外贸易状况的重要标志之一。在一般情况下,贸易顺差表明一个国家的商品在世界市场的竞争中处于优势,在对外贸易收支中处于有利地位。贸易逆差表明一个国家在对外贸易收支中处于不利地位,在世界市场上的商品竞争中处于劣势。但是,长期顺差不一定是好事,同样逆差也并非绝对坏事。

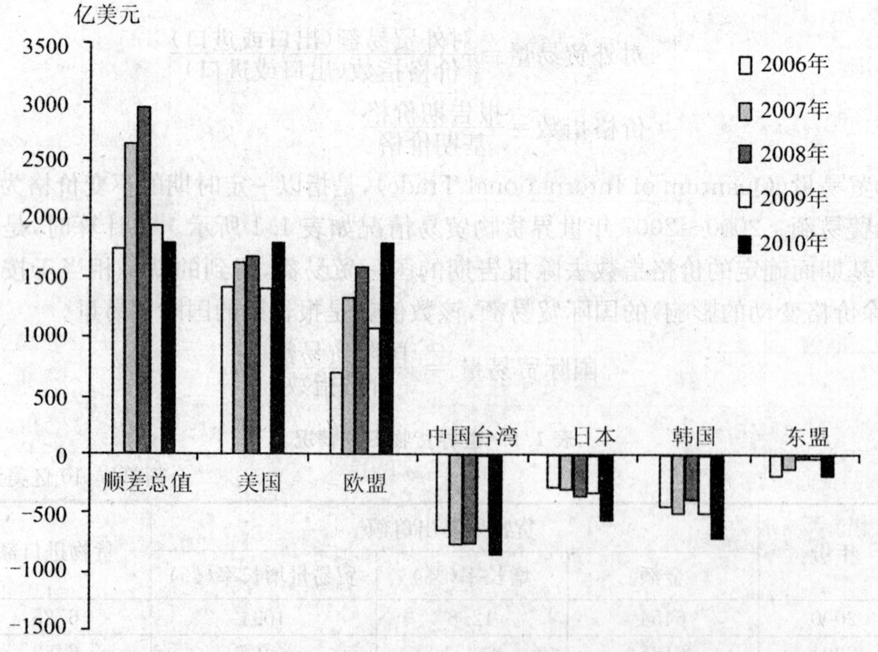

图 1.2 2006～2010 年中国对主要贸易伙伴顺差及逆差情况

数据来源:中国海关统计

1.4.5 国际贸易商品结构与对外贸易商品结构

国际贸易商品结构(Composition of International Trade),是指一定时期内各类商品或某种商品在国际贸易中所占的比重。研究国际贸易商品结构,通常是看初级产品和工业制成品两大类别分别占世界贸易额的比重。战后初级产品贸易额下降。中国的工业制成品在出口中的比重从1981年的4.9%上升到了2012年的95.1%。

对外贸易商品结构(Composition of Foreign Trade),是指一定时期内各类商品或某种商品在一个国家或地区对外贸易中所占的比重。国际贸易商品结构可以反映出整个世界的经济发展水平和产业结构状况。一国对外贸易商品结构可以反映出该国的经济发展水平、产业结构及资源情况等。各类商品价格的变动也是影响国际贸易商品结构和对外贸易商品结构的因素。2001～2009年中国出口和进口商品结构如表1.2、表1.3所示。

表1.2 2001～2009年中国出口商品结构

金额单位:亿美元

年 份	2001	2002	2003	2004	2005	2006	2007	2008	2009
总值	2660.98	3255.96	4382.28	5933.26	7619.53	9689.78	12204.56	14306.93	12016.12
初级产品	263.38	285.40	348.10	405.50	490.39	529.25	615.47	778.48	630.99
食品及活动物	127.77	146.21	175.33	188.70	224.81	257.22	307.51	327.64	326.03
饮料及烟类	8.73	9.84	10.19	12.14	11.83	11.93	13.96	15.30	16.41
非食用原料	41.72	44.02	50.33	58.43	74.85	78.62	91.54	113.46	81.56
矿物燃料、润滑油及有关原料	84.05	84.35	111.10	144.76	176.21	177.76	199.44	316.35	203.83
动、植物油脂及蜡	1.11	0.98	1.15	1.48	2.68	3.73	3.03	5.74	3.16
工业制成品	2397.60	2970.56	4035.60	5528.18	7129.60	9161.47	11564.68	13506.98	11385.64
化学品及有关产品	133.52	153.25	195.86	263.68	357.72	445.31	603.56	793.09	620.48
按原料分类的制成品	438.13	529.55	690.30	1006.54	1291.26	1748.36	2198.94	2617.43	1847.75
机械及运输设备	949.01	1269.76	1878.88	2682.91	3522.62	4563.64	5771.89	6733.25	5904.27
杂项制品	871.10	1011.53	1261.01	1563.93	1941.91	2380.29	2968.53	3346.06	2996.70
未分类的其他商品	5.84	6.48	9.56	11.12	16.09	23.88	21.76	17.15	16.45

数据来源:中国海关统计

表 1.3 2001～2009 年中国进口商品结构

金额单位:亿美元

年 份	2001	2002	2003	2004	2005	2006	2007	2008	2009
总值	2435.53	2951.70	4127.60	5612.29	6599.53	7914.61	9561.16	11325.67	10059.23
初级产品	457.43	492.71	727.83	1173.00	1477.10	1871.41	2429.78	3627.76	2892.02
食品及活动物	49.76	52.38	59.59	91.56	93.88	99.97	114.97	140.50	148.24
饮料及烟类	4.12	3.87	4.91	5.48	7.82	10.41	14.02	19.20	19.54
非食用原料	221.27	227.36	341.19	553.78	702.12	831.64	1179.09	1672.08	1408.22
矿物燃料、润滑油及有关原料	174.66	192.84	292.14	480.03	639.57	890.02	1048.26	1691.09	1239.63
动、植物油脂及蜡	7.63	16.25	30.01	42.14	33.70	39.38	73.44	104.88	76.39
工业制成品	1978.10	2459.00	3400.53	4441.23	5124.09	6044.72	7128.41	7703.11	7163.53
化学品及有关产品	321.04	390.36	489.80	657.44	777.42	870.79	1074.99	1191.95	1121.24
按原料分类的制成品	419.38	484.89	639.05	740.72	811.59	869.60	1028.67	1071.59	1077.32
机械及运输设备	1070.15	1370.10	1928.69	2526.24	2906.28	3571.08	4125.08	4419.18	4079.99
杂项制品	150.76	198.01	330.17	501.55	608.72	712.95	875.04	976.19	851.92
未分类的其他商品	16.76	15.64	12.82	15.29	20.08	20.30	24.65	44.20	33.06

数据来源:中国海关统计

1.4.6 国际贸易地理方向与对外贸易地理方向

国际贸易地理方向亦称国际贸易地区分布(International Trade by Region),是指一定时期内世界各国、各地区在国际贸易中所占的地位,通常用它们的出口额或进口额占世界出口总额或进口总额的比重来表示。例如,2009 年,从出口总额来看,世界出口前 20 强依次是:中国、德国、美国、日本、荷兰、法国、意大利、比利时、韩国、英国、中国香港、加拿大、俄罗斯、新加坡、墨西哥、西班牙、中国台湾、沙特阿拉伯、瑞士、马来西亚;从进口总额来看,世界进口前 20 强依次是:美国、中国、德国、法国、日本、英国、荷兰、意大利、比利时、中国香港、韩国、加拿大、西班牙、新加坡、印度、墨西哥、俄罗斯、中国台湾、澳大利亚、瑞士。

对外贸易地理方向(Direction of Foreign Trade),又称对外贸易地区分布或对外贸易国别结构,是指一定时期内世界各国、各地区在一个国家或地区对外贸易中所占的比重。它表明该国家或地区出口货物和服务的去向以及进口货物和服务的来源,从而反映该国家或地区与世界各国、各地区之间经济贸易联系的程度,即可以看出哪些国家或地区是该国家或地区的主要贸易对象和主要贸易伙伴。2010 年中国前十大货物贸易伙伴的货物贸易比重如图 1.3 所示。

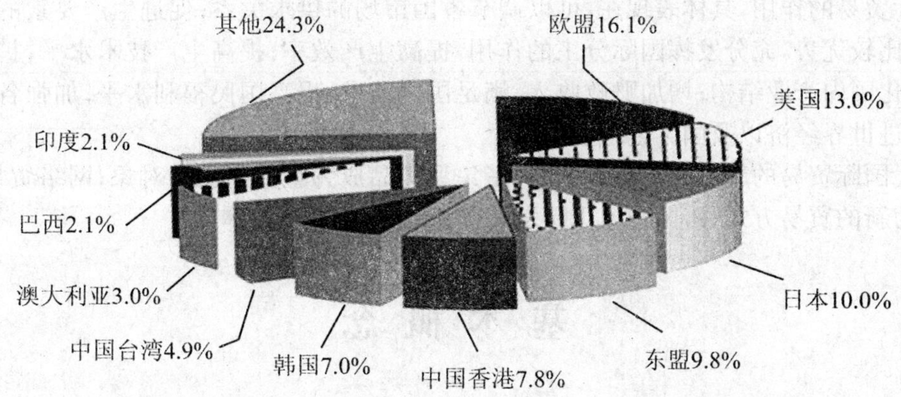

图 1.3 2010 年中国前十大货物贸易伙伴的货物贸易比重

数据来源：中国海关统计

1.4.7 对外贸易依存度

对外贸易依存度(Ratio of Dependence on Foreign Trade)，又称对外贸易系数，是指一个国家或地区经济发展对对外贸易的依赖程度。它是以一个国家或地区对外贸易额、出口额或进口额在该国家或地区国民生产总值或国内生产总值中所占比重表示的，即

$$对外贸易依存度=\frac{进出口总额}{GDP(或\ GNP)}\times 100\%$$

一般来说，对外贸易依存度直接受经济发展水平及自然资源拥有状况、对外经济政策、国内市场容量等因素的影响。目前，世界各国或地区的对外贸易依存度均呈现上升趋势，这是因为各国和地区的经济发展互相影响、互相依赖日益加强，即国民经济国际化进程加快。例如：中国 1978 年的对外贸易依存度为 9.9%，1999 年就上升为 36.5%，也就是说，中国 GDP 的三分之一以上是通过对外贸易实现的。

本章小结

国际贸易的产生必须具备两个基本条件：一是有可供交换的剩余产品；二是国家的形成。到了资本主义社会，国际贸易才获得广泛的发展，真正具有世界意义，对外贸易在各国国民经济中占有越来越重要的地位。国际贸易和国内贸易是任何国家发展国民经济必不可少的重要手段。两者在性质上和业务上，既有共同之处又各具特点，既有区别又存在着密切的联系。

国际贸易按商品流向的不同划分为进口贸易、出口贸易和过境贸易；按贸易是否有第三国参加划分为直接贸易、间接贸易和转口贸易；按商品形态的不同划分为有形贸易和无形贸易；按境界标准的不同分为总贸易和专门贸易；按贸易参加国数量的不同分成双边贸易和多边贸易；按贸易形式的不同划分为一般贸易和加工贸易；按贸易过程中是否使用单证等商业文件划分为有纸贸易和无纸贸易；按清偿工具的不同划分为自由结汇贸易和易货贸易。

国际贸易的作用，具体表现在：可以调节各国市场的供求关系；促进生产要素的充分利用；利用比较优势，充分发挥国际分工的作用，提高生产效率；提高生产技术水平，扩大生产能力，优化国内产业结构；增加财政收入，满足国内需求，提高国民福利水平；加强各国经济联系，促进世界经济以及国际金融的发展。

当代国际贸易的新趋势表现在：知识密集型产品成为重要的交易对象；网络贸易、电子商业成为新的贸易方式；跨国公司飞跃发展，国际市场将高度一体化。

基本概念

国际贸易　对外贸易　对外贸易额　国际贸易额　对外贸易量　国际贸易量　对外贸易差额　对外贸易商品结构　国际贸易商品结构　国际贸易地理方向　对外贸易地理方向　对外贸易依存度

复习思考题

一、单选题

1. 从世界范围看，世界各国之间货物与服务交换的活动称为（　　）。
   A. 国际贸易　B. 对外贸易　C. 多国贸易　D. 双边贸易
2. 在世界贸易中，（　　）国家是世界贸易的主体，是各国主要市场。
   A. 发达资本主义　B. 发展中　C. 不发达资本主义　D. 转型
3. 中国内地出口一批货物给新加坡某公司，该新加坡公司又将这批货物转卖给美国某公司，这个贸易现象对新加坡而言称为（　　）。
   A. 间接进口　B. 间接出口　C. 转口贸易　D. 易货贸易
4. 下列不属于专门进口的是（　　）。
   A. 为国内消费和使用而直接进入的进口货物
   B. 进入海关保税工厂的进口货物
   C. 为国内消费和使用而从海关保税仓库中提出的货物以及从自由贸易区出口的货物
   D. 进入海关及从自由贸易区进口的货物
5. 下列表述正确的是（　　）。
   A. 有形贸易显示在海关统计上，显示在国际收支表上
   B. 有形贸易不显示在海关统计上，显示在国际收支表上
   C. 无形贸易显示在海关统计上，显示在国际收支表上
   D. 无形贸易显示在海关统计上，不显示在国际收支表上
6. 通常所说的国际贸易额是单指（　　）而言。
   A. 世界进口总额　B. 世界出口总额
   C. 世界进出口总额　D. 世界进口差额

7. 联合国编制和发表的世界各国对外贸易额的资料以(　　)表示。

A. 欧元　B. 美元　C. 本国货币　D. 日元

8. 能够比较确切地反映一国对外贸易实际规模,便于各个时期进行比较的是(　　)指标。

A. 对外贸易量　B. 对外贸易额　C. 对外贸易依存度　D. 对外贸易值

9. 在专门贸易体系中,作为进出口统计标准的是(　　)。

A. 海关结关　B. 货物通过国境　C. 交纳税费　D. 订立合同

10. 一国的进出口贸易收支状况用(　　)来表明。

A. 对外贸易　B. 贸易顺差　C. 有形贸易　D. 贸易差额

11. 某国的国民生产总值为2万亿美元,商品进口值为1200亿美元,出口值为800亿美元,则该国对外贸易依存度为(　　)。

A. 10%　B. 11%　C. 12%　D. 9%

二、多选题

1. 国际贸易的产生必须具备(　　)。

A. 良好的商业信誉　B. 剩余产品　C. 国家的产生
D. 专业与理论知识　E. 完备的组织结构

2. 下列产品属于初级产品的有(　　)。

A. 矿物燃料　B. 动植物油脂　C. 饮料及烟类
D. 机械及运输设备　E. 塑料制品

3. 按照世界贸易组织的分类,服务行业包括的部门有(　　)。

A. 通信　B. 家电制造　C. 银行
D. 建筑　E. 交通

4. 对外贸易按商品形式与内容的不同,分为(　　)。

A. 直接贸易　B. 转口贸易　C. 间接贸易
D. 有形贸易　E. 无形贸易

5. 下列国家中采用总贸易体系的国家有(　　)。

A. 中国　B. 法国　C. 意大利　D. 英国　E. 美国

6. 以下可列入总进口的项目有(　　)。

A. 供国内消费和使用而直接进入的进口货物
B. 进入海关保税工厂的货物
C. 进入海关保税仓库和自由区的进口货物
D. 本国化货物出口
E. 从海关保税仓库和自由区转出出口的货物

7. 可列为专门出口的货物是(　　)。

A. 从海关保税工厂出口的货物　B. 本国产品出口
C. 从海关保税仓库出口的货物　D. 从自由贸易区出口的货物
E. 本国代商品出口

8. 假设世界只有2个国家:甲国和乙国,在一年里,甲国从乙国进口了500亿元商品,乙国从甲国进口了400亿元商品,则下列说法正确的是(　　)。

A. 世界贸易总额为900亿元　　B. 甲国对外贸易额为900亿元
C. 乙国对外贸易额为900亿元　　D. 甲国贸易顺差100亿元
E. 乙国贸易顺差100亿元

三、判断题

1. 国际贸易是各国经济活动相互传递的重要渠道。（　）
2. 生产力的发展和社会分工的扩大是对外贸易产生和发展的基础。（　）
3. 对外贸易产生于封建社会末期。（　）
4. 转口贸易可以直接运送，直接贸易可以间接运送。（　）
5. 无形商品贸易无需履行海关手续，也不反映在海关的贸易统计上。（　）
6. 服务贸易不显示在海关的贸易统计上，但它是国际收支的组成部分。（　）
7. 国际贸易值是以货币表示的，而国际贸易量是以数量表示的。（　）
8. 一国的贸易顺差表明该国处于有利的贸易地位。因此，贸易顺差越多越好。（　）
9. 商品贸易条件的恶化必然导致一国贸易得益的下降。（　）

四、简答题

1. 请简述国际贸易的产生与发展历史。
2. 对外贸易对世界各国对外经济关系的作用有哪些？
3. 国际贸易的分类主要有哪些？

五、论述题

1. 如何看待贸易顺差与逆差？
2. 如何正确看待一国对外贸易地理方向的集中与分散？
3. 中国在2008年的对外贸易依存度已经达到76%，请你对这一指标作出评价。

六、案例分析

2012年，中国GDP约合8.26万亿美元，中国货物进出口总额38669.8亿美元，同比增长6.2%。其中出口20487.8亿美元，增长7.9%，增速比上年回落12.4个百分点；进口18182.0亿美元，增长4.3%，回落20.6个百分点。在全球货物贸易额仅增长0.2%的情况下，2012年中国货物贸易额仍居全球第二位，占全球份额进一步提升。其中出口占全球比重为11.2%，比上年提高0.8个百分点，连续四年居全球首位；进口占全球比重为9.8%，比上年提高0.3个百分点，连续四年居全球第二。出口方面，高新技术产品出口6012.0亿美元，增长9.6%，高于总体出口增速1.7个百分点，占总体出口的比重从上年的28.9%上升到29.3%；机电产品出口11794.2亿美元，增长8.7%，占出口总额的57.6%；服装、纺织品、鞋类、家具、塑料制品、箱包和玩具等7大类劳动密集型商品合计出口4188.9亿美元，增长8.6%，占出口总额的20.4%，多数产品出口价格进一步上涨；“两高一资”产品出口继续下降，其中煤和成品油出口量分别下降36.8%和5.5%。进口方面，全年高新技术产品和机电产品进口额分别为5067.5和7823.8亿美元，分别增长9.5%和3.8%，其中自动处理设备及其部件、集成电路、汽车增长较快；大宗商品进口总体平稳增长，大豆、铁矿石、原油、铜及铜材进口量分别增长11.2%、8.4%、6.8%和14.1%。全年贸易顺差2305.8亿美元，占国内生产总值的2.8%，仍处于国际公认的合理区间。2012年，一般贸易增长平稳，加工贸易增长乏力，增速均低于外贸总体增速，全年一般贸易进出口20098.3亿美元，增长4.4%，占进出口总额的52%；加工贸易进出口13439.5亿美元，增长3.3%，占进出口总额的34.8%；其他贸易方式进出口5129.8亿美元，增长24.6%。

根据上述资料，结合所学内容，对我国2012年的对外贸易发展概况作简要分析。

加工(粗加工)和深加工(精加工)。只经过初加工的为初级产品,经过多次加工最后成为制成品。初级产品与制成品这两类产业的生产过程构成垂直联系,彼此互为市场。另一种是指同一产业内技术密集程度较高的产品与技术密集程度较低的产品之间的国际分工,或同一产品的生产过程中技术密集程度较高的工序与技术密集程度较低的工序之间的国际分工,这是相同产业内部因技术差距所引致的国际分工。

从历史上看,19 世纪形成的国际分工是一种垂直型的国际分工。当时英国等少数国家是工业国,绝大多数不发达的殖民地、半殖民地成为农业国,工业先进国家按自己的需要强迫落后的农业国进行分工,形成工业国支配农业国,农业国依附工业国的国际分工格局。迄今为止,工业发达国家从发展中国家进口原料而向其出口工业制成品的情况依然存在,垂直型的国际分工仍然是工业发达国家与发展中国家之间的一种重要的分工形式。

(2) 水平型国际分工

水平型国际分工(Horizontal International Division of Labor)是指经济发展水平相同或接近的国家(如发达国家以及一部分新兴工业化国家)之间在工业制成品生产上的国际分工。当代发达国家的相互贸易主要是建立在水平型国际分工的基础上的。水平分工可分为产业内与产业间水平分工。前者又称为"差异产品分工",是指同一产业内不同厂商生产的产品虽有相同或相近的技术程度,但其外观设计、内在质量、规格、品种、商标、牌号或价格有所差异,从而产生的国际分工和相互交换,它反映了寡占企业的竞争和消费者偏好的多样化。随着科学技术和经济的发展,工业部门内部专业化生产程度越来越高。部门内部的分工、产品零部件的分工、各种加工工艺间的分工越来越细。这种部门内水平分工不仅存在于国内,而且广泛地存在于国与国之间。后者则是指不同产业所生产的制成品之间的国际分工和贸易。由于发达资本主义国家的工业发展有先有后,侧重的工业部门有所不同,各国技术水平和发展状况存在差别,因此,各类工业部门生产方面的国际分工日趋重要。各国以其重点工业部门的产品去换取非重点工业部门的产品。工业制成品生产之间的分工不断向纵深发展,由此形成水平型国际分工。

(3) 混合型国际分工

混合型国际分工(Mixed International Division of Labor)是把"垂直型"和"水平型"结合起来的国际分工方式。德国是"混合型"的典型代表。它对第三世界是"垂直型"的,向发展中国家进口原料,出口工业品,而对发达国家则是"水平型"的。在进口中,主要是机器设备和零配件。其对外投资主要集中在西欧发达的资本主义国家。

2. 按分工是在产业之间或产业内部分类

(1) 产业间国际分工

产业间国际分工是指不同产业部门之间生产的国际专业化。第二次世界大战以前,国际分工基本上是产业间国际分工,表现在亚、非、拉国家专门生产矿物原料、农业原料及某些食品,欧美国家专门进行工业制成品的生产。

(2) 产业内部国际分工

产业内部国际分工是指相同生产部门内部各分部门之间的生产专业化。二次大战发生的第三次科学技术革命对当代国际分工产生了深刻的影响,使国际分工的形式和趋向发生了很大的变化,突出地表现在使国际分工的形式从过去的部门间专业化向部门内专业化方向迅速发展起来。这主要是由于科技进步使各产业部门之间的级差化不断加强,不仅产品品种规格更加多样化,而且产品的生产过程也进一步复杂化。这就需要采用各种专门的设备和工艺,以达到商品的特定技术要求和质量要求,而一般来说所需要专用设备的数量不多,但要求精度较高。同时,为了达到产品的技术和质量要求还必须进行大规模的科学实验和研究,这就需要大量的科研费用。在这种情况下,只有进行大量生产在经济上才能有利。但这些往往又同一国的有限市场和资金设备以及技术力量发生矛盾,这就促进各国在部门内部生产专业化迅速得到发展。

产业内部国际分工主要有三种形式:

第一,同类产品不同型号规格专业化分工。在某些部门内某种规格产品的国际生产专业化,是部门内国际分工的一种表现形式。

第二,零部件专业化分工。许多国家为其他国家生产最终产品而生产的配件、部件或零件的专业化。目前,这种国际生产专业化在许多种产品的生产中广泛发展。

第三,工艺过程专业化分工。这种专业化过程不是生产成品而是专门完成某种产品的工艺,即在完成某些工序方面的专业化分工。以化学产品为例,某些工厂专门生产半制成品,然后将其运输到一些国家的化学工厂去制造各种化学制成品。

2.2　国际分工的发展历程

随着科学技术的进步,生产力的高度发展,各国之间的分工纵深发展,国际社会经济形成一个有机整体。这个有机整体越是向前发展,其各个部分就越是不断扩展、各种经济之间的联系就越是复杂。纵观国际分工的发展历程,生产力的发展是促使国际分工产生和发展的决定性因素,科技的进步是国际分工得以产生和发展的直接原因。

2.2.1　国际分工的萌芽阶段

这一阶段包括16世纪至18世纪中叶资本原始积累时期以及资本主义以前的各个社会经济形态。由于自然经济占统治地位,商品生产不发达,所以该阶段只存在不发达的地域分工和简单的社会分工。

随着生产力的发展,11世纪欧洲城市的兴起,手工业和农业进一步分离,商品经济有了较大的发展。15世纪末至16世纪初哥伦布的"地理大发现",为资本主义生产方式的产生和发展起了巨大作用。这一时期随着国际贸易从欧洲向亚洲和新大陆迅速扩充,存在于国际交换中的地域分工有了新的发展,但是,由于受经济不发达和交通运输条件的制约,国际分工的地理范围狭小,产品的数量、品种都是极为有限的。到16世纪中叶,西欧的封建社会开始瓦解,手工业向工场手工业过渡,资本进入原始积累时期,此时无论用于国际交换商品的种类、数量,还是参与国际交换的国家和地区都有了迅速增加。西欧国家极力推行重商主义政策的同时,还推行殖民政策,用暴力的手段强迫被占领的国家按照他们的意愿进行分工,这不仅使西欧一些国家很快形成了统一的国内市场,而且使这种社会分工迅速扩展到国际领域,从而使国际分工进入萌芽阶段。在这个时期里,西欧殖民主义者用暴力手段和超经济的强制手段，在亚、非、拉美各洲进行掠夺。他们开矿山、采金银、建立种植园，为本国生产和提供其不能生产的农作物原料，以维持本国工业品的生产和出口，形成了宗主国和殖民地之间的垂直型国际分工。他们把非洲变为猎捕黑奴的场所，建立以奴隶劳动为基础的农场主制度。当时盛行一时的“三角贸易”是西欧宗主国与殖民地之间国际分工萌芽的典型表现形式。

2.2.2 国际分工的发展阶段

这一阶段包括18世纪60年代至19世纪60年代。此段时期内，第一次工业革命出现在英国，又迅速扩展到其他国家。工业革命推动了资本主义经济体系的构建，加快了商品经济和社会分工的发展，推动了国际分工。这一阶段的主要特点有两方面。

1. 大机器工业加深了国际分工的基础

第一，机器的广泛使用不仅实现了能满足市场需要的大规模生产，而且使工业内部分工进一步发展，以至于分离出专门生产原材料和专门生产消费品的各种独立的工业部门。同时，生产力革命带来的生产能力不断增强、生产规模迅速扩大，引起原材料供应的紧张和国内市场的饱和，要求开辟大量而稳定的新的原料来源地以及寻求新的市场。第二，大机器工业为发展交通运输及通信设施提供了物质技术基础。大机器工业改进了运输方式，铁路代替了驿道，轮船代替了帆船，从而加快了运输速度和极大地提高了运输能力，缩短了各国地理上的距离。大机器工业还提供了电报等现代化的通信工具，把原料生产国和工业品生产国联系在一起。所有这些加强了国际经济联系，使大规模的远距离运输成为可能。第三，大机器工业成为工业化国家开拓市场的重要武器，消灭了古老的民族手工业，打破了以往地方和民族的自给自足、闭关自守的市场。于是，先进国家逐渐垄断了工业部门的生产，而强迫落后国家成为其原料场地和销售市场。这种分工不断地在世界范围内扩展，逐步把经济发展水平不同的国家不同程度地纳入到这种国际分工之中。

2. 英国成为国际分工的中心

率先完成工业革命的英国，生产力和经济迅速发展，在国际经济竞争中处于绝对优势的地位。为进一步发展本国经济，英国放弃了重商主义政策，转向了自由贸易。其通过强有力的竞争和殖民统治，将亚洲、非洲、拉美等国落后的自然经济纳入国际分工和世界市场。马克思说：“英国是农业世界伟大的中心，是工业太阳，日益增多的生产谷物和棉花的卫星都围着它运转。”可见，在这一时期，英国在国际分工体系中占有重要地位。

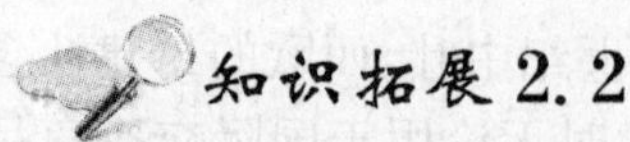

知识拓展2.2

当时一位英国学者这样描述：“在实质上，世界的1/5是我们自愿的进贡者，北美术平洋和俄国大平原是我们的谷物种植园，芝加哥和敖德萨是我们的谷仓；加拿大和波罗的海诸国是我们的森林；我们羊群的牧场在澳洲；我们的牛群在美洲；秘鲁把他们的白银提供给我们;加利福尼亚和澳洲把自己的黄金提供给我们;中国人为我们种茶;印度把咖啡、茶叶和香料运到我们的海岸;法国和西班牙是我们的葡萄园;地中海沿岸是我们的果园;我们从北美合众国以及其他国家获得棉花。”

(资料来源:张锡嘏.国际贸易[M].北京:对外经济贸易大学出版社,2006.)

3. 世界市场上出现大宗商品

国际贸易中交换的商品,由过去主要为满足地主贵族和商人需要的奢侈品和消费品转向现代大工业生产需要的农业和原材料,如小麦、棉花、羊毛、咖啡、铜、木材等。这些产品的贸易推进了垂直型国际分工体系和格局的建立和发展。

2.2.3 国际分工的形成阶段

这一阶段包括19世纪中叶到第二次世界大战。这个时期出现了第二次产业革命,石油、汽车、电力、电器工业相继建立,交通运输业快速发展,苏伊士运河和巴拿马运河相继开通,电报和海底电缆的铺设,大大促进了社会生产力的发展,确立了资本主义经济体系,国际分工体系最终形成。这一阶段的主要特点有以下几个方面。

1. 国际分工中心国家增多

这一期间完成产业革命的法国、德国、日本、美国等工业化国家都成为国际分工的中心国家。国际分工中心国家由英国变成一组国家。

2. 发达国家间出现部门分工

根据工业化后的经济结构和优势,发达国家之间形成部门分工,例如:挪威专门生产铝,比利时专门生产铁和钢,芬兰专门生产木材和木材加工产品,芬兰和丹麦专门生产畜产品,美国成为谷物生产的大国。

3. 亚、非、拉美国家形成单一经济

随着国际分工中心国家的增多,亚、非、拉美殖民地和后进国家垂直型分工加深,他们主要生产和出口一两种中心国家生产和生活所需的农产品和矿产品,而所需的工业品和消费品则从中心国家进口。

4. 世界性的生产和消费形成

随着国际分工体系的形成,参与国际分工的每个国家都有许多生产部门首先为世界市场生产的,而每一个国家所消费的生产资料和生活资料,都全部和部分地依靠其他国家供应。其结果是,参与国际分工国家的生产和消费变成世界性的,相互形成依赖的关系。

至此形成的国际分工,习惯上称为传统的国际分工,是资本主义性质的国际分工体系,

具有强制性、依附性、掠夺性和剥削性，是不平等的国际分工。国际分工是不以人们意志为转移的客观过程，它具有双重性：进步性和落后性。一方面它打破了民族闭关自守的状态，把各个国家和民族在经济上联系起来，促进了生产的国际化、专业化和世界生产力的发展；另一方面，国际垄断资本强制地使殖民地或半殖民地国家的经济依附于帝国主义国家，使这些国家沦为帝国主义国家的经济附庸。在这种国际分工的基础上形成的帝国主义宗主国与殖民地国家经济贸易关系，从来不是按平等互利的原则进行的，帝国主义国家总是通过各种形式剥削和掠夺经济落后的国家，从而对落后国家的生产力发展起了阻碍作用。近年来，发展中国家为建立国际经济新秩序及促进本国经济的发展，已在积极争取改变旧的国际分工体系，建立新的平等互利的国际分工体系。

2.2.4 国际分工的深化阶段

第二次世界大战以后，随着第三次科技革命的发生、跨国公司迅速的发展、殖民体系的瓦解、大批发展中国家的独立、一批社会主义国家的成立，使国际分工深入发展，表现出许多新的特点。

1. 国际分工格局发生变化

传统的国际分工的基础发生根本性变化，原来的以宗主国与殖民地半殖民地的经济联系为主的国际分工不复存在。取而代之的是以各个政治上相互独立的国家之间的国际分工。形成了以发达资本主义国家为中心，发达资本主义国家、社会主义国家和发展中国家三股力量同时并存的基本格局。二战前，工业制成品生产国与初级产品生产国间的分工居于主导地位。二战后，工业国与工业国间的分工居于主导地位，相同经济水平国家之间的经济联系进一步加强，国际分工从垂直型分工向水平型分工过渡。

2. 国际分工的结构发生变化

二战前，占主导地位的是各国不同部门之间的分工。战后，随着社会分工的发展，越来越多的部门走向世界，形成国际间的部门内部分工。战后的科技革命导致了一系列新兴工业部门的诞生，如高分子合成工业、原子能工业、电子工业、宇航工业等，任何一个专业发达、技术进步的国家都不可能生产出自己所需的全部工业产品。于是某些工业产品的生产从发达国家向发展中国家转移，出现了高精尖工业与一般工业的分工，资本技术密集型产品与劳动密集型产品的分工，使以自然条件为基础的自然地域分工在国际分工中的作用削弱。少数经济发达国家成为资本(技术)密集型产业国，广大发展中国家成为劳动(土地)密集型产业国，他们各自内部以及相互之间又形成更细致的分工。

3. 国际分工的范围呈扩大趋势

在战后科技革命的影响下，用于国际交换的产品更加多样化、产品生产工艺更加复杂化、产品技术和质量要求更加严格，需要实现更高水平上的生产专业化分工，即实现同一产业部门内部在国际范围内的专业化分工协作。此时国际经济活动的规模和范围都有所发展，从单一的商品贸易向各种形式的国际经济活动发展，从流通领域中的分工协作向生产领域的分工协作发展，各种领域互相综合，互相渗透。

4. 国际分工的机制发生了显著变化

从国际分工产生到第二次世界大战前，资本主义国际分工形成与发展的机制：一是殖民统治；二是垄断与资本输出；三是价值规律下的市场自发力量。二战后，随着殖民体系的瓦解，社会主义国家的出现，跨国公司在世界经济中地位的加强，国际分工的机制发生了较大的变化：一是殖民统治力量大大削弱，各独立国家按国民经济发展要求有目的、有步骤、积极主动地参与国际分工；二是跨国公司发挥着越来越大的作用，其在世界范围内进行资源的优化配置，通过对外投资和贸易等形式加强了国际间的经济联系，逐渐把不同国家企业的生产经营活动纳入其内部管理活动中，使垂直分工、水平分工和混合分工等分工形态并存发展；三是出现了有组织的"协议式"的国际分工。

2.2.5　当代国际分工

20世纪80年代末以来，在经济全球化发展的背景下，自然资源和劳动力等传统生产要素的作用趋于减弱，而信息、技术、人才和创新机制等知识性要素的作用趋于增强，而这些要素具有高度的国际流动性。当代国际分工的深化，实际上已经发展成为一个包含不同部门之间、同一部门不同产业之间、同一产业不同产品之间以及同一产品不同工序之间分工的多层次国际分工体系。这一时期的特点有以下几个方面。

1. 国际分工的基础进一步深化

(1) 经济全球化快速发展

20世纪90年代以后，经济全球化发展迅速。建立起了全球性的生产体系和吸收体系；出现了全球性的金融、货币和投资市场；出现了世界范围内的人力资源流动，世界性移民、人才跨国培养、公开和隐蔽性流动都在加大；建立起了地区和全球性的管理和协调机构与机制。各种经济贸易集团的大量出现和完善，国际货币基金组织、世界银行和世界贸易组织机制不断加强。大国首脑定期举行高层会议，共谋国际大事和商讨对策。

(2) 市场经济体制被普遍接受

20世纪90年代以后，市场经济体制为世界绝大多数国家所接受，对外开放政策成为各国对外贸易政策的主流。它们为市场经济规律充分发挥作用提供了广阔的空间，促进了世界的社会分工向广化和深化发展。

(3) 国际分工的参与度扩大

参与国际分工的国家和地区遍及世界，各大类国家参与国际分工的程度在加深。1990年到2006年间，对外贸易总出口依存度从18.1%提高到25.9%，发展中国家从27.9%提高到44%。

2. 国际分工形式多样化

在前一节我们介绍了国际分工的类型，主要有垂直型、水平型和混合型。随着发展中国家的经济发展,垂直型的国际分工有所削弱,但仍存在;水平型国际分工成为当今主流的国际分工形式,参与这种分工的国家除了发达国家还有一些新兴工业化国家;德国曾是典型的混合型国际分工的代表。

21世纪初以来,在经济全球化的浪潮下,兴起了外包型国际分工,就是公司将某些业务和服务从自身内部剥离,然后外包给其他国家的公司。其表现形式是:货物生产企业产品从自制到外购,将非核心工作和软件研发包给国外公司,以降低成本,提高核心竞争力。

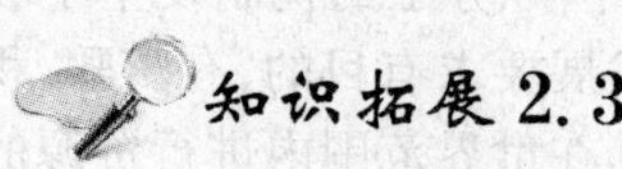

知识拓展2.3

失落的印度外包业

"如果你是美国人,不管你的职业是什么——医生、律师、建筑师、会计师——最好学会如何取悦顾客,因为所有能够数字化的职业现在都可以打包到国外。"

这段文字出自美国作家托马斯·弗里德曼(Thomas Friedman)的名著《世界是平的》。这本书里面,外包产业,特别是在印度兴起的外包产业被赋予了崇高的意义。这是全球化的象征,也是未来的希望。

弗里德曼甚至预测,2003年美国大约有2.5万项税收返还是在印度完成的,2004年这一数字达到了10万项,2005年有望升至40万项。10年后,你也许会发现美国的会计师们将最基本的税收工作都外包出去了。

但是事实表明,差不多近10年过去了,美国的许多产业不但没有被外包出去,相反,许多职位正在回流到美国。在后经济危机时代,全球化正在遭受冲击,外包业仅仅是一部分而已。

印度人以及菲律宾人良好的英语水平和他们数百年来与西方的特殊关系,使得他们可以胜任许多西方人的工作。当地低廉的人力成本,使得外包业成为了这些国家最重要的经济支柱之一。

但2008年的一份调查显示,美国消费者对海外外包并没有弗里德曼等人想象的那么满意。该调查发现,如果客服人员能够非常清晰地用英语交流,在88%的情况下他们可以解决客人的问题,但假如在沟通和语言方面存在问题,成功解决问题的几率就下降到45%了。而且调查还发现,至少在2008年的时候,大部分美国顾客依然相信,和他们对话的那个服务人员或电话客服中心是在美国。

很多新移民与电话那端在孟买、古尔冈或者班加罗尔的客服人员沟通存在着更大的障碍。很多中国人就会抱怨,他们更喜欢和"纯正的美国人"沟通,有些中国人干脆会提出这样的要求,不能找个华人员工来和我沟通吗?

这无疑是一种另类的讽刺,印度外包业的兴起得益于全球化,但是另外一种全球化现在反过来开始抑制外包业全面往印度转移。

(资料来源:张子宇.失落的印度外包业[N].时代周报,2012-09-06.)

3. 国际分工格局层次化

(1) 发达国家仍处于国际分工中心

在国际分工的形成和发展过程中,发达国家一直处于主导地位。发达国家是世界科技、贸易、金融、信息中心,是世界经济的火车头,引领经济的全球化。发达国家的跨国公司通过直接投资建立全球性生产体系和销售体系,并把世界各国纳入其中,成为当代国际分工的重要营造者。

(2) 国际分工格局出现层次化

国际分工格局层次化表现在三个方面:

第一,部分发展中国家和地区离开外围。第二次世界大战后,随着发展中国家和地区的经济发展,出现了新兴的工业化国家和地区,它们发展成为制成品出口的主要国家和地区,其中包括:巴西、中国、中国香港、中国台湾、印度、韩国、马来西亚、墨西哥、新加坡等。它们与发达国家形成了初步的水平型分工。

第二,经贸集团内部分工加强。经贸集团内部通过贸易和投资等的自由化,通过各种计划,协调和扩大成员内部产业之间的分工,使内部贸易占整个对外贸易的比重不断提高。欧盟内部贸易占整个对外贸易的比重从1980年的62.3%提高到2006年的67.6%。同期,东盟的该比重从17.4%提高到24.9%,北美自由贸易区从33.6%提高到53.8%。

第三,区域内部分工在加强。如日本汽车业的生产中,形成了与东南亚国家之间的分工。例如,在日本丰田汽车部件中,印度尼西亚和泰国集中生产柴油机、踏脚和电动设备;菲律宾生产传动系统;马来西亚生产驾驶连杆和电动设备;新加坡办事处协调和管理各种交易。

20世纪80年代以后,国际分工从有形商品领域向服务业领域扩展,并出现了相互结合、相互渗透的趋势。在国际服务贸易中,发达国家在金融、保险、计算机、信息、通信等资本和技术密集型的服务中具有优势,发展中国家在海运、旅游和劳务输出等服务中具有优势。

知识拓展2.4

你愿意抵制苹果(公司)吗?

“你愿意抵制苹果(公司)吗?”美国《纽约时报》日前刊文,揭露苹果公司在华供货商之一——富士康集团“压榨工人”的诸多细节,指责苹果公司对此置若罔闻。随后,多家美国主流媒体也对苹果开炮。这次美国媒体批判苹果公司时透露出另一些细节,那就是,在苹果产品生产过程中,除了中国企业和中国工人,无人能承受其严苛的成本控制条件,无人能达到其严酷的生产周期要求。因此,在回答有关为什么不把苹果放在美国国内生产,并以此来增加美国人的就业机会这样的尖锐问题时,“苹果之父”乔布斯曾毫不犹豫地说:它回不来了。

乔布斯的话连奥巴马都不爱听,更不要说那些总喜欢拿中国做文章的美国媒体了。但乔布斯说的是心里话,他必须确保苹果的独特品质,同样他必须追求苹果产品的超额利润,而这两点是他的同胞们无法做到的。

乔布斯的"国际分工方案"符合苹果公司的利益,也符合全球经济一体化的发展要求。然而,在这样的分工体系中,中国人扮演的角色尴尬,心情复杂。一方面,在苹果产品所赚的超额利润中,像富士康那样的供应商所得有限,工人们得到的更是微乎其微。而同时,那些工人却付出了超额的劳动,付出了血汗乃至生命。另一方面,中国人的勤奋、灵巧、吃苦耐劳的能力,以及中国工人的责任心和服从性,赢得了包括乔布斯在内的大老板们的尊重,也在激烈的国际竞争中赢得了不少机会。不管怎么说,能让苹果"回不去"美国,自有一番意义。

问题是,目前这种分工体系是无法继续维持的。这次美国媒体围攻苹果已经发出了一个信号,不论出于经济的考虑还是出于政治的需要,美国人对类似"苹果让中国制造"这样的事情已经不想容忍了。同样,对于依靠付出"三高一低"的代价去发展的模式,中国人也不想继续。那么,新的国际分工会是什么样子,新的游戏将怎么玩儿,我们必须有所考虑和准备。这其中有两种结果是可以预料的——或者,我们开发出像苹果一样甚至超过苹果的技术,使之与传统优势叠加,创造出新的奇迹;或者,我们还是跟在别人后面爬行,试图从人家那里分一杯羹,直至被人冷冷地拒绝,淘汰出局。

(资料来源:高初建."苹果挨批"与国际分工[N].中华工商时报,2012-02-02.)

2.3 国际分工发展的制约因素

国际分工的发展受多种因素的影响,这些因素可以概括为两大类:一类是自然条件因素,一类是社会与经济因素。

2.3.1 自然条件

自然条件包括气候、土地、水流、自然资源、地理位置和国土面积等,它是一切经济活动的基础,没有一定的自然条件,进行任何经济活动都是困难的。不同国家的地理、气候、资源、国土等条件不同,为国际分工提供了自然基础。如只有拥有大量矿藏的国家,才能生产矿产;只有地处热带的国家,才能生产热带作物;只有沿海且渔业资源丰富的国家,才有可能发展海洋渔业和养殖业。因此,东南亚的马来西亚等国有"橡胶之国"的美称,中东地区成为世界主要的石油输出国,南美成为世界咖啡、可可的主要来源地。国土辽阔的大国,如俄罗斯、美国、中国等,国内各地区自然条件具有多样性,自然资源也很丰富,为发展多种产业和建立相对完整的工业生产体系提供了必要条件。一个内陆国家,没有出海口,对外交通不便,自然会影响到该国的经济发展;同样,一个孤悬于大洋的岛国,与其他地区和国家相距甚远,交往困难,也会影响其经济的发展。

自然条件的差异是国际分工产生和发展的重要基础,但并不是绝对的。自然条件的优劣,能促进或限制一个国家发展某种产业,但这种促进或限制的作用并不是决定性的。因为人类的生产力，即人类开发和利用自然的能力在不断提高。随着社会生产力的发展，自然因素的作用逐渐下降，建立在自然条件上的国际分工的意义也随之减弱。例如，人工合成橡胶的出现大大降低了国际市场对于天然橡胶的需求。再如，信息产业的诞生带来大量的新产品，信息技术创造的新的国际分工与自然条件已经没有多大关系了。因此，要真正形成相应的国际分工，还需要具备一定的生产力水平、适当的生产关系和国际经济关系。

2.3.2 社会生产力

国际分工的形成与发展过程充分证明，国际分工产生和发展的决定性因素是生产力，分工是以生产力的发展为前提的。

1. 社会生产力促进国际分工的发展

一切分工，其中包括国际分工，都是社会生产力发展的结果。它突出地表现在科学技术的重要作用上。人类史上出现的三次大的科学技术革命，都深刻地改变了许多领域，不断改善工艺技术、劳动过程和生产过程，使社会分工和国际分工随之发生变化。每一次科技革命都涌现出一些新兴的工业部门，这些工业部门不但本身是新的、巨大的生产力，而且还带动其他生产部门，推动整个社会生产迅速发展。科学技术的进步使生产更加专业化，分工更细，这大大加深了各部门、各企业之间的相互依赖性，使生产和销售都进一步社会化了。生产社会化必然导致国际化程度的加深。生产力的扩大、国内市场的相对狭小，必然促使这些国家、企业走向国际市场，寻找出路。从18世纪60年代到19世纪中期，欧洲各国完成了产业革命，建立了大机器工业，改善了交通运输工具，使一切国家的生产和消费具有世界性，出现了国际分工。从19世纪70年代开始的第二次科技革命促进了生产力的进一步发展，加速了资本的积聚和集中，资本输出成为重要的经济现象，使国际分工进一步发展，形成了资本主义国际分工体系。第二次世界大战后，出现了第三次科技革命，生产力的发展形成生产国际化，跨国公司的大量出现，使国际分工发展为世界分工。

2. 各国生产力水平决定其在国际分工中的地位

历史上，英国最先完成产业革命，其高度发展的生产力使之成为“世界工厂”，在国际分工中居于主导地位。继之欧美等其他国家资本主义产业革命完成，生产迅速发展，与英国一起成为国际分工的中心和支配力量。第二次世界大战后，许多原殖民地半殖民国家的独立，努力发展民族经济，生产力发展较快，特别是一些新兴的工业化国家经济迅速发展，从而改变了其在国际分工中的不利地位。

3. 影响国际分工的参与度

随着生产力的发展，各种经济类型的国家都加入到国际分工行列，各国紧密地联系在一起形成了无所不包的世界性的分工。生产力的发展对分工的形式、广度和深度起着决定性的作用。随着生产力的发展，国际分工形式从垂直型向水平型和混合型过渡；从国际货物分工向国际服务业分工延伸；从单一类型的国际分工向多层次的国际分工形式发展。

4. 提高国际分工的层次

以高科技为核心的知识作为一种要素，在生产中的作用大大超过了自然资源，使各国的经济活动在更大程度上依靠科学技术和人的智力，促使国际分工向更高层次发展。科学技术具有不断创新的潜力和可能性。人类掌握了科学技术并把它用于自然资源的勘探和开发上，自然资源得以为人类所利用。如中东地区有丰富的石油资源，但一直到20世纪初，人类掌握了油田勘探开发技术和原油炼制技术后，那里的石油工业才发展起来。科学技术还使新产业、新产品的科技含量不断提高，而原材料含量则不断降低，生产工艺的改进也使单位产品中原材料和能源的消耗日益减少。如目前生产的芯片，其价值的98%是科学技术，原材料只占2%。

2.3.3　人口、生产规模和市场

1. 人口分布

各国人口分布的不平衡，人们需求的同一性，会使贸易成为一种需要。有的国家人口众多、人口密度大，劳动力资源比较丰富；有的国家人口较少、人口密度低，劳动力资源显得比较缺乏。各种产品的生产对劳动力的需求状况是不同的。劳动力丰富的国家在生产劳动密集型产品方面具有比较优势，相对地，劳动力稀缺的国家在生产其他生产要素密集型的产品方面具有优势，这样在这两类不同的国家之中就产生了分工。另一方面，人口教育水平的高低也会影响国际分工。受教育程度高的劳动力相当于多倍的简单劳动力，而且适合于生产技术密集型的高科技产品，于是，教育事业发达、劳动力素质高的国家可以发展高科技产品的生产和出口，而劳动力素质低的国家只能生产一般的劳动密集型产品。

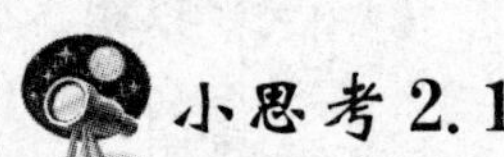

假设世界上打字最快的打字员同时还是个脑外科医生，那么他应该自己打字还是雇佣一名秘书？

2. 生产规模

生产规模的经济性也影响着国际分工。现代工业要求大规模生产以便获得规模经济。在许多工业部门，有时候一家工厂或一个企业的经济批量，就会超过一个国家市场的容量。英国经济学家布劳恩等人就曾指出，虽然西欧许多国家都能生产集成电路块，但只要一家现代化工厂生产的集成电路块就能满足所有西欧国家的需要，因此，没有必要西欧的每个国家都生产集成电路块。各国会根据规模经济的要求去发展一个或几个产业部门的生产，并通过市场满足所有国家对这些产品的需求，但在另一种情况下，各国也会合作生产某一产品，使其产量达到经济批量，从而在国际市场上具有竞争力。比如，生产大型喷气式客机需要大量的研发资金和科研力量，西欧各国可以选择独立生产，但由于西欧各国各自的市场相对狭小，他们生产的飞机达不到经济批量，势必会在世界上竞争失败。因此，西欧各国通过联合开发生产了“空中客车”飞机。由于各国进行专业化分工，又有整个西欧大市场作为基础，达到了规模经济效应。现在“空中客车”飞机已成为美国波音飞机公司的有力竞争者。

3. 市场发育度及规模

在人口和生产规模具备的前提下，国际分工的实现受制于国际市场的规模。现代科技的发展和社会富裕程度的提高，使产品差异化、多样化得到发展。产品的种类、质量、规格、性能、外观等日新月异；新的产品不断出现；原有的产品又不断升级，以新的规格、型号出现在市场。据统计，电子工业产生到现在，电子产品已有几万种。合成纤维的种类也随着化学技术的发展而不断增加。显然，没有一个国家能够生产出所有这么多种类的产品去满足口味千差万别的消费者。因此，各国有必要通过国际分工，去生产出本国有比较优势的那些种类、规格、性能、商标的产品，去满足整个国际市场的需要，而各国参与国际分工的愿望也日益强烈。

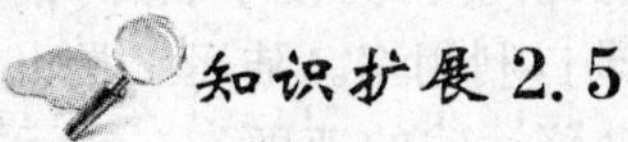

知识扩展2.5

“空中客车”的国际分工

1970年12月，为了打破美国垄断世界航空制造业的市场格局，欧洲四国联合创建了空中客车公司(Airbus)。2003年空中客车在全球的交付量首次超过竞争对手，跃居成为世界头号民机制造商。在这个欧洲最大的工地上，至少有1万人在工作。法国航宇公司生产含驾驶舱的机头段、中机身下半部分和发动机挂架，并负责最后总装；英国航宇公司生产机翼主体；德国空中客车工业公司生产机身其余部分和垂尾；荷兰福克-联合航空技术公司(现福克公司)生产机翼前后缘和各活动翼面；西班牙航空公司生产客舱门、起落架舱门和平尾。南京金陵造船厂正在建造一艘用于A380部件运输的滚装船，2011年2月底为该船举行了命名仪式，该船于4月交付。空中客车公司高级副总裁兼空中客车公司总裁博龙说：“世界各地的供应商积极参与了A380的研制，中国也为此作出了令人瞩目的贡献。中国参与A380项目，为空中客车与中国的工业合作开启了新篇章。”

(资料来源：“空中客车”的国际分工. 豆丁网：http://www.docin.com/p-736009974.html.)

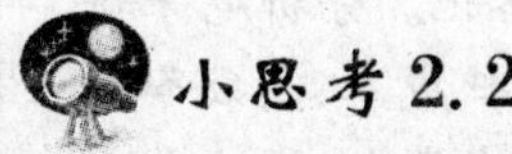

小思考2.2

包括苹果、波音、“空中客车”在内的许多跨国公司选择了中国在其分工体系中承担起全球加工厂的角色，这是否意味着中国已经成为“世界工厂”？

2.3.4 交通与通信业

交通运输和通信是连接世界各国分工的经络。交通运输业的发展，缩短了运输途径，节约了运输时间和运费，加上通信业的现代化，使世界变成了“地球村”。通信业的发展方便了远距离经营，海外投资蓬勃发展起来，网络信息技术的进步带来了电子商务的兴起，这些都有力地促进了国际分工的扩展。

交通运输工具和通信设施的改进则是科学技术进步的结果，它极大地推动了生产和贸易的发展，而生产的发展，市场的扩大，国际间经济贸易关系的发展反过来又促进了交通运输和通信业的发展。第二次世界大战以来，海运工具逐渐向大型化、专用化、高速化和自动化方向发展，产生了五六十万吨级的油轮、滚装船、海峰型载驳船、拉西型载驳船，此外，还有液化天然气船、液化石油船、气势船等专用船只。在造船工业中一些尖端技术，如原子能技术已逐渐被采用，美国诞生了萨凡那号原子动力船，前苏联有列宁号原子破冰船。日本、英国、法国、瑞典、挪威等国也在研究如何在造船工业中利用原子能动力。新技术的运用不仅能够改变船舶的动力来源，而且将增加船舶的载重量和航速。与此同时，为便于装卸，集装箱运输也发展起来，这将大大节约船舶在港口的停靠时间，提高港口利用率。陆运工具也有不少改进，如石油管道的铺设，磁悬浮火车的出现，大大加快了铁路运输的速度。在空运方面，战后出现了空中公共汽车、远程超音速喷气飞机和大型载重飞机等。空运的发展，扩大了国际间一些鲜、活商品以及其他一些需要快运的商品的贸易，例如鲜花、观赏鱼类、蔬菜等国际贸易越来越多地靠空运来传递。

交通运输业除了通过促进国际贸易从而促进国际分工发展外，还通过影响工业布局从而对国际分工产生影响。交通运输是影响工业布局的因素之一。工厂厂址在原料产地，则节省了原料的运费，而成品的运输线可能相应延长；若设在距销售市场较近的地区，成品的运输费用少，而原料的运费可能就要增加。因此，运输是否方便、运输距离的长短、运费的高低直接影响工业布局和厂址选择，同时也影响国际间工业布局和国际分工。

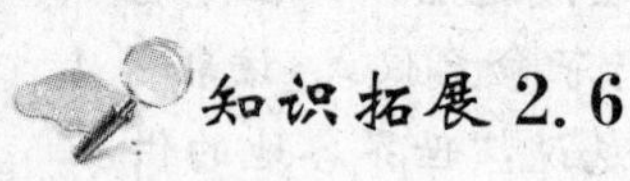

电子商务对国际分工的影响

电子商务有广义与狭义之分。企业所讲的电子商务是狭义的，一般是指人们利用电子化手段进行以商品交换为中心的各种商务活动，主要是利用计算机技术和网络技术（主要是互联网）等现代信息技术所进行的各类商务活动。从整个社会讲的电子商务是广义的，它是指各行各业中业务的电子化和网络化。分析电子商务对社会经济的影响一般从广义来分析。电子商务具有虚拟化、低成本、高效率和透明的特点。电子商务在短短的时间内已经深入到生产、交换、消费中，影响着人们的生产生活，形成了一种新的经济形态——电子商务经济。

电子商务对国际分工的影响主要表现在促进国际分工的深化上。因为电子商务环境下市场范围扩大了,交易效率提高了。

首先,电子商务推动了“无国界”全球大市场的形成。电子商务的出现,突破了传统市场必须以一定的地域存在为前提的条件格局,在全球形成了一个以信息网络为纽带、以 Internet 为载体的“无国界”全球化大市场。这种市场被称为虚拟市场。一方面,世界各地的客商可以汇集在这个虚拟市场中,消除了距离的障碍,使各国的经贸联系与合作得到大大加强。另一方面,虚拟市场的形成使得商品与服务等有关信息能在全球范围内更加充分、自由地流动。

其次,电子商务极大地提高了交易效率,降低了费用。一笔交易包括三种流,即物流、资金流和信息流。与传统交易相比,电子商务环境下,信息流和资金流都可以通过网络瞬间完成,节约了文件处理成本和传统业务中往返、住宿等许多交易中的人员费用。

再次,电子商务环境下,企业的竞争更加激烈,科技进步速度更快。企业为了降低投资风险,规避市场不确定性,应对快速的技术变革和不断缩短的产品生命周期,纷纷开始通过外包和全球采购等方式剥离加工制造等非核心价值环节,甚至直接出售国内外的生产性分支机构,形成价值链模块化。

电子商务环境下国际分工的深化主要表现在分工的精细化和水平化。现代信息技术和电子商务为产业内分工提供了条件。

(资料来源:周常青.论电子商务对国际分工的影响[J].商场现代化,2007(12))

2.3.5 跨国公司的发展

第二次世界大战以后跨国公司的大发展是推动当代国际分工的重要力量。在市场经济条件下,社会生产的分工可以有两种形式:一种是各个企业和各个生产单位通过市场而联系起来的分工;另一种就是在企业或生产单位内部的分工。进入帝国主义时期之后,资本主义企业规模有扩大的趋势,逐步形成了一些垄断企业。这些垄断企业把它们的生产、销售活动扩展到国外去,形成了跨国公司,从而把企业内部的有组织、有计划的分工扩展到世界范围。跨国公司通过控制国际贸易,促进国际贸易量扩大和贸易结构与流向的变化,对跨国公司子公司所在国的贸易起着重大影响。跨国公司通常是伴随着它们的资本输出而进行扩展的。第二次世界大战之后的国际政治、经济环境十分有利于跨国公司的发展,因而跨国公司在战后得到了极大的发展,使国际分工呈现出一些新的特点。战后跨国公司主要投资于制造业,而且是具有新技术的制造业。跨国公司通过资本输出向外扩张,投资重点是发达国家的工业部门,促进了发达国家之间的工业部门内的分工。而投入到发展中国家的资本主要集中于开发利用发展中国家丰富的自然资源、廉价的劳动力,通过投资办厂,以及进行某些工序或部件的专业化生产,把发展中国家纳入到庞大的国际分工体系中。跨国公司为了保证对产品市场的控制,通常避免把生产过程的所有环节都放在同一个国家。它们通常在总公司保留最重要的研究与开发及其他关键环节,而把其他生产环节分散到不同国家,并通过公司内部交易等控制活动,把各国的国内生产活动联系在一起,从中获取高额利润。

2.3.6 国际生产关系

国际分工是社会分工超出国界的结果,随之社会生产关系也超出国界形成国际生产关系,国际分工的发展总是与一定的生产关系联系在一起的。国际生产关系是指各国在全球再生产过程中生产、分配、交换和消费各个环节中的所有关系,它决定着国际分工的性质。社会主义性质的国际分工具有互助互利的基本特点,而资本主义国际分工则必然存在剥削、掠夺和不平等交换。从当今的世界经济体系来看,依然存在着多种生产关系,但资本主义生产关系占据主导地位。资本主义国际分工具有两重性:一方面它节约了社会劳动,使世界各国人力资源和物质资源得到合理利用,有利于发挥分工国家的比较优势,并把这种优势转化为世界范围的巨大社会生产力,促进了先进国家和后进国家生产力的提高和经济发展;另一方面,它又带有资本主义的劣根性,即国际分工的利益不能平等地、合理地被分工国家获得,在经济上出现畸形和依附性。因此,落后的发展中国家在积极参与国际分工的同时,一定要与不平等的国际分工作斗争,通过发展生产力提高和改善本国在国际分工中的地位,努力推动国际经济新秩序的建立。

2.3.7 国家政策和国际政治经济秩序

在一定经济基础上产生的上层建筑,如国家力量、经济政策、国际组织等又能给经济基础以反作用力,促进和推动经济基础的发展。在国际分工方面也是如此。当年英国等欧洲殖民帝国为了形成有利于自己的国际分工,就运用国家的力量,强迫其殖民地按照宗主国的需要去发展单一农作物。殖民主义者还用武力打开别国大门,强迫受侵略国家接受殖民主义者的贸易条件,把别国纳入到有利于其剥削的国际分工体系中去。战后的民族独立运动风起云涌,一大批殖民地国家获得了独立。它们为了摆脱殖民统治留下来的单一经济结构和对宗主国的经济依赖,纷纷提出发展民族工业的政策措施,于是这些发展中国家的制造业就获得了很大的发展。有些发展中国家和地区通过政府指导下的工业化政策,成功地发展了制造业,进入了“新兴工业化国家”的行列。

国际的政治、经济秩序也起着延缓或推进国际分工的作用。如第二次世界大战以前,各资本主义国家为了转嫁经济危机,实行以邻为壑的高关税政策,各国进行竞争性货币贬值,国与国之间的关系十分紧张,结果极大地阻碍了国际分工的发展。战后各国达成了《关税与贸易总协定》,建立了国际货币基金组织和世界银行。这些超国家的国际经济组织协调了各国的贸易政策,通过了多次关税和非关税减让谈判,大幅度地降低了各国的关税水平,减少了非关税壁垒,保持了汇率的稳定,推进了贸易自由化。战后世界国际贸易的增长速度高于世界经济的增长速度。这表明,战后的国际经济秩序促进了国际分工的发展。

上述因素决定或影响着现行国际分工体系的种种特点,以及各国在国际分工中的地位和作用。发展中国家只有发挥或解决上述因素的优势方面或不利条件,才可能扭转自己在国际分工中的不利地位,并改变不合理的现行国际分工格局。

2.4 国际分工与国际贸易的关系

在国际经济领域中，对外贸易与经济增长之间的关系，主要体现为国际贸易与国际分工之间相互影响的关系。国际分工是国际贸易的基础，国际贸易是国际分工的体现，同时也影响着国际分工的发展。国际分工与国际贸易是互为条件、互相促进的两个方面。

2.4.1 国际分工是国际贸易的基础

1. 国际分工影响国际贸易的发展速度

从国际贸易发展来看，在国际分工发展快的时期，国际贸易发展也快；相反，在国际分工缓慢发展时期，国际贸易发展也较慢或处于停滞状态。因此，国际分工是当代国际贸易发展的主动力。在资本主义自由竞争时期，由于形成了以英国为中心的国际分工体系，英国成为“世界工厂”，其对外贸易出现高涨，在资本主义世界对外贸易中的比重从1820年的18%提高到1870年的22%，而且贸易的增长还超过了生产的增长。据统计，1800～1913年，世界人均生产每十年增长率为7.3%，而世界人均贸易额每十年增长率为33%，显然大大高于世界生产的发展。相反，在1913～1938年间，世界生产发展缓慢，国际分工处于停滞状态，国际贸易量在这个时期年平均增长率只有0.7%。第二次世界大战后，国际分工又有了飞速的发展，国际贸易的发展速度也加快了，并快于以前各个时期。1950～1991年，世界贸易年均增长率为11.3%；1992～2008年，国际贸易量年均增长率为15%。

2. 国际分工影响国际贸易地理分布

国际分工形式影响着国际贸易的地理分布。国际分工发展的过程表明，在国际分工中处于中心地位的国家，也是国际贸易的主要对象，在国际贸易中也居于主导地位。例如英国，从18世纪到19世纪末，工业革命的提前完成和专业化分工的高度发展，使英国成为世界贸易中心。英国在资本主义世界对外贸易总额中所占比重1820年为18%，1870年上升到22%，随着其他国家在国际分工中地位的提高，英国的地位在逐步下降，但直到1925年它在国际贸易中仍占15%。从19世纪末以来，发达资本主义国家成为国际分工的中心国家，它们在国际贸易中的地位一直居于支配地位。

3. 国际分工影响对外贸易地理方向

国际分工的形式同样也对各国的对外贸易地理方向有着重要的制约作用。对外贸易地理方向与各国的相互分工程度成正比。在以垂直型国际分工为主的时期，国际贸易关系主要发生在宗主国与殖民地落后国家之间。随着经济的发展，国际分工由垂直型向水平型发展，经济发展程度相当的国家和地区之间的贸易关系获得更多的发展，于是发达资本主义国家之间的贸易占据主要地位，而发达资本主义国家与发展中国家之间的贸易则退居次要地位。

4. 国际分工影响国际贸易的商品结构

国际分工的深度和广度决定国际贸易的结构和内容。第一次科技革命以后，形成以英国为中心的国际分工。在这个时期，由于大机器工业的发展，国际贸易商品结构中出现了许多新产品，如纺织品、船舶、钢铁和棉纱等。第二次科技革命以后，形成了国际分工的世界体系，使国际分工进一步深化，使国际贸易的商品结构也发生了相应的变化。首先是粮食贸易大量增加。其次，农业原料和矿业材料，如棉花、橡胶、铁矿、煤炭等产品的贸易不断扩大。此外，机器、电力设备、机车及其他工业品的贸易也有所增长。第二次世界大战以后的第三次科技革命，使分工进一步向深度和广度发展，国际贸易商品结构也随之出现新的特点。这主要表现在工业制成品在国际贸易中的比重不断上升，新产品大量涌现，技术贸易得到了迅速发展。表 2.1 展示了 2009 年国际出口货物构成。

表 2.1　2009 年国际出口货物构成表

国家和地区	农业原材料(%)	食品(%)	燃料(%)	矿物和金属(%)	制成品(%)	其他(%)
世界	1.5	8.4	11.7	3.7	69.8	4.8
高收入国家	1.5	7.7	9.1	3.3	72.6	5.7
中等收入国家	1.6	11.0	22.2	5.2	58.8	1.2
南非	1.9	10.2	11.1	29.3	47.5	—
墨西哥	0.4	7.0	13.5	2.5	76.0	0.6
中国	0.5	2.9	1.7	1.2	93.6	0.1
泰国	3.9	15.1	5.3	1.1	74.6	—
俄罗斯	2.3	3.2	66.7	5.7	17.2	4.8
印度	1.2	8.0	13.4	6.2	66.8	4.4
以色列	0.8	3.4	0.1	1.2	93.5	1.1
日本	0.7	0.7	1.8	2.8	88.0	6.0
韩国	0.8	1.1	6.4	1.9	89.6	0.1
新加坡	0.2	2.1	15.4	1.2	74.2	6.8
法国	0.8	12.4	3.6	2.0	78.7	2.6
德国	0.8	5.6	2.1	2.5	81.5	7.5
美国	2.3	10.3	5.8	3.5	66.8	11.3
英国	0.6	6.6	11.2	3.2	72.1	6.4

资料来源：世界银行 WDI 数据库

5. 国际分工影响国际贸易利益

国际分工可以扩大整个国际社会劳动的范围，发展社会劳动的种类，可以使贸易参加国扬长避短、发挥优势、有利于世界资源的合理配置；可以节约全世界的劳动时间，从而提高国际社会的生产力。因此，国际分工的发展是一个进步的过程。但是，由于国际分工的产生与发展是在资本主义生产方式内进行的，它代表了生产力发展的进步过程，同时也体现了资本主义社会的生产关系，因此，国际分工也成为旧的不平等的国际经济贸易秩序的重要组成部分。

在资本主义国际分工体系中,发达国家之间的分工是比较平等或平等的关系。但是,在帝国主义国家与殖民地、半殖民地、落后国家间的分工却是中心和外围的关系,两者之间是控制与被控制、剥削与被剥削的关系。在这种不平等的分工关系中,发达国家享有国际贸易的大部分利益。

发达国家凭借自己在市场上的独占地位,在国际贸易中高价卖出,低价买进,进行不平等交换;通过对外贸易转嫁经济危机,把国际贸易中利益的大部分,有时甚至是全部占为己有,使殖民地、落后国家的贸易条件不断恶化,大大影响了这些国家的经济发展。第二次世界大战后,随着发展中国家在政治上取得独立、民族工业的不断发展、在国际政治经济舞台上的不断斗争,发展中国家在国际分工中的地位有所改善,贸易利益随之增多,但是还未发生根本性、实质性的变化。

6. 国际分工影响各国的对外贸易的依存度

国际分工的发展使各国对外贸易依存度即对外贸易系数不断提高。首先,随着国际分工的发展,尤其是第二次世界大战后国际分工的深入发展,整个世界贸易依存度都在不断地提高。随着国际分工的深化发展,世界经济生活也在不断地国际化。其次,随着国际分工的深化发展,国际分工已成为推动各国国民经济运转的一个必需条件,国际贸易的重要性得到突显。不同类型的国家的出口依存度分别有了不同程度的增长。最后,随着国际分工的深化发展,也使贸易方式向着更加多样化的方向发展。

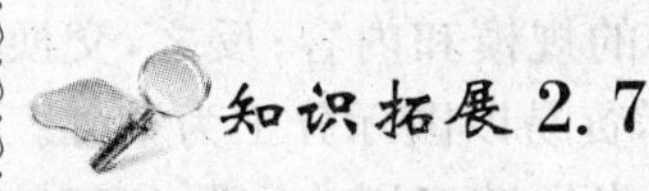
知识拓展2.7

中国对外贸易依存度

中国外贸依存度:1979年为11.3%,1990年为32.6%,2000年为44%,2002年为50.3%,2004年为70.2%,2005年为64.7%,2008年为60.1%,2009年为45.1%,2010年为50.6%,2011年为50.1%,2012年为47%。

(资料来源:中国海关统计)

2.4.2 国际贸易是国际分工实现的条件

1. 国际贸易推动国际分工的发展

在现代科学技术的推动下,生产力得到了快速发展,国际分工更加细化,各国之间的分工向纵深发展,使国际社会经济形成一个多肢的有机整体。这个有机体越是向前发展,它的各个部分,各种经济之间的联系就越是扩展,越加复杂。国际贸易作为国际经济有机体的联结系统,也就越加成为这个有机体不可分割的部分,它的纽带功能也就日益加强。随着世界经济的发展，商品交换作为国际社会经济有机体的经络系统和循环系统，既在推动自己存在的基础——国际分工的深化过程中，不断强化自身的功能，同时又推动着互为市场、互相依靠的国际社会经济多肢体系向高阶段发展。

2. 国际贸易影响国际分工功能的实现

国际分工是国际经济生活的一种基本形式，是社会一切具体经济活动的基础结构。分工是生产的范畴，是各国生产者之间通过市场而形成的一种相互劳动关系。在国际分工的作用下能解放各国劳动的局限性，扩大活动范围，缩短达到一定目标所需要的劳动时间，形成单个国家不能发挥出来的巨大力量，能促进社会生产力的发展。通过国际分工能够提高各国劳动者的综合技能；提高全社会的效率；可以节约资源、降低劳动成本；使各种生产要素合理配置。

上述的功能是通过国际商品交换实现的，但其实现的程度与合理性又受到国际贸易机能的制约。在平等互利的贸易基础上，上述国际分工的功能会得到充分、合理的实现；反之，在不平等、控制和垄断的贸易环境下，上述国际分工的利益不会充分、圆满地实现，进而影响到一国经济结构的形式。

3. 国际贸易的规模影响国际分工的发展

分工、交换、市场这三个概念是密不可分的。分工引起交换，交换需要市场。生产越发展，分工越细密，交换越频繁，市场也日益扩大。也可以说，没有分工，就没有商品交换，也就不需要有市场。所以，社会分工是商品经济的基础，市场是商品经济中社会分工的表现。社会分工的发展，决定着交换的深度、广度和方式，也决定着市场的规模和内容；反之，交换的种类、数量以及市场的规模，也会影响生产和分工的发展。国际贸易以国际分工为基础。当今国际商品交换的规模影响国际分工的规模；而国际商品交换发展速度影响国际分工扩大的程度。

4. 国际贸易促进参与国际分工主权国家的分工利益

国际贸易作为分工跨越国界发展的必然产物，极大地促进了人类社会和世界经济的发展，给参加国际贸易的国家带来极大的利益或好处，经济学家罗伯逊甚至提出了国际贸易是“经济增长的发动机”。国际贸易利益，可以弥补产品不足，提高福利水平；有利于资源的有效配置，提高社会的产出水平；促进国内产业的规模经济发展和效率提高；有利于引进先进的设备、技术和管理经验。

5. 国际贸易影响国际分工的发展方向

在国际分工下，各国的商品生产是为国际交换而进行的生产。因此，各国生产的商品在使用价值上是否符合消费者的需要，它们的价值能否得到国际社会的承认，成为各国生产者时刻关心的重要问题。也就是说，商品的生产是否需求对路，价格信息通过国际商品交换传递是否及时准确，国际贸易将影响着国际分工的发展方向。

伴随知识经济的不断深入，作为经济发展的一部分，国际分工正发生和将发生的变化是巨大的。知识经济时代国际分工的变化是由四个因素引起的：生产要素、市场状况、产业结构和企业组织。这些因素将在新世纪的国际分工中发挥更重要的作用。

本章小结

国际分工就是世界各国之间的劳动分工，是国际贸易和各国经济联系的基础。它是社会生产力发展到一定阶段的产物，是社会分工超越国界的结果，是生产社会化向国际化发展的趋势。国际分工分为垂直型、水平型和混合型三种具有代表性的种类。

国际分工是人类社会生产力发展到一定阶段后才产生的。国际分工萌芽于15世纪末16世纪初的地理大发现，形成于第一次工业革命时期，大致经历了萌芽、形成、发展、深化四个发展阶段。当代的国际分工呈现出一些新特点，主要表现为：国际分工的基础进一步深化；国际分工的形式多样化；国际分工的格局层次化。

国际分工的产生和发展受多种因素的影响，这些因素可以概括为两大类：一类是自然条件因素；另一类是社会与经济因素。具体包括：自然条件因素；社会生产力因素，这是国际分工形成和发展的决定性因素；人口生产规模与市场因素；交通与通信业因素；跨国公司的发展；国际生产关系因素；国家政策和国际政治经济秩序也不同程度地影响着国际分工的产生和发展。

国际分工是国际贸易发展的基础。生产的国际专业化分工不仅提高了劳动生产率，增加了世界范围内的商品数量，而且增加了国际交换的必要性，从而促进了国际贸易的迅速增长。国际贸易是国际分工实现的条件。

基本概念

社会分工　国际分工　垂直型国际分工　水平型国际分工　混合型国际分工　国际生产关系

复习思考题

一、单选题

1. 社会分工发展到一定阶段，国民经济内部分工超越国家界限发展的结果是(　　)。
   A. 国际贸易　　B. 世界市场　　C. 国际分工　　D. 国际协作交流
2. 最初的分工形式是(　　)。
   A. 资本主义国家之间的分工
   B. 社会主义国家之间的分工
   C. 宗主国与殖民地之间的分工
   D. 资本主义国家与社会主义国家之间的分工
3. 国际分工的形成阶段是(　　)。

A. 11世纪60年代至12世纪60年代

B. 14世纪到15世纪

C. 16世纪到18世纪中叶

D. 18世纪60年代至19世纪60年代

4. 为国际分工形成奠定了物质基础的是(　　)。

A. 社会生产力的发展　　B. 大机器工业的建立

C. 资本流动　　D. 上层建筑

5. 马克思写道:"它是农业世界的伟大中心,是工业的太阳,日益增多的生产谷物和棉花的卫星都围绕着它运转,"描述了它在国际分工形成阶段的中心地位,其中"它"是指(　　)。

A. 美国　　B. 法国　　C. 英国　　D. 德国

6. 第三次科技革命和产业革命,使国际分工进入(　　)。

A. 萌芽阶段　　B. 形成阶段　　C. 发展阶段　　D. 深化阶段

7. 国际分工发展的过程表明,在国际分工中处于中心地位的国家,在(　　)中也占据主要地位。

A. 文化交流　　B. 国际贸易　　C. 政治领域　　D. 军事领域

8. 第二次世界大战后国际分工主要是在(　　)之间展开的。

A. 发达国家与发达国家　　B. 发达国家与发展中国家

C. 工业国与农业国　　D. 宗主国与殖民地

9. 美国从别国购进原料,加工成成品后再卖出去,这种分工是(　　)。

A. 垂直型　　B. 混合型　　C. 水平型　　D. 单一经济型

10. 国际分工形成和发展的决定性因素是(　　)。

A. 社会生产力　　B. 自然条件　　C. 上层建筑　　D. 资本流动

11. 各国的(　　)决定其在国际分工中的地位。

A. 生产力水平　　B. 市场规模　　C. 自然条件　　D. 社会制度

12. 第二次世界大战后国际分工从有形商品生产和贸易领域向(　　)部门发展。

A. 文化　　B. 政治　　C. 军事　　D. 服务

13. 国际分工发展的基础是(　　)。

A. 自然条件　　B. 人口规模　　C. 资本国际化　　D. 国际生产关系

14. 国际分工的性质取决于(　　)。

A. 自然条件　　B. 市场规模　　C. 劳动规模　　D. 国际生产关系

15. 几个发达国家进行专业化协作,联合生产,这种分工是(　　)的国际分工。

A. 垂直型　　B. 交叉型　　C. 水平型　　D. 混合型

二、多选题

1. 大机器工业的建立为国际分工的形成奠定了物质基础,原因在于(　　)。

A. 大机器生产使生产能力和规模迅速扩张

B. 大机器工业生产的商品物美价廉

C. 大机器工业改革了传统的运输方式

D. 打破了以往地方和民族的自给自足、闭关自守的市场

E. 生产效率的大大提高

2. 影响国际分工形成和发展的主要因素有(　　)。

A. 社会生产力　　B. 自然条件　　C. 人口

D. 跨国公司的发展　　E. 政策

3. 国际分工是生产力发展到一定水平后,一国社会分工的延伸,表现为生产的(　　)。

A. 商品化　　B. 专业化　　C. 市场化　　D. 现代化　　E. 国际化

4. 帝国主义国家与殖民地半殖民地、落后国家间的分工关系是(　　)。

A. 比较平等的关系　　B. 中心和外围的关系　　C. 平等的关系

D. 控制与被控制的关系　　E. 剥削与被剥削的关系

三、判断题

1. 自然条件是国际分工产生和发展的决定性因素。(　　)

2. 人类社会一开始,国际分工就产生了。(　　)

3. 宗主国与殖民地之间的分工形式是一种典型的水平型国际分工。(　　)

4. 机器大工业为国际分工的形成和发展奠定了物质基础。(　　)

5. 第二次工业革命时期,国际分工的中心是美国。(　　)

6. 19世纪中叶到第二次世界大战期间,亚、非、拉国家只被卷入国际商品流通,而未被拉入世界资本主义生产。(　　)

7. 第二次世界大战后,在国际分工格局中工业国家之间的分工居于主导地位。(　　)

8. 国际生产关系决定了国际分工的性质。(　　)

9. 第二次世界大战后,各国间工业部门内部分工有逐步加强的趋势。(　　)

10. 第二次世界大战后,发达资本主义国家与发展中国家间工业分工在发展,而工业国、农业国、矿业国的分工在削弱。(　　)

11. 第二次世界大战后,国际分工从有形商品生产和贸易的领域向服务领域发展,而且相互结合。(　　)

12. 第二次世界大战后,国际分工从垂直型分工向水平型分工过渡。(　　)

13. 随着各国生产力的发展,各国参加国际分工的形式从垂直型向水平型和混合型过渡。(　　)

14. 水平型分工是当前国际分工的主要形式。(　　)

15. 第二次世界大战后,国际贸易的地理方向变为以发达国家间的贸易居主导地位,发达国家同发展中国家间的贸易变为次要。(　　)

四、简答题

1. 国际分工的产生和发展大致分为哪几个阶段?

2. 国际分工在形成阶段有哪些特点?

3. 国际分工在其发展阶段有何特点?

五、论述题

1. 影响国际分工形成与发展的主要因素是什么?

2. 试述国际分工对国际贸易的影响。

3. 与第二次世界大战前相比，战后国际分工深化发展有哪些表现？

六、案例分析

在新一轮全球并购高潮中，发达国家实际上是在强化其在原有贸易格局中的既得利益，而发展中国家则被更加牢固地锁定在国际分工链条的末端，进而掉入“国际分工陷阱”。

在美国市场，中国出口玩具“芭比娃娃”的零售价为9.99美元，它在美国海关的进口价仅为2美元，两者相差的7.99美元作为“智力附加值”被美方拿走。在剩下的2美元中，1美元是运输和管理费，65美分支付原材料进口的成本，中方只得到区区35美分的加工费。由此可见，包括中国在内的发展中国家在国际分工链条中处于明显的劣势和低端，而发达国家则成为最大的赢家。这样的例子在发展中国家与发达国家的贸易中并不鲜见。

国际分工的收益在发达国家和发展中国家之间的分配是严重不对称的。发达国家拥有先进的技术、充足的资金和高素质的技术管理人员；而发展中国家只有大量闲置的低素质、低技能的劳动力。发展中国家能够从事的生产经营活动，发达国家都能够从事。发达国家的跨国公司在全球范围内投资是为了扩大市场以获得更多的利润，但这并不意味着发达国家不能够在国内生产。发达国家完全可以不与某个发展中国家交易，但发展中国家要实现本国经济发展却不能不与发达国家交往。

对于发展中国家来说，他们与发达国家虽然都可能从全球化的产业链条中获得收益，但是它们获得的收益数量却大不相同。国际分工收益的绝大部分由发达国家获得，发展中国家只能获得其中的一小部分。为了这一小部分收益，发展中国家还会进行激烈的争夺。他们竞相开出各种优惠条件，如税收优惠，允诺最大限度地开放国内市场，承诺遵守发达国家制定的严厉的经济规则，甚至作出政治上的让步。

然而，发达国家的资金不可能流向每一个发展中国家，它们总是流向那些能够给他们带来最大收益且风险最小的国家。结果是，有的国家开放了市场，却没有资金和技术流入。也就是说，虽然他们尽力参与到全球化进程中，但并不能够在全球分工链条中获得一席之地。

随着信息和通信技术的迅猛进步，不同国家或经济体之间，在获得接入信息和通信技术的机会与利用因特网进行各种业务活动方面，出现了明显的“数字鸿沟”。这类现象一旦被固定化和普遍化，那么，发展中国家的产业结构就有可能永远地被锁定在国际分工链条的末端，进而掉入“国际分工陷阱”。

在这种情况下，发展中国家面临两难抉择。一方面，加入到全球资本主义体系中，被迫或自愿地接受发达国家制定的于己不利的规则，必将不可避免地付出惨痛的代价。另一方面，如果拒绝接受现行的国际经济规则似乎没有其他出路。即使闭门造车成为可能，其结果往往也是事倍功半。因为各国的比较优势必须在国际分工中才能得以实现。

思考题

1. 何谓国际分工陷阱？发展中国家为什么会掉入这个“陷阱”？
2. 发展中国家为什么在国际分工的链条中处于末端？
3. 探讨发展中国家怎样才能走出产业链低端的战略。
4. 你认为发展中国家怎样才能摆脱所说的“两难选择”？

第3章 世界市场

学习目标

1. 熟知世界市场的概念和构成；
2. 了解世界市场上商品的交易方式；
3. 了解当代世界市场的主要特征；
4. 掌握世界市场价格的影响因素和种类。

3.1 世界市场概述

3.1.1 世界市场的含义与作用

1. 世界市场的含义

市场是指从事商品交换的场所和领域，也是商品生产顺利进行的必要条件。市场的容量和社会分工、社会劳动专业化的程度有着密切的联系。随着社会分工和商品生产的发展，市场将逐步地发展起来。

世界市场是指世界各国产品、服务、技术交换的场所和领域，是世界范围内通过国际分工和国际贸易联系起来的各国间市场和各国国内市场的总和。可见，世界市场这一概念是由其外延和内涵两方面构成的。世界市场的外延指的是它的地理范围。世界市场的内涵主要强调的是与交换过程有关的部分事物，包括商品、服务、技术转让、资金等业务。从内容上分，世界市场应包括世界商品（货物）市场、世界服务市场和世界金融市场。世界商品市场是各国贸易商和厂商进行商品交换的场所；世界服务市场是各国进行服务贸易，即许可证、技术、劳动力和技术人员的输出和输入，以及国际运输、广告、咨询、保险、旅游等业务的场所；世界金融市场是指国际上进行资金借贷、贸易结算以及金银、外汇和有价证券买卖的场所。其中，世界商品市场是世界市场的主体部分，其他两类市场主要是为世界商品市场的发展服务的。本章着重从商品市场的角度论述世界市场的有关问题。

2. 世界市场的作用

世界市场是资本主义发展的必然要求，是资本主义生产关系发展的必然产物。

世界市场的发展也产生了一些积极作用。首先，世界市场调节了世界各国的生产要素和资源配置。在世界市场上，供求关系的变化和价值规律的作用决定着世界各国资本、技术、生产资料和劳动力等资源的流向，使其得到比较合理的配置。其次，世界市场是世界各国相互依赖和相互依存的基础。一个国家和地区独自存在的时代已经过去，它们依赖着变动的世界市场的行情。再次，世界市场促进各国国内市场经济体制的建立与完善。各国通过竞争和合作，市场经济的开放性、平等性、规范性和分化性将影响各个参与国际贸易国家本身的经济体制和贸易体制的改革，促进市场经济体制的建立和完善。最后，世界市场加强了各国之间的相互传递。发达国家通过世界市场把它们的经济发展传递到发展中国家和地区，同时也把它们的经济衰退和危机传递到发展中国家和地区，在经济全球化的背景下，发展中国家和地区也对发达国家进行反传递。世界各国的经济波动、衰退和危机向同步化发展。各国尤其是经济贸易大国的国内经济贸易问题演变成国际问题。

3.1.2 世界市场的形成与发展

世界市场的形成与发展和资本主义生产方式的改变、生产力水平的不断提高密不可分，是资本主义发展到一定阶段的产物，是资本主义世界和全世界社会不可缺少的重要组成部分，资本主义创造了世界市场，世界市场反过来推进了资本主义的发展。

世界市场的发展经历了以下几个阶段。

1. 世界市场的萌芽时期

这个时期是从 16 世纪到 18 世纪中叶，具有决定作用的是新航线的发现。15 世纪末和 16 世纪初期的地理大发现促进了西欧各国的经济发展。

地理大发现奠定了世界市场产生和形成的基础，这些发现把区域性市场逐渐地扩大为世界市场。新的世界市场不仅包括欧洲原有的区域性市场，而且还把亚洲、美洲、大洋洲和非洲的许多国家和地区吸引过来，因此，流通的商品种类增多了。同时，欧洲的贸易中心开始转移，大西洋沿岸的城市成为世界市场的中心。意大利（地中海区域市场）、汉萨同盟（北波罗的海）城市已丧失了原有的地位，大西洋的里斯本、安特卫普、塞维尔、阿姆斯特丹、伦敦成为世界市场的中心。

这一时期，在世界市场上处于支配地位的是商业资本。商业资本在世界市场上的活动对资本的原始积累起了巨大的作用，它促进了封建主义向资本主义的转化，只是到了下一个时期，产业资本才在世界上居于支配地位。在这一时期，买卖的商品大多为奢侈品。殖民地产品的贸易、贵金属的贸易以及手工业产品的贸易都大为扩展，而英国的呢绒工业、里昂的丝织工业、索林根的冶金工业已经是为世界市场生产商品并且越过制造奢侈品的阶段了。这些产品市场的扩大，加速了资本积累，为产业资本的诞生创造了条件。

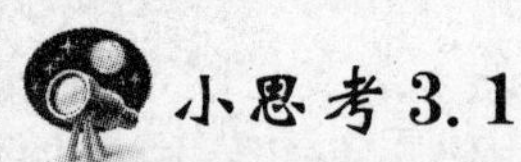

历史上对哥伦布的评价不一，有以下两种看法。

材料一：美国学者莫里逊说："即使不谈哥伦布所建功勋的巨大意义，就论人品性格，这位伟大航海家也引人入胜，发人深省。他有坚定的宗教信仰，爱好科学知识与幸福理想，向往新生事物，富有审美感……有向往与发展我们文化教育事业的一切抱负。所以，他是各个历史时期最伟大的航海探险家之一。"

材料二：1992 年是哥伦布航行到美洲 500 周年，许多国家纷纷举行纪念活动，但也引起美洲印第安人后裔的强烈不满。他们打出一条标语，上面写着："你们庆祝的是我们的苦难"。

有人认为新航路的开辟开创了人类历史的新纪元，对人类社会的发展起了积极作用，其消极影响是次要的；也有人认为新航路的开辟是人类历史灾难的又一新起点，殖民掠夺、殖民战争、殖民争霸给人类带来无尽的灾难，因此其积极影响是次要的。你同意哪种看法？

2. 迅速发展时期

这个时期时期是从 18 世纪中期到 19 世纪六七十年代，具有决定作用的是工业革命。第一次产业革命的爆发，带来了两个革命性的后果：大工业的建立和资本主义生产方式的胜利。产业资本已经取代了商业资本，开始在世界市场上占据统治地位。资本主义各国为夺取原料产地和商品市场，不断发生战争。这一时期进入世界市场的商品发生了重大变化，如棉纱、纺织机、铁制品、运输工具及各种工业半成品，还有各种资本主义发展所需的原材料。

这一阶段的一百多年间，世界市场虽然已经有了很大的发展，但各国和地区间的贸易往来在地理上和政治上仍然受到诸多限制。国际贸易基本上是在西欧与中欧，波罗的海沿岸与俄国、北大西洋沿岸国家、远东、南亚、东南亚的区域性市场上进行，一个统一的世界市场还未完全形成。

3. 世界市场的形成

这个时期从 19 世纪 70 年代到 20 世纪初，具有决定作用的是第二次工业革命。在第二次工业革命的推动下，主要资本主义国家纷纷向垄断资本主义过渡，它们加紧争夺原料市场、商品市场和投资场所，掀起一股瓜分世界的狂潮，亚、非、拉绝大多数国家和地区在经济上成为资本主义世界经济体系的一部分，世界市场最终形成。资本输出成为国际经济往来的主要特征。世界市场形成的标志有以下几个方面。

(1) 多边贸易和支付体系的建立

1870 年以前，世界贸易的中心国家是英国，国家之间进行的贸易支付比较简单。1870 年以后，其他一些国家都开始成为贸易的重要国家，加上国际分工的形成，更多地区进入世界市场，过去国家对国家的贸易单边支付被多边贸易的多边支付体系取代。这时，各国不再刻意追求与每一个贸易国家保持贸易平衡，而是在出现不平衡后，用对一国的贸易顺差抵补对另一国的贸易逆差。这样，所有参与贸易的各国相互结成多边贸易的多边支付网，便利了贸易的往来。这个网络为所有贸易参加国提供购买货物的支付手段；同时，使国际之间的债权债务的清偿、利息与红利的支付能够顺利完成，有助于资本输出和国际间短期资金的流动。

（2）国际金本位制度的建立与世界货币的形成

世界市场的发展与世界货币的发展是紧密联系在一起的。作为一般支付手段的货币职能起源于对外贸易。随着市场和世界市场的发展，货币的职能也趋于多元化，于是出现了国际货币。较早的国际货币是黄金和白银，到19世纪后期，黄金被各国确立为世界货币，建立起国际金本位制度。这个制度的作用主要有两个：其一，它给世界市场上各种货币的价值提供了一个互相比较的尺度，并能使世界各国货币间的比价，即汇价保持稳定；其二，它给世界市场上各国的商品价格提供了一个相互比较的尺度，把各国的价格结构联系在一起。国际金本位制度不是一个单纯的货币制度，而是世界市场的一个重要组成部分。

（3）世界市场上商品的多样化和大宗贸易的增长

19世纪下半叶，随着第二次产业革命的进展和大机器工业所生产的各种制成品的数量和种类的增加，以及对工业原料的需求增加，一些大宗产品的统一世界市场开始形成。在17世纪以前，国际贸易以香料和其他奢侈品贸易为主。在18世纪，糖、烟、棉花、茶叶和酒成为国际贸易中的主要商品。19世纪70年代以后，随着交通运输工具的革命，国际贸易中的商品种类大量增加，加工贸易的发展使得各国对原料的成本提出了较高的要求。体积比较大的原材料，如煤炭、铁矿石、粮食、肉类、纤维等大宗货物出现在世界市场上。20世纪初，亚洲、非洲和拉丁美洲的采矿业和种植园迅速发展。大量的锡、铜、橡胶、石油以及糖、咖啡、茶叶等在世界市场上销售以适应新兴汽车工业和其他工业的生产需要和西欧国家人民的消费需要。进入20世纪，随着科技进步和交通运输的发展，一些鲜活商品，如鲜花、草莓、蔬菜、鲜鱼、新鲜龙虾等都成为国际贸易中的商品。

（4）统一的世界价格的形成

世界市场具有统一性主要表现在世界市场价格的统一上。一物一价，一市一价是统一的世界市场的基本特征，也是价值规律在世界市场上发生作用的结果。在1914年以前，就大多数商品来说，存在一个世界市场和一个统一的世界市场价格。尽管出现了垄断，但并未抑制住世界市场价格统一的趋势。

（5）出现比较固定的销售渠道

从19世纪末至20世纪初，世界上已经形成了许多大型的商品交易所，不少地方举办的博览会把世界各地的客商及产品汇集到了一起。这一切都使世界各地的同类产品的价格有趋于一致的倾向，形成了许多产品的世界市场行情。这有利于航运、保险、银行及各种机构的健全，交通设施和运输工具的进一步完善。并且，人们通过长期的实践，已在世界市场上大体形成了一整套有利于各国贸易往来的规则和惯例，这保障了国际贸易的顺利进行。这一切都使世界市场的各个部分紧密结合在一起，各国的进出口贸易，无不受到世界市场行情的影响。

4. 深化和多极化发展时期

第二次世界大战后，发生了第三次科技革命。在这次科技革命的影响下，世界经济和国际经济关系发生了深刻的变化。在此基础上，世界市场规模不断扩大，国际贸易额迅猛增长，国际贸易商品结构和地理分布发生重大变化。由于垄断的日益加强、跨国公司的大量出现和地区性经济贸易集团的不断组成，世界市场出现分割化或多极化局面。

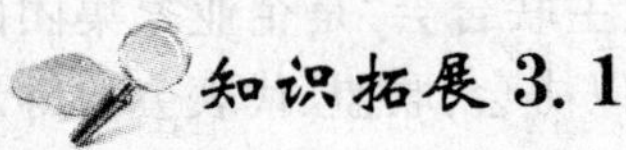

知识拓展3.1

世界市场形成和发展的原因

(1) 大机器工业需要一个不断扩大的市场

大机器工业只有在经常扩大生产、不断夺取新市场的条件下才能存在。大机器工业的发展取决于市场的规模。资本家为了追求高额利润,经常要超越已有的市场范围,到国外去寻找新市场,不断夺取广泛的市场,为大工业开拓更广阔的领域。

(2) 大机器工业需要日益扩大的原料供应来源

大机器工业不仅需要一个不断扩大的世界销售市场,也需要日益扩大的原料供应来源,这样,市场交换的商品种类日益增多。

(3) 大机器工业中心和大的食品销售市场的形成

资本主义大机器工业的发展使工业和人口不断地向城市集中,形成许多大机器工业中心和大的食品销售市场。而这些食品不但要从本国各地区运来,还往往要从世界市场上源源不断地输入。

(4) 世界劳动市场的发展和扩大

资本主义大工业的发展和世界人口的移动扩大了世界劳动市场,也是扩大世界食品销售市场和原料食品来源的重要因素。

(5) 交通运输工具的发展

大工业的发展促进了铁路、轮船、通信事业的发展,为扩大各国国内市场和世界市场、加强国内和国际间的经常性互访联系所需要的交通运输工具,提供了物质技术基础。

(资料来源:张锡嘏.国际贸易[M].北京:对外经济贸易大学出版社,2006.)

3.1.3 世界市场的构成

1. 参与国

按照经济发展类型,参加世界市场活动的国家和地区可以分为三个主要类型:发达国家、发展中国家、经济转型国家。按照主要出口商品类别,发展中国家可分为三个类型,即主要石油出口国家、主要制成品出口国家以及其余的国家和地区。由于发达国家占有国际货物贸易、服务贸易和要素流动的绝大部分,它们成为世界市场的主体,在世界市场上起着主导作用。

2. 订约人

按照活动的目的和性质的不同,可将世界市场的订约人分为三类:公司、企业主联合会、国家机关和机构。“公司”指那些追求商业目的的订约人，它们是在工业、贸易、建筑、运输、农业、服务等方面以谋利为目的而进行经济活动的企业。“企业主联合会”是企业家集团的联合组织，它们与公司的区别是其活动目的不是获取利润，而是以协会、联盟、代表会议等形式参与政府的决策活动，为企业扩大出口，开拓世界市场服务。“国家机关和机构”是世界市场上的第三类订约人，它们只有在得到政府授权后才能进入世界市场，从事外贸业务活动，但不以赢利为目的。

3. 交易标的

交易标的指世界市场上交易的商品，它包括货物、服务和生产要素等。《联合国国际贸易标准分类》将货物分为 10 大类、67 章、261 组、1032 个分组和 3188 个基本项目。WTO 将服务性产品划分为 12 大项，即商务服务、通信服务、建筑服务、销售服务、教育服务、环境服务、金融服务、卫生服务、旅游服务、娱乐服务、运输服务和其他服务。此外，还有各种技术产品的贸易。

4. 交易场所和渠道

(1) 有固定组织形态的国际市场

有固定组织形态的国际市场，是指在固定场所按照事先规定的原则和规章进行商品交易的市场。这种市场主要包括商品交易所、拍卖会、博览会和展销会等。

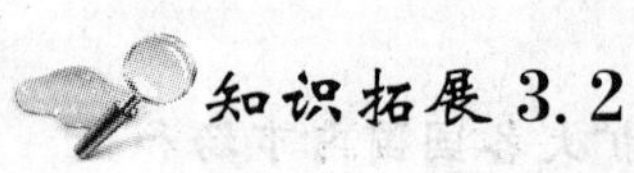
知识拓展 3.2

有形世界商品市场

(1) 商品交易所

商品交易所是进行大宗商品批发交易的场所。在交易方式上，交易在规定的时间和地点进行；根据商品的品级标准或样品进行交易；交易须通过特定人员即交易所的会员在交易所内直接进行。这些人员除了自己经营外，也可以充当经纪人或掮客代非会员进行交易，从中收取一定佣金。在组织结构上，商品交易所基本上都属于私人有限公司。公司本身并不从事商品交易，只是向进行交易的人们提供交易的场地和设备，调解交易过程中的纠纷，规定最低交易保证金和最低佣金，监督场内交易的活动，等等。

商品交易所的交易主要采用两种方式：一种是实物交易，另一种是期货交易。实物交易包括现货交易，一手钱一手货，钱货两清(即期)；未来交货，成交的货物正在运输途中或经过一定时间后才能装运。期货交易是买卖双方按期货合同达成交易后，定期进行交割的交易。期货交易中只有很少是实物的买卖，主要是商品远期购销合同的买卖(这种购销合同是交易所决定的标准化商品远期购销合同)，交割时，只要支付差价就行了。

(2) 拍卖会

拍卖会是拍卖企业进行拍卖活动的总称。拍卖是一种公开竞买的贸易方式，由专营拍卖业务的拍卖行接受货主委托，在拍卖人主持下，公开叫价，把商品卖给出价最高的买主。

(3) 国际博览会和展销会

国际商品博览会是以固定组织形式在一定地点、规定的时间和期限内举行的有各国厂商参加的展销结合的交易方式。国际商品博览会是一种展卖结合的贸易方式。由于其规模大，集中厂商多，因而便于交流，有利于寻求贸易伙伴，开拓市场。目前国际博览会和展览会在国际贸易中的地位日益重要，主要在于它为买卖双方提供信息交流的场所。

一个美国市长说："如果在我这个城市开一个国际会议，就好比有一架飞机在我们头顶上撒美元。"展会的作用在于它能够为买卖双方提供了解市场、增加接触、签订合同的机会，为参展企业的产品提供市场。而对于会展所在地而言，则不仅可以获得直接的展览收入，更重要的在于可以通过会展所带来的人流、物流、信息流促进交通、运输、旅游、通信等相关行业的发展；另外，借助会展，还可以让区外客商亲身感受所在地的风土人情，了解当地的投资环境，并带来先进的观念，这些是异地对外招商所无法比拟的。正因为会展具有多方面直接、间接的经济、社会效益，所以被冠以会展经济的美名。根据测算，一项会展所带来的相关收益，即它的外溢效应仅可计算的就达到会展收入的10倍以上。目前，仅美国、英国、德国、法国和意大利所办的会展就占全球国际会展的2/3，德国的汉诺威、法兰克福以及亚洲的新加坡等城市因会展而闻名。2010年世界博览会在中国上海市举行，这也是历史上首次由中国举办的世界博览会。

（资料来源：张二震，等. 国际贸易学[M]. 南京：南京大学出版社，2009.）

(2) 没有固定组织形态的国际市场

除了有固定组织形态的国际市场外，通过其他方式进行的国际商品交易，都可以纳入没有固定组织的国际市场。主要包括两大类：一类是单纯的商品购销，买卖双方自由选择交易对象，通过函电往来或当面谈判，达成协议签订合同；另一类是与其他因素结合的商品购销形式，如招标、租赁贸易等。

(3) 商品销售渠道

商品销售渠道指商品从生产者到消费者手中所要经过的环节。世界市场上的销售渠道通常由三部分构成：第一部分是出口国的销售渠道，包括生产企业或贸易公司本身；第二部分是出口国与进口国之间的销售，包括中间商；第三部分是进口国国内的销售渠道，包括经销商、批发商和零售商等。

(4) 运输和信息媒体网络

运输网络由铁路、公路、水路、航空、管道运输组成。信息媒体网络由国际电话、电视、广播、报刊、通信卫星、计算机网络等组成。

(5) 国际物流

整个世界的经济活动由生产、流通和消费三大部分构成，其中流通是联系生产和消费的必要环节。随着经济全球化的加速发展、国际分工的深化、跨国公司的发展及竞争的加剧，需要在世界市场上更有效地组织世界各国之间的商品物流。21 世纪的国际物流呈现信息化、网络化、智能化、整体化的特点。

5. 管理与协调机构

包括世界市场上的各种管理组织和机构,如世界贸易组织、世界银行、国际货币基金组织、国际标准化组织等。通过这些组织的运作,保证世界市场健康、有序地进行。

3.2 世界市场上的交易方式

世界市场上的交易方式是世界市场上买卖双方采用的各种交易的具体做法和渠道。这些方式包括:单纯的商品购销、包销、代理、寄售、“三来一补”、易货贸易、租赁贸易等。各种交易方式可以单独进行也可以交叉进行。

3.2.1 单纯的商品购销

单纯的商品购销形式是指买卖双方不通过固定的市场进行的单纯买卖。其原则是买卖双方自由选择交易对象,对商品的规格、数量、价格以及付款条件进行谈判,谈判可通过面谈、电话电报、互联网进行。在相互同意的基础上签订合同,据以执行。它的基本程序是询盘、发盘、还盘、接受、签约和成交。

3.2.2 包销

1. 包销的含义

包销,是指出口人通过签订包销协议,把一种或某一类出口商品在某一时间、某一地区的经营权利单独给予包销人,由包销人定期或不定期地同出口人签订具体的买卖合同,并在约定的期限和地区内,有独家经营或专营的权利。

2. 包销的特点

① 售定性质。包销商用自己的资金取得包销商品的所有权,并对所得商品进行销售,自负盈亏,自担风险。出口商与包销商之间是货主与买主的关系,属于买卖关系,而不是代销关系。

② 独家销售权利。即包销的买方享有一定期限在指定地区内的独家销售权。

3. 包销的原则

① 必须选择忠诚度高，有很强推广能力的经销商。高端产品必须重点选择能配合公司促销和品牌策划方案的、拥有良好中端形象的经销商，低价位产品可以选择批发网络通畅和广泛、有较强铺货能力和冲击市场能力的经销商。

② 包销产品的种类确定必须根据观察、分析经销商的历史销售记录来决定——哪些经销商特别适合推广哪些种类、哪些档次、哪些细分市场的产品，必须有个详细的数据分析，同时，资金、地域、产品特性等也是考虑的范围。

③ 包销产品一般利润较高，能给经销商很大的销售积极性，所以厂家可以根据这个心理给经销商一定的销售压力——即分阶段承诺销量，来保证厂家自己的销量和利润。

3.2.3 代理

1. 代理的含义

国际贸易中的代理是以委托人为一方，委托独立的代理人为另一方，在一定的地区和期限内，代理人以委托人的名义与资金从事代购、代销指定商品，由此所产生的权利和义务都由委托人承担的贸易方式，代理人按代购、代销商品的结果获取佣金作为酬劳。

2. 代理的特点

与包销方式相比，代理方式具有以下特点：

① 双方的关系是委托人与被委托人的关系。代理人必须按照代理协议在规定的代理权限内从事商务活动。

② 代理人在代理期间只能以委托人的名义从事商务活动，一般不以自己的名义与第三者签订合同。

③ 代理人与委托人之间的关系属于委托买卖关系。代理人在代理业务中，只是代表委托人行为，如招揽客户、招揽订单、代表委托人签订买卖合同、处理委托人的货物、收受货款等，他本身并不作为合同的一方参与交易。

④ 代理人通常运用委托的资金进行业务活动。

3. 代理的种类

(1) 总代理

总代理是在指定地区委托人的全权代理。他除了有权代理委托人进行买卖合同、处理货物等商务活动外，也可进行一些非商务性活动。他有权指派分代理，并可分享代理的佣金。

(2) 独家代理

独家代理是指在代理协议规定的时间、地区内，对指定商品享有专营权的代理人，即委托人不得在以上范围内自行或通过其他代理人进行销售。他的地位仅次于总代理，代理人获得独家代理权后不得再销售其他同类的产品。凡是在其特定的区域和期限内达成的交易,不管是代理商做成还是由委托人自己完成,独家代理人都有权抽取佣金。

(3) 佣金代理

佣金代理又称为一般代理,是指在同一代理地区、时间及期限内,同时有几个代理人代表委托人行为的代理。佣金代理根据推销商品的实际金额和根据协议规定的办法和百分率向委托人计收佣金,委托人可以直接与该地区的实际买主成交,也无需给佣金代理佣金。

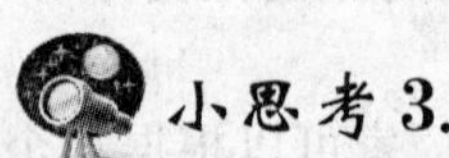

小思考3.2

韩国A公司与我国B公司签订了一份独家代理协议,指定由B公司为中国的独家代理商。在签订协议时,韩国A公司正在试验改进该产品。不久,当新产品试验成功后,A公司又指定我国另一家公司C公司为新产品的经销商。问:A公司的这种做法是否合法?

3.2.4 寄售

1. 寄售的含义

寄售是指委托人(货主)先将货物运往寄售地,委托国外一个代销人(受委托人),按照寄售协议规定的条件,由代销人代替货主进行,货物出售后,所得货款由代销人扣除佣金和费用后交付寄售人。

2. 寄售的特点

① 寄售人先将货物运至目的地市场(寄售地),然后经代销人在寄售地向当地买主销售。因此,它是典型的凭实物进行买卖的现货交易。

② 寄售人与代销人之间是委托代售关系,而非买卖关系。代销人只根据寄售人的指示处置货物。货物的所有权在寄售地出售之前仍属寄售人。

③ 寄售货物在售出之前,包括运输途中和到达寄售地后的一切费用和风险,均由寄售人承担。

3. 寄售方式的利与弊

(1) 寄售方式的积极作用

寄售是一种先发运后销售的现货买卖方式,可以让商品在市场上与用户直接见面。按需要的数量随意购买,而且是现货现买,能抓住销售时机。所以对于开拓新市场,特别是消费品市场,是一种行之有效的方式。

(2) 寄售方式的缺点

出口商会承担一定的风险和费用。其一,货未售出之前发运,售后才能收回货款,资金负担较重。其二,货物需在寄售地区安排存仓、提货,代销人不承担费用和风险。其三,万一代销人不守协议,比如,不能妥善代管货物,或是出售后不及时汇回货款,都将给出口商带来损失。其四,如果货物滞销,需要运回或转运至其他口岸,出口商将遭受损失。

3.2.5 拍卖

1. 拍卖的含义

拍卖是指专营拍卖业务的拍卖行在规定的时间和地点,按照一定的章程和规则,将货物向买主公开展示后,由买主相互出价竞购,最后由拍卖人把现货卖给出价最高的买主的一种贸易方式。

2. 拍卖的特点

① 拍卖是一种公开竞买的现货交易;
② 拍卖是在一定的机构内有组织地进行;
③ 拍卖具有自己独特的法律和规章。

3. 拍卖的方式

拍卖方式有英格兰式拍卖、荷兰式拍卖、英格兰式与荷兰式相结合拍卖等方式。

(1) 英格兰式

英格兰式拍卖也称"增价拍卖"或"低估价拍卖",是指在拍卖过程中,拍卖人宣布拍卖标的物的起叫价及最低加幅价,竞买人以起叫价为起点,由低至高竞相加价,最后产生最高应价者,拍卖人以公开表示成交的方式宣告成交(通常为击槌,但事先宣告的其他方式也可,如击掌或按钮亮灯等)。此种拍卖方式因源于英国而得此名。

(2) 荷兰式

荷兰式拍卖也称"降价拍卖"或"高估价拍卖",是指在拍卖过程中,拍卖人宣布拍卖标的物的起叫价及降幅,并依次往下叫价,一有人应价,即可宣告成交,但成交价不得低于保留价。这种拍卖方式因源于荷兰而得名。

(3) 英格兰式与荷兰式相结合

这种方式是指在同一场拍卖会乃至同一拍卖标的物的拍卖过程中可结合使用,即是指在拍卖过程中,拍卖人宣布起拍价后及最低增幅,由竞买人竞相应价,拍卖人依次升高叫价,以最高应价者竞得。若无人应价则转为拍卖人依次降低叫价及降幅,以第一位应价者竞得。

(4) 密封递价式

这种方式又称招标式拍卖。由买主在规定的时间内将密封的报价单(也称标书)递交拍卖人,由拍卖人选择买主。这种拍卖方式,和上述两种方式相比较,有以下两个特点:一是除价格条件外,还可能有其他交易条件需要考虑;二是可以采取公开开标方式,也可以采取不公开开标方式。拍卖大型设施或数量较大的库存物资或政府罚没物资时,可以采用这种方式。

(5) 标准增量式

这是一种拍卖标的数量远大于单个竞买人的需求量而采取的一种拍卖方式(此拍卖方式非常适合大宗积压物资的拍卖活动)。卖方为拍卖标的物设计一个需求量与成交价格的关系曲线。竞买人提交所需标的物的数量之后,如果接受卖方根据他的数量而报出的成交价即可成为买受人。

(6) 速胜式

这是增价式拍卖的一种变体。拍卖标的物的竞价也是按照竞价阶梯由低到高、依次递增的,不同的是,当某个竞买人的出价达到(大于或等于)保留价时,拍卖结束,此竞买人成为买受人。

(7) 反向拍卖

反向拍卖常用于政府采购、工程采购等。由采购方提供希望得到的产品的信息、需要服务的要求和可以承受的价格定位,由卖家之间以竞争方式决定最终产品提供商和服务供应商,从而使采购方以最优的性能价格比实现购买。

(8) 定向拍卖

这是一种为特定的拍卖标的物而设计的拍卖方式,有意竞买者必须符合卖家所提出的相关条件,才可成为竞买人参与竞价。

3.2.6 加工贸易

1. 加工贸易的含义

加工贸易是一国的企业利用自己的设备和生产能力,对来自国外的原材料、零部件或元器件进行加工、制造或装备,然后再将产品销往国外的一种贸易方式。

2. 加工贸易的方式

(1) 进料加工

进料加工叫以进养出,指用外汇购入国外的原材料、辅料,利用本国的技术、设备和劳力,加工成成品后,销往国外市场。这类业务中,经营的企业以买主的身份与国外签订购买原材料的合同,又以卖主的身份签订成品的出口合同。两个合同体现为两笔交易,它们都是以所有权转移为特征的货物买卖。进料加工贸易要注意所加工的成品在国际市场上要有销路。否则,进口原料外汇很难平衡,从这一点看,进料加工要承担价格风险和成品的销售风险。

(2) 来料加工

来料加工通常是指加工一方由国外另一方提供原料、辅料和包装材料,按照双方商定的质量、规格、款式加工为成品,交给对方,自己收取加工费。有的是全部由对方来料,有的是一部分由对方来料,一部分由加工方采用本国原料的辅料。此外,有时对方只提出式样、规格等要求,而由加工方使用当地的原、辅料进行加工生产,这种做法常被称为“来样加工”。

3.2.7 补偿贸易

1. 补偿贸易的含义

补偿贸易指交易的一方在对方提供信用的基础上，进口设备技术，然后以该设备技术所生产的产品，分期抵付进口设备技术的价款及利息。

2. 补偿贸易的特点

(1) 以信贷为前提条件

补偿贸易是在给对方提供信贷的基础上进行的，这是构成补偿贸易不可缺少的前提条件。

(2) 产品回购是必备条件

补偿贸易中，设备或技术的提供方必须同时承诺对设备或技术的进口方所产出的产品进行回购。这是构成补偿贸易的必备条件。

3. 补偿贸易的分类

按照偿付标的物的不同，补偿贸易大体上可分为三类：

① 直接产品补偿。即双方在协议中约定，由设备供应方向设备进口方承诺购买一定数量或金额的由该设备直接生产出来的产品。这种做法的局限性在于，它要求生产出来的直接产品及其质量必须是对方所需要的，或者在国际市场上是可销的，否则不易为对方所接受。

② 其他产品补偿。当所交易的设备本身并不生产物质产品，或设备所生产的直接产品非对方所需或在国际市场上不好销时，可由双方根据需要和可能进行协商，用回购其他产品来代替。

③ 劳务补偿。这种做法常见于同来料加工或来件装配相结合的中小型补偿贸易中。具体做法是：双方根据协议，往往由对方代为购进所需的技术、设备，货款由对方垫付。一方按对方要求加工生产后，从应收的工缴费中分期扣还所欠款项。

上述三种做法还可结合使用，即进行综合补偿。有时，根据实际情况的需要，还可以部分用直接产品、其他产品或劳务补偿，部分用现汇支付等等。

3.2.8 招标与投标

1. 招标与投标的含义

招标和投标是一种商品交易行为，是交易过程的两个方面。

招标是指招标人(买方)发出招标公告或投标邀请书，说明招标的工程、货物、服务的范围、标段(标包)划分、数量、投标人(卖方)的资格要求等,邀请特定或不特定的投标人(卖方)在规定的时间、地点按照一定的程序进行投标的行为。

投标是与招标相对应的概念,它是指投标人应招标人特定或不特定的邀请,按照招标文件规定的要求,在规定的时间和地点主动向招标人递交投标文件并以中标为目的的行为。

2. 招标的种类

(1) 竞争性招标

竞争性招标是招标人邀请几个乃至几十个投标人参加投标,通过多数投标人竞争,选择其中对招标人最有利的投标人达成交易。主要有三种做法:一种是公开投标,是指招标人以招标公告的方式邀请不特定的法人或者其他组织投标。公开招标的投标人不少于 3 家,否则就失去了竞争意义;另一种是邀请招投标,又称有限竞争性招标,是指招标人以投标邀请书的方式邀请特定的法人或者其他组织投标;第三种是两段招标,这种方式把招标过程分为两个阶段,第一阶段采用公开招标,第二阶段采用选择招标。

(2) 非竞争性招标

非竞争性招标是相对竞争性招标而言的。如谈判招标,又称议标,是一种非公开、非竞争性的招标。这种招标由招标人物色几家客商直接进行合同谈判,谈判成功则交易达成。

3.2.9 商品期货交易

1. 商品期货交易的含义

商品期货交易是指只需支付定金,通过商品交易所买进或卖出期货合约,这种期货合约已是商品交易所规定的标准化契约,通常期货交易并不涉及实物所有权的转移,只是转嫁与这种所有权有关的由于商品价格变动带来的风险。商品期货的种类包括金属期货、农产品期货、能源期货等。

2. 商品期货交易的特点

① 合同的条件必须标准化。在交易所进行交易的商品,合同中的品名、质量和数量必须标准划一。因此,期货交易双方只需要就期货合同的份数、交货期及价格达成一致。

② 保证合同绝对能够履行。交易所通过订立包括保证金在内的各种规定,保证在交易所中订立的合同能够绝对地履行,从而使期货交易得以顺利进行。

③ 脱离实际货物的交付。交易所只管买卖双方的登记结算,自己不进行直接交易,交易的全过程一般不发生实际货物的收交。

3.2.10 租赁贸易

1. 租赁贸易的含义

租赁贸易是指出租人在一定时间内把租赁物租借给承租人使用，承租人分期付给一定租赁费的融资与融物相结合的经济活动。根据租约规定，出租人定期收取租金，并保持对租赁物的所有权；承租人通过缴纳租金取得租赁物的使用权。

2. 租赁贸易的特点

租赁贸易本身的特点对交易双方都十分有利，体现在：

① 承租方可以有效地利用出租方的资金。承租方可以先使用机器再付租金，可以最大限度地利用出租方的资金来帮助自己生产。

② 承租方可以利用出租方及时得到所需设备。租赁方式可以使得承租人在需要时及时得到设备投入生产，有利于节省资金和抢占市场。

③ 降低了承租人的风险。承租人在计划购买设备前，可先租用设备了解其性能及适用性，避免盲目购买的风险。

④ 采用租赁方式可以节省开支。对不经常使用的设备，没有必要花费大量开支，采用租赁的方法可以节约开支。

⑤ 设备出租方可以获得较高的经济收益。设备生产厂家搞租赁，有利于扩大产品销售，并能获得税收方面的优惠。

3. 租赁贸易的种类

(1) 融资租赁

融资租赁指出租方按承租方的意向购买机器设备，并以租金的形式给予出租方补偿，出租方收取的租金不仅弥补了其本金，而且还可以获取收益。

(2) 经营租赁

经营租赁方式中，出租人拥有原始设备，承租人可以根据自己的需要确定租赁机器设备时间的长短，付给出租人租金。租期结束后，如果承租人无意再租或购买该设备，可以把设备归还给出租方，出租人可以继续把设备出租给下一个承租人。

(3) 杠杆租赁

杠杆租赁多见于价格昂贵的设备和固定资产。由于所需资金金额巨大，出租人无力独自购买，以设备本身和设备出租后租金的受让权为担保，向银行贷款，用贷款和一部分自有资金购买设备，再把设备出租给承租人，用租金偿还贷款本息。

(4) 回租

回租，即承租人将自有设备作价卖予出租者，先将固定资产转变为现有资金后，再将原设备反租过来，采用分期交付租金的办法。

(5) 综合租赁

综合性租赁是租赁与合资经营、合作经营、对外加工装配、补偿贸易及包销等其他贸易方式相结合的租赁方式。但租赁与合资经营、合作经营相结合的方式，必须是合营公司注册资本以外的部分。

3.2.11 易货贸易

1. 易货贸易的含义

易货贸易是在等价交换的基础上，出口方货物与进口方货物进行对换的一种方式。如果交易双方所供货物相等，则不涉及货币；如果允许双方所交货物有差额，该差额可用货币支付或稍后提交货物来抵付。

2. 易货贸易的特点

易货贸易交换商品的价值相等或相近，没有第三者参加，并且是一次性交易，履约期短，实际做法上比较灵活。

3. 现代易货贸易的形式

(1) 直接易货

直接易货又称为一般易货。从严格的法律意义上来讲，易货就是指以货换货。这种直接易货形式，往往要求进口和出口同时成交，一笔交易一般只签订一个包括双方交付相互抵偿货物的合同，而且不涉及第三方。它是最普遍也是目前应用最广泛的易货形式。

(2) 综合易货

综合易货多用于两国之间根据记账或支付(清算)协定而进行的交易。由两国政府根据签订的支付协定，在双方银行互设账户，双方政府各自提出在一定时期(通常为一年)提供给对方的商品种类、进出口金额基本相等，经双方协商同意后签订易货协定书，然后根据协定书的有关规定，由各自的对外贸易专业公司签订具体的进出口合同，分别交货。商品出口后，由双方银行凭装运单证进行结汇，并在对方国家在本行开立的账户进行记账，然后由银行按约定的期限结算。

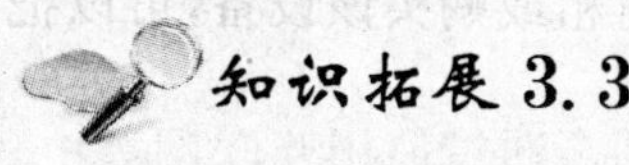

易货贸易的网上重生

金融危机使很多依靠现代市场经济工具大行其道的企业陷入窘境，而与此同时，一些建立在原始贸易原理——以物易物基础之上的企业却日显活力。

“我可以用我做的巧克力蛋糕来结账。”20 世纪 80 年代，美国建立起了一批在电子商务平台上以物易物的贸易公司，20 十多年来他们默默无闻，而近期却活跃了起来。作为上市公司的国际货币体系有限公司(International Monetary System，IMS)，就是这样一家企业,它是一个 B to B 换物平台。公司成立 22 年来从没有引起过媒体及商家的重视,而近日,IMS 的 CEO 唐纳德得意地说:"作为上市公司,我们的股票这两天表现得相当好!"目前,在 IMS 上注册的会员(包括公司)已经有 18000 多个了。

金融危机使银行与商户、银行与银行之间失去信任,贷款难的问题使很多公司现金匮乏。现金流不畅使企业间的正常交易很难开展,IMS 提供了一个在没有现金情况下进行交易的平台。在这个平台上,商家把自己的商品放上去卖,标志出商品信息和价格。所不同的是,买卖双方都不必用货币结算,而是使用网站提供的虚拟货币——Trade Dollars 进行结算。

在美国加州北部的启乐糕点公司(Killer Baking Company)是加入到 IMS 易货网平台的 3000 多个小企业之一,它的巧克力蛋糕直接从烤箱卖到网络交易平台上,其 30%的销售额都是通过网络易物贸易来创造的。店主麦克说:"我可以用我做的巧克力蛋糕来结账,这样做大大降低了我的成本。因为,不管我买什么都是以我的产品价格为额度进行支付的。"在纽约,理查德·沙龙花店(Richard Salome)的老板用他们在网站上卖掉的花,换取了其所有员工一年的牙科保健服务。而且他们还把一部分卖出的花换成了一些巧克力甜品,再连同即将出售的花作为礼包附赠。"不需要客户用现金结账,我的花卖得别提多好了!""我去餐馆点一桌菜,吃完饭后,除了准备点给小费的钱以外,不用花现金了!"这家个体公司还在网络易货平台上用他们的花换来了公司的名片,乃至公司产品的运输交货服务。更不可思议的是,这家公司还换了去荷兰参加鲜花拍卖的所有机票和酒店的钱。"这种交易方式真的把我们的公司搞活了,我们有了更充足的现金流。"老板说:"你在加入系统之后,就不由自主地停不下来了。"

(资料来源:刘宁.易货贸易的网上重生[J].企业管理,2009(4).)

3.2.12 电子商务

1. 电子商务的含义

狭义上讲,电子商务是指通过使用互联网等电子工具(这些工具包括电话、传真、计算机、计算机网络、移动通信等)在全球范围内进行的商务贸易活动。

广义上讲,电子商务就是通过电子手段进行的商业事务活动。通过使用互联网等电子工具,使公司内部、供应商、客户和合作伙伴之间,利用电子业务共享信息,实现企业间业务流程的电子化,配合企业内部的电子化生产管理系统,提高企业的生产、库存、流通和资金等各个环节的效率。

2. 电子商务的特点

与传统商务形式相比,电子商务有以下几个特点:

① 市场全球化。凡是能够上网的人,无论是在南非上网还是在北美上网,都将被包容

在一个市场中,有可能成为网上企业的客户。

② 交易的快捷化。电子商务能在世界各地瞬间完成传递与计算机自动处理,而且无需人员干预,加快了交易速度。

③ 交易虚拟化。通过计算机互联网络进行的贸易,双方从开始洽谈、签约到订货、支付等,无须当面进行,均通过计算机互联网络完成,整个交易完全虚拟化。

④ 成本低廉化。由于通过网络进行商务活动,信息成本低,足不出户,可节省交通费,且减少了中介费用,因此整个活动成本大大降低。

⑤ 交易透明化。电子商务中的双方的洽谈、签约,以及货款的支付、交货的通知等整个交易过程都在电子屏幕上显示,因此显得比较透明。

⑥ 交易标准化。电子商务的操作要求按统一的标准进行。

⑦ 交易连续化。国际互联网的网页,可以实现 24 小时的服务。任何人都可以在任何时候向网上企业查询信息,寻找问题的答案。

3.3 当代世界市场的主要特征

3.3.1 世界市场的规模大大增加

第二次世界大战后,由于一系列殖民地国家独立,它们不再由宗主国来安排进入世界市场,而以独立主权国家的身份进入世界市场,世界市场的参加主体大大增多了。另外,各国卷入世界市场的深度也在增加,世界货物出口额从 1950 年的 607 亿美元增长到 2010 年的 152380 亿美元,增长了两百多倍,如表 3.1 所示。

表 3.1 2003～2010 年世界货物进出口总额

单位:亿美元

年份	2003	2004	2005	2006	2007	2008	2009	2010
出口	75860	92180	104890	121130	140000	161160	125220	152380
进口	78670	95680	108550	124370	143000	165200	127180	153760

资料来源:世界贸易组织数据库

国际贸易的方式也呈现多样化。战后的各国间贸易除了传统的商品贸易之外,还在国际之间开展了多种形式的资金、技术、服务等合作和联合投资,共同开发生产出各种新产品,开发新市场已屡见不鲜。国际经济合作形式的多样化促进了国际贸易方式的多样化,像补偿贸易、来料加工贸易、租赁贸易等新的贸易形式在战后得到很大发展。

3.3.2 国际贸易的商品结构发生了重大变化

第二次世界大战前,少数帝国主义国家在世界市场上占统治地位,广大殖民地国家的对外贸易几乎由这些宗主国主宰。战后,这种少数资本主义国家一统天下的局面不复存在,社会主义国家、新兴工业化国家和其他发展中国家都纷纷进入世界市场,世界市场从战前的资本主义一统天下发展成世界大多数国家互相合作、相互竞争的场所。

由于二战后国际分工格局的变化,国际贸易商品结构也发生了相应的变化。在国际贸易中,形成了制成品贸易扩大、初级产品贸易减少的商品结构。在工业制成品中,机械产品、电子产品等与新技术有关的产品比重在加大。技术贸易和劳务贸易发展迅速,在国际贸易中所占比重越来越大。以电子为基础的计算机与通信相结合的信息技术、生物工程技术、核技术、新材料技术、宇航技术等高科技发展迅速。

造成这种情况的根本原因是:科技革命带来国际分工的深化,部门内分工的发展使国际贸易中的中间产品大大增加;大量合成材料代替了原先的初级产品原料;发达国家的新技术使它们的农产品自给率提高。

3.3.3 国际服务贸易发展迅速

第二次世界大战后的科技革命和经济高速增长,在加深国际分工的同时,也使各种生产要素在国家间流动加强,于是国际服务贸易迅速发展起来,不但传统的服务贸易项目,如银行、保险、运输等随着国际贸易发展而发展,其他的服务项目,如国际租赁、提供国际咨询和管理服务、技术贸易、国际旅游等也在战后得到快速发展,服务贸易的增长速度大于同期商品贸易的增长速度。目前,世界服务贸易总额已相当于世界商品贸易额的四分之一左右。

3.3.4 国内市场与世界市场的传导机制在加强

所谓传导,是指国内市场与世界市场之间的相互联系和影响。随着经济全球化的加速,各国国内市场与世界市场之间的相互联系和影响不断加强。

1. 传导领域拓宽

传导领域从货物拓展到服务和生产要素的流动,传递的渠道增多。当今世界市场的传递渠道在原有的货物价格渠道的基础上,增加了服务渠道,资本流动渠道,人力资源流动渠道,科技、知识、信息传播渠道等。

2. 传导从单向转向双向

20世纪70年代以前,发达国家市场是世界市场的传递中心,它的扩大和萎缩直接影响到发展中国家的市场。20世纪80年代以后,随着发展中国家的兴起,其经济的发展和波动也反向传递到发达国家。如1973年的石油危机和1997年爆发的东南亚金融危机也波及了发达国家。

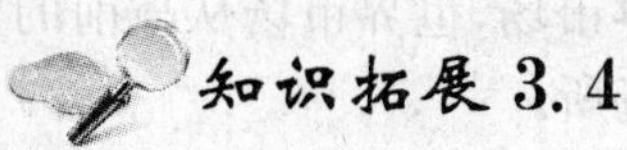

知识拓展 3.4

东南亚金融危机仅仅是亚洲的吗?

20世纪90年代,泰国全方位的开放其国内市场,吸引了大批的国际流动资金的流入,泰国政府承诺将泰铢与美元的比价保持在固定的汇率,这大大地增强了人们借贷的信心,但渐渐地,人们认识到泰国的经济并没有像预测中的那样强大,再加上国际性投机商反对泰铢的行动,而政府并未能如其所愿地保持汇率的稳定,结果导致泰铢币值直线下降了30%。泰国危机导致整个东南亚正在逐步形成的新兴市场中的资金快速外流,使韩国、马来西亚、印度尼西亚的货币大幅贬值。亚洲危机造成原油价格暴低,使俄罗斯政府完全依靠对原油和其他矿藏品的出口来筹集预算资金,以及依靠国外借贷来维持政府开支的情况变得更加困难。由于俄罗斯的经济体系国际化程度较高,它通过对冲基金,把俄罗斯的经济失衡机械性地传到世界其他正在形成的新兴市场,衰退就如机械性传递一样,大家都蜂拥抢购美国国债,造成了美国利率的下降。这加大了美国国债的价格与新兴市场股票价格的波动,影响了利率和人们正常的投资策略,从而加大了世界经济的波动。

(资料来源:刘继森.世界经济概论[M].上海:上海财经大学出版社,2010.)

3. 传导速度加快

由于市场经济体制成为世界各国普遍接受的经济体制,加上对外开放成为主流的经济贸易政策,国内和世界市场的融合度提高,传递的阻碍减少,导致传递加速和经济波动同步性增强。有些国家积极接受这种传递,可能有助于加快发展;有些国家反应迟钝,可能失去发展机会。当经济波动或衰退时,如果一国敏感并及时调节,可能规避风险;如果应对滞后,则可能造成灾难,并演变成世界性的危机。

3.3.5 区域贸易的集团化和跨国公司的影响巨大

世界各国经济联系日益加强,有一部分国家通过结成地区性经济集团,在一个区域的范围内追求更加紧密的国际经济联系。于是在一个世界市场的范围内,存在许多跨国家的区域性市场。这些地区性经济集团,对内实行程度较高的自由贸易,对外则实行一定程度的歧视或排斥,如欧盟、北美自由贸易区等就是这样的区域经济一体化组织。看起来这似乎使世界市场被分割为一些板块,使世界市场变小,但世界上众多国家在参加到世界市场中去的时候,原本就实行内外有别的政策。因此,世界上有多少国家和地区就可以认为世界市场被分割为多少板块。现在地区经济一体化只是使一些较小的板块合并为大一些的板块而已,并大大促进了集团内的国际分工和国际贸易。第二次世界大战后的贸易自由化大大打破了国际间的关税和非关税壁垒,使国与国之间或板块与板块之间的经济联系进一步增加。因此,战后的地区经济一体化并没有使世界市场变小,而是在世界自由贸易程度提高的同时,在某一区域内实行更高程度的自由贸易,因而区域经济一体化起着促进世界市场发展的作用。

跨国公司在世界范围内的扩张,是国际贸易发展中的一个突出现象,给世界市场以巨大影响。第二次世界大战后,跨国公司的大发展给世界市场以巨大影响。跨国公司利用其雄厚的资本和科学技术上的优势,通过对外直接投资,绕过别国的关税和非关税壁垒,直接进入东道国市场。它们采用多种组织形式和策略,垄断着世界的销售市场和原料产地,从而垄断了世界市场上很大一部分贸易。有人估计,当今世界上国际贸易的80%与跨国公司有关,而跨国公司的内部贸易在资本主义世界贸易中的比重约占三分之一。

3.3.6 市场利益分配仍不公平

在当今世界市场,参与世界市场活动的国家和地区所获得的效益是不平等的。第一,在世界市场上,货物、劳动力、知识产权和资本运行中的主导权仍然掌握在发达国家手中,发达国家处于主导地位,而其他处于外围的国家将要承担更大的风险和伤害。第二,世界市场协调机制是通过谈判和规则来进行的,在谈判和各种规则制订的过程中,发达国家由于经济实力强大,处于决策地位,而发展中国家由于经济实力较弱,处于弱势地位,参与规则制订的话语权很小。第三,在世界市场的运行规则中,发展中国家经过努力,争取到一些特殊待遇条款,但由于发展上的差距,无力把这些优惠待遇变成现实。上述原因导致世界市场带来的好处,不是平等地在发达国家和发展中国家分配,在世界市场运作的“双赢”中,发达国家获得的利益远远多于发展中国家。

3.3.7 世界市场中的竞争更为激烈

竞争就是追逐利润的竞赛。在国际环境下,国家之间存在着政治竞争、军事竞争、经济竞争、社会竞争和文化竞争。其中经济竞争成为各国竞争的主要内容,也成为其他竞争的基础。而在经济竞争中,市场开拓、维护与占有的竞争占据非常重要的地位。

当代世界市场的竞争日益广阔与深化,表现在:竞争从局部走向整体,参加竞争的商品从货物贸易向服务贸易和知识产权发展;竞争方式从粗放式走向集约式,贸易中的非价格竞争已取代传统价格竞争而占据主导地位;竞争从封闭式的市场竞争走向开发式的市场竞争,各国从被动的保护转向主动对外开放,推行贸易和投资自由化,加入WTO等国际组织;构成商品竞争力的要素从自然资源要素走向管理与新兴的科学技术,新技术、新工艺在生产过程中的应用,成为市场上商品竞争能力的重要基础。

在当代世界市场竞争中,各主权国家政府为了维护本国利益,不断运用国家权力通过各种方式对竞争进行干预和保护,以促进本国经济的发展,最大限度地减少竞争对本国经济发展所起的负面作用。如通过经济政策、科技政策、产业政策和措施改善本国企业参与世界市场竞争的环境和条件,优化出口产业结构,提高出口产品的竞争力。但随着世界市场的扩大,市场活动对各国经济发展的作用在加强,公平竞争日益受到各贸易国的重视。在世界市场上,各国也通过贸易条约、契约、惯例等,贯彻公平竞争的原则。如通过双边贸易和投资协定，确定双方的权利与义务，做到平等互利；通过经贸集团内部的各种协定，确定成员间的权利与义务；制定更规范和完备的国际贸易法规，包括《国际货物买卖合同公约》、《国际货物海上运输公约》、《船舶和货物保险条款》、ISO9000系列标准化要求等，各国贸易商可按法规和具体合同条款行事，减少分歧，保证公平。

3.4 世界市场价格

世界各国在参与国际分工，进入国际商品交换领域时，首先要解决商品交换的比率问题。因为参加交换的商品价格不仅单纯由生产国国内的因素决定，还受到世界市场上其他因素的影响。

3.4.1 世界市场价格的概念

世界市场价格也称国际市场价格或国际价格，是指在一定条件下在世界市场上形成的市场价格，也就是某种商品在世界市场上实际买卖时所依据的价格。世界市场价格是衡量国际社会必要劳动时间大小的标准，是国际价值及国际使用价值的货币表现，亦即以货币表现的商品的国际价格及国际使用价值。这里所说的货币，是指世界货币。正是由于世界货币，才使各国的国内市场价格均衡为世界市场价格。在世界市场产生、形成和发展的大部分时期里，世界货币就是黄金。而在当代，世界货币就是国际货币（纸币），其中包括美元、欧元、日元、瑞士法郎、英镑等。国际货币是世界市场上商品交易正常进行和世界市场价格统一的基础。

3.4.2 影响世界市场价格变动的主要因素

同国内市场一样，世界市场价格也是经常变动的，其变动不仅受价值规律的支配，而且受到商品供求、各国币值、不同国家政府经济政策以及国际垄断等一系列国际因素的影响，因而显得更为复杂。

1. 价值因素

国际价值是形成世界市场价格变动的基础，并制约世界市场价格的长期变化。新产品刚出售时，由于生产量小，花费的社会必要劳动时间多，生产价格十分高昂。此后，由于生产技术不断改进，所耗费劳动的不断减少，价值随之降低，生产价格也随之下降。如铝的生产初期，价格比白银还贵，随着生产技术的改进，成本下降，生产价格和国际价格也随之下跌，1938年铝价格只及1854年铝价格的一千八百分之一。其他的商品如人造丝、合成橡胶、化学纤维、半导体、飞机、电视机、计算机等都出现过这种情况。国际价值是世界市场价格变动的轴心，世界市场价格的变动归根到底是受价值规律支配的。当世界市场上某种商品供求平衡时,其世界市场价格与国际价值相一致;当某种商品供不应求时,其世界市场价格会超过国际价值;而当某种商品供过于求时,世界市场价格则跌至国际价值之下。但世界市场价格的变动又会反过来影响商品的国际供求并使之逐渐趋于平衡,从长期来说,世界市场价格和国际价值仍趋于一致。

2. 成本因素

生产成本的变动是影响世界市场价格的重要因素,特别是对加工工业而言,更具有决定性的作用。例如,加工工业所处国家的货币升值时,原材料价格就会降低,生产成本减少,商品的成本价格就会下跌,而汇率的变动又使得本币对外币贬值,世界市场价格降低;当加工工业所处国家的货币相对稳定时,国内原材料价格不变,生产成本就不发生变化,世界市场价格不变;当加工工业所处国家的货币贬值时,国内原材料价格提高,生产成本上升,商品的成本价格上升,世界市场价格也会发生变动,变动的幅度将视出口商品本币价格上涨幅度与汇率下降使本币贬值的幅度而定。

3. 供求因素

世界市场供求关系是影响世界市场价格波动的直接因素,最终确定商品的世界市场价格。马克思指出:"商品的价格是由什么决定的?它是由买主和卖主之间的竞争即供求关系决定的。"这种竞争包括三个方面,即各国卖主之间的竞销,各国买主之间的竞购,买主与卖主之间的竞争。各方面竞争综合作用的结果,将形成一种公认的最后成交价格,也就是这种商品的世界市场价格。世界市场上的商品供求关系,不仅表现为供给量与需求量的对比关系,也表现为供给和需求在价格机制作用下相互适应的关系。在世界市场上不同商品的价格变化对其供给和需求的影响是极不相同的。有的商品价格稍加变化,其供给和需求就发生很大变化;有的商品即使价格变化较大,对其供给和需求的影响却很小。

4. 垄断因素

垄断对世界市场价格具有一定的影响,有时这种影响甚至对世界市场价格的形成起主导作用。其影响取决于垄断组织对某种商品的生产和销售、原料来源、科技发明、专利许可等的控制程度以及与大金融机构的联系是否密切。市场垄断程度越高,垄断组织操纵市场价格的力量就越强。垄断程度的高低,取决于以下几个条件:

① 生产和贸易的集中度。集中度越高,企业的数量就越少,越容易形成垄断。

② 进入某个部门或市场的难易程度。竞争者进入某个部门或市场所遇到的障碍越大,该部门或市场的垄断就越强;竞争者进入越容易,该部门或市场的垄断程度就越低。

③ 是否存在跨国公司。跨国公司规模巨大、资金雄厚、技术先进、子公司遍布全球,是当代国际贸易中的主要垄断力量。若某个市场存在跨国公司,则意味着垄断力量大大加强。

④ 产品性质的差异程度。产品性质的差异程度越大,垄断程度越大;反之,则越小。

垄断组织操纵世界市场价格的方法多种多样,有直接的,也有间接的。直接方法有:垄断原料市场,开采原料并按垄断价格出售;瓜分销售市场,规定出口份额;直接控制价格,规定某种商品的最低限价。间接方法有:限制商品生产额和出口额;限制开采矿产和阻止新工厂的建立;在商场收买"过多"商品并出口"剩余"产品。

除以上因素以外，国际经济周期、有关国家经济贸易政策、自然灾害、政治动乱、战争、投机、季节性因素等也是世界市场价格的影响因素，在不同程度上影响世界市场价格的变动。

5. 通货膨胀因素

世界市场和国际贸易的发展，使各国经济的相互依赖和相互影响日益加深。各国的国内通货膨胀都会在不同程度上传递给其他国家，进而导致世界市场价格总水平的上升。一国如发生通货膨胀，国内货币贬值，物价上涨，会提高该国出口商品的生产成本，从而削弱这些商品在世界市场上的竞争能力，导致出口减少，进口增加，进而影响世界市场的商品供求，影响世界市场价格。如果这些发生通货膨胀的国家，其出口商品在世界市场上占有很大的份额，就会直接造成世界市场价格的上升。

6. 各国政府采取的政策措施

世界各国在对外贸易中都执行一定的政策措施，并随着国内和国际政治经济形势的变化而进行修改和调整。各国政府采取的政策措施如何，特别是贸易大国，将对商品的国际价格产生重要的影响。如支持价格政策、出口补贴、进出口管制、外汇税收政策、战略物资的收购及抛售等政策。通过这些政策对本国进出口商品的价格和数量进行控制，从而导致国际市场价格的波动。

7. 经济全球化因素

经济全球化是现代社会最主要的经济表现，它主要是指各种生产要素在全球性范围内的优化配置作用。生产要素主要指的是资本、劳动、技术、信息等要素。要素的国际流动会改变各国原有的要素禀赋结构和要素的稀缺性，在一定程度上会改变要素的价格，要素价格的变动使得与之相关的生产过程、交易过程都会发生变化，也使得世界市场价格发生变化，此种变化在当今社会越来越明显。

世界市场价格的变动并不是某种因素单独作用的结果，而是多种因素共同作用产生的。其实，对世界市场价格变动的影响因素并不仅仅局限于以上几种，还有很多。这里只是列举在共同作用下较为重要的几种因素。

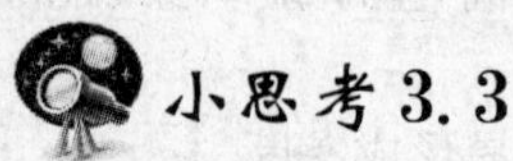

“中国大妈”战胜华尔街金融大鳄？

从 2013 年 4 月 12 日开始，连续上涨十余年的黄金价格突然“高台跳水”，面对史无前例的“好时机”，各地居民纷纷“入市”，一些人甚至跑到香港去“抢金”。“五一”假期的那一周，在金价大跌的背景下，成为真正的“黄金周”。来自各方的抢购黄金消息，打破了供需平衡。“中国大妈”(一些中国民众)疯狂“抄底”黄金，恰逢金价止跌回升，使得好些人以为是“中国大妈”打败了华尔街。

影响国际金价的因素有哪些？“中国大妈”真的胜利了吗？

3.4.3 世界市场价格的类型

世界市场价格主要是按现有的世界市场的状态划分的，现在主要的世界市场有两种：自由市场和封闭市场。自由市场是指由较多的买主和卖主集中在固定的地点，按一定的规划，在规定的时间进行交易，如商品交易所、拍卖会等。封闭市场是指受国际垄断和国家干预而形成的市场。根据这两种市场而形成的价格就是世界"自由市场"价格和世界"封闭市场"价格。

1. 世界"自由市场"价格

世界"自由市场"价格是指在国际间不受垄断或国家垄断力量干扰的条件下，由独立经营的买者和卖者之间进行交易的价格。

"自由市场"是由较多的买主和卖主集中在固定的地点，按一定的规则，在规定的时间进行的交易。尽管这种市场也会受到国际垄断和国家干预的影响，但是，由于商品价格在这里是通过买卖双方公开竞争而形成的，所以，它常常较客观地反映了商品供求关系的变化。联合国贸易与发展会议所发表的统计中，把美国谷物交易所的小麦价格、玉米(阿根廷)的英国到岸价格、大米(泰国)的曼谷离岸价格、咖啡的纽约港交货价格等36种初级产品的价格列为世界"自由市场"价格。

2. 世界"封闭市场"价格

"封闭市场"价格是买卖双方在一定的约束关系下形成的价格。商品在国际间的供求关系，一般对它不会产生实质性的影响。

世界"封闭市场"价格一般包括以下几种：

(1) 调拨价格

调拨价格又称转移价格或记账价格，是指跨国公司的母公司与子公司、子公司与子公司之间进行交易时所采用的价格。调拨价格排除了市场机制，不受世界市场供求关系的作用，只服从跨国公司全球战略。其目的是利用转移价格控制市场，加强竞争地位；使跨国公司最大限度地减轻税负；逃避东道国的外汇管制；转移资金和调节利润。

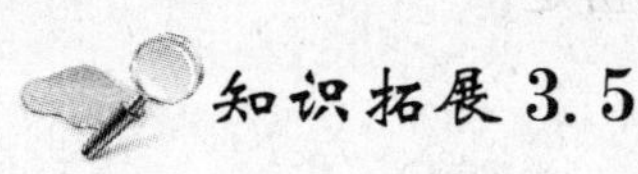

知识拓展3.5

跨国公司的转移价格

某跨国公司欲向一国内的子公司输入原材料或半成品，假设总值为200万元，当征收20%的关税时(假定)，该公司需缴纳40万元的关税。经分公司深加工后，该批产品价值为300万元，若该国增值税率为10%(假设)，则该公司缴纳税费10万元，共缴纳50万元。跨国公司为节省成本，通过公司内部调节将买入价降低到

100万元，则关税为20万元，增值税为20万元，总共40万元，节省了10万元；当关税税率为10%，增值税率为20%时，该公司可将买入价调高为250万元，则关税为25万元，增值税为10万元，共计35万元，节省15万元。即当关税率高于增值税率时，跨国公司调低买入价；当关税率低于增值税率时，跨国公司调高买入价，以此来逃避税费，降低生产成本。

（资料来源：百度百科）

(2) 垄断价格

垄断价格是指国际垄断组织利用其经济力量和市场控制力量决定的价格。在世界市场上，国际垄断价格有两种：一种是卖方垄断价格，另一种是买方垄断价格；前者是高于商品的国际价值的价格，后者是低于商品的国际价值的价格。在两种垄断价格下，均可取得垄断超额利润。垄断价格的上限取决于世界市场对于国际垄断组织所销售的商品的需求量，下限取决于生产费用加国际垄断组织所在国的平均利润。由于垄断并不排除竞争，故垄断价格也有一个客观规定的界限。

此外，在世界市场上，由于各国政府通过各种途径对价格进行干预，所以出现了国家垄断价格或管理价格。

(3) 区域性经济贸易集团内的价格

第二次世界大战后，各国出于对经济的考虑，成立了许多区域性的经济贸易集团。在这些经济贸易集团内部，形成了区域性经济贸易集团内价格。如欧盟成员间在进行贸易时有一个交易价格，而对于成员以外的国家在进行贸易时就是另一个价格，此种价格的调整主要是通过关税进行的。

(4) 国际商品协定下的协定价格

国际商品协定是某种商品的主要生产国、进口国为了稳定或者操纵该种商品的世界市场价格，获取足够的垄断利润，保证世界范围内供求基本平衡而签订的多边国际协议。通过此协定所形成的价格就是国际商品协定下的协定价格。商品协定通常采用最低价格和最高价格等办法来稳定商品价格。当有关商品的世界市场价格降到最低价格以下时，就用缓冲基金收购商品，减少商品供应量，使价格回升；当商品的世界市场价格超过最高价格时，则扩大出口或抛售缓冲库存中的存货，加大商品供应量，使商品价格回落。第二次世界大战后，国际商品协定签订了不少，但是有成效的不多见，比较有名的几种国际商品协定有糖(1953年)、锡(1956年)、咖啡(1962年)、小麦(1949年)、橄榄油(1958年)、可可(1973年)、天然橡胶(1979年)。到1989年尚存的仅有橡胶、糖、锡三种国际商品协定。

本章小结

世界市场是指世界各国产品、服务、技术交换的场所和领域，是世界范围内通过国际分工和国际贸易联系起来的各国间市场和各国国内市场的总和。世界市场的形成与发展是与资本主义生产方式的改变、生产力水平的不断提高密不可分的，是资本主义发展到一定阶段的产物。世界市场从内容上分，包括世界商品市场、世界劳务市场和世界金融市场。

世界市场上的交易方式是世界市场上买卖双方采用的各种交易的具体做法和渠道。现在世界市场上常用的交易方式主要为以下几种：单纯的商品购销、包销、代理、寄售、拍卖、加工贸易、补偿贸易、易货贸易、招标与投标、商品期货交易、租赁贸易、电子商务等。这几种交易方式可以单独进行，也可以交叉进行。

当代世界市场的主要特征有：世界市场的规模大大增加；国际贸易的商品结构发生了重大变化；国际服务贸易发展迅速；国内市场与世界市场的传导机制在加强；区域贸易的集团化和跨国公司的影响巨大；市场利益分配仍不公平；世界市场中的竞争更为激烈。

世界市场价格是在一定条件下在世界市场上形成的市场价格，其变动受价值规律、商品供求、各国币值、不同国家政府经济政策以及国际垄断等因素的影响，主要有世界"自由市场"价格和世界"封闭市场"价格。世界"封闭市场"价格有调拨价格、垄断价格、区域性经济贸易集团内的价格和国际商品协定下的协定价格。

基本概念

世界市场　包销　加工贸易　补偿贸易　易货贸易　租赁贸易　世界市场价格　世界"自由市场"价格　世界"封闭市场"价格

复习思考题

一、单选题

1. 以进行大宗商品期货交易为主的市场(　　)。
A. 拍卖中心　B. 商品交易所　C. 国际博览会　D. 国际贸易中心

2. 能够反映商品供求关系变化的价格是(　　)。
A. 世界"封闭市场"价格　B. 世界"自由市场"价格
C. 世界垄断价格　D. 国际商品协定价格

3. 跨国公司为减轻税负或逃避东道国外汇管制在公司内部购买商品时使用的价格叫(　　)。
A. 垄断价格　B. 协定价格　C. 内部价　D. 转移价格

4. 英格兰拍卖属于(　　)。
A. 增价拍卖　B. 减价拍卖　C. 招标式拍卖　D. 密封递价拍卖

5. (　　)不是招标种类。
A. 竞争性招标　B. 谈判招标　C. 两段招标　D. 三段招标

6. 易货贸易是(　　)。
A. 换货　B. 购买　C. 补贴　D. 租赁

7. (　　)不是影响世界市场价格变动的主要因素。
A. 成本因素　B. 价值因素　C. 全球化因素　D. 区域性因素

8. (　　)属于租赁贸易。
A. 现金租赁　B. 杠杆租赁　C. 直租　D. 合作租赁

二、多选题

1. 代理的种类有(　　)。

A. 总代理　B. 独家代理　C. 一般代理　D. 雇佣代理

2. “三来一补”是指(　　)。

A. 来料加工　B. 进料加工　C. 来件装配　D. 补偿贸易

3. 期货市场不属于(　　)。

A. 世界商品市场　B. 世界劳务市场　C. 世界金融市场　D. 黑市

4. 世界“封闭市场”价格主要有(　　)。

A. 交易所价格　B. 垄断价格　C. 调拨价格　D. 开标价格

三、判断题

1. 商品是世界市场的构成之一。(　　)
2. 补偿贸易、对等贸易属于有形的世界市场。(　　)
3. 单纯商品购销形式是世界上最基本、最普通的国际商品交易方式。(　　)
4. 商品拍卖前必须由买主先验看,但在拍卖后,如发现有问题,买方仍可向卖方提出索赔。(　　)
5. 竞争的结果使商品国际市场价格越来越接近国际生产成本。(　　)
6. 国际供求关系是世界自由市场价格形成的基础。(　　)
7. 垄断组织在国际间可以任意采用垄断价格。(　　)

四、简答题

1. 世界市场的演变过程是怎样的?
2. 世界市场上的主要交易方式有哪些?
3. 世界市场价格的种类有几种?

五、论述题

1. 当代世界市场是如何构成的?
2. 当代世界市场的竞争呈现出哪些特点?

六、案例分析

谁在推升国际铁矿石价格?

在中国钢铁企业无奈接受了国际两大铁矿石供应商71.5%的残酷涨价现实之后,另一大铁矿石生产商澳大利亚必和必拓(BHP)再次向中国企业开出了涨幅为103%～114%的“天价”。尽管在中国企业联手作战的阵势面前,BHP最终回归到了国际基准价的轨道上,但由此引发的价格原罪追问却不应当停止。

巨头垄断市场

在业内人士看来,如果铁矿石价格涨幅在30%以内,钢铁企业可以勉强承受。因此,当升幅为71.5%的价格被“基准”下来之后,中国企业除了惊愕就是不得不为此痛苦埋单。

对于资源和市场的垄断造就了巨头们的霸气。BHP认为,从巴西到中国的运费远高于从澳大利亚到中国,为了使澳大利亚、巴西铁矿石到中国的到岸价处于同一水平,BHP坚持2005年至2006年每吨矿价再加7.5美元至10美元,否则将放弃与中国的长期供货合同。在中国16家最大的钢铁企业死守防线的态度面前,BHP最终作出了让步。在业内人士看来,尽管中国企业赢得了本轮回合的胜利,但国内钢厂与BHP谈判的铁矿石价格是按离岸价达成一致的,这个价格是不包括海运运费的。而按照惯例,钢厂与矿石提供商签订的合同是按到岸价签订的,到岸价格是包括运费的。虽然BHP没能与中国钢厂就海运费价差问题达成一致,但会在今后继续对此问题进行讨论。专家预测,亚洲的运价将连续第三年上涨。而钢厂进口铁矿石的海运费又将掌握在BHP等铁矿石供应商和航运企业手中。

日本企业下套做局

在亚太地区与国际铁矿石生产商的谈判中,日本长期垄断着价格的话语权。与中国相比,日本本土所蕴藏的铁矿石资源可以用荒芜来形容。据了解,日本钢铁生产商每年大约需要1.3亿吨铁矿石。因今年铁矿石涨价,日本钢铁生产商要增加2000多亿日元开支,再加上煤炭、锰矿石等原料以及原料运费涨价等因素,日本钢铁行业将增加1万多亿日元的成本,相当于去年该行业的利润总和。既然如此,日本企业为什么还要在高涨的铁矿石价格面前潇洒摆阔呢?

"日本企业在对中国下套做局。"——观察家们几乎异口同声。不过,与在石油等能源领域直接向中国发起纯粹争夺不同,这次日本在铁矿石上向中国发起的挑战则更具有隐蔽性和冲击性,即试图通过设置价格陷阱,凭借其雄厚的经济实力挤压中国钢铁企业的生存空间。

2005年中国出口钢材超过1000万吨,对传统的钢铁出口大国——日本形成冲击。日本认识到,中国对钢铁的需求量正进入一个前所未有的膨胀期,进口铁矿石的数量已占国内整个钢铁业所需量的50%。而大幅提升钢铁业制造成本,将扰乱中国钢铁企业的正常发展。

从短期来看,日本企业无疑会跟着中国企业一起为国际铁矿石价格的抬升付费,但专家指出,虽然同样涨价,但是企业的承受能力不同。目前,在巴西、澳大利亚的铁矿中,新日铁等都占有很大股份,它们已经在逐步控制钢铁业的上游产业。墙内损失墙外补,日本公司将同澳大利亚人和巴西人一起收获暴增的利润。特别是,由于日元对美元的升值作用,使得日本进口成本并不像实际定价的涨幅那么大,这就为日本企业提供了很好的回旋空间。而人民币对美元的汇率相对稳定,美元的进一步走跌会拉大中国的实际进口成本,中国企业的成本上升速度将超过日本企业。日本上演"苦肉计"可谓绞尽脑汁。

印度"乘人之危"?

当我们将目光从日本移向印度时,同样发现了印度企业也对中国做起了铁矿石的价格文章。不过,同日本相比,印度对中国的"设槛"可能要光明磊落得多。印度国家计划委员会顾问小组组长普拉纳布·森日前表示,政府采取各种措施抑制铁矿石出口,目的在于"督促"中国政府制定相应政策,增加对印度的焦炭出口。据悉,由于印度焦炭严重短缺,几乎80%依赖从中国进口,因此,印度近年来一直希望能与中国达成"铁矿石换焦炭计划"(用四船铁矿石换取中国一船焦炭),但却一直未能如愿。而今年进口铁矿石71%的天价涨幅则让印度重新找到了与中方谈判的砝码。

目前中国焦炭配额管理的有关事宜统归商务部负责。前不久,商务部已经公布了焦炭出口的配额数量,共1400万吨。焦炭是国家宏观调控的重要产业之一,国内焦炭企业面临着产业整合、产量控制和环境保护等多重压力,国家也不主张增加焦炭出口。这就意味着,在中国无法满足印度要求的前提下，中国钢铁企业可能要承受印度铁矿石商发力的价格“钳制”。

中国当自省

虽然我们可以对日本企业“损人”的行为予以谴责，也可以对印度政府的“不义”之举表示愤慨，但我们无论如何不能忘记检讨自己作为一个铁矿石进口大国所应当承担的责任。

一方面，由于国内经济强劲增长，中国已有过多次将国际铁矿石、铜、石油、棉花等商品价格大幅推高的教训。而此次铁矿石涨价的源头之一也应该是来自中国。数据显示，2004年中国生铁产量同比增加24%，达4891万吨，生铁增量占全球全年生铁增量的84%；在此带动下，中国的铁矿石进口量从2003年的1.48亿吨上升到2.08亿吨，同比上升40%；而同期日本铁矿石进口量只增加了280万吨。值得注意的是，进口到中国的铁矿石有很大一部分被用来制造钢坯、钢锭等粗钢产品，而生产这些钢铁初级产品的用户都是高耗能、高污染、面临淘汰的小企业，而作为初级产品的钢坯如果大量出口，就势必恶化铁矿石的供需矛盾。

分析题：

1. 国际市场价格是由什么决定的？谁在推升国际铁矿石价格？
2. 作为铁矿石消费大国的中国应如何应对国际铁矿石价格的波动？

第 4 章　区域经济一体化

学习目标

1. 了解区域经济一体化的含义和区域经济一体化发展的历程；
2. 掌握区域经济一体化的不同类型及各类型之间的区别；
3. 认识主要的区域经济一体化组织；
4. 理解区域经济一体化对国际贸易的影响。

4.1　区域经济一体化概述

4.1.1　区域经济一体化的含义

一体化(Integration)在经济学中最初是指厂商通过协定、卡特尔及兼并等方式联合而成的工业组织，它又分为水平一体化和垂直一体化。水平一体化指竞争者之间的合并，垂直一体化是指供需双方的结合。我们目前谈到经济一体化，一般以金德尔伯格和林德特在《国际经济学》中对其的论述最为广泛。他们认为，经济一体化可以分为三个层次：一个是民族国家范围内各地区的经济一体化，即地区经济一体化，比如长三角地区经济一体化；二是国际范围内若干国家或地区之间的经济一体化；三是世界经济一体化，即全球经济一体化。本节所指的经济一体化是第二个层次上的含义，我们称其为区域经济一体化。

区域经济一体化是指两个以上的国家或地区通过签订条约或协定逐步消除彼此之间的关税和非关税壁垒，进而协调成员国之间的贸易、财政、货币等经济政策，形成一个商品甚至资本、劳动力、技术等生产要素自由流动的超国家经济集团的状态或过程。区域经济一体化既是一个过程，也是一个状态；就过程而言，它包括消除各国或地区经济单位之间贸易壁垒的措施和行动；就状态来说，则是区域内国家或地区之间贸易壁垒的消失和经济政策的趋同。在区域经济一体化过程的不同阶段，区域内国家或地区的经济一体化程度是不同的。

4.1.2 区域经济一体化的类型

1. 按区域经济一体化阶段和程度的不同划分

(1) 优惠贸易安排

优惠贸易安排是指区域内的成员国之间通过协定或其他的形式,对全部商品或部分商品相互给予关税或非关税优惠。由于仅仅是彼此给予部分优惠,而不是完全免除关税和非关税壁垒;这只是区域经济一体化的最低级和最松散的形式。特惠贸易协定最好的例子是由英联邦及成员国以及一些大英帝国以前的成员国于 1932 年建立的英联邦优惠计划。

(2) 自由贸易区

自由贸易区是指两个或两个以上的国家或经济体之间通过达成协议,相互取消进口关税和与关税具有同等效力的其他措施而形成的国际经济一体化组织。如北美自由贸易区和欧洲自由贸易联盟都属此列。自由贸易区的一个重要特点是区域内商品可以自由流动,真正实现了商品的自由贸易,但是它严格地将这种贸易待遇限制在参加国之间。自由贸易区的另一个重要特点是,成员经济体之间没有共同的对外关税。自由贸易区各成员经济体之间的自由贸易,并不妨碍各成员经济体针对非自由贸易区成员采取其他的贸易政策。

知识拓展 4.1

自由贸易区内国家执行自由贸易政策时很难分清某种产品是来自伙伴国,还是来自非成员国。例如,根据北美自由贸易协定,一件墨西哥工人制作的衬衣能够自由进入美国市场。但如果美国想对从其他国进口的衬衣保持高关税,而墨西哥却没有采取相似的税率,那么怎样才能防止一件非墨西哥衬衣进入美国呢,譬如从孟加拉国运到墨西哥的衬衣被装上开往芝加哥的卡车。解决这一问题的办法是,对从墨西哥运往美国的商品仍旧要经过海关检察,只有当有充分的文件证明这些商品是地道的墨西哥产品而非由第三国转运过来的,才能免关税进入美国,即实行原产地原则。因此,自由贸易区不仅要求各国继续在边境检察进口货物,而且还需要制定一套详尽完备的原产地原则。

(资料来源:李坤望.国际经济学[M].北京:高等教育出版社,2005.)

(3) 关税同盟

关税同盟是指两个或两个以上的国家或经济体通过达成某种协议,相互取消关税和与关税具有同等效力的其他措施,并建立共同对外关税或其他统一限制措施的经济一体化组织。欧洲经济共同体最早于 1968 年 7 月建成六国关税同盟,之后又于 1977 年实现九国关税同盟。关税同盟是比自由贸易区层次更高的经济一体化组织。其特点是,成员国在相互取消进口关税的同时,建立了共同的对外关税,因此成员经济体之间不再需要附加原产地原则。这样实际上是将关税的制定权让渡给了经济一体化组织,因此关税同盟对成员经济体的约束力比自由贸易区大。

从经济一体化的角度看,关税同盟也具有某种局限性。随着成员之间相互取消关税,各成员国的市场将完全暴露在其他成员国厂商的竞争之下。各成员国为了保护本国的某些产业,需要采取更加隐蔽的措施,如非关税壁垒。尽管关税同盟成立之初,已经明确规定了取消非关税壁垒,然而非关税壁垒措施没有一个统一的判断标准,因此关税同盟包含着鼓励成员国增加非关税壁垒的倾向。

(4) 共同市场

共同市场是指两个或两个以上的国家或经济体通过达成某种协议,不仅实现了自由贸易,建立了共同的对外关税,还实现了服务、资本和劳动力的自由流动的区域经济一体化组织。欧洲经济共同体于1992年底建成统一大市场。

共同市场是比关税同盟更进一步的经济一体化组织,其特点是,成员国之间不仅实现了商品的自由流动和制定了共同的对外关税,还实现了生产要素和服务的自由流动。服务的自由贸易意味着,成员国之间在相互提供通信、咨询、运输、信息、金融和其他服务方面实行自由贸易,没有人为的限制;资本的自由流动意味着,成员国国内的各企业的资本可以在共同体内部自由流出和流入;劳动力的自由流动意味着,成员国的公民可以在共同体内的任何国家自由寻找工作。为实行这些自由流动,各成员国之间要实施统一的技术标准、统一的间接税制度,并且协调各成员国之间同一产品的课税率,协调金融市场管理的法规,以及成员国学力的相互承认。共同市场的建立需要成员国让渡多方面的权利,这些权利的让渡表明,一国政府干预经济的权利在削弱,而经济一体化组织干预经济的权利在增强。

(5) 经济联盟

这种形式的区域经济一体化组织要求成员国在共同市场的基础上进一步实现经济政策的协调。成员国之间不但废除了贸易壁垒,建立了统一的对外贸易政策和关税制度,实现了商品、生产要素的自由流动,而且在协调的基础上各成员方还制定并执行一些共同的经济政策和社会政策,逐步取消各国在政策方面的差异,使之形成一个庞大的经济实体。经济联盟是将一体化的程度从商品交换扩展到生产、分派乃至整个国民经济的一种区域经济组织。如现在欧洲联盟已经处于这一阶段。

(6) 完全经济一体化

完全经济一体化是经济一体化的最后阶段。它除具有经济联盟的特点外,各成员国在经济、金融、财政等经济政策方面实现了完全的统一,并建立起共同经济管理机构对整个区域内的经济进行管理,甚至建立起统一的政治机构进行政治协调。此时的一体化已经从经济领域扩展到了政治领域。完全经济一体化的形式有两种:邦联制和联邦制,前者是指各成员方的权利大于超国家的经济一体化组织的权利;后者是指超国家的经济一体化组织的权利大于各成员方的权利,类似于一个联邦制的国家。目前欧洲联盟正朝着完全经济一体化迈进。各区域经济一体化类型的比较如表4.1所示。

表4.1　各种区域经济一体化类型的比较

特点 类型	减少彼此贸易壁垒	取消彼此贸易壁垒	共同对外贸易壁垒	生产要素自由流动	协调宏观经济政策	建立超国家机构
特惠贸易协定	有	无	无	无	无	无
自由贸易区	有	有	无	无	无	无
关税同盟	有	有	有	无	无	无

中国—东盟领导人会议决定开始建立中国-东盟自由贸易区的谈判；2010 年中国-东盟自由贸易区成立，形成“东盟加一”——全球人口数最多，发展中国家最大的自由贸易区。日本与韩国也宣布自 2005 年开始，与东盟十国协商自由贸易区谈判，以作为成立东亚自由贸易区（“10＋3”）的起步。2012 年 5 月 13 日，《中华人民共和国政府、日本国政府及大韩民国政府关于促进、便利和保护投资的协定》在北京正式签署。中日韩自贸区第一轮谈判于 2013 年 3 月 26～28 日在韩国首尔举行。

4.2 主要的区域经济一体化组织

目前区域经济一体化覆盖大多数国家和地区。据世界银行统计，全球只有 12 个岛国和公国没有参与任何区域贸易协议（RTA）。174 个国家和地区至少参加了一个（最多达 29 个）区域贸易协议，平均每个国家或地区参加了 5 个。各地区之间的差别很大，区域一体化发展程度也不相同。图 4.1 显示了世界上主要的区域一体化组织。根据区域经济一体化组织内的成员国经济发展水平的不同，我们可以将这些区域经济一体化组织分为三类：发达国家之间的、发展中国家之间的、发达国家和发展中国家之间的区域经济一体化组织。本节将分别对这三类区域经济一体化组织的典型代表进行介绍；此外，还介绍一种区域经济一体化的新模式，即亚太经合组织。

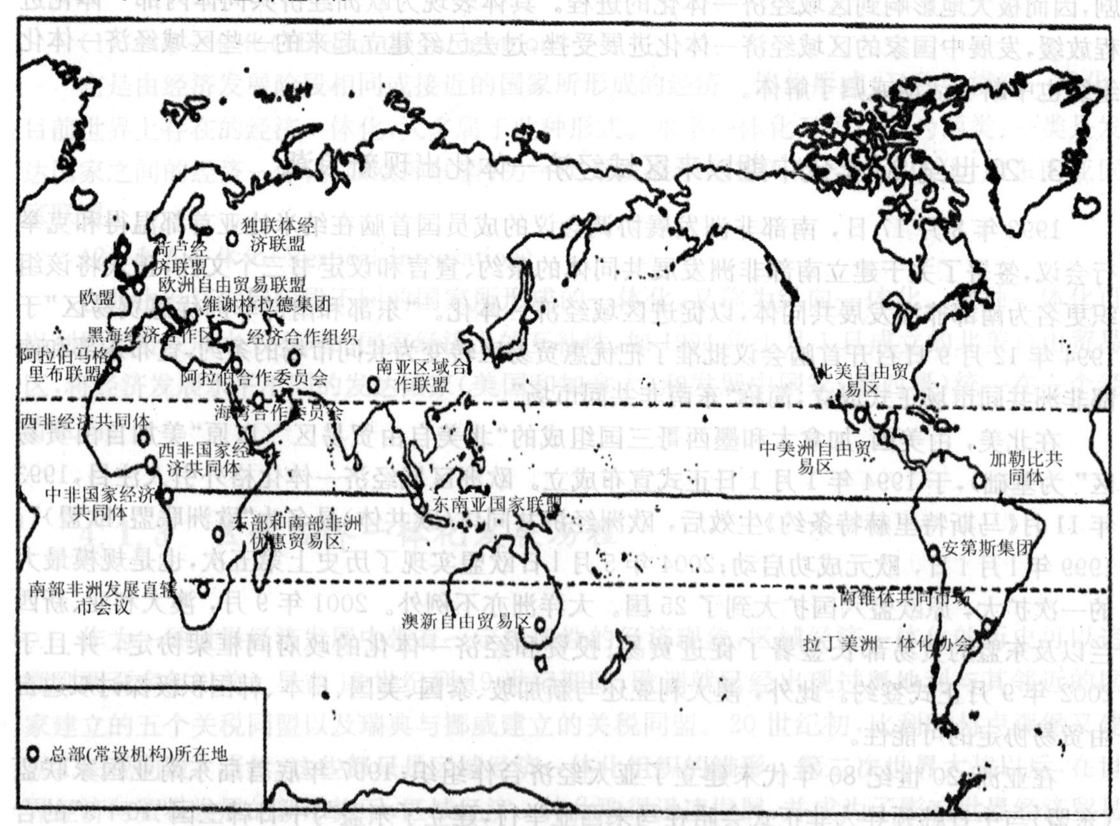

图 4.1 世界主要区域经济一体化组织

4.2.1　发达国家之间的区域经济一体化组织

1. 欧洲联盟简介

欧洲联盟简称欧盟(European Union,EU),总部设在比利时首都布鲁塞尔,是由欧洲共同体(European Community,又称欧洲共同市场,简称欧共体)发展而来的,初始成员国有6个,分别为法国、联邦德国、意大利、比利时、荷兰以及卢森堡。它是一个集政治实体和经济实体于一身,在世界上具有重要影响的区域一体化组织。欧盟现有27个成员国,总面积为432.2万平方公里,2011年总人口为5亿,GDP为15.788万亿美元。

欧盟的宗旨是"通过建立无内部边界的空间,加强经济、社会的协调发展和建立最终实行统一货币的经济货币联盟,促进成员国经济和社会的均衡发展","通过实行共同外交和安全政策,在国际舞台上弘扬联盟的个性"。欧盟的盟旗是蓝色底上的十二星旗,代表了圣母玛利亚的十二星冠,寓意圣母玛利亚将永远保佑欧洲联盟。

2. 欧盟的发展历程

欧盟的发展历程可以分为三个阶段。

(1) 欧共体成立之前

1951年4月18日,法、意、德、荷、比、卢六国签订了为期50年的《关于建立欧洲煤钢共同体的条约》(又称《巴黎条约》)。1955年6月1日,参加欧洲煤钢共同体的六国外长在意大利墨西拿举行会议,建议将煤钢共同体的原则推广到其他经济领域,并建立共同市场。1957年3月25日,六国外长在罗马签订了建立欧洲经济共同体与欧洲原子能共同体的两个条约,即《罗马条约》,于1958年1月1日生效。

(2) 欧共体阶段

1965年4月8日,六国签订了《布鲁塞尔条约》,决定将欧洲煤钢共同体、欧洲原子能共同体和欧洲经济共同体统一起来,统称欧洲共同体。该条约于1967年7月1日生效,欧洲共同体正式成立。欧共体总部设在比利时布鲁塞尔。欧共体成立的初衷是加强欧洲大陆各国的经济合作,为恢复战后的欧洲经济,减少在欧洲再次发生世界大战的悲剧的可能性,也为了在东西方冷战中奠定必要的物质基础。根据《罗马条约》,共同体实现内部自由贸易,相互取消关税,撤销相互间贸易壁垒,对外实行统一的贸易政策。1968年7月,它已初步建成了关税同盟,到1970年已成为比较成熟的关税同盟,具有共同的对外关税体系。

1985年3月,欧共体在布鲁塞尔召开欧洲理事会,集中讨论了在1992年建成欧洲单一内部市场的行动,1986年2月欧共体各国签订了《单一欧洲法案》作为《罗马条约》的补充,该法案于1987年7月生效。1993年1月1日,欧洲统一大市场如期启动,取消了所有成员国之间产品、服务和资源(包括劳动力)自由流动的限制。

(3) 欧盟阶段

1991年12月,欧共体12国首脑集会于荷兰的马斯特里赫特,决定修改原来的《罗马条约》,在修改后的条约中明确提出,将欧洲共同体向前推进,经过一段时间的过渡,建立欧洲经济货币联盟和政治联盟。1992年2月7日,成员国签订了一系列的条约,简称为《马斯特里赫特条约》。该条约由两部分组成，一是《经济和货币联盟条约》，另一个是《政治联盟条约》。《经济和货币联盟条约》的基本目标是，经过三个阶段的过渡，在经济上成员国之间要实现统一的财政和货币政策，建立统一的欧洲货币"欧元"，建立欧洲联盟的中央银行。条约规定，最迟于 1999 年 1 月 1 日在欧洲共同体内部发行统一货币，实行共同的对外与安全政策，扩大欧洲议会的权力，扩大多数表决的范围等。《马斯特里赫特条约》使欧洲共同体不再仅仅是经济组织，而是走向政治、经济和社会的全面联合。1993 年 11 月 1 日，"马约"正式生效，欧共体更名为欧盟。这标志着欧共体从经济实体向经济政治实体过渡。

1995 年，奥地利、瑞典和芬兰加入，使欧盟成员国扩大到 15 个。欧盟成立后，经济快速发展，1995 年至 2000 年间经济增速达 3%，人均国内生产总值由 1997 年的 1.9 万美元上升到 1999 年的 2.06 万美元。欧盟的经济总量从 1993 年的约 6.7 万亿美元增长到 2002 年的近 10 万亿美元。2002 年，欧元的纸币和硬币取代了 12 个成员国家的货币。

2002 年 11 月 18 日，欧盟 15 国外长会议决定邀请塞浦路斯、匈牙利、捷克、爱沙尼亚、拉脱维亚、立陶宛、马耳他、波兰、斯洛伐克和斯洛文尼亚 10 个中东欧国家入盟。2004 年 5 月 1 日，这 10 个国家正式成为欧盟的成员国。这是欧盟历史上的第五次扩大，也是规模最大的一次扩大。2007 年 1 月，罗马尼亚和保加利亚两国加入欧盟。欧盟经历了 6 次扩大，成为一个涵盖 27 个国家的当今世界上经济实力最强、一体化程度最高的国家联合体。

3. 欧盟实施的一系列共同政策和措施

(1) 实现关税同盟和共同外贸政策

1967 年起，欧共体对外实行统一的关税率。1968 年 7 月 1 日起，成员国之间取消商品的关税和限额，建立关税同盟（西班牙、葡萄牙 1986 年加入后，与其他成员国间的关税需经过 10 年的过渡期后才能完全取消）。1973 年，欧共体实现了统一的外贸政策。马约生效后，为进一步确立欧洲联盟单一市场的共同贸易制度，欧共体各国外长于 1994 年 2 月 8 日一致同意取消此前由各国实行的 6400 多种进口配额，而代之以一些旨在保护低科技产业的措施。

(2) 实行共同的农业政策

1962 年 7 月 1 日，欧共体开始实行共同农业政策。1968 年 8 月开始实行农产品统一价格；1969 年取消农产品内部关税；1971 年起对农产品贸易实施货币补贴制度。

(3) 建立政治合作制度

1987 年生效的《欧洲单一文件》，把在外交领域进行政治合作正式列入欧共体条约。为此，部长理事会设立了政治合作秘书处，定期召开成员国外交部长参加的政治合作会议，讨论并决定欧共体对各种国际事务的立场。1993 年 11 月 1 日马约生效后，政治合作制度被纳入欧洲政治联盟活动范围。

(4) 基本建成内部统一大市场

1985 年 6 月，欧共体首脑会议批准了建设内部统一大市场的白皮书，1986 年 2 月，各成员国正式签署为建成大市场而对《罗马条约》进行修改的《欧洲单一文件》。统一大市场的目标是逐步取消各种非关税壁垒，包括有形障碍（海关关卡、过境手续、卫生检疫标准等）、技术障碍（法规、技术标准）和财政障碍（税别、税率差别），于 1993 年 1 月 1 日起实现商品、人员、资本和劳务自由流通。1993 年 1 月 1 日，欧共体宣布其统一大市场基本建成，并正式投入运行。

(5) 建立政治联盟

1990 年 4 月，法国总统密特朗和联邦德国总理科尔联合倡议于当年底召开关于政治联盟问题的政府间会议。同年 10 月，欧共体罗马特别首脑会议进一步明确了政治联盟的基本方向。同年 12 月，欧共体有关建立政治联盟问题的政府间会议开始举行。经过一年的谈判，12 国在 1991 年 12 月召开的马斯特里赫特首脑会议上通过了政治联盟条约。其主要内容是 12 国将实行共同的外交和安全政策，并将最终实行共同的防务政策。

此外，欧盟还实行了共同的渔业政策、建立欧洲货币体系、建设经济货币联盟等措施。

4.2.2　发达国家和发展中国家建立的区域经济一体化组织

1. 北美自由贸易区简介

北美自由贸易区(North American Free Trade Area，NAFTA)由美国、加拿大和墨西哥三国组成。三国于 1992 年 8 月 12 日就《北美自由贸易协定》达成一致意见，并于同年 12 月 17 日由三国领导人分别在各自国家正式签署。1994 年 1 月 1 日，协定正式生效，北美自由贸易区宣布成立。三个会员国彼此必须遵守协定规定的原则和规则，如国民待遇、最惠国待遇及程序上的透明化等来实现其宗旨，错以消除贸易障碍。自由贸易区内的国家货物可以进行自由贸易，而对贸易区以外的国家则仍然维持原关税及非关税壁垒。成立之初，它就拥有 3.6 亿消费者，其国民生产总值总计超过 6 万亿美元。

2. 北美自由贸易区的发展历程

(1) 起步

关于建立北美自由贸易区的设想，最早出现在 1979 年美国国会关于贸易协定的法案提议中，1980 年美国时任总统里根在其总统竞选的有关纲领中再次提出。但由于种种原因，该设想一直未受到很大重视，直到 1985 年才开始起步。

(2) 美加自由贸易区的建立

1985 年 3 月，加拿大总理马尔罗尼在与美国总统里根会晤时，首次正式提出美、加两国加强经济合作、实行自由贸易的主张。由于两国经济发展水平及文化、生活习俗相近，交通运输便利，经济上的互相依赖程度很高，所以自 1986 年 5 月开始，经过一年多的协商与谈判于 1987 年 10 月达成了协议，次年 1 月 2 日双方正式签署了《美加自由贸易协定》。经美国国会和加拿大联邦议会批准，该协定于 1989 年 1 月生效。

《美加自由贸易协定》规定，在 10 年内逐步取消商品进口(包括农产品)关税和非关税壁垒，取消对服务业的关税限制和汽车进出口的管制，开展公平、自由的能源贸易。在投资方面，两国将提供国民待遇，并建立一套共同监督的有效程序和解决相互间贸易纠纷的机制。对从区外第三国进口的商品，双方仍使用各自现行的关税。为防止第三国利用自由贸易区逃避关税，双方确认了原产地规则。美加自由贸易区的成立，标志着北美自由贸易区的萌芽。

(3) 北美自由贸易区的成立

由于区域经济一体化的蓬勃发展和《美加自由贸易协定》的签署，墨西哥开始把与美国开展自由贸易区的问题列上了议事日程。1986 年 8 月，两国领导人提出双边的框架协定计划，并于 1987 年 11 月签订了一项有关磋商两国间贸易和投资的框架原则和程序的协议。在此基础上，两国进行多次谈判，于 1990 年 7 月正式达成了美墨贸易与投资协定(也称“谅解”协议)。同年 9 月，加拿大宣布将参与谈判，三国于 1991 年 6 月 12 日在加拿大的多伦多举行首轮谈判，经过 14 个月的磋商，终于于 1992 年 8 月 12 日达成了《北美自由贸易协定》。该协定的宗旨是取消贸易障碍，创造公平竞争的条件，增加投资机会，对知识产权提供适当的保护，建立执行协定和解决争端的有效程序，以及促进三边的、地区的以及多边的合作。三个会员国彼此必须遵守协定规定的原则和规则，如国民待遇、最惠国待遇及程序上的透明化等来实现其宗旨，借以消除贸易障碍。该协定于 1994 年 1 月 1 日正式生效，北美自由贸易区宣告成立。

3. 北美自由贸易区取得的成果

北美自由贸易区是第一个发达国家和发展中国家之间成立的自由贸易区，虽然对其取得的成果评价不一，但无论支持者和反对者，对自由贸易区建立后美、加、墨三国由于取消贸易壁垒和开放市场，实现的经济增长和生产力提高是基本肯定的。北美自由贸易区已经成为南北区域经济合作的成功范例。

首先，北美自由贸易区促进了地区贸易增长和增加了直接投资。根据国际货币基金组织的数据，NAFTA 成员国之间的货物贸易额增长迅速，从 1993 年的 3060 亿美元增长到 2002 年的 6210 亿美元。2000 年，NAFTA 三国之间的 FDI 达到了 2992 亿美元，是 1993 年 1369 亿美元的两倍多。同时，从 NAFTA 区域外国家吸引的投资也在增长。目前，北美地区占全球向内 FDI 的 23.9%和全球向外 FDI 的 25%。

其次，协议国之间的经济互补性提高了各国产业的竞争力。如墨西哥、加拿大的能源资源与美国互补，加强了墨西哥、加拿大的能源生产能力。特别是在制造业领域，墨西哥的人力资源与美国的技术资本互补，大大提高了美国制造业的竞争力。

再则，发展中国家也受益明显。加入 NAFTA 以来，墨西哥与伙伴国的贸易一直增长迅速，从 1993 年至 2002 年，墨西哥向美国和加拿大的出口都翻了一番。墨西哥在加入协定后，对外国金融实行全面开放，加上拥有的大量廉价劳动力，使大量外国资本流入墨西哥，FDI 占国内总投资的比重从 1993 年的 6%增长到 2002 年的 11%，到 2001 年，墨西哥的年均累积 FDI 已达到 1119 亿美元。最后，合作范围不断扩大。近年来，NAFTA 南扩趋势明显，有关成员国在 2005 年 1 月 1 日前完成了美洲自由贸易区(FTAA)的谈判。在 NAFTA 中占主导地位的美国除了把 NAFTA 看作增加成员国贸易的手段外，还把 NAFTA 看作其外交政策的一部分，以及向美洲和全球贸易自由化扩展的重要工具，因此美加两国和墨西哥签订的协议在很多方面都是样板性的。

4.2.3　发展中国家之间的区域经济一体化组织

1. 东南亚国家联盟

(1) 东南亚国家联盟简介

东南亚国家联盟(Association of Southeast Asian Nations,ASEAN),简称东盟。东盟的前身是马来亚(现马来西亚)、菲律宾和泰国于 1961 年 7 月 31 日在曼谷成立的东南亚联盟。1967 年 8 月 7～8 日,印度尼西亚、泰国、新加坡、菲律宾四国外长和马来西亚副总理在曼谷举行会议,发表了《曼谷宣言》,正式宣告东南亚国家联盟成立。20 世纪 80 年代后,文莱(1984 年)、越南(1995 年)、老挝(1999 年)等 5 国先后加入该组织,使东盟由最初成立时的 5 个成员国发展到目前的 10 个成员国。巴布亚新几内亚为观察员国。东盟 10 个对话伙伴国是:澳大利亚、加拿大、中国、欧盟、印度、日本、新西兰、俄罗斯、韩国和美国。东盟总面积有 450 万平方公里,2010 年总人口为 6.01 亿,GDP 为 1.8 万亿美元。

东盟追求的宗旨是:本着平等合作的精神,通过共同努力来加速地区的经济增长、社会进步和文化发展;增进地区间的积极合作和相互援助,同国际组织和区域性组织保持紧密和有益的合作。

(2) 东盟的发展历程

1961 年 7 月 31 日,马来亚(马来西亚的前身)、泰国和菲律宾在曼谷成立"东南亚联盟"。1963 年,马来西亚和菲律宾因为领土问题断交。1965 年 8 月,新加坡、马来西亚分治,联盟由此陷于瘫痪。1967 年 8 月 6 日,印尼、马来西亚、新加坡、菲律宾、泰国五国外长在曼谷举行会议,于 8 月 8 日发表了《曼谷宣言》,正式宣告东南亚国家联盟成立。8 月 28～29 日,马、泰、菲三国在吉隆坡举行部长级会议,决定由东南亚国家联盟取代东南亚联盟。1976 年,在峇里岛举行的东南亚国家联盟第一次首脑会议签署了《东南亚友好合作条约》和《东盟协调一致宣言》,也就是《峇里第一协约》,确定了东盟的宗旨和原则,成为东盟发展的重要里程碑。2007 年 11 月 20 日,东盟 10 国元首在新加坡签署《东盟宪章》和《东盟经济共同体蓝图宣言》等重要文件。

2. 中国-东盟自由贸易区

(1) 中国-东盟自由贸易区简介

中国-东盟自由贸易区,缩写 CAFTA,是中国与东盟十国组建的自由贸易区。2010 年 1 月 1 日贸易区正式全面启动。自贸区建成后,东盟和中国的贸易占到世界贸易的 13%,成为一个涵盖 11 个国家、19 亿人口、GDP 达 6 万亿美元的巨大经济体,是目前世界人口最多的自贸区,也是发展中国家间最大的自贸区。中国-东盟自由贸易区的目标是促进中国、东盟之间的企业对话与合作,促进中国与东盟之间的贸易与投资联系,促进各自国家的经济发展和中国-东盟自由贸易区建设。

(2) 中国-东盟自由贸易区发展历程

中国-东盟自贸区建设大致分为三个阶段。

第一阶段(2002～2010 年),启动并大幅下调关税阶段。自 2002 年 11 月双方签署以中国-东盟自贸区为主要内容的《中国-东盟全面经济合作框架协议》开始至2010年1月1日，中国对东盟93%产品的贸易关税降为零。

第二阶段(2011～2015年)，全面建成自贸区阶段，即东盟越、老、柬、缅四国与中国贸易的绝大多数产品亦实现零关税，与此同时，双方实现更广泛深入的开放服务贸易市场和投资市场。

第三阶段(2016年之后)，自贸区巩固完善阶段。

(3) 建立中国-东盟自由贸易区的意义

建立中国-东盟自由贸易区，对中国与东盟都有着积极的意义。中国-东盟自由贸易区的建立，一方面有利于巩固和加强中国与东盟之间的友好合作关系，有利于中国与发展中国家、周边国家的团结合作，也有利于东盟在国际事务上提高地位、发挥作用。另一方面，有利于进一步促进了中国和东盟各自的经济发展，扩大双方贸易和投资规模，促进区域内各国之间的物流、资金流和信息流，促进区域市场的发展，创造更多的财富，提高该地区的整体竞争能力，为区域内各国人民谋求福利。与此同时，中国-东盟自贸区的建立，有利于推动东盟经济一体化，对世界经济增长也有积极作用。

4.2.4 经济一体化的新模式——亚太经济合作组织

1. 亚太经济合作组织简介

亚太经济合作组织(Asia-Pacific Economic Cooperation，APEC)是亚太地区最具影响的经济合作官方论坛。1989年11月5～7日，澳大利亚、美国、加拿大、日本、韩国、新西兰和东盟6国在澳大利亚首都堪培拉举行亚太经济合作会议首届部长级会议，标志着亚太经济合作会议的成立。1993年6月改名为亚太经济合作组织。1991年11月，中国以主权国家身份，中华台北和香港(1997年7月1日起改为"中国香港")以地区经济体名义正式加入亚太经合组织。亚太经合组织共有21个成员。

亚太经合组织的宗旨和目标是：为该地区人民的共同利益保持经济的增长与发展；促进成员间经济的相互依存；加强开放的多边贸易体制；减少区域贸易和投资壁垒。它是经济合作的论坛平台，其运作是通过非约束性的承诺与成员的自愿，强调开放对话及平等尊重各成员意见，不同于其他经由条约确立的政府间组织。

2. 亚太经合组织发展历程

自1989年成立以来，APEC经历了三个不同的发展阶段。

(1) 初期发展阶段(1989～1992年)

这一阶段APEC建立了它作为一个区域性经济组织的基本构架。第一、二届双部长会议上，各方就致力于地区自由贸易与投资和技术合作达成了某些共识，确定设立了10个专题工作组开展具体合作。1991年召开的汉城会议通过了《汉城宣言》，它作为APEC的基本章程，首次对该论坛的宗旨、原则、活动范围、加入标准等作了规定。1992年的曼谷会议决定在新加坡设立APEC秘书处，由各成员认缴会费，使APEC在组织结构上进一步完善。

(2) 快速发展阶段(1993～1997 年)

自 1993 年 APEC 从部长级会议升格到经济体领导人非正式会议,发展进程加快。1993 年到 1997 年这 5 年,每年都有新的进展,解决了区域合作所面临的不同问题,是 APEC 进程的"五步曲";1993 年解决"APEC 不应该做什么",1994 年解决"APEC 应该做什么",1995 年解决"APEC 应该怎么做",1996 年制定具体的合作蓝图,1997 年实现与加速。

(3) 调整阶段(1998 年至今)

亚洲金融危机直接影响到 APEC 进程,危机的受害者开始对贸易投资自由化采取慎重态度,在 APEC 内部,始于 1997 年的部门提前自由化在一定程度上超越了亚太地区的现实情况,难以按原有设想加以推进。经济技术合作得以保持发展势头,但因发达成员态度消极,要取得实质性进展仍需时日。1998～1999 年的两年,APEC 进入一个巩固、徘徊和再摸索的调整阶段。2000 年非正式领导人会议重申了应坚持茂物确定的贸易投资自由化目标,并加强人力、基础设施和市场等方面的能力建设活动。

3. 亚太经济合作组织的特点

(1) 成员国的广泛性

亚太经合组织是当前规模最大的多边区域经济集团化组织,APEC 成员国的广泛性是世界上其他经济组织所少有的。APEC 的 21 个成员国在地理位置、经济发展水平、社会政治制度、宗教信仰、文化传统等各方面差别巨大。成员的复杂多样性是 APEC 存在的基础,也是制定一切纲领所要优先考虑的前提。

(2) 独特的官方经济性质

APEC 是一个区域性的官方经济论坛,不存在超越成员体主权的组织机构,成员体无需向有关机构进行主权让渡。这符合亚太地区社会、政治、经济体制多样性,文化传统多元性,利益关系复杂性的现实情况的。它的这种比较松散的"软"合作特征,很容易使各成员体抛开分歧,寻求合作和共同发展。

(3) 开放性

APEC 是一个开放的区域经济组织。APEC 大多数成员体在经济发展过程中,采取以加工贸易或出口为导向的经济增长方式及发展战略。这样的发展战略所形成的贸易格局使这一地区对区外经济的依赖程度非常大,而采取开放的政策,不仅可以最大限度地发挥区域内贸易长处,同时也可以避免对区域外的歧视政策而缩小区域外的经济利益。

(4) 自愿性

由于成员国之间政治经济上的巨大差异,在推动区域经济一体化和投资贸易自由化方面要想取得协商一致是非常困难的。只能在自愿经济合作的前提下,以公开对话为基础。各成员国根据各自经济发展水平、市场开放程度与承受能力对具体产业及部门的贸易和投资自由化进程自行作出灵活、有序的安排,并在符合其国内法规的前提下予以实施,这就是所谓的"单边自主行动(IAPs)"计划。

(5) 松散性

APEC 的松散性体现在该组织没有组织首脑,也没有常设机构;主要通过领导人非正式会议、部长会议和高官会议的方式开展对话和合作,达成的协议对成员国没有强制性,各国可以自愿执行,也可以不执行。

4.3 区域经济一体化对国际贸易的影响

4.3.1 区域经济一体化对区域内成员国贸易的影响

1. 促进了经济一体化组织内部贸易的增长

不同层次的众多经济一体化集团，通过削减关税或免除关税，削减非关税壁垒形成区域性的统一市场。一般来说，这种贸易的自由化会在区域经济组织内部产生贸易创造效应和转移效应，从而扩大内部成员之间的贸易。贸易创造效应是指一体化集团内部实行自由贸易后，各成员高成本的产品会停止生产，变成从生产该产品成本低的伙伴国进口。贸易转移效应是指由于区域一体化组织对内部成员不征税而对组织外的非成员国征税，这就使得从成员国进口的产品价格更便宜，从而增加从成员国的进口而减少从第三国的进口。可以看出，贸易创造效应和贸易转移效应都会增加区域内成员国的贸易量。欧共体成立后，内部贸易额和在成员国贸易中的比重不断增长，如表 4.2 所示。从 1960 年代至 1989 年，共同体内部贸易额从 103 亿美元增长到 6741 亿美元，占成员国出口总额的比重从 34.6%提高到接近 60%。1992 年欧洲统一大市场建成后，欧共体内部贸易的增长更快。其他区域性贸易集团的发展也不同程度地显示出内部贸易增长迅速这一事实。

表 4.2 欧共体成员国内部贸易的增长

年份	内部贸易额(10 亿美元)	内部贸易占共同体出口总额的比重(%)
1960	10.3	34.6
1970	43.4	48.9
1973	122.9	51.6
1986	450.4	57.1
1989	674.1	59.7

资料来源：陈宪，张鸿. 国际贸易[M]. 上海：上海财经大学出版社，2004.

2. 改变了国际贸易的地区分布

区域经济一体化使贸易更多的转向集团内部成员之间，从而改变了国际贸易的地区分布。区域经济一体化组织对外贸易可以分为两部分：一部分是组织内部成员国之间的贸易，称为区内贸易；另一部分是组织成员国与非成员国之间的贸易，称为区外贸易。由于区内贸易实行自由化，而区外贸易无论是进口还是出口都是存在着贸易壁垒，其结果只能是区内贸易的发展大大快于区外贸易。例如，拉美国家在 20 世纪 60 年代的对外贸易主要是同美国和欧洲进行的，拉美国家之间的贸易往来则非常有限；自安第斯集团内部关税减免后，拉美区区内贸易迅速增长，贸易总额由 1969 年的 0.87 亿美元，增加到 1980 年的 14 亿美元，增加了约 17 倍，年增长率高达 27.7%。欧共体 1958 年到 1972 年区内贸易扩大的效果尤为明显，区内贸易增长了 80 倍，而同期进出口贸易总额只增长了 4 倍。可以看出，区域经济一体化使得区内成员在外贸上更多的偏向于同区域内国家进行。

3. 改善了成员国的贸易地位

区域经济一体化提高了一体化组织在世界贸易中的地位，增加了贸易谈判力量。在世界贸易地区分布中主要经济贸易集团所占比重多呈上升趋势。集团内部贸易在世界贸易中的比重逐年增大，以欧盟为例，1997 年欧盟的出口额（不包括成员国之间的相互出口）已高达 8256 亿美元，占世界出口总额的近 20%，位居世界第一；进口额（不包括成员国之间的相互进口）高达 7870 亿美元，占世界进口额的 18%，居世界第二位，仅次于美国。同时在世界多边贸易谈判中，欧盟以一个声音同其他缔约国谈判，不仅大大增强了自己的谈判实力，也敢于同任何一个大国或贸易集团抗衡，达到了维护自己切身利益的目的。

4. 成员国经贸政策的自主权相应受到约束

在区域经济一体化之前，各成员国的贸易政策基本具有自主性，完全由自己决定和实施。但在经济一体化集团内，区域性国际协调必然渗透到各成员国经贸政策的制订过程之中，从而在一定程度上缩减了自己的经济主权。例如，成员国的进出口管理体制、外汇体制、产业政策及有关的经济体制和政策的制定，都要遵守区域性安排中的法则和规范，承担相应的义务，并不断地协调彼此间的实施步伐和利益分配。随着一体化程度的不断深化，成员国的经济政策自主性将越来越低。

4.3.2　区域经济一体化对区域外非成员国贸易的影响

1. 消极影响

区域经济一体化组织对非成员国的影响主要是消极的。由于任何经济一体化经济贸易集团的各种优惠措施都仅仅适用于区域内的各成员国，而对集团外的国家依然维持一定程度的贸易壁垒，构成或体现出其排他性的本质属性；区域内成员之间贸易的扩大往往是以牺牲与集团外国家的部分贸易额为代价的，使得区域外国家本可以进入区内的商品和劳务受到严厉的贸易保护主义的打击。比如，1958 年美国对欧共体的出口额占欧共体进口总额的比重为 11.4%，而到 1982 年下降到 8.6%；同期，发展中国家的出口在欧共体进口总额中的比重从 30.3%，下降到 20.4%。同样，其他经济一体化组织的建立也必然造成同样的效果。随着一体化的深化和扩大，世界范围的贸易保护主义将随之加强。

区域经济一体化恶化了国际贸易的环境，尤其使得区外的发展中国家的贸易环境雪上加霜。一方面，工业发达国家间的关税，特别是非关税壁垒严重地影响了发展中国家本来就缺乏的强有力竞争能力的商品或服务的出口；另一方面，国际资本大量流入区域性经济贸易集团内部，以寻求安全的“避风港”和突破集团内部的贸易壁垒。这使广大发展中国家发展经济贸易急需的资本引进受到影响，加剧了国内资金短缺的矛盾，阻碍了其经济贸易的发展和竞争力的提高,使南北经济差距进一步扩大。

2. 积极影响

区域经济一体化对区域外非成员国的外贸活动也有一些积极影响。这主要体现在区域经济一体化组织实现经济一体化后会增强自身经济活力,促进经济发展和收入水平的提高,而收入水平的提高会扩大一体化组织内部成员对组织外非成员国产品的需求,从而在一定程度上弥补了对非成员国贸易的减少。

4.3.3 区域经济一体化对国际贸易体制和市场竞争的影响

1. 促进国际市场竞争日趋复杂与激烈

随着经济一体化的发展,世界进入了一个以区域组织划分势力范围的时期,区域组织的主导力量是发达国家中的大国。这些国家组建区域经济一体化组织能够拓展自己的势力范围,与其主要竞争对手争夺世界经济霸权。因此,区域经济一体化组织往往被一些大国用作与对手开展竞争的手段。这样会在国际竞争中出现一种新的竞争主体,即区域经济集团之间的竞争。由于区域经济组织同时兼有大国和区域组织利益的双重性,那么国际竞争也会因此而具有一些新的特征:

① 区域组织是大国的护身符和进攻武器,是大国之间一种新的竞争形式。随着区域经济一体化的发展,大国之间的竞争将更多地以区域组织竞争的形式表现出来。

② 区域组织之间的谈判和对话,将部分地取代多边或双边对话,各区域组织从各自的利益出发,要求对方作出让步与妥协。如果各方不能建立起与多边自由贸易相协调的合作机制,区域组织间的贸易竞争将不可避免。

③ 区域竞争只是国际竞争中的一种形式,它不可能取代其他形式的竞争。这样,国际经济竞争就形成了多层次的竞争格局,有国家之间的竞争、企业之间的竞争、国家与区域组织之间的竞争、区域组织与区域组织之间的竞争。

2. 对国际贸易体制形成冲击

第二次世界大战以后,世界上出现了以GATT为组织形式的多边贸易体制。这种贸易体制的宗旨是在成员国之间实现自由贸易。方法是实施多边的、无条件的最惠国待遇原则,通过多边谈判,逐步削减关税和取消非关税壁垒;目标是在全球范围内实现自由贸易。但随着以欧洲经济共同体为代表的区域经济一体化组织的涌现和发展,多边贸易体制受到了挑战和冲击。按照GATT第一条规定:“一缔约国对来自或运往其他国家的产品所给予的利益、优待、特权或豁免,应立即无条件地给予来自或运往所有缔约国的相同产品。”这就是多边的无条件的最惠国待遇原则。个别成员国之间相互给予的优惠必须同等地给予所有的成员国。欧共体的成员国都是GATT的成员国,按照无条件最惠国待遇原则,欧共体成员国之间的取消关税待遇应给予欧共体之外的所有GATT成员国,这显然和欧共体成立的宗旨是不一致的。因此,区域经济一体化组织对无条件最惠国待遇原则有一定的排斥性。

本章小结

区域经济一体化是指两个以上的国家或地区通过签订条约或协定逐步消除彼此之间的关税和非关税壁垒，进而协调成员国之间的贸易、财政、货币等经济政策，形成一个商品甚至资本、劳动力、技术等生产要素自由流动的超国家经济集团的状态或过程。按区域经济一体化阶段和程度的不同划分，它可以分为优惠贸易安排、自由贸易区、关税同盟、共同市场、经济联盟和完全经济一体化；按经济一体化的范围划分为部门一体化和全盘一体化；按参加国的经济发展水平划分为水平一体化和垂直一体化。

区域经济一体化的历史可以追溯到二百多年以前；第二次世界大战以后，在世界经济与贸易发展的新形势下，区域经济一体化取得迅速发展，并成为影响世界经济贸易发展的重要力量。当今世界上一体化程度最高的区域经济一体化组织是欧洲联盟，它目前正向完全经济一体化发展。北美自由贸易区是第一个发达国家和发展中国家之间成立的自由贸易区，成为南北区域经济合作的成功范例。东南亚国家联盟是发展中国家之间建立的区域经济一体化组织，2010年中国-东盟自由贸易区已经全面启动。亚太经济合作组织是新型的经济一体化模式，是亚太地区最具影响的经济合作官方论坛，具有成员国的广泛性、独特的官方经济性质、开放性、自愿性和松散性的特点。

区域经济一体化对国际贸易有重要影响。它促进了经济一体化组织内部贸易的增长，改变了国际贸易的地区分布，改善了成员国的贸易地位，约束了成员国经贸政策的自主权。区域内成员之间贸易的扩大往往是以牺牲与集团外国家的部分贸易额为代价的，使得区域外国家本可以进入区内的商品和劳务受到严厉的贸易保护主义的打击；但区域经济一体化对区域外非成员国的外贸活动也有一些积极影响。此外，区域经济一体化促进国际市场竞争日趋复杂与激烈，也对国际贸易体制形成冲击。

基本概念

区域经济一体化　自由贸易区　关税同盟　共同市场　完全经济一体化　部门一体化　全盘一体化　垂直一体化　水平一体化　贸易创造效应　贸易转移效应

复习思考题

一、单选题

1. 区域经济一体化的最低级和最松散的形式(　　)。

   A. 自由贸易区　B. 关税同盟　C. 优惠贸易安排　D. 共同市场

2. 甲、乙两国原来对锡矿砂分别征收20%和30%的进口税，现两国相互间商品进口予以免税，但对第三国进口的锡矿砂统一征25%的关税，这种一体化组织形式是(　　)。

A. 自由贸易区 B. 共同市场 C. 经济同盟 D. 关税同盟

3. 目前，世界上一体化程度最高的一体化组织是(　　)。

A. 欧洲联盟 B. 北美自由贸易区 C. 亚太经合组织 D. 东南非共同市场

4. 区域经济一体化中(　　)没有实现成员国统一关境。

A. 自由贸易区 B. 关税同盟 C. 共同市场 D. 经济完全一体化

5. 下面哪一个是发展中国家之间成立的自由贸易区？(　　)。

A. 中日韩自贸区 B. 东南亚国家联盟 C. 北美自由贸易区 D. 美洲自由贸易区

6. 欧洲联盟成立于(　　)。

A. 1993年 B. 1965年 C. 1999年 D. 1991年

7. 世界上人口最多的自由贸易区是(　　)。

A. 澳新自由贸易区 B. 北美自由贸易区

C. 中国-东盟自由贸易区 D. 美洲自由贸易区

8. 欧洲煤钢联营属于(　　)。

A. 部门经济一体化 B. 全盘经济一体化 C. 水平经济一体化 D. 垂直经济一体化

9. 1994年1月1日成立的北美自由贸易区，将经济发展水平不同的国家联系在一起，它属于经济一体化组织中的(　　)。

A. 部门经济一体化 B. 垂直经济一体化 C. 水平经济一体化 D. 全盘经济一体化

10. 下列区域经济一体化形式中，需要使用原产地规则的是(　　)。

A. 自由贸易区 B. 共同市场 C. 经济同盟 D. 关税同盟

二、多选题

1. 按参加国的经济发展水平划分，区域经济一体化分为(　　)。

A. 全盘一体化 B. 部门一体化 C. 水平一体化

D. 完全经济一体化 E. 垂直一体化

2. 下列属于区域经济一体化形式的是(　　)。

A. 自由贸易区 B. 关税同盟 C. 共同市场

D. 经济同盟 E. 完全一体化

3. 区域经济一体化中(　　)实现了成员国关境的统一。

A. 自由贸易区 B. 关税同盟 C. 共同市场

D. 经济同盟 E. 优惠贸易安排

4. 下列属于中国参加的区域经济一体化组织的是(　　)。

A. 亚太经合组织 B. 东南亚国家联盟 C. 上海合作组织

D. 中国-东盟自贸区 E. 中欧自由贸易区

5. 共同市场与完全经济一体化，都实现了(　　)。

A. 生产要素在成员国之间的自由流动

B. 统一的对外关税政策

C. 货物在成员国之间的自由流动

D. 统一的对外经济社会政策

E. 服务在成员国之间自由流动

6. 亚太经济合作组织的特点有(　　)。

A. 成员国的广泛性　　B. 自愿性　　C. 开放性

D. 独特的官方经济性质　　E. 松散性

7. 东盟"10+3"会议中的"3"是指(　　)三国。

A. 俄罗斯　　B. 中国　　C. 澳大利亚

D. 日本　　E. 韩国

8. 按区域经济一体化的范围划分,经济一体化组织可以分为(　　)。

A. 全盘经济一体化　　B. 水平经济一体化　　C. 垂直经济一体化

D. 部门经济一体化　　E. 特惠贸易安排

9. 下列属于欧盟实施的共同政策和措施的是(　　)。

A. 实现关税同盟和共同外贸政策　　B. 实行共同的农业政策

C. 建立政治合作制度　　D. 建成内部统一大市场

E. 建立欧洲货币体系

10. 下列属于东南亚国家联盟成员的是(　　)。

A. 越南　　B. 中国　　C. 印度尼西亚

D. 东帝汶　　E. 新加坡

三、判断题

1. 缔结关税同盟的国家国境大于关境。(　　)

2. 从贸易壁垒取消程度看,关税同盟要比自由贸易区更进一步。(　　)

3. 亚太经济合作组织已经由部长级会议升格为经济体领导人非正式会议。(　　)

4. 20世纪70年代中期至80年代中期是区域经济一体化发展的相对停滞期。(　　)

5. 区域经济一体化组织对非成员国的影响主要是消极的。(　　)

6. 目前欧盟已经朝着政治一体化迈进。(　　)

7. 发展中国家间的经济一体化属于水平一体化。(　　)

8. 贸易转移效应是指一体化集团内部实行自由贸易后,各成员高成本的产品会停止生产,变成从生产该产品成本低的伙伴国进口。(　　)

9. 亚太经济合作组织没有组织首脑,也没有常设机构。(　　)

10. 区域经济一体化既是一个过程,也是一个状态。(　　)

四、简答题

1. 简述区域经济一体化的含义和主要类型。

2. 简述建立中国-东盟自由贸易区的意义。

3. 试比较关税同盟与共同市场的异同。

五、论述题

1. 试述区域经济一体化对区内成员国贸易的影响。

2. 试述二战后区域经济一体化发展的历程。

3. 试比较亚太经济合作组织与北美自由贸易区的不同之处。

六、案例分析

钢铁行业是东亚地区的重要支柱产业。自1973年，日本钢产量超过1亿吨，居世界第一位之后，全球钢铁工业的重心就从欧美转移到了东亚地区。如今，以中、日、韩三国为代表的东亚钢铁工业在世界上占有举足轻重的地位，2003年，中、日、韩三国的粗钢产量总和占全世界的39.9%，钢材消费量总和占全世界的40.8%。尤其是中国钢铁业的发展更是令世人瞩目：1996年钢产量突破了1亿吨，经过短短7年后，在2003年又成为第一个突破2亿吨的国家。中国钢铁业快速发展的根本原因是中国经济的高速增长，带动了中国乃至世界钢铁市场需求的大幅增长，而且未来仍有很大的成长空间，这为东亚地区钢铁行业的发展提供了良好的机遇，预计2020年前东亚仍将是全球钢铁业成长最快的地区之一。

东亚各国和地区的钢铁产业在以各自的特色发展的同时，相互之间也一直保持着密切的合作。在钢铁贸易方面，中、日、韩等国之间的贸易依存度相对较高。例如，2003年中国从日本进口的钢材量是725.21万吨，约占中国总进口量的20%；中国从韩国进口了517.31万吨钢材，约占中国总进口量的14%；韩国从中国进口了149万吨钢材，约占韩国总进口量的9.5%；日本从中国进口了22.72万吨钢材，约占日本总进口量的4%。

在企业合作方面，东亚地区的主要钢铁企业，如浦项、新日铁、JFE、宝钢、台湾中钢等也纷纷在战略、技术、市场、新产品研发等各个方面积极寻求合作，以提高自己的竞争力。如浦项在中国成立了投资有限公司、不锈钢厂、涂镀厂、钢材剪切加工中心等；新日铁和JFE在中国分别与宝钢和广州钢铁公司建立了合资公司生产汽车板，为中国境内的汽车公司提供原料；一些日资企业如三井等还在中国合资建立钢铁配送中心；宝钢与台湾中钢长期保持着友好交流互访等。因为东亚地区各国和地区经济发展结构梯次明显，既有发达国家，也有新兴工业化国家，还有发展中国家，钢铁产品的需求结构和钢铁产业的资源条件各具特点，互补性强，合作空间广阔。

再就是中、日、韩三国的汽车、机械、电子等行业都有各自的特点，钢铁业作为给这些产业提供基础材料的重要产业，如果提高国与国之间合作的深度和广度，其辐射效果将十分巨大。

思考：

请结合上述资料和所学知识，分析建立中日韩自由贸易区对三个国家的意义。

第5章　国际资本流动

学习目标

1. 了解国际资本流动的概念和当前国际资本流动的特点；
2. 理解国际资本流动的原因和对世界经济的影响；
3. 认识国际资本流动在不同历史时期的发展状况；
4. 掌握国际资本流动的形式及国际资本流动对国际贸易的影响。

5.1　国际资本流动概述

5.1.1　国际资本流动的概念

国际资本流动是指资本从一个国家或地区转移到另一个国家或地区。它是相对于国内资本流动来说的，当资本在一国或地区之内流动时，就称为国内资本流动；而当资本流动跨越国界时，就称为国际资本流动。国际资本流动表现为商品资本、产业资本和金融资本三种资本的流动，尤其以国际金融资本流动为主。具体来说，它包括贷款、援助、投资、债务的增加、债权的取得，利息收支、买方信贷、卖方信贷、外汇买卖、证券发行与流通等等。

从一个国家的角度看，国际资本流动从流向上包括资本流入和资本流出。资本流入是指资本从国外流向国内，这意味着本国对国外负债的增加或者国外对本国负债的减少；资本流出是指资本从国内流向国外，这意味着外国对本国负债的增加或者本国对国外负债的减少。大多数国家和地区总是存在资本的流入和流出，只是流入和流出的比例不同而已。

5.1.2　国际资本流动的发展历程

资本国际流动的历史与中世纪晚期银行业的出现一样年代久远。比如佛罗伦萨银行家贷款给英国王室（1339 年爱德华三世拒绝偿还债务），17 世纪和 18 世纪欧洲特许公司的直接投资，包括约翰·劳（John Law）等投机性的密西西比计划（1717～1720 年），都属于早期的国际资本流动。自国际资本流动成为一支独立影响世界经济的重要力量以来，其发展过程可以划分为五个重要的阶段，每一个阶段都有其各自的特点。

1. 1820～1918 年的第一阶段

该阶段中的资本流动浪潮持续了接近一个世纪，是历时最长的一次国际资本流动周期。在本阶段中，资本的流向主要是从欧洲到以北美为重点的美洲地区，其次是流向亚洲的日本，再次是流向处于欧洲大陆的德国。这一阶段的国际资本流动对世界经济格局产生了深远的影响，巨大的资金从欧洲流出，深刻改变了世界经济的地理图景，结束了欧洲经济一头独大的局面，特别是使得美国的经济得到了迅速发展，并逐步取代英国成为世界上经济实力最强大的国家。在这一时期，美国充分实现了其后发优势，大量地利用来自欧洲的资金。这些资金被应用于兴建运河、铁路等基础设施，完成了美国交通体系的建设。另外，还有大量的资金被利用来建立纺织、钢铁、设备制造等工业体系。可以说，大量吸引外资是美国实现工业化的基本手段之一，为美国的迅速崛起提供了大量的资金支持。1843 年到 1914 年间，美国吸引外资的数量迅速上升，到 1914 年，吸引的外资额已经相当于 1843 年的 33 倍。国际资本向美国的流动除了为美国提供了工业化所需的资金外，还促进了美国金融市场的巨大发展。1870 年美国金融机构的总资产为 12.0 亿美元，1912 年增加到 340 亿美元，增长约 28.3 倍。金融机构资产增长率，1861 年到 1913 年年均为 6.5%，为历史上增长最快的时期之一。

除了美国之外，日本和德国也利用这次国际资本流动浪潮，吸引大量资金建立起近代工业，并逐步成为世界经济的强国。第一次世界大战结束后，英国在战争中元气大伤，美国逐渐取代英国成为世界经济中心，纽约也成了当时世界两大金融中心之一。

2. 1918～1945 年的第二阶段

第一次世界大战在 1918 年结束，这场战争彻底改变了世界政治与经济格局，也改变了国际资本流动的趋势和特点。相对于一战前，这一阶段资本流动的最突出特点是回流趋势明显，即由上一时期的由以英国为代表的欧洲流向新兴的美国等国，转向由已经成为世界上最大经济体的美国流向需从一战中恢复经济的欧洲国家。由于美国经济不仅没有受到一战的破坏，而且还在战争中积累了大量的资本，因此这一时期，美国代替了英国成为世界上最大的资本输出国，资本大量的流向了欧洲国家，特别是一些大国。例如，德国和法国的经济体系都在一战中遭到了重创，需要资金进行经济系统的恢复，同时作为战败国的德国还要面临着巨额战争赔款的压力。这为美国资本市场上的剩余资本提供了良好的出路。通过“道威斯计划”，德国在 1924～1930 年共得到外国贷款和投资 326 亿马克，解决了资金短缺的困难，实现了 1921 年到 1929 年工业生产平均每年 7.1%的增长，到 1927 年，德国的工业已达到战前水平。这一时期的美国资本市场非常活跃，逐步充当起国际资本市场的角色。随着交易活跃程度的升高，投机泡沫也逐步膨胀，并最终于 1929 年破裂，引发了全球性的经济危机。自此，经济上的保护主义和第二次世界大战的阴影开始笼罩世界，国际资本流动几乎停滞。

3. 1945～1973 年的第三阶段

第二次世界大战之后，国际资本流动进入了一个新阶段，这一时期的资本流动方向、形式、结构与规模等方面都与战前有着较大的不同。最初的战后重建阶段，资本主要是从美国流向欧洲大陆以及日本等地区。通过“马歇尔计划”，欧洲经济得以迅速恢复。而当西方发达国家经济从战争的破坏中恢复之后，国际资本的流向和规模也发生了变化。主要可以体现在以下几个方面：首先，战后西方发达国家间的资本流动数量迅速增加，流量巨大，远远超过战前的水平。主要的资本流入流出国是美国和经济恢复后的英国、西德和日本等西方发达国家，这些国家间的资本流动增长迅速。其次，从流向上看，这一时期的资本流动主要是发达国家之间的相互流动。例如，到 1970 年代中期时，美国对西欧地区的直接投资已经达到其私人资本输出总额的 40%以上；而这一时期联邦德国的私人资本流出则有接近四分之三以上都集中于欧美等西方发达国家。在发达国家中，只有日本的资本流出例外，并非集中于发达国家，而是主要投向了东南亚和拉美国家。再次，这一时期资本主要流向了制造业，资本的投资倾向明显，主要目的是跨国配置生产资源。

4. 1973～1989 年的第四阶段

1973 年第一次石油危机爆发，这次危机的爆发对世界经济构成了重大冲击，特别是对于西方发达国家。同时，这场危机的出现也使得国际资本流动进入到一个新的阶段。这一阶段的国际资本流动可以进一步细分为前后两个时期，其中第一个时期是从 1973～1982 年，这一时期是石油美元形成时期。1970 年代以后，西方世界对石油的需求急剧增长，但西方国家与中东产油国家关于石油价格的矛盾却日益尖锐。1973 年 10 月，由于不满以美国为首的西方国家在第四次中东战争中对以色列的支持，石油输出国组织决定提高石油价格、减少石油产量，对西方发达资本主义国家实行石油禁运。提价以前，石油价格每桶只有 3.01 美元，两个月后的 1973 年底，石油价格达到每桶 11.651 美元，价格上升了将近 4 倍。石油提价首先使得西方国家的经济运行成本快速上升，并导致国际收支的大量赤字，最终引发了战后资本主义世界最大的一次经济危机。另一方面，石油提价的结果也导致了中东主要产油国积累了大笔石油美元（Petro-dollar），构成了国际资本的大量供给。这部分石油美元除了满足产油国自身发展多元化经济体系的资本需要之外，还有大量的剩余资本通过国际资本市场回流到西方发达国家。石油美元的国际流动一方面为国际间信贷提供了大量充足的资金来源，满足了许多国家对长、短期信贷资金的需要。如大量资金流入亚洲和拉丁美洲，最终成就了亚洲“四小龙”的崛起和 20 世纪 70 年代巴西等国的经济奇迹。但另一方面，石油美元也造成大量国际游资的出现，并开始在各种国际金融货币危机中扮演重要角色，使得国际资本市场更加动荡不定。

1983～1989 年是这一阶段国际资本流动发展的第二个时期，其特征是国际间债务矛盾不断激化。拉美国家借贷过度，负债额超过了国家的偿还能力，引起了债务危机的接连发生。从墨西哥开始，债务危机波及绝大部分拉美国家。随着债务资本流动的减退，拉美国家的经济奇迹结束，经济发展因此而进入了停滞的十余年。据 IMF 统计，从 1973～1982 年，非产油发展中国家的债务总额从 1031 亿美元增加到 8420 亿美元。经常项目从 1980 年顺差 226 亿美元转变为 1981 年的逆差 563 亿美元，1982 年逆差增加到 996 亿美元，债务的地区和国家高度集中，债务大部分集中在拉美和非洲。

总之，石油美元和债务危机的出现预示着国际资本流动进入到一个新的阶段。在这一阶段，布雷顿森林体系的固定汇率体制被自由浮动所替代，为国际经济的动荡提供了制度基础；国际游资随着石油美元的出现而浮出水面，并开始在国际经济舞台呼风唤雨；金融自由化大幕开启，广大发展中国家也纷纷投身其中，并接连成为被攻击的目标。总之，自这一时期开始，国际资本流动的不稳定性开始逐渐增强，货币危机逐渐成为经常出现的周期性特征。

5. 20世纪90年代以来的第五阶段

20世纪90年代以来，新兴发展中国家积极的结构性改革和宏观经济形势看好吸引了大批的资本进入。这次资本国际流动的浪潮在经历了1997年金融危机的暂时性挫折后仍是方兴未艾，资本流动规模已经达到了上万亿美元。随着发达国家和发展中国家金融市场的不断开放以及对资本流动的控制不断放松，发达国家的跨国公司为了在世界范围内取得生产要素的合理配置，纷纷向条件良好的发展中国家转移部分生产能力。同时，发达国家的机构投资者，如共同基金、养老基金、失业保险基金和对冲基金等急速膨胀，基金管理人出于分散风险和寻求高收益的需要，将一部分资金投入新兴发展中国家。20世纪90年代以来，新兴发展中国家一直处于资本净流入状态，根据国际金融协会(IIF)报告的数据，2010年新兴市场的净私人资本流入量达到9 898亿美元，比2009年大幅增长54%。

虽然新兴发展中国家国际资本有增加的趋势，但国际资本流动的大部分仍是在发达国家之间进行的。比如在2002年全球资本市场85%以上的资本流动和全球直接投资约80%的资金额集中于发达国家。在几个较为典型的发达国家中，美国自20世纪90年代以来(除1991年外)都是最大的资本净输入国，其资本净输入占全球资本净输出的比重一直保持在70%左右。日本和德国的资本流动规模仅次于美国，但与美国不同的是，这两个国家是资本净输出国。德国进入21世纪以来，得益于强劲的出口，资本的净输出规模异军突起；日本则一直保持了较高的资本净输出，1993年占全球资本净输出的比重高达43.69%，之后虽有所回落，但始终提供了全球资金需求的20%以上。

5.1.3 当前国际资本流动的特点

1. 国际资本流动规模迅速扩张，流动速度明显加快

国际资本流动的增长速度超过了国际商品和劳务贸易的增长速度，规模巨大。我们可以通过考察国际中长期借贷市场和国际证券投资的规模来衡量国际资本流动的规模。自1980年代开始，国际金融市场资本量每年递增16.5%，而同期的世界商品贸易增长率仅有每年5%。快速增长的特征在进入20世纪90年代后得到了进一步加强。

图5.1和图5.2给出了世界主要经济体自1997年以来十年间的资本流动总量。从这两图可以看出，全球经济中的各个主要经济体的资本流动规模在快速增长，流动的速度也在加快，该趋势在进入21世纪之后更加明显。其中欧美主要发达国家和新兴市场经济体的资本流入流出都呈现出规模放大、速度加快的特征。资本流入与流出的规模和速度基本上是同时明显增加的，这反映出资本在国际间的双向大规模流动。

2. 国际资本流动的部门结构发生重大变化

据世界银行统计的资料显示，20世纪50～80年代，全球外商直接投资集中于初级产品加工业和原材料工业；进入20世纪90年代以后，全球外商直接投资的重心开始由原材料工

业向加工工业、初级工业向高附加值工业、传统工业向新兴工业、制造业向服务业转移，其中第三产业中的金融、保险、旅游和咨询等服务业和资本技术密集型产业(信息、电子产业)则是当前国际直接投资的重点领域。另据统计，自 1990 年以来，发达国家之间的相互投资有 50%以上投放在现代服务业及其相关产业上，主要发展中国家在服务业上引进的外资比重也达到了 30%左右。从对全世界外国直接投资存量的占比来看，在 1970 年初期，服务业部门仅占全世界外商直接投资存量的 1/4，2000 年这一比例上升到将近 50%，而 2002 年则达到了 60%的比例，约为 4 万亿美元；在同一时期，初级部门占全世界外商直接投资存量的比例则由 9%下降到了 6%。

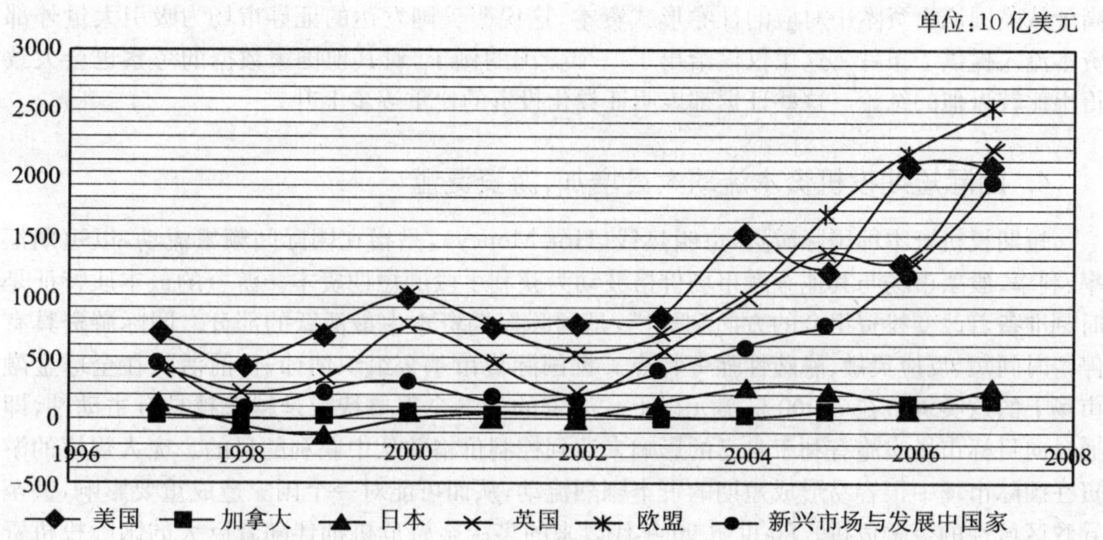

图 5.1　主要国家资本流动(资本流入)

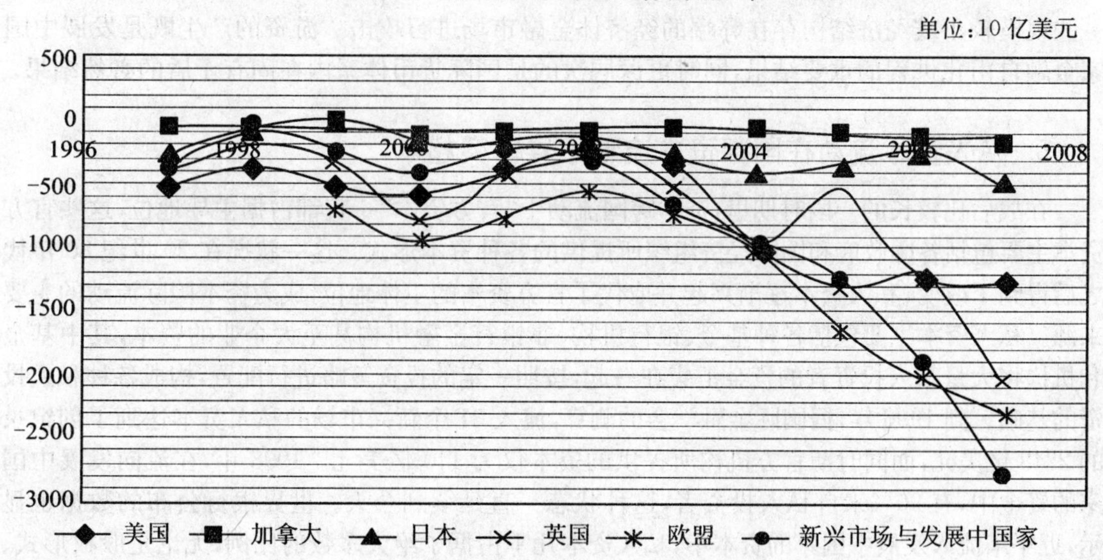

图 5.2　主要国家资本流动(资本流出)

数据来源：IMF. Global Financial Stability Report：Financial Stress and Deleveraging Macro-Financial Implications and Policy[R]. 2008.

3. 国际投资证券化的趋势增加

1990年代以来，证券形式的资本流动逐渐在资本国际流动的各种形式中占据越来越重要的地位，这得益于国际证券市场的快速发展和融合。目前国际证券市场占国际资本市场份额的70%，证券投资已经成为国际投资的主要方式之一。从1997以来美国十年间的资本流入与流出情况看，资本流入和流出的规模都是增加的，而从形态上看，无论是资本流入还是资本流出，证券形式的资本所占的份额比例都呈现出逐渐快速上升的势头。另外，数据显示流入美国的国际资本中，证券形式的资本份额无论从绝对规模上还是从相对比例上都要高于从美国流出资本中对应的证券形式资本，这说明美国发达的证券市场为吸引大量外部资本流入提供了条件。这里仅仅给出了一个美国的例子，对其他国家数据的考察也会大致得出比较近似的结论。这些证据都表明证券化投资的比重逐步上升。

4. 国际短期投机资本流动大量增加，游资泛滥

短期投机资本即国际游资，也叫热钱(Hot Money)，是指在国际间频繁流动，以短期汇率、利率、股票市场与其他金融市场价格波动为获利手段的短期资本。游资的最本质特征是时刻准备着改变投资组合的方向和规模，是国际短期资本中最活跃的部分。国际游资具有停留时间短、反应灵敏、隐蔽性强等特点。据国际货币基金组织估计，目前活跃在全球金融市场上的这类资金在72000亿美元以上。游资的另一个重要特征是越来越具有主动性，即通过向目标市场实施有利于自己的影响来达到控制价格并从中获利的目的。庞大规模的游资在国际市场中很容易形成短期的资本剧烈流动，从而可能对一个国家造成重要影响，甚至导致区域性的金融危机。20世纪90年代以来的多次金融危机都伴随着巨大的国际投机资本的流动，投机资本不仅利用国际间套利机会赚取利润，也会主动地利用自身的资金规模对一些规模较小或经济结构存在弊端的经济体金融市场进行攻击。游资的产生既是发展中国家金融自由化进程的重要结果，同时更深层次的是国际货币体系内在固有矛盾的必然结果。

5. 私人资本流动在国际资本流动中异军突起

在战后比较长的一段时期里，资本跨国流动中"官方资本"一直都占据主导地位，这些官方资本主要包括各国政府和国际经济组织所提供的各种资本形式。这一状况在20世纪80年代之后得到了改变，私人资本逐渐兴起并取代了官方资本的主体地位，成为资本国际流动的主要来源。私人资本主要包括各种基金、银行机构、非银行金融机构甚至大企业的资本，其中基金和机构将大量私人投资者的资金汇集在一起，按照一定的投资策略进行配置，构成各种私人投资的基础。到1996年，据国际金融学会的测算，流入31个新兴市场的私人资本达到了创纪录的2248亿美元，而同时期官方机构所提供的资本仅为140亿美元。1998年，在流向发展中国家的资金中，有90%来自私人投资者，这种状态一直延续到今天。世界银行公布的数据也显示，近年来流入发展中国家的资本中，私人资本几乎占据了绝大多数的比例，无论是股权形式、债券形式还是资产组合形式；而流入到发展中国家的官方资本是萎缩的。

私人资本占据主体地位的另一个体现是跨国公司成为推动国际资本流动的主角。跨国公司目前是国际直接投资的主要实施者，是引起跨国直接投资的主要力量。由于跨国公司投资具有生产性特征，因此跨国公司直接投资所引起的资本流动通常是长期的、稳定的，同

时也可以给东道国带来先进的技术与管理等，因此对于促进东道国经济增长具有积极的作用，同时其风险性相对于国际借贷或者证券投资要小一些。

6. 发展中国家逐渐成为国际资本流动新的力量，但主导地位仍属发达国家

自 20 世纪 80 年代末以来，广大发展中国家普遍进入到一个主动融入经济全球化的时期。主要措施是普遍推行市场化和自由贸易的改革，并逐步放宽了对资本输出和输入的限制，这为资本向发展中国家流动创造了可能性。加之国际金融市场的快速发展，发展中国家可获取的资金也越来越充足，直接导致了发展中国家，特别是新兴市场经济国家吸引了大量的外资流入。国际资本流入发展中国家是在新兴市场经济体的市场中取得更大的收益而进行的国际套利活动。流入发展中国家的私人股权与证券投资有了大规模迅速扩张，而债券形式，特别是官方债权形式的资本流入并没有相应的变化。近年来的私人资本流动具有更大的不确定性，因此发展中国家所面对的资本流动风险是日益增加的。尽管资本大量流入到发展中国家使其逐渐成为国际资本流动的新主体，但这种向发展中国家资本流动的倾斜，并没有改变发达国家在当今国际资本市场上的主导地位，发展中国家仍然没有取得资本国际流动的主导权。这主要体现在两个方面：一是大部分发展中国家仍然对外部资本流入具有很强的依赖性，他们需要外部资金来为其经济发展服务，其自身资金积累仍不足以保证经济增长；二是部分发展中国家积累的大量外汇储备，如石油输出国和东亚国家，这些资本都不断地返回到发达国家的资本市场，而且使用也受到发达国家的诸多限制。

当前的国际资本流动正处于经济全球化加剧的阶段之中。其特征是与当前的世界经济体系相应的。上述几个特征是国际资本流动在国际资本市场中的具体表象，隐藏在此种表象背后的是国际资本流动更为深层次的特征。总的来说，从中长期资本流动来看，存在着东亚国家和中东国家为美国融资的格局，这体现在不断增长的全球外汇储备存量上，意味着商品美元和石油美元回流美国以维持其消费性债务扩张；从短期资本流动来看，存在着由发达国家持续流向新兴市场国家的趋势，这体现在规模巨大的日元与美元的套利交易上，意味着发展中国家虽然在金融市场上获得了资金，但却仍然在为发达国家支付利息。因而，国际资本流动仍然是由以美国为首的西方发达国家所掌控的，发展中国家在当前的国际资本流动格局中仍然处于从属地位。这体现在其近年来屡受国际游资攻击的事实，更在次贷危机引发的金融危机中暴露无遗。

5.2　国际资本流动的形式

国际资本流动有多种不同的表现形式。如果从国际资本流动的方式来考察，国际资本流动可以分为国际直接投资和国际间接投资两种。国际间接投资又包括国际证券投资和国际贷款两种形式。如果从国际资本流动的性质方面来考察，国际资本流动分为官方资本流动和私人资本流动两种。官方资本流动一般是指由各国政府或国际组织提供的资本在国际间的转移；私人资本流动一般是指由各国私人及其机构提供的资本在国际间的转移。如果从国际资本流动的周期方面来考察，国际资本流动可以分为长期资本流动和短期资本流动两种形式。下面我们将按照国际资本流动的周期对国际资本流动的各种形式进行介绍。

5.2.1 长期资本流动

长期资本流动是指使用期限在一年以上,或者规定使用期限的资本流动。它主要包括三种类型:国际直接投资、国际证券投资和国际贷款。

1. 国际直接投资

国际直接投资(International Direct Investment)是指为了在国外投资获得长期的投资效益,并拥有对公司的控制权和企业经营管理权而进行的在国外直接收购或建立企业或公司的投资活动。国际直接投资包括对厂房、机械设备、交通工具、通信、土地或土地使用权等各种有形资产的投资,以及对专利、商标、咨询服务等无形资产的投资。

国际直接投资具有三个特点:第一,国际直接投资是长期资本流动的一种主要形式,它不同于短期资本流动,它要求投资主体必须在国外拥有企业实体,直接从事各类经营活动;第二,国际直接投资既有货币投资形式又有实物投资形式;第三,国际直接投资是取得对企业经营的控制权,它通过参与、控制企业经营权获得利益。

国际直接投资一般有四种方式:① 在国外创办新企业,包括创办独资企业、设立跨国公司分支机构及子公司。② 与东道国或其他国家共同投资,合作建立合营企业。③ 收购并拥有国外企业股权达到一定比例。按国际货币基金组织的规定,凡收购国外企业股权达 25%以上者,即被列为直接投资。而美国规定,凡拥有外国企业股权达 10%以上者,即属直接投资。④ 以投资者在国外企业投资所获利润作为资本,对该企业进行再投资。20 世纪 80 年代国际直接投资迅速发展,20 世纪 90 年代,成为国际资本流动的主要形式(见图 5.3),目前发达国家的国际资本流动中有 75%以上是国际直接投资。

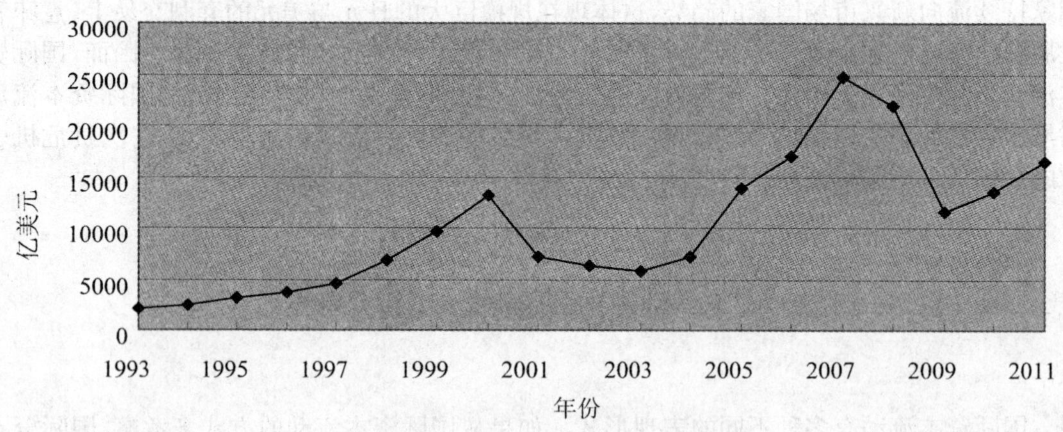

图 5.3 全球 FDI 变化趋势

数据来源:国际货币基金组织

2. 国际证券投资

国际证券投资(International Portfolio Investment)是指通过在国际债券市场上购买外国政府、银行或工商企业发行的中长期债券,或在国际股票市场上购买外国公司股票而进行的对外投资。国际证券投资是国际资本流动的一个重要渠道,也是一种新趋势。近年来,一些发达国家的国际证券投资规模已经超过直接投资,成为国际资本流动的主要形式。

国际证券投资主要包括国际股票投资和债券投资两种。一般来讲,国际债券分为外国债券和欧洲债券。外国债券是一国政府、金融机构、工商企业或国际组织在另一国发行的以当地国货币计值的债券,比如,在美国发行的外国债券(美元)称为扬基债券;在日本发行的外国债券(日元)称为武士债券。欧洲债券是一国政府、金融机构、工商企业或国际组织在国外债券市场上以第三国货币为面值发行的债券。比如,欧洲美元债券是指在美国境外发行的以美元为面额的债券。欧洲日元债券是指在日本境外发行的以日元为面额的债券。

国际证券投资具有以下特征:一是投资者购买债券和股票,为了获得利息、股息和证券买卖的价差收入;二是这些证券在国际市场上发行,构成发行国的对外债务;三是这些证券可以随时买卖或转让,具有很强的流动性。

3. 国际贷款

国际贷款(International Loans)是指一国政府、国际金融组织或国际银行对非居民(包括外国政府、银行、企业等)所进行的期限为一年以上的放款活动。主要包括政府贷款、国际金融机构贷款、国际银行贷款和出口信贷。

① 政府贷款,是各国政府或政府部门之间的贷款。贷款利息较低甚至无息,而且偿还期较长,部分资金来自政府预算,但具体数额一般不大。这种贷款往往带有援助性质,一般分为有限制性的贷款和无限制性的贷款两种。政府贷款一般是发达国家向发展中国家提供贷款,而且大多是双边贷款,也有少数是多边贷款。

② 国际金融组织贷款,是国际金融机构(如国际货币基金组织、世界银行、各大洲银行以及联合国援助机构等)向其成员国政府提供的贷款。这种贷款带有援助性质,与私人金融机构相比贷款利息较低,偿还期也相对较长,但贷款手续严格,而且多为专项贷款,提取和使用过程中要受到严格监督。

③ 国际银行贷款,指一国的公司、银行或政府在国际金融市场上向国际银行借入中长期的货币资金的商业贷款。这种贷款不限定用途,贷款数额也不受限制,期限也可以很长,但利率很高且需承担系列杂项费用。

④ 出口信贷,是指国家进出口银行和商业银行在政府利息补贴和信贷担保支持下,向本国出口商或外国进口商提供的中长期信贷,以促进本国设备、商品出口。

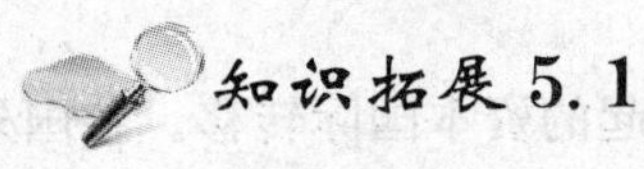

知识拓展 5.1

私人股权投资基金的跨境投资

私人股权投资基金是介于国际直接投资和国际证券投资之间的一种新的国际投资方式,近年来,私人股权投资基金的跨境投资发展迅速,引起越来越多投资者的重视。私人股权投资基金是20世纪80年代在欧美发展起来的,其投资对象一般为非上市公司,所谓"私人"股权,即是相对于证券市场的"公众"股权公司而言的。这种基金主要是通过非公开方式集合少数投资者的资金设立起来,销售与赎回也都是基金管理人私下与投资者协商进行，因此，有时也被称为私募股权投资基金。

国际私人股权投资基金的投资方式有三种：一是风险投资(Venture Capital)，以投资初创企业为主，在企业成长过程中获得投资回报；二是私人股权投资(Private Equity)，即购买处于成长期的私人企业的部分股权，一般待企业上市后出售获利；三是收购(Buy-Out)，一般以通过杠杆融资为手段，收购处于成熟期的企业，对企业进行重组后获利退出。

与直接投资相比，私人股权投资基金两点不同：一是私人股权投资基金的投资周期较短，一般不会超过10年；二是私人股权投资基金只负责公司的长期发展战略，一般不会直接参与公司的管理和运营。2006年私人股权投资基金参与跨国并购的金额达到1580亿美元，比上年增长18%。

(资料来源：王宇.国际资本流动的原因、路径和趋势[N].中国经济时报，2008-8-18.)

5.2.2 短期资本流动

短期国际资本流动(Short-term International Capital Movements)是指期限为一年或一年以内或即期支付资本的流入与流出。按短期资本流动的原因不同，它主要分为贸易资本流动、银行资金调拨、保值性资本流动和投资性资本流动等。

1. 贸易资本流动

贸易资本流动指由国际贸易引起的货币资金在国际间的融通和结算，是最为传统的国际资本流动形式。国际贸易活动的进行必然伴随着国际结算，引起资本从一国或地区流向另一国或地区。各国出口贸易资金的结算，导致出口国或代收国的资本流入；各国进口贸易资金的结算，则导致进口国或代付国的资本流出。随着经济开放程度的提高和国际经济活动的多样化，贸易资本在国际流动资本中的比重已经大为降低。

2. 银行资金调拨

银行资金调拨指各国外汇专业银行之间由于调拨资金而引起的资本国际转移。各国外汇专业银行在经营外汇业务过程中，由于外汇业务或谋取利润的需要，经常不断地进行短期外汇资金的拆进拆出、国际间银行同业往来的收付和结算等，都要产生频繁的国际短期资本流动。

3. 保值性资本流动

保值性资本流动又称为“资本外逃”(Capital Flight)，是指短期资本的持有者为了使资本不遭受损失而在国与国之间调动资本所引起的资本国际转移。保值性资本流动产生的原因主要有国内政治动荡、经济状况恶化、加强外汇管制和颁布新的税法、国际收支发生持续性的逆差，从而导致资本外逃到币值相对稳定的国家，以期保值，免遭损失。

4. 投机性资本流动

投机性资本流动指投机者为了赚取投机利润，利用国际市场上汇率、利率及黄金、证券等价格波动，通过低进高出或通过买空卖空等方式而引起的资本在国际间的转移。由于金融开放与金融创新，国际间投机资本的规模越来越庞大，投机活动也越来越盛行。投机性资本流动又可包括以下四种具体方式：

① 对各国利率差别作出反应的资本流动。例如，在汇率稳定的前提下，各国政府为了改善国际收支状况而提高贴现率所吸引的短期资本流动，就属此类。

② 对暂时性的汇率变动作出反应的资本流动，它包括两种情况：一是一国发生暂时性国际收支逆差引起的汇率暂时性下跌，由于投机者预期到这种货币汇率不久会回升，因此买进该国货币，致使短期资本向该国流动；二是一国发生暂时性顺差，其结果恰好相反，会导致投机资本流出该国。

③ 预测汇率将有永久性变化的资本流动，即当投机者预期到某种货币汇率会持续下跌时，就会抛出该种货币，造成资本流出，反之，当投机者预期到某种货币汇率会持续上升时，就会买进该种货币，造成资本流入。这种资本流动会加剧国际金融市场的动荡。

④ 与贸易有关的投机性资本流动，即人们认为币值即将调整而加速或延迟外汇支付的过程，进出口商根据对今后某一特定货币价值的估算而要求客户尽快支付货款或准许客户延迟支付贷款。

5.3　国际资本流动的原因及影响

5.3.1　国际资本流动的原因

国际资本流动的原因很多，有根本性的、一般性的、政治的、经济的，归结起来主要有以下几个方面。

1. 过剩资本的形成或国际收支大量顺差

过剩资本是指相对的过剩资本。随着资本主义生产方式的建立，资本主义劳动生产率和资本积累率的提高，资本积累迅速增长，在资本的特性和资本家唯利是图的本性支配下，大量的过剩资本就被输往国外，追逐高额利润，早期的国际资本流动就由此产生了。随着资本主义的发展，资本在国外获得的利润也大量增加，反过来又加速了资本积累，加剧了资本过剩，进而导致资本对外输出规模的扩大，加剧了国际资本流动。近20年来，国际经济关系发生了巨大变化，国际资本、金融、经济等一体化趋势有增无减，加之现代通信技术的发明与运用，资本流动方式的创新与多样化，使当今世界的国际资本流动频繁而快捷。总之，过剩资本的形成与国际收支大量顺差是早期也是现代国际资本流动的一个重要原因。

2. 利用外资策略的实施

无论是发达国家,还是发展中国家,都会不同程度地通过不同的政策和方式来吸引外资,以达到一定的经济目的。美国目前是全球最大的债务国。而大部分发展中国家,经济比较落后,迫切需要资金来加速本国经济的发展,因此,往往通过开放市场、提供优惠税收、改善投资软、硬环境等措施吸引外资的进入,从而增加或扩大了国际资本的需求,引起或加剧了国际资本流动。

3. 利润的驱动

增值是资本运动的内在动力,利润驱动是各种资本输出的共有动机。当投资者预期到一国的资本收益率高于他国,资本就会从他国流向这一国;反之,资本就会从这一国流向他国。一方面,当投资者在一国所获得的实际利润高于本国或他国时,该投资者就会增加对这一国的投资,以获取更多的国际超额利润或国际垄断利润;另一方面,在利润机制的驱动下,资本会从利率低的国家或地区流往利率高的国家或地区。

4. 汇率的变化

汇率的变化也会引起国际资本流动,尤其20世纪70年代以来,随着浮动汇率制度的普遍建立,主要国家货币汇率经常波动且幅度大。如果一个国家货币汇率持续上升,则会产生兑换需求,从而导致国际资本流入,如果一个国家货币汇率不稳定或下降,资本持有者可能预期到所持的资本实际价值将会降低,则会把手中的资本或货币资产转换成他国资产,从而导致资本向汇率稳定或升高的国家或地区流动。

5. 通货膨胀的发生

通货膨胀往往与一个国家的财政赤字有关系。如果一个国家出现了财政赤字,该赤字又是以发行纸币来弥补,必然增加了对通货膨胀的压力,一旦发生了严重的通货膨胀,为减少损失,投资者会把国内资产转换成外国债权。如果一个国家发生了财政赤字,而该赤字以出售债券或向外借款来弥补,也可能会导致国际资本流动,因为当某个时期人们预期到政府又会通过印发纸币来抵消债务或征收额外赋税来偿付债务时,则又会把资产从国内转往国外。

6. 政治、经济及战争风险的存在

政治、经济及战争风险的存在,也是影响一个国家资本流动的重要因素。政治风险是指由于一国的投资气候恶化而可能使资本持有者所持有的资本遭受损失。经济风险是指由于一国投资条件发生变化而可能给资本持有者带来的损失。战争风险,是指可能爆发或已经爆发的战争对资本流动造成的可能影响。例如海湾战争,就使国际资本流向发生重大变化,在战争期间许多资金流往以美国为主的几个发达国家(大多为军费);战后安排又使大量资本涌入中东,尤其是科威特等国。

7. 国际炒家的恶性投机

所谓恶性投机,可包含这两种含义:第一,投机者基于对市场走势的判断,纯粹以追逐利润为目的,刻意打压某种货币而抢购另一种货币的行为。这种行为的普遍发生,毫无疑问会导致有关国家货币汇率的大起大落,进而加剧投机,汇率进一步动荡,形成恶性循环,投机者则在“乱”中牟利。这是一种以经济利益为目的的恶性投机。第二,投机者不是以追求盈利为目的,而是基于某种政治理念或对某种社会制度的偏见,动用大规模资金对某国货币进行刻意打压,由此阻碍、破坏该国经济的正常发展。但无论哪种投机,都会导致资本的大规模外逃,并会导致该国经济的衰退,如 1997 年 7 月爆发的东南亚货币危机。

8. 其他因素

如政治及新闻舆论、谣言、政府对资本市场和外汇市场的干预以及人们的心理预期等因素,都会对短期资本流动产生极大的影响。

5.3.2　国际资本流动对世界经济的影响

1. 长期资本流动的影响

(1) 形成全球利润最大化

长期资本流动可以增加世界经济的总产值与总利润,并趋于最大化。因为资本在国际间进行转移的一个原因,就是资本输出的盈利大于资本留守在国内投资的盈利,这意味着输出国因资本输出,在资本输入国创造的产值,会大于资本输出国因资本流出而减少的总产值。这样,资本流动必然增加了世界的总产值和总利润,而且资本流动一般是遵循哪里利润率高往哪里流动的原则,最终会促使全球利润最大化。

(2) 加速世界经济的国际化

生产国际化、市场国际化和资本国际化,是世界经济国际化的主要标志。这三个国际化之间互相依存,互相促进,推动了整体经济的发展。第二次世界大战后,资本流动国际化已经形成一个趋势,20 世纪 80 年代以来更有增无减。尤其资本流动国际化的外部环境与内部条件不断充实,如全球金融市场的建立与完善,高科技的发明与运用,新金融主体的诞生与金融业务的创新,以及知识的累积、思维的变化等等,这些都使资本流动规模大增,流速加快,影响更广,而其所创造的雄厚的物质基础,又反过来推动生产国际化与市场国际化,使世界经济在更广的空间、更高的水平上获得发展。

(3) 加深了货币信用国际化

首先,加深了金融业的国际化。资本在国际间的转移,促使了金融业尤其银行业在世界范围内广泛建立,银行网络遍布全球,同时也促使了跨国银行的发展与国际金融中心的建立,这些都为国际金融市场增添了丰富的内容。目前,不少国家的金融业已成为离岸金融业或境外金融业而完全国际化。其次,促使以货币形式出现的资本遍布全球,如国际资本流动使以借贷形式和证券形式体现的国际资本大为发展,渗入到世界经济发展的各个角落。再次，国际资本流动主体的多元化，使多种货币共同构成国际支付手段。目前，几个长期资本比较充裕的国家，其货币都比较坚挺，持有这些货币，意味着更广泛地在世界范围内实现购买力在国际间的转移或可更有选择余地地拥有清偿国际间的债权债务的手段。可见，这些都在不同程度上加深了货币信用的国际化。

2. 短期资本流动的影响

短期资本流动对世界经济具有积极与消极两方面的影响。短期资本流动的积极影响体现在有利于国际贸易的顺利进行等方面。在国际贸易中，买卖双方或银行提供的短期资金融通，如预付货款、延期付款及票据贴现等，都有利于国际贸易双方获得资金便利从而有利于国际贸易的顺利进行。

短期资本国际流动加剧国际金融市场的动荡局势，这是短期资本流动的一个重要的消极影响。短期资本流动有可能加剧一国的国际收支失衡，在当前各国金融相互关联度紧密的形势下，自然会导致对整个国际金融市场的冲击。以往，人们只认识到发达国家，特别是几个经济大国的国际收支问题会引起全球金融动荡，但自泰国开始的亚洲金融风暴则向人们昭示，哪怕只是一个小国的金融市场出现问题，也可能引起一场全球性风暴。

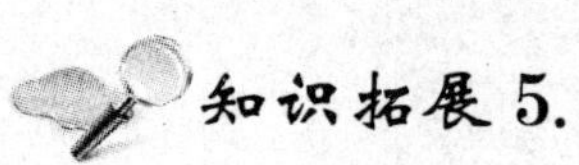

知识拓展 5.2

短期资本流动与亚洲金融危机

1997 年国际短期资本流动引发的亚洲金融危机对东南亚各国、日本、韩国等国家的经济产生了严重影响。

1. 危机首先在东南亚爆发并波及港台

1997 年东南亚发生国际短期资本大量进出：泰国于 1997 年首季有 19 亿美元的净资金流入，第二季变成 62 亿美元的净资金外流；马来西亚、泰国、韩国、印尼与菲律宾于 1996 年共获得 478 亿美元的资金净流入，1997 年却变成 300 亿美元的资金净流出。自 1997 年初起，东南亚地区特别是泰国的泰铢受国际投机者的攻击，泰铢不断走软，最终不得不放弃固定汇率制，造成泰铢狂跌。接着菲律宾、马来西亚和印度尼西亚三国的货币也狂跌。东南亚国家货币贬值影响到它们的股市，大多数东盟国家的股票市值至 10 月底都下跌了 20%以上。1997 年第三季度台湾和香港的金融市场也被攻击。香港特别行政区政府迅速采取了有力的调控措施，成功地捍卫了港元联系汇率制。但香港股市却付出了巨大的代价，从 16800 多点跌至 9000 点左右。

2. 危机蔓延至东北亚、俄国和巴西

从 10 月底起韩元持续下跌，股市跌幅也超过 40%。在金融危机中，韩国的大企业纷纷遭殃，又连累了一大批为其生产配套设备的中小企业。企业的大量倒闭使韩国银行呆账和坏账剧增，信誉大幅度下降，几乎已不可能到国际市场上融资了，到期应偿还的外债却越来越多。东南亚和韩国的金融风暴很快刮到了日本，使原本就不景气的日本经济愈益恶化。1998年上半年,金融危机给东亚经济造成的巨大杀伤力不断显现,大多数东亚国家的经济跌入谷底。尽管各国的货币都已大幅度贬值,但出口仍呈下降趋势。内外投资也呈持续减少的态势:在国内,由于金融危机造成高利率和货币贬值,私人投资者极其谨慎;海外投资由于担心金融危机造成东亚地区投资环境的恶化,进入的数量锐减,而大量本地资金却因对本地区经济前景捉摸不定而逃逸。危机造成的另一个苦果是通货膨胀:1998年6月,菲律宾的通货膨胀率达10.7%,泰国6月份通胀率亦为10.7%,1998年5月一个月,印尼的通胀率就达5.24%。由于出口不振、投资乏力和大量企业破产、倒闭,失业已成为不少东亚国家严重的经济和社会问题。韩国1998年4月的失业率比一年前增加了一倍以上,1998年5月,菲律宾的失业率高达13.3%。

1998年8月,亚洲金融危机严重影响俄罗斯和巴西金融市场,导致两国汇市持续动荡和股市大泻。俄罗斯和巴西的金融动荡表明,亚洲金融危机已对世界金融市场产生破坏性影响。

(资料来源:搜狐读书频道)

5.3.3　国际资本流动对国际贸易的影响

国际资本流动对国际贸易的影响,主要表现在四个方面。

1. 国际资本流动对国际贸易规模的影响

国际资本流动对国际贸易规模的影响在理论界存在争议,比如关于国际直接投资和国际贸易的关系,经济学界就存在相互替代和相互促进等不太一致的观点。但从实践中看,国际资本流动促进了国际贸易规模的扩大。这主要体现在以下几个方面:第一次、第二次世界大战以来,国际直接投资催生了许多跨国公司,为了利用各国的比较优势,跨国公司在全球范围内安排生产,分布在不同国家的分支公司需要母国公司提供各种设备、中间产品及技术和服务,同时分支公司也会向母国或其他国家分支公司出口原材料、半成品或成品。这大大促进了国际贸易的商品流量。第二,某些国家采用出口信贷方式,使对外贷款(即资本输出)与购买本国的成套设备或某些产品相联系,从而达到带动本国产品的出口的目的。第三,资本输出国将国内不再具有比较优势的产业转移到其他国家,同时往往发展起效率更高的行业,而资本输入国在外资的帮助下增强了生产能力、提高了收入,双方的进出口能力最终都会因资本的输出和输入而提高。

2. 国际资本流动影响国际贸易格局

首先,国际资本流动改变了国际贸易的地理格局。从当代国际经济情况看,国际资本流动的方向也就是国际贸易的主要方向。20世纪50年代以前,国际资本主要由发达国家流向发展中国家,因此,那时发达国家与发展中国家之间的贸易在国际贸易中占主要地位。60年代以后,随着资本输出的主要对象转向发达国家和新兴市场经济国家,发达国家之间以及发达国家与新兴市场经济国家之间的贸易额也相应扩大，并占了全球贸易额的主要部分。

其次，国际资本流动也改变了国际贸易的商品结构。50年代中期以后，随着国际资本的流向由初级产品部门转向制造业和服务业部分，工业制成品贸易和服务贸易在国际贸易中的份额日益上升，而初级产品贸易的比重不断下降。与此同时，随着国际直接投资的发展，世界上出现了很多跨国公司，跨国公司以及各子公司之间内部贸易的商品主要是零部件等中间产品，使得中间产品在国际贸易中的比重上升。此外，随着发展中国家纷纷引进外资发展自己的工业，发展中国家出口产品中工业制成品的比重也在不断上升，而初级产品出口比例在下降，这也使得全球国际贸易中初级产品贸易所占比重下降。

3. 国际资本流动带来了新的贸易方式

传统的国际贸易主要由中间商充当国际贸易的媒介，专业性的进出口贸易公司在国际贸易中发挥了很重要的作用。随着国际直接投资和跨国公司的发展，越来越多的国际贸易转变成跨国公司的内部贸易，这使得贸易中间商、代理商的地位相对下降。同时，由于跨国公司内部贸易的商品大多数是中间产品，这使得产业内贸易成为国际贸易的重要形式。

20世纪60～70年代国际资本流动促进了生产的国际化分工，为了充分利用各国的比较优势，加工贸易、补偿贸易、国际分包合同和国际租赁贸易等新的贸易方式出现了；90年代以后又陆续产生了制造业外包、服务业外包等新的贸易方式。这些贸易方式的出现促进了各国之间的生产分工和合作，同时也大大促进了国际贸易的发展。

4. 国际资本流动促进了贸易自由化

国际资本流动是推动当今国际贸易自由化的一个重要力量。这是因为它促进了生产的国际化程度的提高，加强了各国之间的经济联系，为了更加充分的利用国际资本，各国倾向于实行更加开放的经济政策。特别是，跨国公司对外直接投资实行全球化经营，要在全球范围内调动资源、安排生产和销售，以获取投资收益最大化；而这只有在自由贸易的条件下才能实现，因此跨国公司出于自身利益成为自由贸易的重要推动力量。它们进行国际投资时往往会考虑到被投资国的贸易和投资自由贸易程度，而各国为了吸引这些公司来本国投资发展本国经济，会放松对贸易的干预和控制，以改善投资环境。此外，国际直接投资绕过贸易壁垒进入东道国，使关税、配额等关税和非关税措施在一定程度上失去效力，从而客观上起到打破贸易保护的效果。

本章小结

国际资本流动是指资本从一个国家或地区转移到另一个国家或地区。资本国际流动的历史与中世纪晚期银行业的出现一样年代久远，其发展过程可以划分为五个重要的阶段，每一个阶段都有其各自的特点。当前国际资本流动的特点表现为：国际资本流动规模迅速扩张，流动速度明显加快；国际资本流动的部门结构发生重大变化；国际投资证券化的趋势增加；国际短期投机资本流动大量增加，游资泛滥；发展中国家逐渐成为国际资本流动新的力量，但主导地位仍属发达国家。

国际资本流动有多种不同的表现形式。按照国际资本流动的周期,它可以分为长期资本流动和短期资本流动。长期资本流动是指使用期限在一年以上,或者规定使用期限的资本流动;它主要包括国际直接投资、国际证券投资和国际贷款三种类型。短期国际资本流动是指期限为一年或一年以内或即期支付资本的流入与流出;它主要分为贸易资本流动、银行资金调拨、保值性资本流动和投资性资本流动等。按照国际资本流动的方式来考察,国际资本流动可以分为国际直接投资和国际间接投资两种。国际间接投资又包括国际证券投资和国际贷款两种形式。如果从国际资本流动的性质方面来考察,国际资本流动分为官方资本流动和私人资本流动两种形式。

国际资本流动的原因很多,主要包括过剩资本的形成或国际收支大量顺差、利用外资策略的实施、利润的驱动、汇率的变化、通货膨胀、政治经济及战争风险的存在、国际炒家的恶性投机等。国际资本流动对世界经济有重要影响。长期资本流动促使全球利润最大化的形成、加速世界经济的国际化、加深了货币信用国际化;国际贸易中买卖双方或银行提供的短期资金融通有利于国际贸易的顺利进行,但国际游资的攻击也会引起国际金融市场的动荡。国际资本流动对国际贸易的规模、国际贸易地理格局和商品结构、国际贸易方式和国际贸易自由化都有重要的影响。

基 本 概 念

国际资本流动　长期资本流动　短期资本流动　国际直接投资　国际证券投资　国际贷款　投机性资本流动　银行资金调拨　贸易资本流动　保值性资本流动　恶性投机

复习思考题

一、单选题

1. 投资者直接参与投资企业经营管理的投资方式是(　　)。
   A. 信贷投资　B. 证券投资　C. 间接投资　D. 直接投资
2. 当今吸收国际资本流动最多的国家是(　　)。
   A. 发达国家　B. 发展中国家　C. 日本　D. 经济转型国家
3. 目前国际资本流动的产业偏向为(　　)。
   A. 只是高新科技产业　B. 制造业
   C. 传统产业　D. 高新技术和服务产业
4. 由国际贸易的短期资金融通和结算所发生的短期资本流动,是(　　)。
   A. 短期证券投资　B. 短期贷款　C. 投机性资本流动　D. 贸易性资本流动
5. 当前流向发展中国家的资金,主要来自(　　)。
   A. 私人资本　B. 官方资本　C. 投机资本　D. 贸易性资本
6. 收购外国企业的股权达到一定比例以上称为(　　)。
   A. 直接投资　B. 证券投资　C. 债券投资　D. 间接投资

7. 外国居民在英国发行的美元债券称为(　　)。

A. 扬基债券　B. 牛头狗债券　C. 武士债券　D. 欧洲债券

8. 用国际市场上汇率、利率及黄金、证券等价格波动，通过低进高出或通过买空卖空等方式而获取短期收益的资金流动称为(　　)。

A. 保值性资本流动　B. 投机性资本流动美元

C. 贸易资本流动　D. 银行资金调拨

9. 某国通货膨胀严重，该国居民为避免损失将国内存款转移到国外，这种短期资本流动属于(　　)。

A. 银行资金调拨　B. 国际贷款　C. 投机性资本流动　D. 保值性资本流动

10. 如果一个国家货币汇率持续上升，会导致国际资本(　　)。

A. 流入该国　B. 流出该国　C. 在国内流动　D. 没有变化

二、多选题

1. 下列属于国际资本流动的是(　　)。

A. 购买外国股票　B. 向国外出口商支付货款　C. 向国际货币基金组织贷款

D. 收购国外企业　E. 向外国股东支付股息

2. 国际长期资本流动包括(　　)。

A. 直接投资　B. 证券投资　C. 国际贷款

D. 贸易性资本流动　E. 投机性资本流动

3. 国际贷款的种类有(　　)。

A. 政府贷款　B. 国际金融机构贷款　C. 国际银行贷款

D. 出口信贷　E. 保值性资本流动

4. 按资本流动的原因不同，短期资本流动的类型有(　　)。

A. 贸易性资本流动　B. 保值性资本流动　C. 银行资金调拨

D. 投机性资本流动　E. 证券投资

5. 下列属于国际证券投资特征的是(　　)。

A. 投资者是为了获得利息、股息和证券买卖的价差收入

B. 所投资的证券在国际市场上发行，构成发行国的对外债务

C. 所投资的证券可以随时买卖或转让，具有很强的流动性

D. 投资者在国外拥有企业实体

E. 拥有对发行企业的管理权

6. 下列属于国际直接投资特征的是(　　)。

A. 既有货币投资形式又有实物投资形式

B. 不能进行专利、商标、咨询服务等无形资产的投资

C. 拥有对发行企业的管理权

D. 投资具有很强的流动性

E. 投资者在国外拥有企业实体

7. 国际直接投资的方式有(　　)。

A. 设立独资企业　B. 设立合资企业

C. 收购外国企业　D. 以投资所获利润进行再投资

E. 对外进行借贷

8. 下列属于国际直接投资的是(　　)。

A. 购买外国债券　B. 向国外出口商支付货款

C. 向国际货币基金组织贷款　D. 收购国外企业

E. 向外国股东支付股息

9. 对外间接投资的方式有(　　)。

A. 开办合资企业　B. 开办独资企业　C. 购买国际债券

D. 借贷资本输出　E. 进行国际股票投资

10. 国际贷款中具有援助性质的贷款方式是(　　)。

A. 国际金融机构贷款　B. 出口信贷　C. 国际银行信贷

D. 政府贷款　E. 银行资金调拨

三、判断题

1. 证券投资属于直接投资,投资者对投资企业有经营管理的直接控制权。(　　)
2. 当资本从国外流入本国时,它意味着本国对外国的负债增加。(　　)
3. 政府信贷的利率较低,期限较长,带有援助性质。(　　)
4. 长期资本输出仅包括货币资本输出。(　　)
5. 投机性是短期投机资本的一个显著特点。(　　)
6. 购买外国股票属于国际直接投资。(　　)
7. 国际资本流动能够改变国际贸易的商品结构。(　　)
8. 国际间接投资包括国际证券投资和国际贷款两种形式。(　　)
9. 长期资本流动是指使用期限在一年以上,或者规定使用期限的资本流动。(　　)
10. 短期投机资本的流动有可能导致金融危机。(　　)

四、简答题

1. 简述国际资本流动的发展历程。
2. 国际短期资本流动的方式有哪些?
3. 简述国际长期资本流动对世界经济的影响。

五、论述题

1. 试述当前国际资本流动的特点。
2. 试述国际资本流动的原因。
3. 试述国际资本流动对国际贸易的影响。

六、案例分析

据海关的统计,2002年我国外商投资企业进出口达到3302.3亿美元,比上年增长27.5%,高出全国外贸增长5.7个百分点。外商投资企业占全国外贸进出口总额的比例达到创纪录的53.1%。2012年,外商投资企业出口10227.5亿美元,占我国外贸出口总值的49.9%;进口8712.5亿美元,占我外国贸进口总值的47.9%。

据商务部统计,2005年我国加工贸易方式出口额为4164.8亿美元,约占出口总量的

54.6%,同比增长27%。2000～2004年间,加工贸易方式出口所占比重年均55.1%。加工贸易之所以在我国发展迅猛,并在出口中占有很大的比重,与我国存在着大量的劳动密集型、中小型外资制造企业有着密切的联系。珠三角地区引进的劳动密集型制造业外资项目主要从事加工和组装生产。据有关报道,香港企业在广东投资的近20万家生产企业均以来料加工为主。

与加工贸易密切相关的是贴牌生产方式(OEM)。据报道,长三角地区专业从事OEM的企业达千余家,而家电企业OEM生产占全国的比重高达75%。据不完全统计,目前全球500强的家电企业中,近95%的企业都曾与我国家电企业合作,以贴牌方式生产空调、洗衣机、冰箱等家用电器。我国加工贸易进出口中,外商独资、合资企业占85%,其中90%是贴牌生产。数码相机等产品的贴牌生产比例高达98%。

请根据上述资料,结合所学知识,分析外商投资对我国对外贸易的影响。

第6章 跨国公司

学习目标

1. 掌握跨国公司的基本概念与特征；
2. 认识跨国公司的主要经营策略；
3. 了解跨国公司对国际贸易的影响。

6.1 跨国公司概述

6.1.1 跨国公司的概念

跨国公司(Transnational Corporation)是指通过对外直接投资方式,在国外设立分公司和控制东道国当地企业,使之成为其子公司,并从事生产、销售和其他经营活动的国际性企业。跨国公司由母公司和分布在各国的一定数量的子公司组成,跨国公司的来源国称为母国,子公司所在国称为东道国。母公司是在本国政府法律注册登记的法人实体,子公司受母公司的领导,子公司的所有权由母公司掌握,并服从母公司的全球策略。子公司的高级管理人员由母公司任命,一般的管理人员子公司可自行任命,子公司的管理机构要定期向母公司报告其计划完成和经营活动的情况。

跨国公司是一种复杂的国际组织,其活动涉及不同国家的政治、经济、法律乃至文化等多个方面,在不同的环境下呈现出不同的特征要求。一般说来,跨国公司应具备以下三个要素:第一,跨国公司是指一个工商企业,包括设在两个或两个以上国家的实体,而不论这些实体采取何种法律形式经营,也不论其在哪一个经济领域经营;第二,这种企业必须有一个中央决策体系,具有共同的政策,这些政策能反映出企业的全球战略目标和战略部署;第三,组成企业的各个实体通过股权或其他方式形成特殊联系,其中的一个或几个实体有可能对别的实体施加重大影响,特别是可同其他的实体分享知识、资源和分担责任。

跨国公司的活动有相当大的部分是在母公司与子公司之间进行的。体现跨国公司主流的是那些财力雄厚、规模庞大、拥有先进技术和独特管理技能的大公司。它们在世界经济中构成一股强大的势力,从而在一定程度上左右着世界经济乃至各国的发展。

6.1.2 跨国公司的特征

1. 实行全球战略

跨国公司是以整个国际市场利益的最大化为追逐目标，而不考虑局部利益的得失。跨国公司母公司在制定每一项重大决策时，总是只从大局出发，而不考虑某子公司一时一地的得失；母公司在评价子公司的业绩时，主要考察其对母公司的贡献程度，而不是其自身盈利的多寡。这种战略目标是跨国公司区别于国内企业和其他经济组织的重要特征。因此，跨国公司的一切活动均从全球战略出发，有计划、有组织地在目标国家(地区)寻求生产要素最佳配置，安排专业化生产和定向销售专有商品，以最大限度地获得垂直分工和水平分工效益及规模效益。因此，跨国公司的发展使得许多商品的生产和销售具有全球性。从公司管理结构看，跨国公司所属的各分支机构均由母公司管理，无论是市场进入，还是生产和经营决策，均以全球为基础，以公司总体效益最大化和全球资源协调配置为出发点。

2. 经济规模庞大

跨国公司是国际行业垄断组织，历来以盈利和占领市场为目的。通过全球经营获得规模经济和垄断利益，因而大都具有明显的垄断性和排他性，在许多国家相应产业部门占据垄断地位。一些巨型的跨国公司的销售额相当于一些中等国家的国民生产总值。随着跨国公司经营规模的日益庞大，其经济实力也不断增强，跨国公司对世界经济的影响力也在不断加强。将现在的主权国家与跨国公司的经济实力进行比较，可以发现，大多数发展中国家的经济实力比某些大型的跨国公司弱。

3. 经营策略灵活多样

早期的跨国公司多为专业公司，但随着国际市场环境的变化，如竞争日趋激烈，消费者的需求越来越多样，需求变化越来越迅速，跨国公司为了在激烈的市场竞争中占有一席之地，并适应市场环境变化而向多元化方向发展。多元化经营是指母公司、子公司生产不同种类的产品，形成多种产品的综合经营体系。多元化经营可以增强公司总体经济潜力，确保公司内部流通渠道的畅通，防止过剩的资本形成；有利于公司全球目标的实现；有利于资金的合理分配与流动，从而提高各种生产要素及辅产品的利用率；有利于分散公司的风险，从而稳定企业的利润；有利于充分发挥生产余力，延长产品的生命周期，从而增加公司的利润；有利于节约共同费用，增强公司的机动性。多元化企业的增长速度和多元化的增长速度都很快。从目前来看，除了极少数跨国公司外，绝大多数跨国公司几乎都实现了多元化。

4. 价格转移机制机动灵活

为了避免由于外部市场的不确定性而导致公司经营成本的增加和生产效率的降低，跨国公司往往具有较强烈的建立内部化市场以取代外部市场的倾向。跨国公司通过内部纵横联合，实行价格转移，从躲避东道国的税收管理中获得超额利润。这表现在研究与开发活动及科技成果转让的内部化，以及商品贸易、资本移动等多方面的内部化上。从技术转让来看，跨国公司转移到国外的技术，主要是流向其拥有多数或全部股权的国外子公司。

6.1.3 跨国公司迅速发展的原因

1. 资本的高度集中垄断和资本过剩

第二次世界大战后，主要资本主义国家出现过多次大规模的企业兼并高潮，使其生产和资本的集中达到新的程度，大的垄断性企业迅速增加。这些大的垄断企业积聚了巨额的资本，在国内市场饱和后，必然产生大规模对外直接投资的动机，并有条件付诸实施。不同国家的垄断企业在全球范围内争夺有利的投资场所，争夺稀缺的生产要素，以谋求垄断高额利润。正是在其向外扩张中，这些垄断企业变成了国际性垄断组织。

2. 科学技术革命引起国际分工的巨大变化

第三次科技革命以原子能科学、电子计算机、空间技术、生物工程等高新技术发展为特征，带来许许多多的新材料、新能源、新工艺、新通信手段和新的产业部门，引起了国际分工的巨大变化。这次科技革命在速度、深度和广度上，以及对社会经济生活的影响都远远超过了前两次科技革命。社会生产力的发展导致一系列新兴工业部门出现，发达国家的经济发展日益受到资源和市场的约束，企业为了保证资源供应，维持旧市场，开拓新市场，大举向海外投资。同时，由于各国科学技术发展的不平衡，任何一个国家的大企业都不可能垄断全部最新技术成果，也不可能垄断最新产品和销售市场，这就为那些掌握了某项先进技术和某个生产部门的大公司进入其他国家进行直接投资提供了必要和可能。此外，交通通信工具的改进，为跨国公司的国际化生产经营提供了物质条件，直接促进了跨国公司的发展。

3. 主要发达国家对国际市场的激烈争夺

主要发达国家为了扩大市场份额，一方面竭力扩大海外销售，另一方面又设置各种关税和非关税壁垒限制其他国家商品的进入。在这种条件下，发达国家的跨国公司以直接投资的方式，进入出口受阻的国家和地区，就地生产，就地销售，绕开了对方的贸易壁垒，实现了对市场的占领。

4. 国家垄断资本主义的支持和鼓励

各国相继实行对外资开放的政策，以改善国内投资环境，也成为促进跨国公司迅速发展的一个原因。各种类型的国家倾向奉行开放政策，为跨国公司迅速发展提供了宽松的投资环境。发展中国家近年来的趋势表明，他们对跨国公司实行较大程度的自由化政策，并在执行管制时具有灵活性，各类国家对待外国投资的政策都有不同程度的放松。第二次世界大战后，各国政府制定各种政策措施，为跨国公司的海外投资活动提供了有利条件。首先，政府通过与他国签订避免双重课税协定、投资安全保证协定来减轻跨国公司的纳税负担，保证跨国公司海外投资的安全；通过与他国缔结贸易条约，使本国企业在缔约国尽可能享受国民待遇。其次,政府通过设立专门银行向跨国公司提供各种优惠贷款和参股贷款,为公司海外扩张提供资金;为跨国公司提供财政和税收优惠,资助其研究与开发活动,以提高其产品的竞争力。再次,政府还动用自身的力量为跨国公司的海外投资创造条件,最为突出的是美国。二战后,美国执行帮助欧洲经济复兴的马歇尔计划,其附加条件就是要求受援国实行资产非国有化,允许外资进入。

5. 跨国银行的发展

二战后跨国银行的迅速发展对跨国公司的发展起着推动作用。一是跨国银行通过投资和参股,使其本身成为跨国公司;二是跨国银行运用自己庞大的金融资产和遍及全世界的信贷网络,为各类跨国公司的发展提供资金支持。

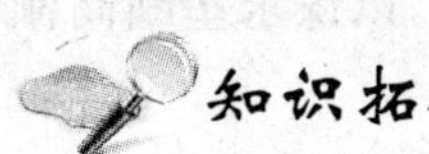

知识拓展 6.1

跨国公司与国内公司相比较的特点

跨国公司的一个最明显要素是"跨国界交易"。这就是说,跨国公司的一切交易都会涉及国家主权。换句话说,跨国公司就是要在一个主权国家对汇率、政治、文化、法规、语言的相对影响下进行一切交易。由此可以看出,跨国公司有两个特点:一是会受到多方面外在因素的影响;二是现金往来要涉及多种汇率。

(1) 多种外在因素

跨国界交易涉及的最大问题是主权问题。一个国家的主权体现在对法定领土内的事件施加影响的权威上。主权国的抉择相对而言不受外来因素的左右。国家权威一般体现在法律、法制机关、政府机关、行为规范、文化等方面。因此,跨国公司也要受到这些外在因素的影响。

跨国公司地域分散,会遇到不同的国家环境。同国内企业相比,这个方面还只是程度上的差异,而不是根本性质的不同。布点位置分散,地理范围广大,固然给跨国公司带来了通信和协调方面的困难,但这种困难并非跨国公司所独有。在一个主权国家内的许多大型国内公司也面临这种困难。而且,有时在主权国家之间进行协调和通信并不比在一国之内进行协调和通信更难,甚至会更容易一些。例如,在美国和加拿大两国间进行交易的跨国公司遇到的通信问题,也许还没有印度这样的大国的国内公司遇到的多。国家环境问题也是这样。不同的国家环境确实不同,但在一国之内,不同地区在法律、机构和行为规范方面也有差异,只是差异的程度没有国与国之间大。例如,美国的东部和西部,南部和北部都有不少文化差异,但毕竟比不同国家间的文化差异小得多。从上述看来,跨国公司遇到环境问题比国内公司复杂得多,但是归根到底还只是程度上的差异,并非性质上的不同。

同国内企业相比,跨国公司遇到的另外一个问题就有本质上的差别了。国内公司虽然也受到各种外在因素的影响,一国之内的不同地区虽然也有差别,但是既然在一国之内,总有总管一切、普遍适用的标准框架存在,一旦问题发生可以引用它来加以解决。国内公司可以用这种框架作为决策和施政的准则。跨国公司则不同,它在决策和经营中没有普遍适用的法律、文化、政治机制可以依赖。由于国与国环境不同,一旦出现矛盾便很难解决,即使找到解决方法,也会由于主权不容侵犯的原因,很难去执行,只有在各方达成共同协议的情况下,方有真正解决的希望。另一个经常发生的问题是"多国破产"问题,一家跨国公司因经营不善而破产,其资产和负债在各国分布不均,譬如说其资产大部分在母国,债务大多在外国,这时谁应该得到偿付,根据什么来定偿付的顺序。这些问题无法回答,因为各国的有关破产和清偿债务的法规差异很远。国际商业信贷银行倒闭就发生了这种情况,数年得不到解决。随着跨国商贸活动的日益频繁,这类问题将呈现越来越严重的趋势。

(2) 涉及多种汇率

跨国公司的第二大特点是现金往来涉及不同的汇率,它产生了三种影响:第一是换算问题,必须对不同的货币间的交易额进行换算;第二是保值问题,必须预测将来汇率的变化,控制公司的现金流动;第三是效益问题,预料不到的汇率变化,会影响多国公司的竞争能力。

换算问题和保值问题同地域分布及各国环境相像,给各跨国公司带来的困难也只是比国内公司大一些,并无根本差别。货币换算问题从理论上讲,大体和国内公司面临的通货膨胀核算相像。期货交易及有关套期保值办法也与国内公司根据市场情况而采取的保值措施差不多。

(资料来源:薛荣久.国际贸易[M].北京:对外经济贸易大学出版社,2008.)

6.2 跨国公司的经营策略

6.2.1 扩大公司内部贸易

公司内部贸易是指跨国公司内部进行的产品、原材料、零部件、技术与服务的贸易活动。跨国公司内部贸易采用内部转移价格。所谓内部转移价格是指跨国公司根据全球战略目标,在母公司和子公司之间、子公司和子公司之间交换商品和劳务的交易价格。这种价格不按照生产成本和正常的营业利润和国际市场价格水平来定价,而是按照子公司所在国的具体情况和母公司的全球性经营策略,人为地加以确定。

跨国公司内部转移价格通常不受市场供求关系的影响,主要是服从跨国公司全球经营战略的需要,如今它已成为跨国公司弥补外部市场结构性和效益性缺陷的重要措施。跨国公司内部转移价格的具体做法有:通过调整半成品和零部件的进出口价格和折旧期限,以影响子公司的产品成本和费用;通过对子公司收取技术转让、专利授权、管理咨询、商标使用等的劳务费,以调整子公司的成本和利润;通过内部借贷关系及其利率高低来调节子公司的产品成本和利润;通过支付和索取较高和较低的佣金和折扣来影响子公司的销售收入;在母公司和子公司之间人为地制造呆账、坏账、损失赔偿等,来增加子公司的费用支出。

跨国公司实行内部转移价格可带来如下的效益:

第一,减轻纳税负担。在母公司、子公司所在地税率不同的情况下,采取转移价格可以将利润从高税率国家转移到低税率国家,在总体上降低跨国公司的税负。跨国公司还可以利用避税来降低税负。高关税税率国家的子公司,进口产品时压低价格;低关税税率国家的子公司,进口产品时抬高价格,以降低跨国公司的总关税率。

第二,提高国际竞争力。通过较低的内部转移价供给子公司产品,降低其生产成本,提高其产品的竞争力。

第三,避免汇率风险。利用转移价格,推迟和提前付款,规避汇率风险,通过抬高转移价格,转移利润,逃避外汇管制。

第四,加速资金周转。通过内部转移价格使资金迅速在公司之间流动,实现资金的自由调拨,提高资金使用效率。

6.2.2 实行限制性商业做法

跨国公司凭借其经济实力和垄断地位,在国际贸易中广泛采用限制性商业惯例,打击局外企业。加强在国外市场的垄断和竞争,保证谋取垄断利润。

限制性商业惯例(Restrictive Business Practice,RPB)又称限制性商业做法。1980 年 4 月联合国贸易与发展会议达成的《管制限制性商业惯例多边协议的公平原则和规则》,对“限制性商业惯例”所下的定义为:“凡是企业具有下述的行为和行动,即通过滥用或谋取滥用市场力量的支配地位,以限制进入市场或以其他方式不适当地限制竞争,从而对国际贸易,特别是发展中国家的国际贸易及其经济发展造成或可能造成不利影响;或通过企业之间正式的或非正式的、书面的或非书面的协议或安排,造成同样的影响的都称为限制性惯例。”

限制性商业惯例在国际技术转让中采用得比较多。在大多数情况下,跨国公司无论在实现技术转让的内循环,即向子公司转让技术,还是向局外企业转让技术,其技术转让合同中一般都包含这样或那样的限制性规定或条款,如限购条款、搭售条款、市场限定条款、技术反馈条款等。这些条款都在很大程度上限制了公平竞争,加强了跨国公司的垄断地位。

6.2.3 及时调整投资方向

随着经济全球化的加速和知识、服务经济时代的到来,跨国公司加强了对投资方向的调整。跨国公司的国际直接投资从寻求自然资源或廉价劳动力为导向的投资转向以寻求知识创新(研发)和服务为导向的投资。

在产业分布上,知识密集型产业如信息技术产品、生化、医药等,服务业中的电信、软件开发、金融、保险、会计事务、管理咨询、广告等逐渐成为跨国公司投资的热点。

在区位选择上,跨国公司日益选择能提供优秀人才和具备知识创新潜力的地区进行投资,创造了更多的科技园区。全世界建立的比较规范的科技园区已超过一万个。

建立风险投资机制,促进高新技术产业化。跨国公司在美国已建立四千多家风险投资公司,居世界首位,每年为一万多家科技企业提供资金支持。

跨国公司日益重视公司体系内部全球范围内的人力资源的开发和培训,重视员工的终身教育和终身培训,使整个企业组织成为学习研究型的创新企业。

逐步加大研究与开发(R&D)的投资比重,使跨国公司海外R&D机构增多,海外R&D支出呈现不断上升的趋势。

6.2.4 建立公司战略联盟

20世纪90年代以来,跨国公司的发展出现了跨国公司联盟的新趋势,实行国内公司集团化,国际市场竞争联合化。国际市场竞争联合化可以分担研究与开发费用,分散投资风险,共同开拓市场。跨国公司联盟的形式主要有以下两类:

第一,若干个势均力敌的大跨国公司相互结盟。通过发挥各自的优势形成互补关系,共同研究和开发新技术和新产品,从单项合作发展到航空、航天、电子、汽车多部门,从生产到销售的多环节合作。如国际商用机器公司建立了40多个伙伴公司。跨国公司联合方式的最新发展是国际性战略联合,它是两个国家以上的跨国公司围绕共同的战略目标而建立起的互相补充、互相衔接、共同开发、共担风险、共享收益的合作关系。这种战略联盟多出现在重大的新技术、新工艺、新产品、新市场、新资源的研制与开发、应用和开拓市场的联合方面。

第二,发展跨国公司群。由一家大的跨国公司和一批中小跨国公司组成跨国集团,通过合资企业、分包合同、销售协议、生产协作、技术转让等多种方式联合在一起,发挥各自最具优势的方面,提高整体竞争力。在世界150多家大型跨国公司中,以不同形式结成战略联盟的高达90%。

6.2.5 多种经营

跨国公司为了增强竞争能力,在很大程度上通过企业兼并的方式,从外销来扩大资本实力。企业兼并的方式有横向兼并,即同行企业的兼并;有纵向兼并,即同一生产过程前后企业的兼并。跨国并购金额从1990年的1510亿美元增加到2003年的2970亿美元。

20世纪80年代以来,跨国公司更多地采用混合兼并,即跨行业兼并的办法来扩大多种经营。这种兼并使跨国公司日益向综合多种经营方向发展。多种经营给跨国公司带来的益处包括:可增强垄断企业的经济潜力;有利于资金合理流动与分配,提高各种生产要素和副产品的利用率;便于分散风险,稳定企业的经济收益;可以充分利用企业的生产余力,节省共同费用,增加利润收入。

6.2.6 “本土化”策略

“本土化”战略的主要内容包括:外籍管理人员本土化;人才开发本土化;零部件生产本土化;产品销售本土化;研究开发本土化;营运管理本土化。“本土化”战略在一定程度上迎

四、简答题

1. 跨国公司的特征是什么？
2. 跨国公司的母公司、子公司和分公司之间的相同点和不同点分别是什么？
3. 跨国公司对世界经济和国际贸易的发展有哪些影响？

五、论述题

1. 分析跨国公司迅速发展的原因。
2. 跨国公司的跨国程度越高越好吗？为什么？
3. 跨国公司开展研发国际化的主要动因是什么？

六、案例分析

百年跨国公司中国生存

艾欧(A.O.)史密斯公司是一家有着128年历史的美国公司，其热水器生产有60年历史，位列美国制造业500强。在20世纪50年代即成为全美热水器行业最大制造商之一。

1998年，对全球最庞大市场的觊觎使艾欧史密斯公司不远万里来到中国。在南京成立了艾欧史密斯热水器(中国)有限公司。在东西方文化的激烈碰撞下，他们小心翼翼地开始了新的跋涉。面对一个陌生而且特别神秘的国度，艾欧史密斯有自信的理由：他们能做全世界最好的热水器，有上百年历史的品牌，而追求美好幸福的生活质量应该是全人类的共同愿望，中国人应该也会追求"最好的产品"。

成也萧何，败也萧何，单纯对技术和质量的笃信却使艾欧史密斯公司在中国市场陷入了尴尬。按自己的方式潜心修炼好内功后，艾欧史密斯热水器在技术进步、质量保证方面已经无可挑剔，但市场是检验企业的标准，尽管在行业内已具备了极好的口碑，但这种口碑太沉重，使艾欧史密斯在中国走得步履艰难。

历史的惯性常常成为桎梏。在美国，热水器是作为暖通设备由房地产开发商配备，其品质与技术都会有极专业的考核，这使处于质量和技术顶端的艾欧史密斯公司如鱼得水，屹立百年而不倒，其追求"一种更好的方式"的经营理念也成为一种美谈；而在中国，热水器是一种家用电器，需要向每一个消费者进行诉说，"好酒也怕巷子深"，行业内无可比拟的至尊地位并不代表一定会被消费者认同。面对改革开放后骤然扑面而来的各种琳琅满目、良莠不齐的产品，要中国消费者要自动、理智地选择"最好的商品"无疑是一种梦想。

温凉的市场反应让艾欧史密斯公司倍感困惑："在中国，我们知道怎么做最好的热水器，但不知道怎么卖热水器！"正是执著于对产品技术和质量的不断改进，使艾欧史密斯公司不得不面对产品与市场的两难。

概念炒作是中国市场的一大特色，市场中太多说不清道不明的"竞争策略"让艾欧史密斯公司无暇应对。至于回扣、返点之类，更是艾欧史密斯不懂的"精招"。

中国市场让"专业制造商"出身的跨国巨头感到深深的无奈。他无法摆脱专业制造公司的严谨作风，为适应中国"国情"，艾欧史密斯公司每年从销售额中提取数百万元专款用于广告宣传。让他们吃惊的是，文章也发了，重点市场的广告也打了，但在权威媒体的广告监测报告上竟然看不到一点踪影！

与此同时，艾欧史密斯公司开始利用自己资金、管理优势进行扩张，新近并购了深圳一家电机厂,为未来的大发展继续夯实基础。而这种墨浸宣纸式的扩张战略开始初见成效。在南京,艾欧史密斯热水器市场占有率达到了50%以上;上海达到20%;在北京、沈阳、贵阳等市,这个数字也达到了10%以上。

他们相信:中国市场的不成熟是短期现象,经历了太多信息轰炸和假冒伪劣袭击的消费者最终还会趋于成熟与理性,返璞归真回到产品本身。市场最终也会选择优良的产品和有强大抗风险能力的企业。

要求根据上述案例,结合所学跨国公司的有关内容,分析一下跨国公司的经营战略问题。

第7章 国际贸易政策

学习目标

1. 了解对外贸易政策制定的依据；
2. 熟悉国际贸易政策的类型；
3. 掌握各种贸易政策的理论基础。

7.1 对外贸易政策概述

7.1.1 对外贸易政策的含义、目的和构成

1. 对外贸易政策的含义

对外贸易政策是一国政府在其社会经济发展战略的总目标下，运用经济、法律和行政手段，对对外贸易活动进行管理和调节的行为。它体现一国对外经济和政治关系的总政策，属上层建筑的一部分。对外，它服务于一国的对外经济和政治的总政策；对内，它为发展经济服务，并随着国内外的经济基础和政治关系的变化而变化。

2. 对外贸易政策的目的

尽管世界上各个国家的社会制度有异，经济发展水平不同，但对外贸易政策都是国内经济政策的延伸，与国内经济政策有着不可分割的内在联系。应该指出的是，一国的外贸政策，都是以本国本民族的利益为基点，而不是全世界的福利。在这个相互依赖不断加深的世界上，民族利益仍高于一切。一般来说，一国的外贸政策的目的在于：保护本国的市场；扩大本国产品的出口市场；促进本国产业结构的改善；积累资本或资金；维护本国对外的经济、政治关系。

3. 对外贸易政策的构成

对外贸易政策是指一定时期内一国对进口贸易和出口贸易所实行的政策。一般来说，外贸政策主要包括三个方面的内容：首先是对外贸易的总政策，即一国在总体上采取的是相对自由的贸易政策还是保护贸易政策，对外贸易总政策通常与一国的经济发展战略相联系，

通常会在一个较长的时期内加以贯彻；其次是商品进出口政策，比如有意识地扶植某些出口部门，或暂时限制某些种类商品的输入等，一国的商品进出口政策通常与该国的产业发展政策有关；再次是有关国别贸易的政策，即一国根据有关国际经济格局及政治社会关系等，对不同的地区或国家制定不同的政策。当然，在现实经济生活中，上述三个方面是相互交织在一起的。比如，商品的进出口政策总是离不开对外贸易总政策的指导，而外贸总政策又不是纯粹抽象的东西，应通过具体的商品进出口政策来体现。

7.1.2　对外贸易政策的类型和演变

1. 对外贸易政策的类型

从对外贸易实践看，对外贸易政策可分为两种基本形式，即自由贸易政策和保护贸易政策。

(1) 自由贸易政策

自由贸易政策是指政府取消对进出口贸易的限制，不对本国商品和服务的进出口商提供各种特权和优待，力图消除各种贸易障碍，使商品和服务能够自由地输出和输入，在世界市场上实行自由竞争与合作，从而使资源得到最合理配置。自由贸易政策实质上是“不干预政策”。但迄今为止，自由贸易政策都是相对意义上的，还没有纯粹的自由贸易政策。通常经济贸易竞争力强的国家崇尚自由贸易政策。

(2) 保护贸易政策

保护贸易政策是指政府采取各种措施限制商品和服务的进口，以保护本国的产业和市场不受或少受外国的竞争。同时，政府对本国商品和服务的出口实行补贴和各种优待，以鼓励出口。保护贸易政策以增进本国本民族利益为目的，其实就是“奖出限入”。通常经济贸易竞争力弱的国家推行保护贸易政策。

需要指出的是，一国实行自由贸易政策，并不意味着完全的自由。西方发达国家在标榜自由贸易的时候，总是或明或暗地对某些产业进行保护。自由贸易口号往往成为一种进攻的武器，即要求别国能够实行自由贸易。一般来说，只有贸易双方都同意开放市场，自由贸易政策才会付诸实施。另一方面，实行保护贸易政策并不意味着完全封闭、不与别国开展贸易，而是对某些商品的保护程度高一些，对某些商品的保护程度低一些，在保护国内生产者的同时维持同世界市场的某种联系。一个国家究竟实行哪种形式的对外贸易政策是由国内和国外多种因素决定的，从根本上说，两种贸易政策都是为了更好地实现和扩大本国的利益。

2. 对外贸易政策的演变

在资本主义生产方式的准备时期，为了促进资本的原始积累，西欧各国广泛实行重商主义下的强制性的贸易保护政策，通过限制货币(贵重金属)流出和扩大贸易顺差的办法扩大货币的积累，以英国实行的最为彻底。

在资本主义自由竞争时期，资本主义生产方式占统治地位，世界经济进入了商品资本国际化的阶段。这时期对外贸易政策的基调是自由贸易，英国是带头实行自由贸易政策的国家。但由于各国经济发展水平不同,一些经济发展起步较晚的国家采取了保护贸易政策,如美国和德国。

在1929～1933年经济大危机的冲击下,自由贸易政策被首先倡导的英国放弃。第二次世界大战以后,随着世界经济的恢复与发展,贸易自由化政策成为发达国家起主导作用的贸易政策。广大发展中国家在走上政治独立后,为了发展民族经济,大部分实行贸易保护主义,小部分国家推行自由贸易政策。社会主义国家为了发展本国经济,也实行了国家统治下的贸易保护主义。随着1947年关贸总协定的生效和1995年WTO的建立,加上经济全球化进程的加快,贸易自由化成为世界各国贸易政策的主流。当代的自由贸易政策是指国家取消和减少对货物、服务贸易的限制和障碍,取消、减少和约束本国对货物、服务的各种特权和优惠,进行"开放、公平和无扭曲的竞争"。

20世纪70年代中期以后,在世界贸易自由化的同时,出现了新贸易保护主义,在上述背景下出现了管理贸易政策。这种政策的主要内容是:国家对内制定各种对外经济贸易法规和条例,加强对本国进出口贸易的管理,保证其有秩序地发展;对外通过协商,签订各种对外经济贸易协定,以协调和发展缔约国之间的经济贸易关系。

知识拓展7.1

对外贸易政策的制定与执行

1. 影响对外贸易政策制定的因素

对外贸易政策属于上层建筑,它既反映了经济基础和当权阶级的利益与要求,同时又反过来维护和促进了经济基础的发展。各国在制定贸易政策的过程中,通常要考虑到以下因素:政治和经济安全;经济结构和比较优势;产品的竞争能力;与别国经济和投资方面的合作;国内物价和就业状况;与他国的政治关系;本国在世界经济、贸易组织中享受的权利与承担的义务;领导人信奉的经济和贸易理论;政治和社会因素,如选民的支持程度,利益集团和社会阶层的集体行动和游说等。

2. 对外贸易政策的制定

各国对外贸易政策的制定与修改是由国家立法机构进行的。最高立法机关在制定和修改对外贸易政策及有关规章制度前,要征询各个经济集团的意见,如发达资本主义国家一般要征询大垄断集团的意见。各垄断集团经常通过各种机构,如企业主联合会、商会的领导人协调、商定共同立场,向政府提出各种建议,直至派人参与制定或修改有关对外贸易政策的法律草案。最高立法机关所颁布的各项对外贸易政策,既包括一国较长时期内对外贸易政策的总方针和基本原则,又规定某些重要措施及给予行政机构的特定权限。例如,美国宪法第一条第八款规定,国会拥有决定征税以及管理对外贸易的权力。因此,缔结自由贸易协定、实施并修订关税及有关贸易措施均需依据国会的具体立法或在国会的特别授权范围内实施。此外,在国会参议院和众议院还有十多个涉及对外贸易管理事务的专门委员会。美国贸易代表办事处(USTR)是贸易政策制定的主要机构。

3. **对外贸易政策的执行**

(1) 通过海关对进出口贸易进行管理。海关是国家行政机关，是设置在对外开放口岸的进出口监督管理机关。它的主要职能是：对进出国境的货物和物品、运输工具进行实际的监督管理，稽征关税和代征法定的其他税费，查禁走私。一切进出国境的货物和物品、运输工具，除国家法律有特别规定的以外，都要在进出国境时向海关申报，接受海关检查(查验)。

(2) 国家广泛设立各种机构，负责促进出口和管理进口。

(3) 国家政府出面参与各种国际经济贸易等国际机构与组织，进行国际经济贸易等方面的协调工作。

(资料来源：张二震，等. 国际贸易学[M]. 南京：南京大学出版社，2009.)

7.2　保护贸易政策与理论

7.2.1　重商主义

1. 重商主义的经济思想

重商主义是15～17世纪欧洲资本原始积累时期，英国等国代表商业资本利益的经济思想和政策体系。这段时期内，封建主义经济基础逐渐瓦解，资本主义因素迅速发展。与此相适应，产生了重商主义。重商主义追求的目的就是在国内积累货币财富，把贵重金属留在国内。重商主义经历了早期和晚期两个发展阶段。

早期重商主义以"货币差额论"为中心，以英国人威廉·斯塔福(W. Stafford，1554～1612)为代表。他们把增加国内货币的积累、防止货币外流视为对外贸易政策的指导原则。因此，他们反对进口，认为一切进口都会减少货币，而货币的减少对本国是有害的；对外应该少买或根本不买；同时他们主张鼓励出口，应该多向国外销售产品，销售得越多越好；出口产品越多，从国外吸收的货币越多；严格禁止货币流出国外。早期重商主义也被称为重金主义，即绝对禁止贵重金属的外流。为此，当时执行重商主义政策的国家禁止货币出口，由国家垄断全部贸易，外国人来本国进行贸易时，必须将其销售货物所得到的全部款项用于购买本国的货物。

晚期重商主义以"贸易差额论"为中心，最重要代表人物是托马斯·孟(Thomas Mun，1571～1641)。托马斯·孟的主要著作是《英国得自对外贸易的财富》，被认为是重商主义的"圣经"。在《英国得自对外贸易的财富》一书中，孟认为增加英国财富的手段就是发展对外贸易，但是必须遵循一条原则，就是卖给外国人的商品总值应大于购买他们的商品总值，从每年的进出口贸易中取得贸易顺差，增加货币流入量。他反对早期重商主义者禁止金银输出的思想，他把货币与商品联系起来，指出"货币产生贸易，贸易增多货币"。只有多输出货物，才能得到更多的货币。为了保证有利的贸易差额，孟主张扩大农产品和工业品的出口，减少外国制品的进口，反对英国居民消费英国能够生产的外国产品。他还主张发展加工工业，发展转口贸易。晚期重商主义把管理金银进出口的政策变为管制货物的进出口，力图通过奖励出口和限制进口的措施，保证和扩大贸易顺差，以达到金银流入的目的。

2. 重商主义的政策主张

基于以上的理论，重商主义者提出了一系列强制性的保护贸易政策主张，对后世产生了深远影响，主要有以下几个方面。

(1) 货币政策

奉行重商主义的国家都颁布过各种法令，规定严厉的刑罚，禁止货币输出。这种法令在16～17世纪的西班牙、葡萄牙、荷兰、英国、法国等国甚为流行。此外，政府还规定外国商人在本国销售货物所得到的货币，必须全部用于购买当地商品，以避免金银外流。到晚期重商主义阶段，货币政策有所放宽，准许输出适量货币，以期获得更多的货币。

(2) 奖出限入政策

重商主义者极力主张由国家管制对外贸易，通过奖出限入政策来增加出口，减少进口，实现贸易顺差。进口方面，因为奢侈品、工业制成品价格昂贵而原材料价格低廉，因此，实行重商主义的国家反对奢侈品、工业制成品进口，对这类商品的进口征收重税，往往高到使人无法购买的程度，对原材料则免税进口。

出口方面，重商主义者主张用制成品出口替代原料出口；对本国出口商品给予津贴，降低或免除一些商品的出口关税；实行出口退税，即对出口商品的原料所征税收，在商品出口后，把原征税收退给出口厂商。

(3) 发展本国工业的政策

为了使本国能多出口竞争力强的工业制成品，保持贸易顺差，重商主义者主张实施鼓励国内工业发展的政策。由于当时的制造业还是以手工劳动为主，重商主义者提出了鼓励工业发展的一些具体建议，如高薪聘请外国工匠；禁止本国熟练技工和机器设备输出；鼓励增加人口，以增加劳动力供应；向工场手工业者发放贷款和各种优惠条件，等等。

3. 重商主义的作用

重商主义的基本观点是一种国际贸易的“零和”理论，即各国在国际贸易中的利弊得失是完全相反的，你之所得就是我之所失。因此，重商主义者鼓吹经济民族主义，认为国家利益在根本上是冲突的。这一观点，反映了原始资本积累时期商业资本家对货币或贵金属的认识。

重商主义的政策和措施促进了英国等国资本的原始积累，推动了资本主义生产方式的建立。但它们对社会经济现象的探索只局限于流通领域，而未深入到生产领域，还不是真正的经济科学。马克思指出：“现代经济的真正科学，是在理论考察由流通过程过渡到生产过程时开始的。”

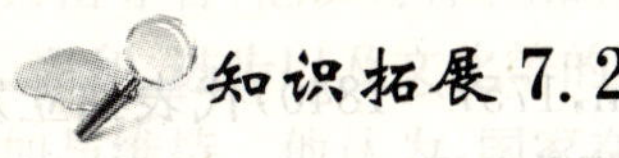

知识拓展7.2

晚期重商主义的政策与措施

晚期重商主义执行的政策是奖励出口、限制进口的贸易政策与措施，其主要内容如下。

1. **限制进口的政策**

(1) 限制非生产性产品进口

对生产用的原料鼓励进口；对非竞争性产品允许进口；对竞争性产品限制进口；对奢侈品禁止进口。

(2) 实行差别式的保护关税

对与国内竞争力强的进口商品征收很高的保护关税，以削弱其竞争力。

2. **促进出口的措施**

(1) 减免关税

对本国商品的出口，除减低或免除出口关税，还给予各种补贴。

(2) 出口退税

当国内生产的商品出口后，把在国内征收的国内税退回给出口厂商。

3. **管制短缺物资出口**

禁止重要原料的出口，但许可自由进口原料，加工后再出口。

4. **独占殖民地贸易与航运**

实行独占性的殖民地贸易政策。设立独占经营的殖民地贸易公司（如英、法、荷等国的东印度公司），在殖民地经营独占性的贸易与海运，使殖民地成为本国制成品的市场和本国原料的供给地。

1651年，英国通过了重要的航海法案。该法案规定，一切输往英国的货物必须用英国船只载运或原出口国船只装运；对亚洲、非洲及北美的贸易必须由英国或殖民地的船只载运。

5. **其他措施**

(1) 保护农业。英国在1660～1689年间通过《谷物法》来限制粮食的进口；

(2) 政府通过职工法，鼓励外国技工的移入；

(3) 以行会法规奖励国内工场手工业的发展；

(4) 由本国船只运输货物。鼓励人口繁殖，以扩大劳工来源。

（资料来源：张锡嘏. 国际贸易[M]. 北京：对外经济贸易大学出版社，2006.）

7.2.2 保护幼稚工业贸易政策与理论

在19世纪中叶，当英国高唱自由贸易赞歌的时候，美国与德国却反其道而行之，先后实行了保护幼稚工业的贸易政策。

7.2.3 超保护贸易政策与理论

1. 超保护贸易政策的含义

超保护贸易政策是指国家借助垄断实行以补贴、倾销等方式扩大出口，以关税和非关税措施限制进口，达到垄断国内市场、争夺世界市场、追求贸易顺差、带有进攻和垄断性质的贸易保护政策。

超保护贸易政策在第一次世界大战与第二次世界大战之间盛行。在这个阶段，资本主义经济出现了以下特点：垄断削弱了自由竞争；经济危机出现并加重，1929～1933 年资本主义世界发生了空前严重的经济危机。

在大危机的冲击下，英国抛弃了自由贸易政策，许多资本主义国家都提高了关税，通过外汇限制和数量限制等办法限制进口；同时，国家积极干预外贸，鼓励出口；推行起不同于 19 世纪后半叶德国的保护贸易主义。

2. 超保护贸易政策的特点

(1) 保护对象从幼稚产业到成熟产业

超保护贸易政策的保护对象不但包括幼稚工业，而且更多地保护国内高度发达或出现衰落的工业。

(2) 保护范围从国内转向国外市场

超保护贸易政策的目的不再是培养产业的竞争能力，而是巩固和加强对国内外市场的垄断。

(3) 保护目的从防御转为进攻

保护目的从防御性保护转入进攻性保护。以前保护贸易政策是防御性地限制进口，超保护贸易政策是要在垄断国内市场的基础上对国内外市场进行进攻性的扩张。

(4) 保护的企业从一般转向大企业

保护的企业利益从一般的企业转向大企业和垄断企业。

(5) 保护的措施从关税到非关税

超保护贸易政策下实施的保护措施多样化。保护措施从关税延伸到非关税措施，其中包括：数量限制、出口补贴、外汇管制、组成排他性的货币集团等。

3. 超保护贸易政策的理论

(1) 超保护贸易政策理论的代表人物

为了缓解经济衰退，经济学者提出了各种支持超保护贸易政策的理论根据，其中有重大影响的是凯恩斯推崇的重商主义学说。

凯恩斯(John Maynard Keynes，1883～1946)是英国资产阶级经济学家，是凯恩斯主义的创始人。他的代表作是《就业、利息和货币通论》(The General Theory of Employment, Interest and Money)，于 1936 年出版。

在1929～1933年大危机以前，凯恩斯是一个自由贸易论者。当时，他否认保护贸易政策会有利于国内的经济繁荣与就业。在大危机以后，凯恩斯转而推崇重商主义。他认为重商主义保护贸易的政策确实能够保证经济繁荣，扩大就业，缓和危机。

(2) 凯恩斯的超保护贸易理论

第一，对古典学派自由贸易理论提出批评。

凯恩斯认为，古典学派的自由贸易理论不适用于现代社会，因为该理论是建立在国内充分就业这个前提下的。古典学派认为，国与国之间的贸易应当是进出口平衡，以出口抵偿进口，即使由于一时的原因或由于人为力量使贸易出现顺差，这也会由于贵重金属移动和由此产生的物价变动得到调整，进出口仍归于平衡。他们认为，不要为贸易出现逆差而担忧，也不要为贸易出现顺差而高兴，故主张自由贸易政策，反对人为地干预对外贸易。

凯恩斯认为古典学派自由贸易理论过时了。首先，20世纪30年代，大量失业存在，自由贸易理论"充分就业"的前提条件已不复存在。其次，古典学派自由贸易论者虽然以"国际收支自动调节说"说明贸易顺、逆差最终均衡的过程，但忽略了在调节过程中对一国国民收入和就业所产生的影响。凯恩斯认为，应当仔细分析贸易顺差与逆差对国民收入和就业的作用。他认为贸易顺差能增加国民收入，扩大就业，而贸易逆差则会减少国民收入，加重失业。凯恩斯指出，一国总投资包括国内投资和国外投资。国内投资额由"资本边际效率"和"利息率"决定，对外投资量由贸易顺差大小决定。贸易顺差可为一国带来黄金，扩大支付手段，降低利息率，刺激物价上涨，扩大投资，有利于缓和国内危机和扩大就业量。因此，他赞成贸易顺差，反对贸易逆差。凯恩斯的支持者进而提出对外贸易乘数理论。

第二，对外贸易乘数理论。

对外贸易乘数(Foreign Trade Multiplier)理论是凯恩斯投资乘数在对外贸易方面的运用。为证明增加新投资对就业和国民收入的好处，凯恩斯提出了投资乘数理论。

凯恩斯把反映投资增长和国民收入扩大之间的依存关系称为乘数或倍数理论。它的意思是说，新增加的投资引起对生产资料的需求增加，从而引起从事生产资料生产的人们(企业主和工人)的收入增加；他们收入的增加又引起对消费品需求的增加，从而又导致从事消费品生产的人们的收入增加。如此推演下去，结果由此增加的国民收入总量会相当于原增加投资量的若干倍。凯恩斯认为，增加的倍数取决于"边际消费倾向"。如果"边际消费倾向"为零，就是说，人们将增加的收入全部用于储蓄，而一点也不浪费，那么，国民总收入就不会增加。如果"边际消费倾向"为1，即人们把增加的收入全部用于消费，一点也不储蓄，那么，国民收入增加的倍数将为1＋1＋1＋1＋…到无限大。如果"边际消费倾向"介于0与1之间，即人们将增加的收入以1/2、1/3或1/4用于消费，则国民收入增加的倍数将介于1和无限大之间(0＜倍数＜∞)。乘数K的计算公式是

$$K=1/(1-\text{边际消费倾向})$$

$$\text{国民所得的增加}(\Delta Y)=\text{乘数}(K)\times\text{投资的增加量}(\Delta I)$$

在国内投资乘数理论的基础上，凯恩斯的支持者们引申出对外贸易乘数理论。他们认为，一国的出口和国内投资一样，有增加国民收入的作用；一国的进口，则与国内储蓄一样，有减少国民收入的作用。当商品和劳务出口时，从国外得到的货币收入会使出口产业部门收入增加，消费也增加，它必然引起其他产业部门生产增加，就业增多，收入增加……如此反复下去，收入增加量将为出口增加量的若干倍。当商品和劳务进口时，必然向国外支付货币，于是收入减少，消费随之下降，与储蓄一样，成为国民收入中的漏洞。他们得出结论，只

有当贸易为顺差或国际收支为顺差时，对外贸易才能增加一国的就业量，提高国民的收入。此时，国民收入的增加量将为贸易顺差的若干倍。这就是对外贸易乘数理论的涵义。

因此，一国越是扩大出口，减少进口，贸易顺差越大，对本国经济发展的作用越大。由此，凯恩斯支持者的对外贸易乘数理论为超保护贸易政策提供了理论根据。

第三，对外贸易乘数理论的作用。

对外贸易顺差在一定条件下可以增加国民收入、增加就业。但如果为了追求贸易顺差，不加节制地实行“奖出限入”政策，势必导致关税、非关税壁垒盛行，使贸易障碍增多，发生各种贸易战，从而阻碍整个国际贸易的发展。

7.2.4 新保护贸易主义与理论

1973～1974年世界性经济危机爆发，市场问题相对紧张，出现了新贸易保护主义。

1. 新保护贸易主义的主要特点

(1) 保护的商品不断增加

被保护的商品从传统产品、农产品转向高级工业品和服务部门。

(2) 贸易保护措施多样化

按照有效保护率设置关税；加强了征收“反补贴税”和“反倾销税”的活动。从1980年到1985年发达国家的“反倾销”案多达283起，涉及44个国家；非关税壁垒不断增高，非关税壁垒措施已从20世纪70年代末的800多种增加到80年代中期的1000多种；背离了1947年关贸总协定的宗旨，在“有秩序地销售安排”(Orderly Marketing Arrangement，OMA)的幌子保护下，绕过该协定的基本原则，搞“灰色区域措施”(Grey Area Measures)。

(3) 贸易保护制度更为法制化

发达国家实行的保护贸易措施，随着政府管理贸易而不断充实和调控，成为对外贸易体制中的组成部分。以美国对钢铁部门的保护为例，为了限制钢铁的进口，美国加强了反倾销和反补贴措施，实行“启动价格”机制等措施，加强贸易法规的制定，把贸易保护法律化。

(4) 保护的程度不断提高

从1980年到1983年，在整个制成品中受限制商品的比重，美国从6%提高到13%，欧洲联盟从11%提高到15%。在整个发达国家制成品的消费中，受限制商品从1980年的20%提高到1983年的30%。

2. 支持贸易保护主义的理论

(1) 对付国内市场存在的扭曲

该理论主张，当国内市场由于外部经济、工资差额、生产要素的非移动性等“扭曲”的存在时，价格机制将不能充分发挥作用。在发生阻碍资源最佳利用的状态时，根据“次佳原理”(Second Best Theory)，采取保护措施。换言之，当“扭曲”已经存在，而又不能避免时，以人为的“扭曲”抵消原来“扭曲”产生的不良影响，在国内市场存在“扭曲”时，采取关税等保护贸易措施，较实行自由贸易为宜。

(2) 改善不利的贸易条件

进口国家课征关税或实行数量限制时，可能使出口国家的价格下跌，从而改善进口国家贸易条件。在下列条件下，改善贸易条件的效果尤为显著：第一，课征关税或采取数量限制措施国家的进口额，占该商品世界进口总额的比重较大；第二，该商品的输出供给弹性较小。

(3) 维持国内高水平的工资

各国工资水平不同。一些工资水平高的国家认为，经济发展比较落后而劳动力相对丰富的国家的工资水平较低，故其生产成本也较低。若自由进口这些国家的产品，则本国产品难以与它们竞争，其结果会使本国员工难以维持较高的工资水平与生产水平，为了维持本国员工较高的工资水平，避免廉价劳工产品的竞争，故必须实施保护关税。

(4) 增加国内就业

对外国产品课征保护关税，可减少进口，因而可以刺激国内的生产，增加国内就业机会。

(5) 保证公平竞争

当发现别国进行倾销和补贴时，为了免受倾销和补贴的伤害，进行公平竞争，需要采取反倾销和反补贴等保护措施。

(6) 改善贸易收支或国际收支

征收关税与限制进口措施，可减少一国的进口，有助于改善贸易收支或国际收支。在贸易收支或国际收支逆差较大时，或在通货膨胀与金融危机存在的情况下，此种保护理由最为流行。

(7) 保护知识产权

知识产权是指人们利用自己的知识所创造的智力成果。科学技术、发明已成为各国发展生产力的基础，为了鼓励和保护科研成果，防止盗版、伪造、冒牌，需要加以保护。

(8) 作为贸易报复和谈判的手段

当一国出口，因其他国家违反已有贸易协议或出现歧视性贸易行为时，可采取报复手段，保护受到伤害的行业和企业。

(9) 国家安全和保护生态环境

自由贸易使各国在经济上相互依存，一旦爆发战争，致使国外供给剧减或断绝时，其国防力量必大受影响，因而对有关生产战略物资的产业要加以保护，以维护国家的安全。此外，为了保护良好的生态环境，防止他国输出污染，也需要采取保护措施。

7.2.5　战略性贸易政策与理论

20世纪80年代以后，一些发达国家为了应对居高不下的失业率和国内市场上国外竞争的加剧，它们加强了对本国战略性产业的支持和赞助，以使其获得竞争优势。一些经济学家提出了战略性贸易政策与理论。

1. 战略性贸易政策的含义

所谓战略性贸易政策是指国家从战略性的高度，用关税、出口补贴等措施，对现有的或潜在的战略性部门、产业进行支持和资助，使其取得竞争优势，提高经济效益和国民福利。

2. 战略性贸易政策的理论构成

战略性贸易政策的理论由两种理论构成，分别是加拿大不列颠哥伦比亚大学的詹姆斯·A·伯兰特(James A. Brander)与英国波士顿学院的巴巴拉·J·斯本塞(Barbara J. Spencer)提出的“利润转移”理论和马歇尔(A. Marshall)提出的“外部经济”理论。

“利润转移”理论认为，在不完全竞争特别是寡头竞争市场上，寡头厂商可以凭借其垄断力量获得超额利润，在与这类国际寡头竞争中，一国政府可以通过出口补贴帮助本国厂商夺取更大的市场份额，或以关税迫使外国厂商降低价格，或以进口保护来促进出口，从而实现由外国利润向本国的转移，增加本国的福利。

“外部经济”理论认为，产业外部经济因素对自身相关产业的发展有积极的作用，因此，政府对具有显著外部经济因素的产业给予适当的保护和扶植，使之能够在外部经济作用下形成国际竞争力并带动相关产业的发展。

他们认为，能够实现“利润转移”和“外部经济”战略性产业和目标产业。

3. 战略性产业的确定

(1) 高附加值产业

整个国家的国内生产总值由各个产业所创造的附加值构成，而国内生产总值越大，则表明该国的经济实力越强，高附加值产业是指投入少而产出价值高的产业。通过扶植理想的只有战略性的目标产业，提高该产业的竞争力，扩大市场，从而提高整个国民的福利水平。故政府要把有高附加值的产业作为优先考虑的战略性产业。

(2) 高科技产业

高科技产业是指依靠产品以及生产过程的快速革新而获取成功的产业。目前普遍认为的高科技产业有生物工程、新型材料、远程通信、计算机软件等。

(3) 战略性贸易政策的作用

战略性贸易政策促进发达国家一些战略性产业的发展，开始引起发展中国家的重视，但尚未被采用或实施。首先，发展中国家科技水平不高，国内市场不甚发达，影响了规模经济的形成。其次，发展中国家政府较弱的财政实力难以对目标产业作出大量的补贴。再次，实施战略性贸易政策的产业易受他国报复，由于反击力量薄弱，反而会受到更大的伤害。

7.3 自由贸易政策与理论

7.3.1 英国自由贸易政策

1. 英国自由贸易政策的产生

英国自18世纪中叶开始产业革命，“世界工厂”地位逐步建立并获得巩固，竞争力大大提高，不再惧怕与外国产品进行竞争。在这种状况下，重商主义便成为英国经济发展和英国工业资产阶级对外扩张的一大障碍。成长起来的英国工业资产阶级便要求实行在世界市场上进行无限制的自由竞争和自由贸易政策。为了追求高额利润，他们要求其他国家供给英国粮食、原料和市场，而由英国加工后，再向他们提供工业制造品，实行垂直型的国际分工。因此，英国新兴的工业资产阶级迫切要求废除重商主义时代所制定的一些严重保护的外贸政策和措施。

英国新兴的工业资产阶级要求废除重商主义的对外贸易政策，其主要理由是：其一，英国产业革命发生后，出于工业发展的需要，要求从国外取得廉价的工业原料与粮食，以降低工资和提高利润，因而反对各种限制进口的保护贸易措施；其二，英国的产业革命早于其他国家，其产品物美价廉，具有强大的国际竞争能力，因而自由贸易政策对其有利。

2. 英国自由贸易政策的胜利

在19世纪20年代，以伦敦和曼彻斯特为基地的英国工业资产阶级开展了一场大规模的自由贸易运动，运动的中心是废除谷物法。工业资产阶级经过不断的斗争，最后终于战胜了地主、贵族阶级，取消了重商主义的保护贸易政策，使自由贸易政策逐步取得胜利。

(1) 废除谷物法

1833年，英国棉纺织业资产阶级组成"反谷物法同盟"(Anti-corn Law League)，然后又成立全国性的反谷物法同盟，展开了声势浩大的反谷物法运动。经过斗争，终于迫使国会于1846年通过废除谷物法的议案，并于1849年生效。马克思指出："英国谷物法的废除是19世纪自由贸易所取得的最伟大的胜利。"

(2) 降低关税与减少应税商品

在19世纪初，经过几百年的重商主义政策的实行，英国的关税法令达到1000多件。1825年英国开始简化税法，废止旧税率，建立新税率。进口纳税的商品项目从1841年的1163种减少到1853年的466种，1862年又减至44种，1882年再减至20种。所征收的关税全部是财政关税，税率大大降低。禁止出口的法令被完全废除。

(3) 废除航海法

航海法是英国限制外国航运业竞争和垄断殖民地航运事业的重要法规。1824年该法开始被削弱，到1849年和1854年，英国的沿海贸易和殖民地全部对其他国家开放，至此，重商主义时代制定的航海法被全部废除。

(4) 取消特权公司

在1813～1814年间，英国东印度公司对印度和中国贸易的垄断权分别被废止，从此把对印度和中国的贸易经营权下放给所有的英国人。

在18世纪，英国对殖民地的航运享有特权，殖民地的货物输入在英国享受特惠关税的待遇。在英国大机器工业建立以后，英国不怕任何国家的竞争，所以对殖民地的贸易开始逐步采取自由放任的态度。1849年航海法被废止后，殖民地已可以对任何国家输出商品，也可以从任何国家输入商品。通过关税法的改革，废止了对殖民地商品的特惠税率，同时准许殖民地与外国签订贸易协定，殖民地可以与任何外国建立直接的贸易关系，英国不再加以干涉。

(5) 签订贸易条约

1860年，英国与法国签订了英法条约，即"科伯登"条约。根据这项条约，英国对法国的葡萄酒和烧酒的进口税予以降低,并承诺不禁止煤炭的出口;法国则保证对从英国进口的一些制成品征收不超过30%的从价关税。"科伯登"条约是以自由贸易精神签订的一系列贸易条约的第一项,列有最惠国待遇条款。到19世纪60年代,英国已与别国缔结了八项带有最惠国待遇条款的条约。

7.3.2 古典派自由贸易政策与理论

随着西欧尤其是英国资本主义的发展,一些经济学家开始探寻对外贸易与经济发展的内在联系,从理论上说明自由贸易对经济发展的好处,由此产生了自由贸易理论。

自由贸易理论起始于法国的重农主义,成论于古典派政治经济学,后来又不断加以丰富和发展。

古典政治经济学派代表亚当·斯密在其名著《国民财富的性质和原因的研究》中,首先提出了为获取国际分工利益实行自由贸易的理论。后由大卫·李嘉图加以继承和发展。后来一些经济学家进一步对自由贸易理论加以阐述和演绎,如穆勒、马歇尔等人。

1. 绝对成本说

绝对成本说(Theory of Absolute Cost),又称绝对优势理论(Theory of Absolute Advantage),是英国经济学家、资产阶级经济学古典学派的主要奠基人之一、国际分工和国际贸易理论的创始者亚当·斯密(Adam Smith,1723~1790)提出的。其代表作为《国民财富的性质和原因的研究》,简称《国富论》,书中分析了国际分工的绝对成本状况,提出了依照绝对成本进行分工的学说,奠定了自由贸易政策主张的理论基础。该理论分析了分工的利益,认为分工可以提高劳动生产率。原因是:分工能提高劳动的熟练程度;分工使每个人专门从事某项作业,节省与生产没有直接关系的时间;分工有利于发明创造和改进生产工具。

因此,斯密认为,国际贸易和国际分工的原因和基础是各国间存在的劳动生产率和生产成本的绝对差别。一国如果在某种产品上具有比别国高的劳动生产率,该国在这一产品上就具有绝对优势;相反,劳动生产率低的产品,就不具有绝对优势,即具有绝对劣势。绝对优势也可间接地由生产成本来衡量:如果一国生产某种产品所需的单位劳动比别国生产同样产品所需的单位劳动要少,该国就具有生产这种产品的绝对优势,反之则具有劣势。各国应该集中生产并出口其具有劳动生产率和生产成本"绝对优势"的产品,进口其不具有"绝对优势"的产品,其结果比自己什么都生产更有利。在贸易理论上,这一学说被称为"绝对优势理论"。

斯密用国际分工有益的论点给自由贸易政策以理论上的支持,他认为,只有在自由贸易的条件下,一种适宜的国际分工体系才能建立起来。斯密认为:自由贸易会引起国际分工,国际分工的基础是有利的自然禀赋,或后天的有利生产条件。它们都可以使一国在生产上和对外贸易方面处于比其他国家有利的地位。如果各国都按照各自的有利的生产条件进行分工和交换,将会使各国的资源、劳动力和资本得到最有效的利用,将会大大提高劳动生产率和增加物质财富。

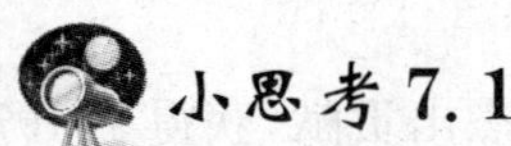

小思考 7.1

如果一个国家没有绝对优势部门，那么这个国家是否愿意参加与其他国家的贸易呢？如果参加对外贸易是否能获利呢？如果能获利，那么又从何而来呢？

2. 比较成本说

大卫·李嘉图是英国产业革命深入发展时期的经济学家，他的主要著作是《政治经济学及赋税原理》。李嘉图的"比较成本说"是在亚当·斯密绝对优势理论基础上发展起来的。他认为，在国际分工和国际贸易中起决定作用的，不是绝对利益，而是比较利益（比较成本），并且把比较利益学说作为国际分工的理论基础。他还认为，每个国家不一定生产各种商品，而应集中力量生产那些利益较大或不利较小的商品，然后通过对外贸易进行交换，在资本和劳动力不变的情况下，生产总量将增加，如此形成的国际分工对贸易各国都有利。这是一种"两优取其优，两劣取其次"的分工模式。

7.3.3　新古典派自由贸易政策与理论

1. 赫克歇尔-俄林的要素禀赋学说

古典学派的国际分工和国际贸易理论在西方经济学界占支配地位达一个世纪之久，到了 20 世纪 30 年代，这种理论才受到两位瑞典经济学家的挑战。他们就是赫克歇尔和他的学生俄林，俄林曾于 1977 年获诺贝尔经济学奖。由于他的理论采用了其师赫克歇尔的主要观点，创立了较完整的要素禀赋学说，因此又叫做赫克歇尔-俄林原理，或简称赫-俄原理（H－O原理）。要素禀赋学说的三个主要结论：

① 每个区域或国家利用它的相对丰富的生产要素（土地、劳动力、资本等）从事商品生产，就处于比较有利的地位，而利用它的相对稀少的生产要素从事商品生产，就处于比较不利的地位。因此，每个国家在国际分工和国际贸易体系中生产和输出前面那些种类的商品，输入后面那些种类的商品。

② 区域贸易或国际贸易发生的直接原因是价格差别，即各个地区间或国家间的商品价格不同。

③ 商品贸易一般趋向于消除工资、地租、利润等生产要素收入的国际差别，导致国际上商品价格和要素价格趋于均等化。

2. 里昂惕夫反论及其解释

（1）里昂惕夫反论

第二次世界大战后，在第三次科技革命的推动下，世界经济迅速发展，国际分工和国际贸易都发生了巨大变化，传统的国际分工和国际贸易理论更显得脱离实际。在这种形势下，一些西方经济学家力图用新的学说来解释国际分工和国际贸易中存在的某些问题，这个转折点就是里昂惕夫反论或叫做里昂惕夫之谜。

美国经济学家里昂惕夫，由于他的投入-产出分析法对经济学的杰出贡献，获得了1973年诺贝尔经济学奖。他的主要著作有《投入-产出经济学》《生产要素比例和美国的贸易结构:进一步的理论和经济分析》等。

里昂惕夫对赫-俄原理确信无疑，按照这个理论，一个国家拥有较多的资本，就应该生产和输出资本密集型产品，而输入在本国生产中需要较多使用国内比较稀缺的劳动力要素的劳动密集型产品。基于以上认识，他利用投入-产出分析方法对美国的对外贸易商品结构进行具体计算，其目的是对赫-俄原理进行验证。他把生产要素分为资本和劳动力两种，对200种商品进行分析，计算出每百万美元的出口商品和进口商品所使用的资本和劳动量，从而得出美国出口商品和进口商品中所含的资本和劳动的密集程度。计算结果认为，美国出口商品具有劳动密集型特征，而进口商品更具有资本密集型特征。这个验证结论正好与赫-俄原理相反。正如里昂惕夫的结论所说:“美国之参加国际分工是建立在劳动密集型生产专业化基础上的，而不是建立在资本密集型生产专业化基础上的。”

里昂惕夫发表其验证结论后，西方经济学界大为震惊，因而将这个不解之谜称为里昂惕夫之谜，并掀起了一个验证和探讨里昂惕夫之谜的热潮。一些经济学家仿效里昂惕夫的做法对一些发达国家的对外贸易状况进行验证，发现其他国家也存在着这个“谜”。

(2) 对里昂惕夫反论的解释及有关的学说

对于里昂惕夫反论，西方经济学界提出了各种各样的解释，并在一定程度上带来了战后西方的国际分工和国际贸易理论的发展。有代表性的学说主要有以下几种。

① 劳动熟练说。

劳动熟练说又称人类技能说和劳动效率说，最先是里昂惕夫自己提出，后来由美国经济学家基辛加以发展，用劳动效率和劳动熟练或技能的差异来解释里昂惕夫之谜和影响进出口商品结构的理论。

里昂惕夫认为，“谜”的产生可能是由于美国工人的劳动效率比其他国家工人高所造成的。他认为，美国工人的劳动生产率大约是其他国家工人的三倍。因此，在劳动以效率单位衡量的条件下，美国就成为劳动要素相对丰富、资本要素相对稀缺的国家。这是他本人对这个“谜”的解释。为什么美国工人的劳动效率比其他国家高呢？他说这是由于美国企业管理水平较高，工人所受的教育和培训较多、较好，以及美国工人进取精神较强的结果。这些论点，可以看作是熟练劳动或人类技能说的雏形。

后来，美国经济学家基辛对这个问题进一步加以研究。他利用1960年的人口普查资料，将美国企业职工区分为熟练劳动和非熟练劳动两大类。熟练劳动包括科学家、工程师、厂长或经理、技术员、制图员、机械工人、电工、办事员、推销员、其他专业人员和熟练的手工操作工人等。非熟练劳动指不熟练和半熟练工人。他还根据这两大分类对14个国家的进出口商品结构进行了分析，得出了资本较丰富的国家倾向于出口熟练劳动密集型商品，资本较缺乏的国家倾向于出口非熟练劳动密集型商品的结论。

② 人力资本说。

人力资本说是美国经济学者凯南等人提出的，用对人力投资的差异来解释美国对外贸易商品结构是符合赫-俄原理的学说的。他们认为，劳动是不同质的，这种不同质表现为劳动效率的差异，这种差异主要是由劳动熟练程度所决定，而劳动熟练程度的高低，又取决于对劳动者进行培训、教育和其他有关的开支，即决定智力开支的投资，因此高的熟练效率和熟练劳动，归根到底是一种投资的结果，是一种资本支出的产物。凯南认为，国际贸易商品生产所需的资本应包括有形资本和无形资本，即人力资本。人力资本主要是指一国用于职业教育、技术培训等方面投入的资本。人力资本投入，可提高劳动技能和专门知识水平，促进劳动生产率的提高。由于美国投入了较多的人力资本，而拥有更多的熟练技术劳动力，因此，美国出口产品含有较多的熟练技术劳动。如果把熟练技术劳动的收入高出简单劳动的部分算作资本并同有形资本相加，经过这样处理之后，美国仍然是出口资本密集型产品。这个结论是符合赫-俄原理的，从而把里昂惕夫之谜颠倒过来，这就是所谓的人力资本说。

③ 需求偏好差异说。

赫-俄理论成立的一个假设前提是该贸易学说认为，双方的需求偏好一致，消费结构因此也是相同的，因而赫-俄理论便把需求偏好的差异对贸易方式的影响给忽略了。实际上，贸易各国消费者需求偏好是不相同的，而且这种偏好会强烈地影响国际贸易方式。因此，各国由于国内需求偏好不同，可能出口在成本上并不完全占优势的产品，而进口在成本上处于劣势的产品。一个资本相对丰裕的国家，如国内需求偏向资本密集型产品，其贸易结构就有可能是出口劳动密集型产品而进口资本密集型产品。里昂惕夫之谜之所以在美国发生，是因为美国人对资本密集型产品的需求远远大于对劳动密集型产品的需求，这就造成了美国违背其在生产成本上的比较优势，进口资本密集型产品的状况。

7.3.4　贸易自由化政策与理论

1. 贸易自由化含义

贸易自由化是指国家之间通过多边或双边的贸易条约与协定，削减关税壁垒，抑制非关税壁垒，取消国际贸易中的障碍与歧视，促进世界货物和服务的交换与生产。

2. 贸易自由化发展的基础

① 第二次世界大战后美国对外经济扩张的需要；
② 世界经济的恢复与发展；
③ 生产的国际化与资本的国际化；
④ 国际分工向广化与深化的发展；
⑤ 各国经济相互联系、相互依靠的加强。

3. 贸易自由化的主要表现

① 1947 年关贸总协定的建立，通过几轮多边贸易谈判，缔约方之间大幅度地降低了进口关税税率。

② 经济贸易集团内部逐渐取消贸易壁垒，推行贸易与投资自由化。

③ 一些经济集团给予周边国家和发展中国家以优惠关税待遇。如欧洲联盟与非、加、太地区的发展中国家于 1975 年签署了《洛美协定》，给予后者以特殊优惠待遇。

④ 1968年第二届联合国贸易与发展会议上，通过了普惠制决议，发达国家答应发展中国家普遍的、非歧视的和非互惠的优惠待遇。

⑤ 发达国家主动放宽进口数量限制，放松或取消外汇管制。

4. 支持贸易自由化的理论

为了推动贸易自由化，1983年11月关贸总协定总干事邓克尔邀请了七名国际知名专家、学者，组成七人小组，对国际贸易制度及其面临的问题进行了研究。他们用了近两年的时间，对世界贸易制度和政策进行了深入的研究，写出了名为《争取较好未来的贸易政策》的报告。报告从正反两方面审查了自由贸易政策和贸易保护主义。该报告指出保护主义只顾眼前利益，其代价是长期的、昂贵的，而“开放性的国际贸易是经济持续延长的关键”。其理由是：“贸易可以使各国集中从事于效益最佳的生产……贸易将许多国家的个别优势变为所有国家的最高生产率”；“贸易对工人和资本进行最有成效的使用不断地给予指导，因为贸易是作为传递新技术和其他形式革新的媒介（从而促进储蓄和投资）”；“开放和扩大贸易意味着缓和国家间的摩擦，并有助于其他领域的国际合作”；贸易可以“帮助世界经济进行变革”。七人小组认为“贸易限制再也不能继续下去了”。

5. 贸易自由化的深入发展

20世纪90年代以来，随着世界经济的好转和经济全球化的加速，贸易自由化进一步向纵深发展，成为世界各国对外贸易政策的主流。其主要表现如下。

（1）WTO的建立

1995年1月1日，WTO建立，取代了1947年的关贸总协定（GATT），成为世界贸易体制的组织和法律基础，进一步推动世界范围的贸易自由化。以WTO为基础的世界贸易体制与以1947年的关贸总协定为基础的世界贸易体制相比，具有以下特点。

第一，WTO明确提出了加强和发展多边贸易体系的目标。

WTO“决定建立一个完整的、更可行的和持久的世界贸易体制，以包含《关贸总协定》、以往贸易自由化努力的成果和乌拉圭回合多边贸易谈判的全部成果”。它继承、强化和发展了关贸总协定的基本原则。这些原则包括：非歧视、以关税作为主要保护措施、稳定贸易发展、促进公平竞争、对发展中国家予以特殊照顾、地区贸易安排、例外与实施保障、透明度、“合意”决策等原则。

第二，WTO使世界贸易体制的基础具有长期性和稳定性。

WTO的地位和权利均高于和强于1947年的关贸总协定。1947年的关贸总协定是个临时性的政府多边协定，在发展中成为“准国际贸易组织”。而WTO具有法人资格，享有履行其职责所需要的特权和豁免权（与1947年11月21日联合国大会通过的《专门机构特权和豁免权公约》相似）。

第三，WTO使世界贸易体制的职能和管辖范围向纵深发展。

1947年关贸总协定对其职能没有明确的规定，而WTO则规定了明确的职能：诸如便利多边贸易协定的实施、管理和运作；为WTO成员方提供谈判场所；管理《关于争端解决规则与程序的谅解》；管理《贸易政策评议机制》；通过技术援助与培训项目，在贸易政策上帮助发展中成员；酌情与国际货币基金组织和国际复兴与开发银行及其附属机构进行合作，以实现全球经济决策的更大一致性。

WTO 使多边贸易体系管辖的范围从 1947 年关贸总协定的货物领域延伸到服务贸易、与贸易有关的投资措施、与贸易有关的知识产权等领域。

WTO 使多边贸易体系的约束和处理贸易争端的能力加强，提高了凝聚力。① WTO 要求成员方一揽子接受多边的贸易协定与协议；② WTO 建立了“上诉机构”，保证了成员方之间贸易争端的快速解决；③ WTO 允许成员在受到其他成员伤害，而当事方又不接受“上诉机构”裁决的情况下，可以进行报复；④ WTO 克服了 1947 年的关贸总协定允许缔约方背离自由贸易原则的做法，规定了在一定的时期内，农产品的出口补贴要逐步取消，多种纤维安排要“回归”“灰区措施”要逐步取消。

WTO 机构比较健全。最高的决策机构是部长级会议，至少每两年举行一次会议。在部长级会议休会期间，最高层的决策机构是总理事会。职能机构为货物贸易理事会、服务贸易理事会和与贸易有关的知识产权理事会，此外还有各种专门委员会、工作组等。健全的组织机构保证了 WTO 运行机制的有效性，增强了可预见性，使世界贸易体制能较好地发挥作用。

(2) 区域经贸集团加强内部贸易自由化

如欧盟已基本实现除人员和农产品以外的所有商品、生产要素、服务的自由化，并发行统一货币——欧元。北美自由贸易区在 2003 年前实现货物和大部分服务贸易的自由化。

(3) 发展中国家和转型国家积极参与贸易自由化

从 20 世纪 80 年代到 90 年代初，58 个发展中国家实施了单方面的贸易自由化改革。一向实行严格进口限制的印度、巴基斯坦等国家也在 20 世纪 90 年代初实行较为自由化的经济改革措施。原实行计划经济体制和国家垄断对外贸易的国家，如中国、俄罗斯、越南等国，相继转向市场经济体制，改革贸易体制，主动对外开放，并积极申请加入 WTO，加大贸易自由化的步伐。

本 章 小 结

为了维护国家和企业的贸易利益，为了奠定对外贸易发展的良好环境，世界各国根据本国情况，制定对外贸易政策，培育和提升本国对外贸易的竞争力。

对外贸易政策有两大类型，即保护贸易政策和自由贸易政策。由于各国经济发展的不平衡性，各国在贸易政策的采取上出现了多样性、交织性、动态性和混合性。在同一历史阶段内，竞争力强的国家倾向于采取自由贸易政策；而竞争力弱的国家则倾向于采取保护贸易政策。同一个国家在不同的历史阶段采取不同的贸易政策。如英国由强制性的保护贸易政策（重商主义）起家，产业革命的发生使其竞争能力超群，转而推行自由贸易政策，20 世纪 30 年代，由于空前的经济危机和经济的衰落，转而推行超保护贸易政策。在国家存在的前提下，由于经济发展和产业发展的不平衡，两种类型的贸易政策始终交织在一起，只是贸易政策的内容和强弱的重点不同而已。

对一个国家应该采取何种贸易政策，经济学者依据自己的见识，提出了不同的理论，诸如重商主义、古典学派的自由贸易理论、历史学派的保护贸易理论、凯恩斯的超保护贸易理论。第二次世界大战后，出现了贸易自由化理论、新保护贸易主义和战略性贸易理论。

基本概念

重商主义　自由贸易政策　保护贸易政策　超保护贸易主义　谷物法　航海法　产品生命周期理论　里昂惕夫悖论　公司内贸易　产业内贸易　新贸易保护主义　保护幼稚工业理论　对外贸易乘数理论

复习思考题

一、单选题

1. 国际分工与国际贸易理论的创始者是(　　)。
A. 李嘉图　B. 赫克歇尔　C. 里昂惕夫　D. 亚当·斯密

2. 按照比较成本理论,一国应该出口(　　)。
A. 绝对成本低的商品　B. 比较成本高的商品
C. 相对成本低的商品　D. 丰裕要素密集的商品

3. 按两优取其最优,两劣取其次劣原则进行分工的思想是(　　)提出的。
A. 亚当·斯密　B. 李嘉图　C. 俄林　D. 托马斯·孟

4. 首先提出产品生命周期说的是(　　)。
A. 威尔士　B. 弗农　C. 波斯纳　D. 格鲁伯

5. 按照产品的生命周期理论,新产品通常是(　　)。
A. 劳动密集型产品　B. 资本密集型产品
C. 技术密集型产品　D. 资源密集型产品

6. 需求偏好相似说是(　　)提出的。
A. 俄林　B. 弗农　C. 格鲁伯　D. 林德

7. 一国拥有的劳动力充裕,故它应专门生产劳动密集型产品对外进行交换,这种说法是根据(　　)。
A. 亚当·斯密的绝对成本说　B. 大卫·李嘉图的比较成本说
C. 赫克歇尔-俄林的要素禀赋学说　D. 波斯纳的技术差距说

8. 认为国际贸易将使不同国家间生产要素相对价格和绝对价格均等化的是(　　)。
A. 里昂惕夫　B. 俄林　C. 萨缪尔逊　D. 大卫·李嘉图

9. 约翰·穆勒认为国家间商品的具体交换比价是有什么决定的?(　　)。
A. 两国间贸易联系程度　B. 两国间经济互补程度
C. 两国间对彼此商品的相互需求　D. 两国间商品的国别价格

10. 战后积极推行贸易自由化的国家是(　　)。
A. 英国　B. 日本　C. 德国　D. 美国

11. 对外贸易乘数理论属于(　　)。
A. 自由贸易理论　B. 保护贸易理论　C. 超保护贸易理论　D. 战略贸易理论

12. 早期重商主义绝对禁止(　　)。

A. 货物外流　B. 资本外流　C. 货币外流　D. 资源外流

13. 李斯特认为对某一幼稚工业的保护时间(　　)

A. 以20年为最高期限　B. 以30年为最高期限

C. 以50年为最高期限　D. 无限

14. 超保护贸易政策是(　　)。

A. 防御性地限制进口　B. 主动地限制进口

C. 积极地促进进口　D. 对国外市场进行进攻性扩张

15. 美国生产电脑需8个劳动日,生产汽车需9个劳动日,日本生产电脑和汽车分别需要12个和10个劳动日,根据比较成本学说(　　)。

A. 美国宜生产和出口电脑　B. 美国宜生产和出口汽车

C. 日本宜生产和出口电脑　D. 美国宜生产和出口汽车和电脑

16. "劳动丰裕的国家应当生产和出口劳动密集型商品,进口资本密集型商品。"该结论源于(　　)。

A. 比较成本说　B. 人力资本说　C. 要素禀赋论　D. 产业内贸易说

二、多选题

1. 各国制定对外贸易政策的目的在于(　　)。

A. 保护本国的市场　B. 扩大本国的产品的出口市场

C. 促进本国产业结构的改善　D. 积累资本或资金

E. 维护本国的对外政治关系

2. 对外贸易政策的内容构成包括(　　)。

A. 对外贸易总政策　B. 进出口商品政策

C. 对外贸易国别政策　D. 自由贸易政策

E. 保护贸易政策

3. 各国执行对外贸易政策的一般方式是(　　)。

A. 通关海关对进出口贸易管理

B. 国家广泛设立各种机构,负责促进出口和管理进口

C. 国家政府出面参加各种国际机构与组织

D. 国家政府进行国际贸易关税方面的协调工作

E. 国家设立非关税壁垒

4. 主要用于解释发达国家之间贸易的理论是(　　)。

A. 比较成本说　B. 绝对成本说　C. 产业内贸易说

D. 产品生命周期说　E. 需求偏好相似说

5. 下列对里昂惕夫之谜进行解释的学说是(　　)。

A. 劳动熟练说　B. 人力资本说　C. 技术差距说

D. 产品生命周期说　E. 需求偏好相似说

6. 根据西方的国际分工理论,一国应该出口本国(　　)。

A. 比较成本低的产品　B. 比较成本高的产品

C. 稀缺要素密集型的产品　D. 丰裕要素密集型产品

E. 绝对成本低的产品

7. 自由贸易理论的代表人有(　　)。

A. 亚当·斯密　B. 大卫·李嘉图　C. 俄林

D. 凯恩斯　E. 李斯特

8. 新贸易保护主义的特点是(　　)。

A. 保护的对象是衰落的垄断工业

B. 被保护的商品不断增加

C. 贸易保护措施多样化

D. 从贸易保护制度转向更系统化的管理贸易制度

E. 受到保护的程度不断提高

9. 发展中国家和地区对外贸易政策类型有(　　)。

A. 进口替代政策　B. 出口替代政策　C. 自由贸易政策

D. 横向联合政策　E. 管理贸易政策

三、判断题

1. 重商主义形成了完整的理论体系。(　　)

2. 晚期重商主义反对早期重商主义禁止金银输出的思想,认为只有输出货币,才能输入更多的货币。因此,不反对在对外贸易中偶尔出现贸易逆差。(　　)

3. 李斯特认为,保护贸易政策是一种经济手段,而不是目的。国际贸易的自由和限制,对于国家富强的利弊应视国家所处经济时期的不同而言。(　　)

4. 在国际贸易中,处于落后的工业生产国应对本国的一切工业采取有效保护措施。(　　)

5. 超保护贸易政策是进攻性的贸易政策,它通过各种奖出限入手段,使自己能够垄断市场,获得超额利润。(　　)

6. 里昂惕夫之谜是对要素禀赋理论的否定。(　　)

7. 两国在以两种商品进行贸易时,这两种商品的交换比例,是有两国的供求关系决定的。(　　)

8. 对外贸易乘数论是由凯恩斯提出的理论。(　　)

9. 美国是战后贸易自由化的积极推动者。(　　)

10. 在资本主义自由竞争时期,所有国家都实行了自由贸易政策。(　　)

11. 一国对某种商品的需求强度越大,它就越能从交换中获利。(　　)

12. 管理贸易政策的实质是自由贸易政策。(　　)

四、简答题

1. 对外贸易政策的目的是什么?

2. 对外贸易政策制定的基础是什么?

3. 对外贸易政策分为几种类型?其理论依据是什么?

4. 对外贸易政策转换的依据是什么?

五、论述题

1. 简述比较优势理论的主要内容。

2. 简述李斯特的保护贸易理论。

3. 如何正确评价保护贸易理论的政策主张？在哪些方面它是合理的？

4. 研究显示，发达国家中消费者为每一个被保护的工作付出的代价都不小，为什么政府仍要保护这些行业？

六、案例分析

中华人民共和国对外贸易法(节选)

第一章　总则

第一条　为了扩大对外开放，发展对外贸易，维护对外贸易秩序，保护对外贸易经营者的合法权益，促进社会主义市场经济的健康发展，制定本法。

第二条　本法适用于对外贸易以及与对外贸易有关的知识产权保护。

本法所称对外贸易，是指货物进出口、技术进出口和国际服务贸易。

第三条　国务院对外贸易主管部门依照本法主管全国对外贸易工作。

第四条　国家实行统一的对外贸易制度，鼓励发展对外贸易，维护公平、自由的对外贸易秩序。

第五条　中华人民共和国根据平等互利的原则，促进和发展同其他国家和地区的贸易关系，缔结或者参加关税同盟协定、自由贸易区协定等区域经济贸易协定，参加区域经济组织。

第六条　中华人民共和国在对外贸易方面根据所缔结或者参加的国际条约、协定，给予其他缔约方、参加方最惠国待遇或国民待遇等待遇，或者根据互惠对等原则给予对方最惠国待遇、国民待遇等待遇。

第七条　任何国家或者地区在贸易方面对中华人民共和国采取歧视性的禁止、限制或者其他类似措施的，中华人民共和国可以根据实际情况对该国家或者地区采取相应的措施。

分析：

1. 根据总则内容，中国对外贸易政策属于什么类型的贸易政策？

2. 在总则中，中国采用了何种国际贸易法律条款？

第8章　关税措施

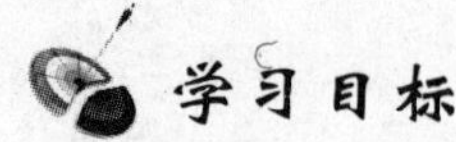

学习目标

1. 理解关税的概念和作用；
2. 掌握关税的种类；
3. 掌握关税的征收方法。

8.1　关税措施概述

关税措施又叫关税壁垒，是指国家通过海关对进口商品征收高额关税，增加商品成本，达到限制商品进口的目的的措施。

8.1.1　关税的概念

关税是指由一国政府所设置的海关对经过一国关境的进出口商品所征收的一种税收，关税是一种流转税。

关税的征收主体是国家，由海关代表国家来征收。海关是设在关境上的依法对进出口进行监督管理的国家行政机关。其基本任务是根据本国的法律、法规，监管进出境的货物、行李物品、邮递物品和其他物品，征收关税，查禁走私，编制海关统计报表和办理其他海关业务。其中，征收关税是海关的一项重要职责。

海关，是对出入国境的一切商品和物品进行监督、检查并照章征收关税的国家机关。海关通常设置在边境、沿海口岸或境内的水陆空国际交往的通道上。海关代表国家制定的关税政策和有关法律、行政法规的规定，征收的关税领域叫关境或关税领域。关境是海关所管辖和执行海关各种法令和规章的区域。关境和国境因各国情况不同，一般情况下，关境和国境是一致的。但当有的国家设置自由港、自由贸易区时，关境小于国境。有的国家缔结了关税同盟，参加关税同盟的国家成为统一关境时，关境大于各自的国境。

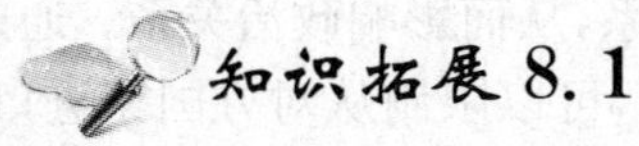

知识拓展 8.1

关境大于国境或关境小于国境的情况

分析：国境指的是一个国家行使主权的领土范围，包括领土、领水、领空和领海。实施统一海关法规和关税制度的境域，即国家(地区)行使海关主权的执法空间。又称“税境”或“海关境域”。一般情况下，关境等于国境。

(1) 关境大于国境的情况

两个或两个以上国家结成关税同盟后，形成同盟的共同关境。各成员国各自的关境将不再存在，关税同盟的关境即是每一个成员国的关境。因此，各成员国的关境大于其国境。

(2) 关境小于国境的情况

一个较为普遍的观点认为，保税区、保税仓库、自由港、自由区等区域(以下统称自由区)属于关境外地区，因此，设立了这些自由区的国家(或地区)，其关境就会小于其国境。

① 该国设立自由区，并在其海关法或关税法中明确规定。例如，前述美国《联邦法规汇编》中关于美国对外贸易区的规定。

② 历史的原因。例如，我国的香港和台湾目前都有其自己的海关法，《中华人民共和国海关法》在这些地区不能适用，这就使我国(大陆)的关境小于我国的国境。再如，战后日本的冲绳曾被美国军事占领，当时的日本海关法规定冲绳不属于日本关境。日本北方四岛目前也被日本海关法规定为日本关境之外。

③ 地理位置的原因。例如，美国远在太平洋中的关岛、法国的圣皮埃尔和密克隆岛、马约岛等海外领土，在美、法两国海关法中都被列入各自关境以外地区。

④ 国家间条约。例如，根据前述德国与奥地利两国的海关条约，奥地利的容古尔兹和米特尔堡划入德国关境，奥地利关境就小于其国境。

(资料来源：百度百科)

8.1.2 关税的特点

关税是进出口商品经过一国关境时，由政府设置的海关向进出口商征收的税收。关税具有强制性、无偿性和固定性的特点。强制性是指国家凭借政治权力和法律征收，纳税人必须依法纳税，否则将受到法律制裁。无偿性是指征收关税后，其税款成为国家财政收入，不再直接归还纳税人，也无需给纳税人任何补偿。固定性是指国家通过有关法律事先规定征税对象和税率，海关和纳税人均不得随意变动。

关税是一种间接税，进出口商人可以将关税额作为成本的一部分，分摊进出口商品的价格，转嫁给消费者。

关税除了具有税收的一般特点外，还是进行国际经济斗争和政治斗争的手段。因此，主权国家往往可以运用关税来调整本国和其他国家的经济贸易关系，从而影响政治关系。通过关税优惠，可以促进友好贸易往来，改善国际关系；通过关税壁垒，可以限制从对方国家进口；通过差别歧视待遇，可以在对外谈判中施加压力从而使谈判对象让步，开拓和扩大国外市场。

8.1.3 征收关税的目的和作用

征收关税的目的主要有三个方面：一是为了获得财政收入，这叫财政关税；二是为了保护国内市场，进而保护国内的工农业生产，这叫保护关税；三是为了配合外交政策的需要，以示区别对待，这叫外交关税。

关税的作用主要有四个方面：一是增加国家财政收入；二是保护和调节国内经济；三是调节进出口贸易平衡；四是配合和维护对外关系。

海关征收的关税上缴国库，是国家财政收入的组成部分。在前资本主义时期和资本主义发展的初期，税源较少，各国的绝大多数收入来源来自征收的关税。随着工商业的迅速发展，税源不断扩大，关税在财政收入中的比重和作用逐渐下降，现在只有少数发展中国家和最不发达国家，才把征收关税作为财政收入的一个重要来源。

对进口商品征收关税，关税会作为一种成本转嫁到进口商品的价格中去，从而削弱了进口商品的价格竞争优势，削减了它与本国同类商品的竞争力，避免了本国同类商品或类似产品受到外国竞争者的损害，保护本国产品的顺利生产和销售。对出口商品征收进口关税，可以抑制这些商品的输出，防止本国重要资源、产品的大量流失，保证本国国内市场的供应。

关税是一种经济杠杆。利用关税税率的高低和关税的减免政策，可以对进出口商品的数量和种类进行调节，保持国内市场的供求平衡，稳定国内市场价格，保持国际收支平衡。当贸易顺差过大时，通过减免关税，可以扩大进口，缩小贸易顺差；当贸易逆差过大时，通过征收进口附加税，可以减少进口数量和外汇支出，缩小贸易逆差。

小思考 8.1

贸易平衡、顺差或逆差对我国对外贸易产生有何影响？可采取哪些应对措施？

关税虽然具有以上积极的作用，但如果运用不当，也会产生消极作用。如果对某些产品长期采取过于保护的高关税，反而会使这类产品或行业由于保护过当，缺乏了适度的国际竞争，而丧失了改进技术、提高劳动生产率的内在动力，从而长期落后于世界先进水平，始终在国际市场上缺乏竞争力。

知识拓展 8.2

20 世纪 80 年代中期，美国曾因日本将高级计算机出口到苏联，而对日本输美的电子产品征收 100％的关税。美国是 90 年代以来运用“报复性关税”最频繁的国家。

1999年3月因"香蕉贸易战",美国对欧盟的部分产品加征报复关税。下面就该案例对关税的作用进行评析。

古今中外,无论什么样的国家,为了维持国家机器的运转,都必然以税收作为取得财政收入的一种主要手段。关税是国家财政收入的重要组成部分,为国家筹集财政资金是海关的基本职能。海关在进出口环节征收关税,比其他税收更为方便、直接。

关税在财政支出中占据重要地位,每一位公民都受惠于此,比如国家将征收的关税用于教育、医疗、国防、科研、国家重点工程等诸多方面。

关税的再分配作用,一方面通过征收关税将进出口商品中的一部分价值收归国有,再通过财政支出重新分配给国家各部门、单位和个人;另一方面,通过关税的征收与减免,人为地调节不同产业、不同企业的利益分配,影响其生产和经营活动,从而调节生产要素的流向、生产结构的变化和经济的发展。

关税的再分配职能,使其具有了调节经济和保护本国幼稚工业的作用,关税调节经济的作用就是通常所说的经济杠杆作用和宏观调控作用。比如,可以利用关税措施调节某种商品的市场供求状况,保持该商品市场供求的平衡;还可以调节进出口商品的结构;调节分配和消费等作用。关税的保护作用就是通过征收关税,提高进口商品的销售价格,从而削弱其在进口国市场与本国产品的竞争能力,达到保护本国幼稚工业的目的。显然,关税的保护作用,对发展中国家来说,在一定的历史阶段具有重要的作用。

(资料来源:百度百科)

8.2 关税的种类

8.2.1 根据国际贸易商品流向的不同分类

1. 进口税

进口税(Import Duties)是对外国商品进口所征收的正常关税(Normal Tariff),或在进入关境时征收,或在商品从海关保税仓库中提出,投入国内市场时征收。进口税是关税中最重要的一种,在一些废除了出口税和过境税的国家,进口税是唯一的关税。因此,进口关税是执行关税政策的主要手段。正常进口税可以分为普通进口关税、优惠进口关税、特别关税及进口附加税。

(1) 普通进口关税

普通进口关税是指对原产于与进口国未订有关税互惠协议的国家或者地区的进口货物,按照普通税率征收的关税。普通进口关税税率一般都较高。

(2) 优惠进口关税

优惠进口关税是指对原产于与进口国订有关税互惠协议的国家或者地区的进口货物，按照优惠税率征收的关税。优惠进口关税的税率一般都比较低。优惠进口关税包括最惠国关税、普惠关税、特惠关税。

① 最惠国关税适用于与本国签有贸易协定的国家和地区。普通税适用于未与本国签订贸易协定的国家与地区。参加了世界贸易组织的国家和地区之间都能享受最惠国待遇。最惠国税与普通税的差别很大，两者之间有时相差一倍以上。在国际贸易中进口税是随着商品的加工程度而提高的。如西欧共同市场对棉花是免税的，棉纱的进口税则为 8%，而棉织品却达到了 14%。而在美国对棉纺衬衣的普通税高达 45%，最惠国税也为 21%。

② 普惠关税(Generalized System of Preference, GSP)是发达国家给予发展中国家制成品和半制成品的一种普遍的、非歧视的和非互惠的关税优惠。普遍的是指发达国家对所有发展中国家出口的制成品和半制成品都给予普遍的优惠待遇；非歧视的是指所有发展中国家都不受歧视，无例外的享受普遍优惠的待遇；非互惠的是指发达国家单方面给予发展中国家的关税优惠，而发展中国家不给反向优惠。普惠制的目标是扩大发展中国家对发达国家工业制成品、半制成品的出口，增加发展中国家的出口收入，促进发展中国家的工业化，提高发展中国家的经济增长率。

给惠国的保护措施是为了保护本国产业和市场而采取的措施。保护措施一般有以下几种：

(a) 例外条款(Escape Clause)：当某种受惠商品的进口量增加到对本国同类产品或有竞争关系的商品生产者造成或即将造成损害时，给惠国保留对该产品完全或部分取消关税优惠待遇的权利。

(b) 预订限额(Prior Limitation)：给予国预先规定一定时期受惠商品优惠关税进口限额，超过这一限额，则取消普惠制待遇，按最惠国税率征收。

(c) 竞争需要标准(Competitive Need Clause)：对来自受惠国的某种进口商品，如超过当年所规定的进口额度，则取消下一年度该种商品关税优惠待遇。

(d) 毕业条款(Graduation Clause)：给惠国认为受惠国的国民生产水平和某种产品的出口竞争能力达到一定程度，符合毕业标准而取消对其所享受的普惠制待遇。毕业标准分为两种：产品毕业和国家毕业。如 1989 年美国宣布对亚洲“四小龙”取消普惠制待遇。欧洲联盟 1995 年 1 月 1 日以来实施的新普惠制方案规定，如果某一国的某种产品对欧盟的出口超过普惠制项下总进口的 25%，就达到毕业标准，需分阶段取消普惠制待遇。欧洲近年来宣布我国部分出口产品“毕业”。

强调享受普惠制待遇的受惠产品必须原产于受惠国或在受惠国内经过实质性的加工和制作，以保证普惠制目标的实现和防止普惠制的滥用。原产地规则由原产地标准、直接运输规则和原产地书面证明文件组成。

原产地标准规定来自受惠国的受惠商品必须符合下列条件之一：一是不含任何进口成分，全部由受惠国生产、制造、加工的产品；二是含有进口成分，但经过实质性改变的产品。各国对实质性改变的标准可分为两种：

一是加工标准(Process Criterion)。加工标准是根据受惠国出口制成品的税则号和制成品的税则号有无变化来确定是否发生实质性变化。一般来说，如果制成品的税则号与进口成分的税则号不同，即发生了实质性改变，该产品可享受关税优惠待遇。欧盟、瑞士、挪威、日本等均采用这项标准。

二是增值标准(Value-added Criterion)。又称百分比标准，即根据进口成分或本国成分占出口商品价值的百分比来确定是否发生了实质性变化。澳大利亚、新西兰、加拿大、美国、俄罗斯、波兰、匈牙利和保加利亚等国均采取这一标准。

直接运输规则要求受惠产品必须从受惠国直接运往给惠国，其目的是为了保证原产于受惠国的商品在运输途中不受伪装或再加工。因地理条件的限制或运输困难，受惠商品可以通过邻国领土转运，但必须在海关监管之下。

受惠国要享受普惠制待遇还必须向给惠国提供原产地证明书(Form A)，如表8.1所示。对于Form A要填写正确，符合要求。

我国自1979年开始享受普惠制待遇至今，共有38个给惠国给予我国普惠制待遇，目前普惠制的给惠国有：法国、英国、爱尔兰、德国、丹麦、意大利、比利时、荷兰、卢森堡、希腊、西班牙、葡萄牙、奥地利、芬兰、瑞典、爱沙尼亚、立陶宛、塞浦路斯、拉脱维亚、波兰、匈牙利、斯洛文尼亚、捷克、斯洛伐克、马耳他、瑞士、挪威、日本、加拿大、澳大利亚、新西兰、俄罗斯、白俄罗斯、哈萨克斯坦、乌克兰、土耳其、美国、保加利亚。出入境检验检疫机构是我国政府授权签发普惠制产地证的唯一机构。

我国属于发展中国家，是受惠国之一，我国企业应充分利用普惠制给予的关税优惠来增强本国出口制成品的竞争优势，扩大本国产品的出口，增加出口收益，吸引外商投资，促进本国工业化进程，加速国民经济的增长。

在普惠制的实践中，应注意解决好以下问题：

第一，加大普惠制的宣传，使外贸企业充分认识普惠制对发展中国家外贸企业的作用，使外贸企业自觉、主动的利用普惠制。目前，还有不少外贸企业对普惠制的作用没有认识或者认识不足，外贸企业不能主动地申办和向外商提供普惠制原产地证书；即使提供了证书，也不知道从外商那里获得多少关税减让。因此，我们必须加大普惠制方面知识和作用的宣传，提高外贸企业利用普惠制的自觉性、主动性和利用率。

第二，全面掌握各给惠国的给惠方案，最大限度地利用普惠制。给惠方案一般包括给惠产品范围、关税减免幅度、保护措施、原产地规则、给惠国家名单、有效期等，其中最重要的是给惠产品范围、关税减免幅度和原产地规则。各给惠国在这些方面的规定又不尽相同，因此，我们只有把这些情况弄清楚了，才能做到有的放矢。

第三，提高产品的技术化水平和国产化率，正确使用原产地规则。原产地标准有加工标准和百分比标准。加工标准是根据制成品中包含进口成分的变化来确定进口成分是否发生实质性改变的标准，欧盟、挪威、瑞士、日本等使用这一标准。百分比标准是按照进口成分占制成品的百分比来确定制成品是否发生实质性改变的标准，目前，绝大多数国家都采用这种标准。我国的出口产品只有符合原产地标准的规定才能享有普惠制的关税减免，因此，我国必须在不断提高产品技术水平的基础上，尽量采用国产零部件，加速产品的国有化。

小思考8.2

1. 哪些商品需要原产地证书？
2. 原产地证书的作用是什么？
3. 开立原产地证书的机构种类有哪些？

表 8.1 普惠制原产地证样本

<table>
<tr><td>1. Goods consigned from (Exporter's business name, address, country)</td><td rowspan="2">Reference No.JS7/00033/0046

GENERALIZED SYSTEM OF PREFERENCES
CERTIFICATE OF ORIGIN
(Combined declaration and certificate)
FORM A
Issued in THE PEOPLE'S REPUBLIC OF CHINA
(country)
See Notes overleaf</td></tr>
<tr><td>2. Goods consigned to (Consignee's name, address, country)</td></tr>
<tr><td>3 Means of transport and route (as far as known)</td><td>4. For official use</td></tr>
</table>

5. Item number	6. Marks and numbers of packages	7. Number and kind of packages; description of goods	8. Origin criterion (see Notes overleaf)	9. Gross weight or other quantity	10. Number and date of invoices

<table>
<tr><td>11. Certification
It is hereby certified, on the basis of control carried out, that the declaration by the exporter is correct.

....
Place and date, Signature and stamp of certifying authority</td><td>12. Declaration by the exporter
The undersigned hereby declares that the above details and statements are correct, that all the goods were produced in ....CHINA..........
and that they comply with the origin requirements specified for those goods in the generalized system of Preferences for goods exported to
....
(importing country)

....
Place and date, signature and stamp of authorized signatory</td></tr>
</table>

③ 特惠关税(Preferential Duty)是指对从某个国家和地区进口的全部商品或部分商品,给予特别优惠的低关税或免税待遇,其他国家或者地区不享受这种优惠待遇。特惠关税有的是互惠的,有的是非互惠的。

(3) 特别关税

它是指任何国家或者地区对其进口的原产于某国的货物征收歧视性关税或者给予其他歧视性待遇的,该国的海关对原产于那些国家或者地区的进口货物,可以征收特别关税。征收特别关税的货物品种、税率和起征、停征时间,由该国政府决定,并公布实施。

(4) 进口附加税(Import Surtax)

它是指一些进口国家对进口的商品除征收一般进口税之外,还往往根据某种目的再加征的进口税。进口附加税通常是一种限制进口的临时性措施。其主要目的是:应付国家收支危机,维持进出口平衡;防止外国商品低价倾销;对某个国家实行歧视或者报复政策。如1971年8月15日,美国为了应付国际收支危机,实行新经济政策,宣布对外国商品的进口一律征收10%的进口附加税,以限制商品的进口。进口附加税主要有反补贴税、反倾销税和差价税。

① 反补贴税(Counter-vailing Duty)是指对进口商品在生产、制造、加工、买卖、运输及出口过程中,直接或间接地接受任何形式的补贴或奖金,不管是来自它们的政府,还是来自垄断组织或同业公会。反补贴的税额一般按贴补额或奖金的数额征收。征收这种税的目的在于提高进口商品的成本,抵消其所享受的补贴金额,迫使它提高价格,削弱其在进口国市场上进行低价竞争的能力。

有关反补贴税方面的规定主要有以下几点:

(a) 反补贴税一词应理解为:为了抵消商品于制造、生产或输出时所直接或间接接受的任何奖金或补贴而征收的一种特别关税。当补贴的后果会对国内某项已建的工业造成重大损失,或产生重大威胁,或在严重阻碍国内某一工业的建立时,才能征收反补贴税。反补贴税的征收额度不得超过"补贴数额"。

(b) 对于受到补贴的倾销商品,进口国不得同时对它既征收反倾销税又征收反补贴税。

(c) 在某些例外情况下,对于如果延迟将会造成难以补救的损害的货物,进口国可以在未经缔约国全体事前批准的情况下征收反补贴税,但应立即向缔约国全体报告,如未获批准,这种反补贴税应立即予以撤销。

(d) 对产品在原产国或输出国所征的捐税,在出口时退还或因出口而免税,进口国对这种退税或免税不得征收反补贴税。

(e) 对初级产品给予补贴以维持或稳定其价格而建立的制度,如符合该项条件,不应作为造成了重大损失来处理。

② 反倾销税是指对实行商品倾销的进口货物所征收的一种进口附加税。其目的是为了抵制外国商品倾销,保护本国产业和国内市场,或借"反倾销"调查的名义,故意拖延时间,阻止进口商品的合理贸易。倾销是指以低于正常价格输入到另一国商业领域的产品。正常价格是指供输出国消费的同种产品,通常交易的可能比较的价格;或者如果没有这样的价格,正常价格是输出到第三国的同种产品,通常交易的可能比较的最高价格;或者原产国产品的生产成本,加上适当的销售费用以及利润。

按照关贸总协定的有关规定,构成倾销要具备三个条件:一是需要有足够的证据证明进口产品构成了倾销;二是对进口国相同或类似产品的产业造成了实质性的损害;三是倾销与所称损害间存在着因果关系。

反倾销是指某一产品以倾销方式,使得输入国的国内产业蒙受损害,输入国可以征收不超过倾销差额的反倾销税。倾销行为停止,反倾销税的征收也应停止。

对某一产品,只有在进行价格比较后才能确定其为倾销品。价格比较分为三种情况:该产品的进口价格与该产品在其出口国国内市场上的价格相比;如果该产品不是出口国的原产地产品,则可与该产品相似的产品在出口国市场上的销售价格,或该产品在原产地国国内市场的销售价格相比;如果出口国无相似产品可比较,或没有这种产品的正常价格可比较,则可与该产品出口到第三国的价格相比较,或与该产品原产地国的生产成本加上合理的管理费、销售费、利润以及其他合理费用后的总费用相比较。经过比较,当该产品的进口价格低于被比较价格时,才能确定其为倾销产品。

另外,必须用事实来说明倾销对进口国造成了损害。这种损害是指对进口国的某项工业造成实质性损害,或产生实质性损害威胁,或妨碍进口国某项新兴工业的建立。对倾销的确立和反倾销税的征收,有严格的立案、调查和处理程序。按照关贸总协定的有关规定,反倾销税的税额不应超过该产品的"倾销差额"。有些国家规定,在满足一定条件的情况下,在最终确定倾销之前,可以先征收与反倾销税作用相当的暂定关税。

我国征收外国商品反倾销税的程序包括申诉、立案、调查、裁决、复审等阶段。如图 8.1 所示。

第一步,申诉。反倾销调查的启动一般应由进口方受到损害的行业或其代表向有关当局提交书面申请,这是反倾销调查的必要条件。一般情况下,进口方当局不会主动发起反倾销调查。进口方受到损害的行业或其代表向有关当局提交的申诉书应包括以下内容:申请人的身份、产品产量与价值、被指控产品所属国家及相关企业名称、被指控方产品在其国内的价格等。

第二步,立案。进口方当局在确认申诉材料真实可靠并决定立案后,就要通知其产品遭到调查的成员方和调查当局所知道的有利害关系的各方,并予以公告。向被调查方发出的通知应当列明应诉材料的送达地点及时限等。

第三步,调查。进口方当局在一定时限内,对被告方的产品倾销幅度、对国内行业的损害以及两者之间的因果关系进行调查核实。一般情况下,反倾销调查应在 1 年内结束,无论发生何种情况,不得超过 18 个月。在调查中,当事各方必须以书面形式提供证据,即使是听证会的口头辩论,事后也必须提交书面材料。给被诉方发出的调查表,要至少给予 30 天的期限回答问题(以发出之日起的 7 天为送达)。在调查期间,各利害关系方有权举行听证会为其利益辩护。为证实所提供信息的准确性,进口方当局可以在其他成员方境内进行现场调查。如果有关利害方不提供资料或者阻碍调查的进行,进口方当局可依据提起反倾销调查申诉的一方提供的资料作出裁决。调查当局有义务听取被诉倾销产品的用户及消费者发表评论。

第四步,裁决。裁决包括初裁与终裁。初裁是指在完全结束调查之前,调查当局如果初步肯定或否定有关倾销或损害的事实,可以对相关产品采取临时措施(临时措施只能在反倾销调查开始之日起 60 天后才能采取,实施期限一般不超过 4 个月,最长不超过 9 个月)。终裁是指调查当局最终确认进口产品倾销并造成损害,从而对其征收反倾销税。如果征收反倾销税,数额不得超过倾销幅度,可以征收反倾销税直至抵消倾销损害,但最长不超过 5 年。反倾销税一般不能追诉征收。但是,为了防止出口方在调查期间抢在进口方采取措施前大量出口倾销产品，反倾销守则也规定了在确定发生上述情况时，进口方当局可以对那些临时措施生效前90天内进入消费领域的产品追诉征收最终反倾销税。

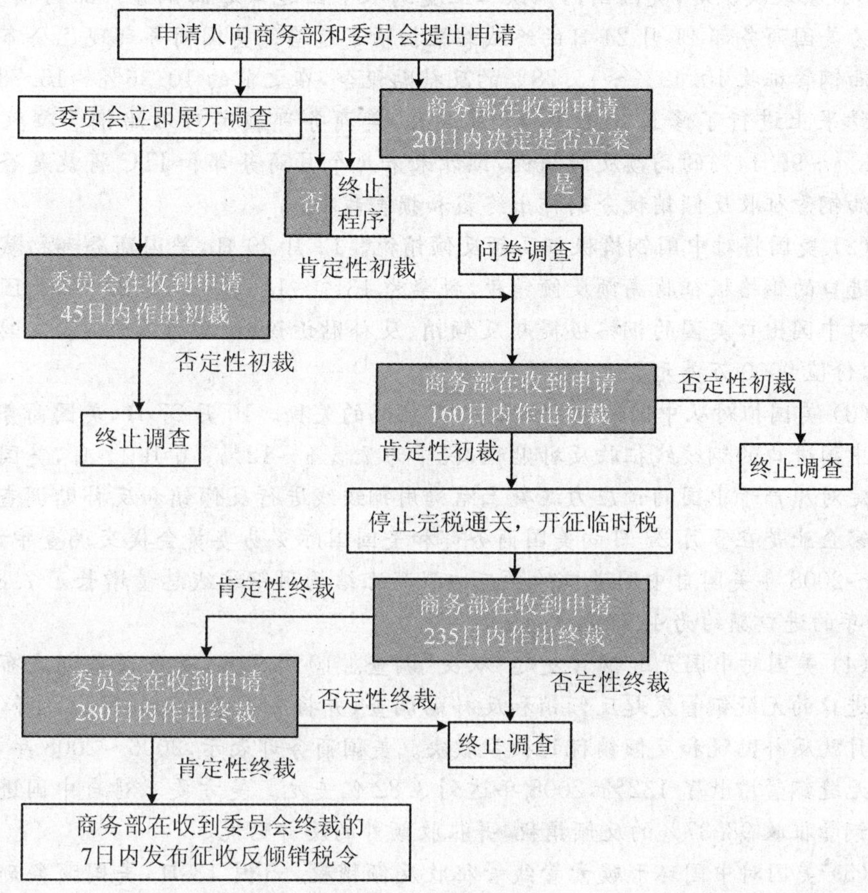

图 8.1　反倾销调查程序

第五步，行政复审。反倾销税实行一段合理时间后，对于是否继续征收，进口方当局可以主动或应当事人的要求进行行政复审，以确定是否继续或中止征收反倾销税或价格承诺。在进口方当局初步确认存在倾销、损害及其因果关系后，如果出口商主动承诺提高有关商品的出口价格或者停止以倾销价格出口，并且得到进口方当局的同意，那么反倾销调查的程序可以暂时中止或终止。

国际对华钢材反倾销案例

2009年，国际方面对中国钢铁反倾销案共计21例，主要集中在美国和欧盟，美国7起，欧盟4起，俄罗斯3起，印度3起。从品种上看，中国的钢管产品又成为各国主要的反倾销对象，总计有12起之多，未来中国钢管的出口环境将受到严峻的威胁和挑战。

(1) 美国对中国石油钢管征收反补贴税。12 月 30 日，美国国际贸易委员会(ITC)投票表决认定，美国国内钢铁工业受到从中国进口石油钢管产品的损害，该裁决为美国商务部 11 月 24 日的终裁结果扫清了道路。美国商务部现已公布对中国石油钢管征收 10.49%～15.78%的反补贴税令，在之前的 10.36%～15.78%的裁决结果上进行了修正。此外，11 月 5 日，美商务部裁定对石油钢管征收税率 36.53%～99.14%的高额反倾销税，预计未来几个月商务部和 ITC 将就是否对中国石油钢管征收反倾销税分别作出终裁和损害裁决。

(2) 美国将对中国钢格板征高额反倾销税。12 月 29 日，美国商务部初裁对从中国进口的钢格板征收高额反倾销税，税率为 13%～145%。5 月 29 日，美国两家企业对中国出口美国的钢格板提起反倾销、反补贴诉讼，此案涉及 18 家中国钢铁企业，价值 9000 万美元。

(3) 美国拟对从中国进口钢绞线征收 12%的关税。10 月 27 日，美国商务部拟向从中国进口的钢绞线征收反补贴税，税率为 7.5%～12%。6 月 17 日，美国商务部决定对原产于中国的预应力混凝土结构用钢绞线进行反倾销和反补贴调查。美国三家企业是在 5 月 27 日向美国商务部和美国国际贸易委员会提交调查申请的。2007～2008 年美国自中国进口的预应力混凝土结构用钢绞线总量增长了 7.83%，2008 年的进口额约为 1.78 亿美元。

(4) 美国对中国无缝钢管发起“双反”调查。10 月 7 日，美国商务部宣布对从中国进口的无缝钢管发起反倾销和反补贴调查，并将分别于 2009 年 12 月和 2010 年 2 月就反补贴税和反倾销税的初步裁决。美国商务部表示，2006～2008 年，中国输美无缝钢管增长了 132%，2008 年达到 3.82 亿美元。美方要求对自中国进口的无缝钢管征收 98.37%的反倾销税，并征收额外的反补贴税。

(5) 美国对中国环形碳素管线管征收反倾销税。5 月 13 日，美国商务部决定对进口自中国的环形碳素管线管实施反倾销税令。4 月 23 日，美国国际贸易委员会最终裁定，美国国内产业遭受中国环形碳素管线管产品的实质损害或实质损害威胁，为 3 月 24 日商务部的终裁即征收 73.87%～101.10%的反倾销税扫清道路。2008 年 4 月 28 日，美国商务部对进口自中国的环形碳素管线管进行反倾销立案调查。

(6) 欧盟对华钢铁制紧固件作出反倾销终裁。2009 年 1 月 31 日，欧盟委员会发布公告，对原产于中国的钢铁制紧固件作出反倾销终裁。在本案中，欧盟选择印度作为计算中国涉案产品正常价值的替代国。在本案中，有 123 家中国企业应诉，但其中没有企业获得市场经济待遇。

(7) 欧盟对华盘条作出反倾销初裁。2009 年 2 月 7 日，欧盟对原产于中国、土耳其和摩尔多瓦的盘条作出反倾销初裁。但由于自土耳其进口的涉案产品未对欧盟成员国内产业造成实质性损害，因此未对其采取临时反倾销措施。在本案中，欧盟选择土耳其作为计算中国和摩尔多瓦涉案产品正常价值的替代国。有两家中国企业应诉：① 湖南华菱湘潭钢铁有限公司；② 湖南香港 Huaguang 盘条有限公司。

(8) 阿根廷对华低碳钢焊接链条采取反倾销措施。2009年2月12日，阿根廷生产部贸易管理及政策副国务秘书处发布第42号决议，宣布结束对原产于中国的低碳钢焊接链的反倾销调查并发布终裁，裁定对中国涉案产品采取1.83美元/千克的FOB最低限价措施。上述措施自2009年2月13日开始实施，有效期5年。

(9) 美国对华不锈钢焊接压力管作出反倾销产业损害裁决。2009年2月19日，美国国际贸易委员会发布通知，对原产于或出口自中国的不锈钢焊接压力管作出肯定性反倾销产业损害裁决。根据美国国际贸易委员会的肯定性损害裁决，美国海关将按照商务部最终裁定的倾销幅度(10.53%～55.21%)对原产于中国的涉案产品征收反倾销税。

(10) 美国对华不锈钢焊接压力管作出反补贴产业损害裁决。2009年2月19日，美国国际贸易委员会发布通知，对原产于或出口自中国的不锈钢焊接压力管作出肯定性反补贴产业损害裁决。根据美国国际贸易委员会的肯定性损害裁决，美国海关将按照商务部最终裁定的补贴率对原产于中国的涉案产品征收反补贴税(补贴率为1.10%～299.16%)。

(11) 哥伦比亚对华螺丝螺母作出反倾销终裁。2009年3月10日，哥伦比亚贸易、工业和旅游部外贸司贸易实践副司函告中国驻哥伦比亚使馆李长华大使，通告其对原产于中国的螺丝螺母作出反倾销终裁，具体内容为：① 哥伦比亚对税则号为73181590.00的碳钢或合金钢螺钉(直径为0.125～1英寸，或3～25毫米)，以及带螺纹的螺钉(直径最长为4英寸)，如报关FOB价低于1.31美元/千克，则反倾销税为1.31美元/千克与报关FOB价之间的差额。② 哥伦比亚对税则号为73181600.00的碳钢螺母(直径为0.25～1英寸，或6～20毫米)，以及六角形螺母不征收最终反倾销税。

(12) 美国对华环形碳素管线管作出反倾销终裁。2009年3月24日，美国商务部发布公告，对原产于中国的环形碳素管线管作出反倾销终裁。2008年11月6日，美国商务部对该案作出初裁，裁定中国涉案企业的倾销幅度为67.83%～81.52%。

(13) 美国对华钢制螺杆作出反倾销损害裁决。2009年3月26日，美国国际贸易委员会发布公告，对进口自中国的钢制螺杆作出肯定性反倾销产业损害裁决。美国国际贸易委员会的6位委员经投票一致认定，进口自中国的钢制螺杆的倾销行为给美国国内产业造成了实质性损害或实质性损害威胁。根据美国国际贸易委员会的肯定性损害裁决，美国海关将按照商务部最终裁定的倾销幅度对原产于中国的涉案产品征收反倾销税。

(14) 印度对华不锈钢冷轧平板作出反倾销初裁。2009年3月27日，印度商工部对原产于中国、日本、韩国、欧盟、南非、中国台湾、泰国和美国的不锈钢冷轧平板作出反倾销初裁。

(15) 美国对华钢制螺杆发布反倾销征税令。2009年4月14日，美国商务部发布公告，决定对进口自中国的钢制螺杆实施反倾销税令，税令自发布之日起生效。2008年3月6日，美国商务部对进口自中国的钢制螺杆进行反倾销调查，涉案产品海关编码为73181550.60。2009年2月27日，美国商务部对该案作出终裁，裁定中国涉案企业的倾销幅度为55.16%～206%。2009年4月6日，美国国际贸易委员会中国涉案产品作出肯定性产业损害裁决。

(16) 印度对热轧板卷材作出保障措施初裁。2009年4月23日，印度对热轧板卷材作出保障措施初裁：对涉案产品加征最高20%的临时保障措施税。涉案产品海关编码为7208。在本案中，印度财政部向如下中国企业发放了调查问卷：武汉钢铁股份有限公司、鞍山钢铁集团、包头钢铁(集团)有限责任公司、唐山市宏忠钢铁有限公司和北京首钢股份有限公司。2009年4月9日，印度财政部对热轧板卷材进行保障措施立案调查。

(17) 阿根廷对原产于中国的管道附件实施临时反倾销措施。2009年4月29日，阿根廷生产部发布第154号决议，对原产于中国的管道采取FOB离岸价格每公斤3.94美元的临时最低限价措施。该措施从5月7日生效，有效期4个月。

(18) 欧盟对华预应力非合金钢丝和钢绞线作出反倾销终裁。2009年5月13日，欧盟委员会发布公告，对原产于中国的预应力非合金钢丝和钢绞线作出反倾销终裁。2008年2月16日，欧盟委员会对原产于中国的预应力非合金钢丝和钢绞线进行反倾销调查。2008年11月15日，欧盟委员会对该案作出初裁，裁定中国涉案企业的倾销幅度为2.1%～52.2%。

(19) 美国对华环形碳素管线管发布反倾销税令。2009年5月13日，美国商务部发布公告，决定对进口自中国的环形碳素管线管实施反倾销税令，税令自发布之日起生效。这是美国对中国出口产品发起的第10起双反调查，涉案金额约为1.65亿美元。2008年4月28日，美国商务部对进口自中国的环形碳素管线管进行反倾销调查。2009年3月31日，美国商务部对该案作出终裁，裁定中国涉案企业的倾销幅度为73.87%～101.10%。2009年4月23日，美国际贸易委员会最终裁定，美国国内产业遭受中国环形碳素管线管产品的实质损害或实质损害威胁，6名委员均投票支持上述肯定性损害裁定。

(20) 俄罗斯对进口自中国的大口径钢管加征关税。2009年5月14日，《俄罗斯商业咨询日报》报道，俄罗斯政府决定对中国生产的508毫米以上大口径钢管征收8%的特别关税。此决定于5月8日通过，有效期为2009年6月13日～12月21日。俄政府此举意味着将中国与发达国家等同视之。俄罗斯从2006年12月起，对来自发达国家的大口径钢管征收8%的特别关税，有效期为3年，中国等发展中国家当时不在受限制之列。

(资料来源：百度文库)

③ 差价税(Variable Levy)是指当进口外国某种商品的价格低于本国生产的同种商品的价格时，海关在征收正常进口关税之外，再对进口商品加征以国内外价格差额为限度的一种进口附加税。其目的是为了抵消进口商品在价格竞争方面的优势。差价税的征收数额为国内某种商品价格与国外同种商品价格的差额；差价税是一种滑动关税，因为它是随着某种商品国内外价格差额的变动而变动的。

知识拓展 8.4

差价税案例——欧共体国家对农产品进口征收的关税

欧共体成立后为促进本地区农业的发展和保护农场主的利益，实施共同农业政策(CPA)，制定了农产品的目标价格(Target Price)，作为干预农产品市场标准，目标价格高于世界市场价格。为了免受外来低价农产品的冲击，欧共体对农产品实行差价税。具体做法是，用目标价格减去从内地中心市场到主要进口港的运费，确定可接受的最低进口价格，称为门槛价格(Threshold Price)。然后计算农产品从世界主要市场运至欧共体主要进口港的成本加运费、加保费价(CIF)，通过比较确定差价税的征收幅度：

$$差价税=门槛价格-CIF$$

(资料来源：搜搜百科)

2. 出口税

出口税(Export Duties)是对本国商品出口时所征收的关税。在18世纪以前，出口税是最主要的一种关税，是一国财政收入的重要来源。但因为征收出口税会导致本国商品出口后在国外的售价提高，从而降低了出口商品在国外市场的竞争能力，不利于扩大出口，所以目前发达国家大多不征收出口税。但有些国家，主要是一些发展中国家，现在仍对某些商品征收出口税，目的在于保证本国市场的供应，或是为了保证其财政收入。我国也对一小部分商品征收出口税。

知识拓展 8.5

2012 年我国下调成品油等进出口关税

自 2012 年 1 月 1 日起，我国进出口关税进行部分调整，进出口关税总数增至 8194 个，对 730 多种商品实施较低的进口暂定税率。

主要分为 5 大类：

· 能源资源性产品：包括煤炭、焦炭、成品油、大理石、稀土等。

· 发展高端装备制造、新一代信息技术、新能源汽车等战略性新兴产业所需的关键设备和零部件：包括喷气织机、涡轮轴航空发动机、高压输电线等。

· 农业生产资料：包括大马力拖拉机、大型收割机、农药原料、化肥、动物饲料等。

· 用于促进消费和改善民生的日用品：包括冷冻海鱼、特殊配方婴儿奶粉、婴儿食品、护肤品、烫发剂、餐具、厨房用具等。

· 与公共卫生相关的产品：包括疫苗、血清、人工耳蜗、X光片等。

（资料来源：中国财政部公告）

3. 过境税

过境税(Transit Duties)是对经过本国国境或关境运往另一国的外国货物所征收的关税。由于过境货物对本国市场和生产没有影响，而且外国货物过境时，可以使铁路、港口、仓储等方面从中获得一些益处，因此目前世界上大多数国家不征收过境税，仅在外国货物通过本国国境或关境时，征收少量准许费、印花费、签证费、统计费等。我国海关不征收过境税。

8.2.2 根据关税征收方法的不同分类

1. 从量税

从量税(Specific Duties)是指以商品的计量单位为标准计征的关税。商品计量主要有重量、数量、容量、长度、面积、体积等。征收从量税，大部分是以商品的重量来征收的。商品的净重、毛重和法定重量都可以作为关税的计征重量。从量税的计征公式为

从量税额＝商品计量总量×每单位从量税额

计征从量税，对于一般性商品来说还是比较方便的，只需核对商品的名称和数量，容易计算，并能起到抑制廉价商品或故意低瞒报价商品的进口。但随着商品的种类、规格日益繁杂，商品的分类也比较困难，这给计征从量税带来的不便；另外，对同一税目下的商品，不论质量好坏，价格高低，均按同一税率征收，因此税负不太合理。由于单位税额是固定的，不能随着价格的变动而及时调整。特别是在物价上涨时，关税相对降低，其保护作用和财政作用有所减弱。因此，现在大多数国家普遍采用从价税的方法征收关税。

2. 从价税

从价税(Ad Valorem Duties)是以进口商品的完税价格为标准计征的关税。完税价格是经海关审定作为征收关税的货物价格，其税率为完税价格的百分率。从价税的计算公式为

从价税额＝商品的完税价格总额×从价税率

从价税具有征收简单、税率明确、税负公平以及在商品价格上涨时即可增加财政收入、又可起到保护贸易作用的优点。但计征从价税有一个较为复杂的问题，就是进口商品完税价格的确定。完税价格有正常价格和海关估价两种。正常价格是指独立的买卖双方在自由竞争条件下成交的价格。当发票金额与正常价格一致时，即以发票价格作为完税价格；若发票价格低于正常价格时，则根据海关估定的价格作为完税价格。海关估价就是海关估算的价格。海关估算的价格可以参照同类国家在同一时期内同类商品的出口价格，或者同类商品在国内的销售价减去有关税收和费用的价格，也可以参照原产国的以生产成本、合理的推销费用和利润为基础的估算价格。也有些国家以到岸价(CIF)或离岸价(FOB)作为完税价

格。我国以CIF价作为完税价格。

3. 混合税

混合税(Mixed or Compound Duties)是指对某种进口商品,同时采用从量税和从价税相结合征收的一种方法。混合税的计算公式为

混合税额=从量税额+从价税额

混合税分为两种,一种是以从量税为主加征从价税,另一种是以从价税为主加征从量税。

4. 选择税

选择税是对于一种进口商品同时定有从价税率和从量税率,征收时选择其中税额较高的一种征收。但是,为了鼓励某种短缺的进口商品,有时也选择其中税率低的征收。

知识拓展 8.6

选择税的案例——2013年尿素出口关税调整对比

与2012年尿素出口关税细则进行对比,可以发现,2013年实施的尿素出口关税方案有以下几个方面的调整:① 2013年旺季特别出口关税保持在75%;但普通出口关税由原来的固定值35%,变动为分档征收,征收条件及数量同淡季出口关税征收方式。② 出口基准价格由此前的2.1元/公斤上升至2.26元/公斤。③ 当出口价格不高于基准价格时,征收税率由此前的7%下调至2%。

(资料来源:李琳琳."2013年关税实施方案"点评:出口关税调整,有利相关肥企业绩改善[N].中原证券,2012-12-19.)

8.2.3 海关税则

1. 海关税则的定义

海关税则(Customs Tariff)又称关税税则,是一国对进出口商品计征关税的规章和对进出口的应税与免税商品加以系统分类的一览表,是征收关税的依据。

关税税率表主要包括:税则号列、货物分类、货品名称、计算单位、税种、税目和税率。

2. 海关税则的种类

(1) 单式税则和复式税则

关税税则根据税率有无区别,可分为单式税则和复式税则。

① 单式税则。

单式税则(Single Tariff)又称一栏税则。这种税则,一个税目只有一个税率,对来自任

何国家的商品一律适用,没有差别对待与歧视待遇。在资本主义自由竞争时期,各国都实行单式税则。到了垄断资本主义时期,很多国家为了在关税上实行差别与歧视待遇,或争取关税上的互惠,都将单式税则改为复式税则。

② 复式税则。

复式税则(Complex Tariff)又称多栏税则。这种税则,是在一个税目里有两个或两个以上的税率。对来自不同国家的进口商品,可适用不同的税率,实行差别待遇和贸易歧视政策。复式税率是由发达资本主义国家先搞起来的,后来许多发展中国家为了保护本国的权益,也只好跟着实行复式税则。复式税则中,普通税率(或称为一般税率)是最高税率,特惠税率是最低税率。在这些税率之间,还有最惠国税率、协定税率、普惠制税率等。目前大多数国家都采用2栏、3栏、4栏甚至5栏的不同的多栏税则。如欧盟就实施5栏税则:第一栏是特惠税则,实施对象是欧盟的联系国,即签订洛美协定的非洲、太平洋及加勒比地区的65个国家或地区,还有根据欧盟与土耳其、摩洛哥、突尼斯等签订的协定,对于这些国家的部分产品的进口,给予特惠关税;第二栏是协定国税率,实施对象是与欧盟签订了优惠贸易协定的国家,如以色列、瑞士等;第三栏是普惠制税率,实施对象是77国集团及其他发展中国家;第四栏是最惠国税率,实施对象是世界贸易组织成员国及与欧盟签有双边最惠国待遇协定的国家;第五栏是普通税率,也就是最高税率,实施对象是上述国家以外的国家和地区。

(2) 自主税则和协定税则

税则依据制定者和权限的不同,可分为自主税则和协定税则。

① 自主税则。

自主税则(Autonomous Tariff)又称国定税则,是指一国有权自主单独的制定和变更的税则。该税则适用于没有签订关税贸易协定的国家。

② 协定税则。

协定税则(Conventional Tariff)是指一国与其他国家或地区通过贸易与关税谈判,以贸易条约或协定的方式确定的关税率。这种关税率一国是无权加以变更的。一般来说,协定税率要低于自主税率。协定税率适用于签订了关税贸易协定的国家。

利用高额关税壁垒将外国大量出口商品挡在国门之外的有效前提是,世界未发生经济危机或者出口国的政府对出口商在经济上未给予支持。一旦发生了经济危机或出口国的政府为占领国外市场,而在经济上不惜代价的给出口商予以支持的话,那么关税壁垒的作用也就大大的减弱或者消失了。

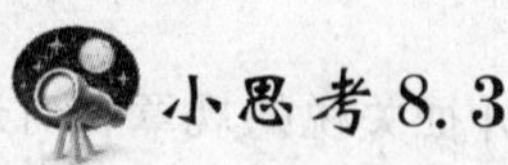

已知:某国进口手表6000只,完税价格为每只90美元,手表从价税率15%,从量税每只13美元,该国货币与美元的比较为1美元等于6.5元。问:从量税额为多少美元?混合税额应为多少美元?从价税额按该国货币计算应为多少元?

8.3　关税的征收

8.3.1　关税的征收程序

关税的征收程序即通关手续，又称报关手续，是指进出口商向海关进行进出口的申报，接受海关的监督和检查，履行海关规定的相关手续。通关手续通常包括申报、查验、缴税、放行四个基本环节。具体来说，是指进出口商在进行商品的进出口申报时，在海关规定的时间内向海关申报，提交进出口货物的报关单、发票及相关证明，接受海关的查验，海关按照有关法令和规定，查验审核相关单证和货物，审核无误后，计算进出口税额，下发税款缴款通知书。进出口商应在海关规定的时间内，完成纳税手续，最后，海关在相关单证上签证、放行。

一般情况下，进口商应在运输工具进境的14个工作日内，向海关申报。对于鲜活易腐商品，如鲜花、鲜水产等，如果进口商要求立刻从海关提出，可以在货到之前办理提货手续，并预交一笔进口税，到次日正式结算进口税。如果进口商想延期提货，可办理存栈报关手续，然后再把货物存入保税仓库，暂不缴纳进口税。在存仓期间，货物可再出口，不需付进口税，但如果运往该国国内市场销售，在提货前需办理通关手续。进口税款用本国货币缴纳，如果使用外币，可按当时外国汇率折算。货物运到时，如果发现货物“缺失”一部分，可以扣除不足部分的进口税。

进口货物运到后，进口商在规定的日期内如果没有办理通关手续，海关有权把货物存入候领货物仓库，进口商负责一切责任和费用。在规定期限内，如果存仓货物仍未办理通关手续，海关可以根据规定进行处理。

海关通关手续办理时间的长短，常常会影响货物进入市场后的价格与销路，客观上起到限制或鼓励进出口的作用。

8.3.2　完税价格的确定

进出口货物完税价格（Duty-paid Value；Customs Value）：是海关对进出口货物征收从价税时审查估定的应税价格，是凭以计征进出口货物关税及进口环节代征税税额的基础。

1. 我国海关审价的法律依据

海关审价的法律依据（三个层次）：① 法律层次：《海关法》；② 行政法规层次：《关税条例》；③ 部门规章层次：《审价办法》《征管办法》。

2. 进口货物完税价格的审定

海关确定进口货物完税价格的方法包括以下六种：进口货物成交价格法；相同货物成交

价格法;类似货物成交价格法;倒扣价格法;计算价格法;合理方法。这六种方法必须依次采用,但如果进口货物纳税义务人提出要求,经海关同意,可以颠倒倒扣价格法和计算价格法的适用次序。

(1) 进口货物成交价格法

要确定一般进口货物的完税价格:由海关以该货物的成交价格为基础审查确定,并应包括货物运抵中华人民共和国境内输入地点起卸前的运输及相关费用(装运费、搬运费等)、保险费。货物的成交价格是指卖方向中华人民共和国境内销售该货物时买方为进口该货物向卖方实付、应付的,并按有关规定调整后的价款总额,包括直接支付的价款和间接支付的价款。值得注意的是:成交价格不完全等同于贸易中实际发生的发票价格,需要按有关规定进行调整,还应考虑价格调整因素。

知识拓展 8.7

成交价格必须具备以下四个条件,否则不能适用成交价格方法:

① 买方对进口货物的处置权和使用权不受限制。

有下列情形之一的,视为买方对进口货物的处置权或者使用权受到了限制:

A. 进口货物只能用于展示或者免费赠送;

B. 进口货物只能销售给指定第三方;

C. 进口货物加工为成品后只能销售给卖方或者指定第三方;

D. 其他经海关审查,认定买方对进口货物的处置或者使用受到限制的。

② 进口货物的价格不应受到导致该货物成交价格无法确定的条件或因素的影响。

有下列情形之一的,视为进口货物的价格受到了影响:

A. 进口货物的价格是以买方向卖方购买一定数量的其他货物为条件而确定的(搭售);

B. 进口货物的价格是以买方向卖方销售其他货物为条件而确定的(互购);

C. 其他经海关审查,货物价格受到使该货物成交价格无法确定的条件或因素影响的。

③ 卖方不得直接或间接地从买方获得因转售、处置或使用进口货物而产生任何收益,除非该收益有具体量化的数据。

④ 买卖双方之间没有特殊关系,或虽有特殊关系但不影响成交价格。

(资料来源:报关员考试大纲)

(2) 相同及类似货物成交价格法

不能采用成交价格方法时,则按顺序考虑采用相同或类似进口货物成交价格方法。

"相同货物":指进口货物在同一国家或者地区生产的,在物理性质、质量和信誉等所有方面都相同的货物,但是表面的微小差异允许存在。

"类似货物":指与进口货物在同一国家或者地区生产的,虽然不是在所有方面都相同,但是却具有相似的特征、相似的组成材料,相同的功能,并且在商业中可以互换的货物。

相同或类似货物成交价格的认定具有时间要素,是指"相同货物"或"类似货物"必须与进口货物同时或大约同时进口，其中同时或大约同时进口是指进口货物接受申报之日的前后各45天以内。关于相同及类似货物成交价格法的运用，首先应使用和进口货物处于相同商业水平、大致相同数量的相同或类似货物的成交价格，应优先使用同一生产商生产的相同或类似货物的成交价格。

(3) 倒扣价格法

倒扣价格法是指以进口货物、相同或类似进口货物在境内第一环节的销售价格为基础，扣除境内发生的有关费用来估定完税价格。所谓第一环节，是指有关货物进口后进行的第一次转售，且转售者与境内买方之间不能有特殊关系。

用以倒扣的上述销售价格应同时符合以下条件：在被估货物进口时或大约同时(进口货物接受申报之日的前后各45天以内)，将该货物、相同或类似进口货物在境内销售的价格、按照该货物进口时的状态销售的价格、在境内第一环节销售的价格、向境内无特殊关系方销售的价格；按照该价格销售的货物合计销售总量最大。

倒扣价格方法必需的倒扣项目：在境内第一环节销售时通常支付的佣金或利润和一般费用；货物运抵境内输入地点之后的运保费；进口关税以及在境内销售有关的国内税；加工增值额。

(4) 计算价格法

计算价格法为第五种估价方法，但如果进口货物纳税义务人提出要求，并经海关同意，计算价格方法可以与倒扣价格方法颠倒顺序使用。以发生在生产国或地区的生产成本作为基础。

(5) 合理方法

运用合理方法估价时，首先应当依次使用前5种估价方法。当海关不能根据前面5种估价方法确定完税价格时，根据公平、统一、客观的估价原则，以客观量化的数据资料为基础审查确定进口货物完税价格的估价方法。

合理估价方法，实际上不是一种具体的估价方法，而是规定了使用方法的范围和原则。

8.4 关税措施对国家贸易的影响

8.4.1 征收关税对世界贸易的发展具有大影响

当世界上主要国家普遍提高关税和加强非关税壁垒时，不仅这些国家的进出口商品的数量要减少，而且由于相互影响、相互作用的结果，将进一步使进口商品的数量减少，影响国际贸易的发展。在其他条件不变的情况下，世界主要国家关税税率的增减程度或非关税壁垒的加强程度与国际贸易的发展速度成反比关系。

8.4.2 征收关税影响进出口的结构和地理方向

关税壁垒和非关税壁垒在一定程度上影响国际贸易商品结构和地理方向的变化。发达资本主义国家工业制成品进口关税下降幅度超过农产品，工业制成品受非关税壁垒的影响程度小于农产品；发达资本主义国家之间的关税下降幅度超过对发展中国家和社会主义国家的关税下降幅度；发展中国家和社会主义国家对外贸易受发达国家非关税壁垒的影响程度超过发达资本主义国家本身。这种差异是使战后制成品贸易的增长快于农产品贸易的增长、发达资本主义国家间贸易的增长超过它们与发展中国家和社会主义国家之间贸易的增长的重要原因。

8.4.3 征收关税影响进出口商品的价格、生产和销售

1. 引起商品价格上涨，使消费者蒙受损失

征收关税以后，进口商品的价格提高；而非关税措施限制进口，使进口商品的数量减少，在其他条件不变的情况下，也会引起进口商品价格的上涨。国内相同产品的价格也会随之提高，使消费者支出增加。

2. 增加国家的财政收入

不论是财政关税还是保护关税，都有增加国家财政收入的作用。关税收入在国家财政收入中的比重虽已大为降低，但它仍然是发展中国家财政收入的重要来源之一。

3. 保护国内的产业和市场

对进口商品征收关税后，加大了进口商品的成本，削弱了它与国内同类商品的竞争能力，影响了进口商品的销售，从而起到了保护国内产业和市场的作用。进口商品价格上涨，会带动国内同类产品价格的提高，给有关厂商带来更多的利润。

对出口国来说，进口国征收进口税，会影响到出口商品数量的减少和价格的下跌，使出口国遭受损失。

8.4.4 征收关税影响一国的国际收支和贸易差额

当一国出现严重的贸易入超和国际收支逆差时，如果广泛采取提高进口关税等限制进口措施，可能会暂时抑制进口，缩小贸易逆差和改善国际收支；如果仍然采取降低进口关税扩大进口措施，可能会暂时鼓励进口，扩大贸易逆差和恶化国际收支。

本章小结

本章首先介绍了关税和关税税则方面的基本知识,进而介绍了各国限制商品进口的鼓励商品出口的主要措施,以及协调国际贸易的条约、协定和WTO有关方面的内容。关税根据国际贸易商品流向的不同,可分为进口税、出口税和过境税。其中,进口税根据不同的情况又分为普通进口税、优惠进口税(包括最惠国关税、普惠税、特惠关税)、特别关税和进口附加税(包括反补贴税、反倾销税、差价税)。根据关税征收方法的不同,可分为从量税、从价税、混合税和选择税。关税税则根据税率有无区别可分为单式税则和复式税则;根据制定者和权限的不同,可分为自主税则和协定税则。

基本概念

关税　关税壁垒　进口税　最惠国关税　普惠税　特惠关税　进口附加税

复习思考题

一、单项选择题

1. 某国与别国缔结关税同盟协议,此时该国的(　　)。
   A. 国境大于关境　　B. 国境小于关境
   C. 国境等于关境　　D. 国境和关境两者没有关系
2. 在多栏税则中属最优惠关税是(　　)。
   A. 普惠制税率　　B. 最惠国税率　　C. 特惠税率　　D. 普通税率
3. 按关税税基分类,进口关税一般包括从价税、从量税、混合税和(　　)。
   A. 反贴补税　　B. 反倾销税　　C. 选择税　　D. 进口税
4. 发达国家对来自发展中国家的初级产品主要采取(　　)方式征收进口关税。
   A. 从价税　　B. 从量税　　C. 混合税　　D. 选择税
5. 美国给予中国永久性正常贸易待遇,同下面的(　　)最接近。
   A. 国民待遇　　B. 最惠国待遇　　C. 普惠制待遇　　D. 特惠制待遇
6. 目前我国海关税则目录采用的是(　　)。
   A. 关税合作理事会税则目录
   B. 联合国《国际贸易标准分类目录》
   C. 商品分类协调编码制度
   D. 自行制定的目录
7. 普惠制的主要特点是(　　)。
   A. 普遍的、歧视的、互惠的

B. 普遍的、非歧视的、非互惠的

C. 非普遍的、非歧视的、非互惠的

D. 普遍的、对等的、特惠的

8. 进口关税的税收主体是(　　)。

A. 本国进口商　B. 外国出口商　C. 外国进口商　D. 进口商品

9. 实施从量征税当国际市场价格水平上涨时其保护程度(　　)。

A. 降低　B. 提高　C. 不变　D. 不确定

10. 实施从价征税,当国际市场价格水平上涨时其保护程度(　　)。

A. 降低　B. 提高　C. 不变　D. 不确定

11. 在下列措施中属于关税措施的是(　　)。

A. 歧视性政府采购　B. 最惠国税　C. 专断的海关估价　D. 进口押金制

12. 与从价税相比,从量税(　　)。

A. 在商品价格上涨时保护作用更强

B. 在商品价格下降时保护作用更强

C. 能够体现公平税负原则

D. 目前被大多数国家采用

二、多选题

1. 海关税则的主要种类有(　　)。

A. 单式税则　B. 复式税则　C. 自主税则　D. 协定税则

2. 关税税率表主要包括三个部分(　　)。

A. 税额　B. 税则号列　C. 货物分类目录　D. 税率

3. 按照商品流向分类,可分为(　　)。

A. 进口税　B. 优惠税　C. 出口税　D. 过境税

4. 按照征收的对象或商品流向,关税可分为(　　)。

A. 进口税　B. 优惠税　C. 出口税　D. 过境税

5. 进口附加税主要有(　　)。

A. 反倾销税　B. 反补贴税　C. 普惠税　D. 特惠税

6. 原产地规则中的实质性改变一般有(　　)。

A. 最后改变标准　B. 加工标准　C. 百分比标准　D. 完全改变标准

三、判断题

1. 若实行从量征收关税,当国际市场价格上涨时,其保护程度降低。(　　)

2. 若实行从价征收关税,当国际市场价格上涨时,其保护程度提高。(　　)

3. 根据国际贸易组织规则,缔约方有权对在出口国得到直接或间接补贴的进口商品加征反贴补税。(　　)

4. 普惠制原则与最惠国待遇原则一样,都具有互惠性。(　　)

5. 当外国实施商品倾销时,进口国就可以征收反倾销税。(　　)

6. 对于工业制成品的关税征收主要采用从价方法征收。(　　)

7. 最惠国待遇意味着签约国可以享受对方所实施的任何优惠待遇。(　　)

8. 进口附加税不同于进口税，它在一国的海关税则中往往找不到，其税率的高低可视具体目的而定。 ( )

9. 世界组织的《反补贴法案》规定，征收反补贴税的税率应当大于贴补率。 ( )

10. 中国是单一使用从价税标准的国家之一。 ( )

四、简答题

1. 商品分类目录有哪几种？各自特点如何？
2. 关税的性质如何？关税有哪些主要类型？
3. 确定产品原产地有哪几种方法？
4. 进口附加税的种类有哪些？
5. 关税名义保护率与有效保护率的区别是什么？

五、论述题

1. 确定反倾销实质性损害，应考虑哪些因素？
2. 普惠制的基本原则是什么？在不同的普惠制方案中对给惠国的保护措施主要有哪些？

六、案例分析

自2013年1月1日起，我国将对部分进出口关税进行部分调整。

财政部有关负责人表示，在保持宏观经济政策连续性和稳定性的同时，我国将进一步加强和改善关税调控作用，着力提高关税政策的针对性和有效性，坚持稳增长、调结构、抓改革、惠民生的方针，支持企业自主创新，推动产业结构转型升级，着力扩大国内需求，推动对外贸易平稳增长和平衡发展。

2013年继续对小麦等7种农产品和尿素等3种化肥的进口实施关税配额管理，并对尿素等3种化肥实施1%的暂定配额税率。对关税配额外进口一定数量的棉花继续实施滑准税，并适当调整税率，主要是当棉花进口价格过低时，适用税率有所提高。对冻鸡等47种产品实施从量税或复合税，部分感光胶片进口关税的征收方式由从量计征改为从价计征。

为积极增加进口，满足国内经济社会发展及消费需求，2013年我国将对780多种进口商品实施低于最惠国税率的年度进口暂定税率。其中，新增和进一步降低税率的产品主要分为五大类：

调味品、特殊配方婴幼儿奶粉、心脏起搏器、血管支架等促进消费和改善民生，与人民群众密切相关的生活和医疗用品；

汽车生产线、机器人、宽幅喷墨打印机、有机发光二极管显示屏、电动汽车用逆变器模块、锂电子蓄电池、无级变速箱用钢带等促进装备制造业和战略性新兴产业发展的设备、零部件和原材料；

高岭土、云母片、钨铁、锑等能源资源性产品，以及船舶压载水处理设备用过滤器、动车组用胶囊等有利于节能减排的环保产品；

紫苜蓿、奶衬、自走式饲料搅拌投喂车等支农惠农产品；

羽绒、亚麻短纤、全自动转杯纺纱机等支持纺织行业发展的产品。

为促进经济可持续发展，推动资源节约型、环境友好型社会建设，2013年我国继续以暂定税率的形式对煤炭、原油、化肥、铁合金等产品征收出口关税。适当延长化肥淡季税率适用时间并降低淡季出口关税税率，部分化肥产品出口关税的征收方式由从价计征改为从量计征。

依据我国与有关国家或地区签署的自由贸易协定或关税优惠协定，2013年我国继续对原产于东盟各国、智利、巴基斯坦、新西兰、秘鲁、哥斯达黎加、韩国、印度、斯里兰卡、孟加拉等国家的部分进口产品实施协定税率，部分税率水平进一步降低。在内地与香港、澳门更紧密经贸关系安排框架下，对原产于港澳地区且已制定优惠原产地标准的产品实施零关税。根据海峡两岸经济合作框架协议，对原产于台湾地区的部分产品实施零关税。继续对原产于老挝、苏丹、也门等40个最不发达国家的部分产品实施特惠税率。

为适应经济社会发展、科学技术进步、加强进出口管理及应对国际贸易争端的需要，2013年对进出口税则中部分税目进行调整，增列硒化氢、垃圾焚烧炉、生物杀虫剂、混凝土泵车等税目。调整后，我国2013年进出口税目总数由2012年的8194个增至8238个。

根据上述资料，结合所学内容，试分析：

1. 我国实施了哪些关税措施？

2. 我国实施关税调整的原因是什么？

第 9 章　非关税措施

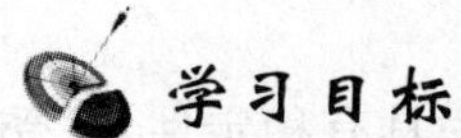

学习目标

1. 理解非关税壁垒的特点；
2. 掌握非关税壁垒的种类。

9.1　非关税措施概述

9.1.1　非关税措施的概念

非关税措施(Non-tariff Measures，NTMs)是指除关税以外限制进口的各种法规的行政措施的总称。由于除关税以外限制进口的各种法规和行政措施，构成了对进口的极大障碍，人们把它称为非关税壁垒(Non-tariff Barriers，NTBs)。非关税壁垒是实行贸易保护主义的重要手段。

非关税措施包括数量限制措施和其他对贸易造成障碍的非关税措施。数量限制措施表现为配额、进口许可证、自动出口限制和数量性外汇管制等；其他非关税措施包括技术性贸易壁垒、动植物检验检疫措施、海关估价、原产地规则，以及当地含量要求、贸易平衡要求、国内销售要求等投资管理措施，等等。

非关税措施早在资本主义发展初期就已存在，但广泛盛行起来是在 1929～1933 年世界经济危机期间。但是各主要资本主义国家为了防止外国商品的进口，除提高关税外，还采取进口配额、进口许可证和外汇管制等非关税措施。

第二次世界大战以后，随着西方国家经济的恢复和发展，从 20 世纪 50 年代初到 70 年代初，发达国家除了大幅度削减关税以外，还降低和取消了非关税壁垒，扩大进口自由度。70 年代中期，资本主义国家出现了二战后最严重的经济危机。为了缓和国内失业问题，维护垄断资本主义的利益，各国贸易保护主义逐步抬头。非关税措施日益加强和发展，已成为妨碍国际贸易正常进行的主要障碍。

9.1.2 非关税措施的特点

非关税措施与关税措施相比,具有以下特点。

1. 非关税措施具有较大的灵活性

关税法属于国家法律的一部分,是由立法机关制定和颁布的,其税率具有稳定性,并受到双边和多边贸易条约的约束和国际机构的监督,其税率的调整和更改必须通过法律程序。而非关税措施可以由任何行政部门随时采用,经常变动,无需经过立法程序批准。

2. 非关税措施具有严厉性

关税措施是通过征收较高的关税,增加商品成本来间接影响商品的进口,但不能直接限制和禁止某种商品的进口。而非关税措施,如进口配额制,预先确定进口商品的数量和金额,一旦配额使用完毕,外国竞争者就被拒之门外。

3. 非关税措施具有隐蔽性

关税税率一经确定,往往以法律形式公之于众,依法执行,其内容一目了然。而非关税措施或者不公开,缺乏透明度,或者内容极为复杂、繁琐、苛刻,并经常变化,使外国厂商难以适应和对付。

4. 非关税措施具有较强的针对性

由于各国的自然资源、生产力发展水平、经济结构不同,出口商品的品种、数量各有差异,各个出口国对某一国家的市场影响力大小不一,非关税措施往往是针对主要进口来源国采取的。进口国通过各种措施,限制有竞争力的外国商品进入本国市场。

9.1.3 非关税措施的发展趋势

由于世界贸易组织各成员国关税水平不断降低和受到约束,关税对进口的限制作用越来越弱,加之非关税措施具有优于关税措施的特点,非关税措施日益加强,其发展趋势主要表现如下。

1. 非关税措施不断增多

据统计,各国的非关税措施已从20世纪60年代末的850多种发展为70年代的900多种,90年代末已达到2700多种。其中技术性贸易壁垒在限制商品进口方面的作用日益突出。

2. 非关税措施歧视性明显增长

发达国家往往根据与不同国家和地区的经济贸易关系，采取不同的非关税措施，实行不同程度的非关税壁垒限制。

3. 受非关税措施的商品范围不断扩大，受害国家日益增加

受非关税措施限制的商品范围已从农产品发展到工业品，从劳动密集型产品延伸到资本密集型、技术密集型产品。而服务贸易全部是通过非关税措施来限制的。受非关税措施限制和损害的国家和地区不仅有发展中国家，而且有发达国家。

4. 从非关税措施的显性保护转向隐形保护

显性的非关税措施，如进口许可证制度、"自动"出口配额制、进口配额制等，受到世界贸易组织规则的约束越来越严格。隐形的非关税措施，如技术性贸易壁垒、环境壁垒等，成为各国实行贸易保护主义的最佳选择。发达国家凭借科技优势和竞争优势以及 WTO 协议中的某些例外条款，大肆运用各种隐形非关税措施，并由流通领域扩展到生产加工领域，还延伸到金融信息等服务领域。

非关税壁垒的实施阻碍了国际贸易的发展。为了推动贸易自由化，世界贸易组织货物贸易协定中，专门有一些协议来规范可能对贸易造成障碍的非关税措施问题。这些协议有：《技术性贸易壁垒协议》《原产地规则协议》《实施卫生与植物卫生措施的协议》《海关估价协议》《进出口许可证协议》《与贸易有关的投资措施协议》等。这些协议能否真正实施，有赖于各国政府的有效管理。

9.2　非关税措施的种类

非关税壁垒可以分为直接的和间接的两大类。直接的是指进口国对进口商品的品种、数量或金额加以限制，或强迫出口国直接限制商品的出口；间接的是指进口国对进口商品规定各种严格的管理办法，起到限制进口的作用。

9.2.1　直接的非关税壁垒

直接的非关税壁垒是指进口国直接对进口商品规定进口的数量和金额加以限制或迫使出口国直接按规定的出口数量或金额限制进口。其中，主要有进口配额制、"自动"出口配额制、进口许可制度和外汇管制。

1. 进口配额制

进口配额制(Import Quotas System)又称进口限额制，是一国政府在一定时期内(一季

度、半年、一年)，对某些商品的进口数量或金额加以直接的限制。在规定的期限内，配额以内的货物可以进口，超过配额不准进口，或者征收更高的关税或罚款后才准许进口。这又有绝对配额和关税配额两种。

(1) 绝对配额

绝对配额(Absolute Quotas)是指在一定时间内，对某些商品的进口数量或金额规定一个最高数额，达到这个数额后，便不准再进口。这在实施中又分为全球配额和国别配额两种。

① 全球配额(Global Quotes，或 Unallocated Quotas)即属于全球范围的绝对配额，它对于来自任何国家或地区的商品都一律适用。其做法是：当配额公布后，主管当局按进口商申请的先后或者过去某一时期的实际进口额批给的一定的额度，直至总配额批完为止；超过总额的后来者的申请不予批准，超过总配额的不准进口。

全球配额由于不限定进口的国别和地区，因此，在配额公布后由于种种原因，在限制的分配和利用上难以贯彻国别政策，为避免或减少这些不足引起的矛盾，故一些国家采用了国别配额。

② 国别配额(Country Quotas)。它是在总配额内按国别或地区分配固定的配额，超过规定的配额不准进口。实行国别配额可以使进口国家根据它与有关国家或地区的政治经济关系给予不同的额度，从而贯彻国别政策。为了区分来自不同国家或地区的商品，进口商品必须提交原产地证明书。国别配额又分为自主配额和协议配额。

自主配额(Autonomous Quotas)又称单方面配额。它是由进口国家完全自主地、单方面地强制规定在一定时期内从某个国家或地区进口某种商品的配额。自主配额由进口国家自行制定，无须征求输出国家的同意，由于分配额度的差异往往引起某些出口国家或地区的不满或报复。为缓解由此产生的矛盾，有些国家便采用协议配额。

协议配额(Agreement Quotas)又称双边配额。它是指由进口国家与出口国家政府或民间团体之间协商确定的配额。由于这种配额是进出口双方协商确定的，因此双方也就不会有大的矛盾，执行起来也就比较容易。协议配额如果是通过双方政府的协议订立的，一般需在进口商和出口商中进行分配；如果配额是双边的民间团体达成的，应事先获得政府许可才能执行。

在一般情况下，绝对配额用完后就不准再进口。但有些国家为满足某种特殊的需要，也可另行确定额外的特殊配额。

(2) 关税配额

关税配额(Tariff Quotas)是指进口国在对商品进口的绝对配额不加限制的前提下，在一定时期内，对规定配额以内的进口商品给予低税、减税或免税待遇，对超过配额的进口商品则征收较高关税或征收附加税或罚款的做法。

实行进口配额对不同发展水平的国家来说，所要达到的目的是不同的。发达国家通常将进口配额作为实行贸易歧视的手段，而发展中国家主要是为了限制非必需品以及与本国产品相竞争的产品的输入，以节省外汇开支，保护民族经济的多样化发展。

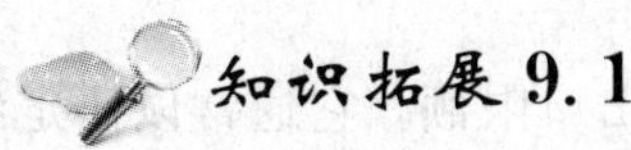

知识拓展 9.1

中国进口粮食的关税配额

按照财政部 2009 年 12 月出台的规定，2010 年，我国继续对小麦、玉米、大米、豆油、菜籽油、食糖和棉花 7 种农产品实施关税配额管理，维持 2010 年主要粮食和棉花进口关税配额不变。其中，大米进口配额为 532 吨，小麦为 964 万吨，玉米为 720 万吨，棉花为 89.4 万吨。

自我国加入世贸组织以后，一直执行这样的政策，其目的就是避免廉价的外国粮食涌入中国，打击我国农业和农民，造成粮食价格大幅波动。另外，国内粮食政策的实施也要通过配额制度对粮食进口进行管理。我国粮食已经连续 6 年丰收，按照常理，粮价应该往下走才是，但是国家不断提高小麦、水稻的最低收购价，对玉米等进行临时收储，让粮价稳定上行，如果放开粮食进口，农民增收将受到影响。

（资料来源：胡军华. 粮食进口配额继续实行，缓解进口粮冲击[N]. 第一财经日报，2009-12-16.）

2. “自动”出口配额制

“自动”出口配额制(Voluntary Export Quotas)又称“自动”限制出口，它是指出口国家和地区在进口国的要求或压力下，或按照进出口国双方达成的协定额度“自动”规定在某一时期内某些商品对该国的出口限制，在限定的配额内自行控制出口，超过配额即禁止出口。

出口国并非出于自愿实施“自动”出口配额制，而是在进口国的要求和压力下被迫作出的。“自动”出口配额制，对进口国来说，既可以保护国内产业，也可以缓和贸易摩擦，防止贸易战升级。出口国限制本国出口数量后，进口国国内该种商品的进口数量受到限制，当国内生产尚不能满足需要时，会导致国内该种商品价格上涨。价格的上涨将刺激生产者扩大生产规模，进而促进国内同类产业的发展和增加就业。而如果采取其他更为严厉的措施，容易造成出口国报复。“自动”出口配额制有两种：一种是出口国迫于进口国的压力，自行单方面规定某种商品的出口数量，限制商品的出口；另一种是出口国和进口国经过谈判签订《自限协定》，出口国依协定配额自行限制出口。

“自动”出口配额制主要有非协定的“自动”出口配额和协定的“自动”出口配额两种具体形式。

非协定的“自动”出口配额是指不受国际协定的约束，由出口国迫于来自进口国方面的压力，自行单方面规定限定商品出口的配额。这种配额有两种情况：一种是由政府有关机构规定配额，并予以公布，出口商必须向进口机构申请配额，领取出口授权书或出口许可证才能出口；另一种是由本国大的出口厂商或协会“自动”控制出口。

协定的“自动”出口配额，是指进出口国双方通过谈判签订“自限协定”或“有秩序销售协定”，在限定中规定有效期内某些商品的出口配额。出口国应根据此配额实行出口许可证制或出口配额签证制，自行限制这些商品出口；进口国则根据海关统计资料进行检查。“自动”

出口配额大多数属于这一种。

协定的“自愿”出口限制通常包括以下一些内容：

① 配额水平。配额水平是指协定有效期内各年度“自愿”出口限额。它通常以协定缔结前一年的实际出口量，或以原协定最后一年的配额为基础进行协商，确定新协定第一年的数额，然后再确定以后年份的年增率。随着市场竞争的加剧，进口国往往竭力压低年增率，以减少商品进口。“自限协定”或“有秩序销售协定”规定的出口配额主要有总限额、组限额、个别限额和磋商限额。总限额是指协定商品“自动”出口的总数额。组限额是指按不同类别的商品分为若干组，分别规定不同的额数。个别限额是指对组内一些敏感性产品作为特别项目另行规定额数，出口以达到严格限制出口的目的。磋商限额是指对个别限额外的某些商品在原则上估定一定的额数，如出口超过该额数，双方按一定的程序进行磋商谋求解决。在出口国未认可之前，进口国可单方面实行进口限制。

② 自限商品的分类。自限商品是指受“自限协定”限制的出口商品。在20世纪50年代和60年代初，协定所包括的自限商品品种较少，品种分类也比较笼统。但后来被包括在协定中的自限商品品种日益增加，分类也越来越复杂。以日、美纺织品协定为例，在协定中，将日本输往美国的棉、化纤、毛三大类纺织品分为243项，然后把这些项目分为6大组，即第一组，棉服装；第二组，棉布；第三组，棉织品和棉杂品；第四组，化纤服装；第五组，其他化纤制品；第六组，毛织品。这六大组各有固定的出口配额，而对组内的“特别项目”又另行规定个别限额。对于这种分类规定，出口商在履行合同时常对一些热门货的配额感到不足，而对一些冷门商品的配额却用不完。

③ 限额的融通。限额的融通是指协定中各种自限商品的限额相互融通使用的权限，主要可分为水平融通和垂直融通。

水平融通是指在同一年度内组与组之间、项与项之间在一定百分率以内互通使用的权限。在协定中，通常规定替换率，即某组或某项的配额拨给另一组或另一项的使用率。这种协定所规定的替换率根据各类商品的情况而不同，一般在1%～15%之间，有的品种甚至禁止调用。

垂直融通是指上下年度内组与组之间、项与项之间的留用额和预用额。留用额指当年未用完的配额拨入下年度使用的额度或权限；预用额指当年配额不足而预先使用下年度的额度或权限。在谈判过程中，进出口双方经常为留用额和预用额问题争吵不休。对于这一问题，国际纺织品协定曾有如下规定：任何连续两年中的一年、一项或一组产品的留用权或预用权的总和为10%。其中，预用权不得超过5%。这就是说，若不行使预用权，留用权可达10%。

④ 保护条款。保护条款是指进口国有权通过一定程序限制或停止进口某些扰乱本国市场或使本国生产者蒙受损害的产品。

⑤ 出口管理规定。既然资源出口限制协定规定所限制的商品是由出口国按协议的配额自行控制出口，因此，在协定中规定了出口一方自限商品应严格执行出口管理，保证出口不超过限额水平和尽量按季度均匀出口。为了确保协定的顺利进行，协定还要求双方互相提供有关资料，并每年至少举行一次会议，磋商解决有关问题。

⑥ 协定期限。协定的期限有长有短，长短各有利弊。有效期长的好处是出口数量比较稳定，出口厂商可以预先计划其生产和出口；其坏处是数量长期被固定后，比较难以随市场需求进行调整。目前自限协定有效期大多为3～5年。

3. 进口许可证制度

进口许可证制度(Import Licence System)是指进口国家规定进口外国商品必须事先向政府有关机关申领进口许可证才可进口,否则一律不准进口的制度。

一国政府可以通过开与不开、多开与少开、早开与晚开许可证来控制某些商品的进口。进口许可证不仅可以控制商品的数量、品种,而且还可以控制进口来源地。

进口许可证可分为以下几种:

(1) 有定额的进口许可证和无定额的进口许可证

有定额的进口许可证是指国家有关机构预先规定有关商品的进口配额,然后在配额的限度内,根据进口商的申请对每笔进口商品发给进口商一定数量的进口许可证。当进口配额用完后,就不再发放进口许可证。无定额的进口许可证,是指进口许可证不与进口配额相结合。国家有关当局根据进口商的申请,在个别考虑的基础上,决定对某种商品的进口是否发给进口许可证。

(2) 公开一般许可证和特种进口许可证

进口许可证可根据其对进口商品的控制程度分为公开一般许可证和特种进口许可证。公开一般许可证是指凡列明属于公开一般许可证的商品,进口商只要填写公开一般许可证后,就可获准进口,它对进口国别或地区没有限制。这种许可证的商品实际上是国家允许自由进口的商品。这种许可证进口商很容易取得,有些国家甚至不要求事先申请和领证,只在进口报关时列明属于公开一般许可证范围即可进口。这种许可证的作用主要是为了便于政府对进口的监督和统计。特种进口许可证是指进口商必须向政府有关当局提出申请,经政府有关当局逐级审查批准后才能进口。这种进口许可证,多数都指定进口国别和地区,其所适用的商品主要是烟、酒、军火武器以及某些禁止进口的商品。

在进口许可证的使用中,有的国家故意制定繁琐复杂的申领程序和手续,使得进口许可证制度成为一种拖延或限制进口的措施。为了防止进口许可证被滥用而妨碍国际贸易的正常进行,“乌拉圭回合”达成了《进口许可证协议》。该协议规定,签字国必须承担简化许可证程序的义务,并保证进口许可证的实施具有透明度、公正性和平等性。

4. 外汇管制

外汇管制(Foreign Exchange Control)是指一国政府通过法令对外汇买卖加以限制的一种制度。外汇管制的目的是保障本国经济发展、稳定货币金融、维护对外经济的正常进行,平衡国际收支。在外汇管制的国家,出口商必须把出口所得的外汇收入按官方汇率卖给国家的外汇管制机构;进口商进口商品时,必须向外汇管制机构按官方汇价申请购买外汇,只有经外汇管制机构批准的进口商才能购买到批准额度的外汇。这样国家就可以通过确定的汇价,集中外汇收入和控制外汇供应数量等办法限制商品进口的数量、种类和进口国别,达到管制进口的目的。

外汇管制是资本主义国际收支危机和金融危机的产物。从1929～1933年资本主义世界经济危机的爆发,一直到第二次世界大战初期,为维护和改善国际收支状况,多数发达国家都实行外汇管制。但在受到经济危机的冲击,出现国际收支困难时,也经常采取不同的外汇管制措施。大多数发展中国家由于经济落后,国际收支比较困难时,也常常采取不同的外汇管制措施,以维护民族经济的利益。

外汇管制一般有以下几种方式:

① 数量外汇管制。它是指国家外汇管理机构对外汇买卖的数量直接进行限制和分配。一些国家还规定,进口商必须获得进口许可证后,方可购买所需的外汇。

② 成本外汇管制。它是指国家对外汇买卖实行复汇率制度,利用外汇买卖成本的差别来限制和鼓励某些商品的进口和出口。其主要原则是:对于国内需要而又供应不足或不生产的重要商品的进口,适用较为优惠的汇率;对于国内可大量供应和非重要的商品进口适用一般汇率;对于奢侈品和非必需品的进口适用最不利的汇率。对于缺乏国际竞争力但又要扩大出口的某些出口商品,给予较为优惠的汇率;对于其他一般商品出口适用一般汇率。

③ 混合外汇管制。它是指同时采用数量和成本的外汇管制,对外汇实行更为严格的控制,以控制商品的进出口。

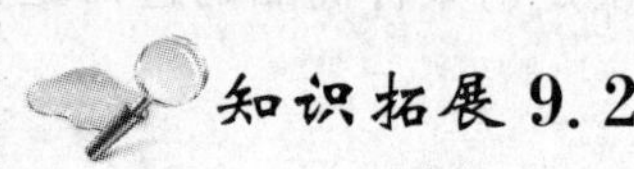

知识拓展 9.2

俄罗斯的外汇管制

1998 年金融危机以后,俄罗斯进一步加强了对进口贸易的管理,禁止以商业信贷和预付货款的方式将资金汇出境外,只有在已经得到商品进入海关监管区的通知后或进口商开立信用证的情况下,银行方可进行支付。1999 年初,俄央行规定,俄进口商在向国外预付进口货款时,必须在负责汇付的银行存上等同于货款的卢布款,待其提交货物单证后,方可退换卢布款。2001 年 1 月,俄开始实施《对进口商支付外汇实行监督制度》,扩大了对在进口活动中使用外汇的监督范围,不仅可以监督支付外汇的出口合同,而且可以监督以卢布和票据进行结算的各种出口合同。俄政府还计划将外汇监督扩大到转口业务和临时进口业务。

(资料来源:乌鲁木齐市贸易发展局.俄罗斯贸易环境和市场需求报告[R].2006-4-28.)

9.2.2 间接限制进口的非关税措施

间接限制进口的非关税措施,是指进口国为避免与出口国发生直接的矛盾冲突而采取种种国内措施,以间接地达到限制商品进口目的的非关税做法。

1. 歧视性的政府采购

歧视性的政府采购政策(Discriminatory Government Procurement Policy)是指大多数发达的国家制定法令,规定政府机构在采购时要优先购买本国产品,以限制外国商品进口的措施。美国、日本、英国等发达国家都有这方面的政策规定。美国早在 1933 年就通过了《购买美国货法案》,规定美国政府各级机构必须优先购买本国货。这部法案在 1954 年和 1962 年进行过两次修改。它允许向本国厂商采购时可以以高于进口货 6%的价格购进。对于国内的小企业或者在经济萎靡的时期，出价比例甚至可以比进口货高 12%。1959 年美国国防部以解决国际收支为理由，在规定采购时给本国厂商的报价甚至比进口商品高出 50%；英国政府也规定了军事、邮电、计算机设备必须优先采购本国货；法国政府也规定了凡是航空、计算机设备必须优先采购本国货；日本和德国虽无明文规定，但这两个国家的政府采购只要是国内能买到的，一般都不允许采购进口货。

2. 最低限价和禁止进口

最低限价（Minimum Price）和禁止进口（Prohibitive Import）是指一国政府对某种进口商品规定较高的最低价，如果进口商品价格低于这个限价，则征收税额等于进口价格与最低限价之间差额的附加税或禁止进口，达到限制进口的目的。如 1980 年英国对我国的闹钟进口，就曾实行了最低限价措施，规定每只低于 60 便士就禁止进口；欧共体在 1978 年对钢材规定最低限价，这一价格是根据日本当时生产钢材的最高价格水平而制定的；2007 年 1 月 11 日，乌兹别克政府出台了《关于向居民供应国产优质分装茶叶的补充措施》的新法令：为防止国外低价茶叶冲击乌国市场，保障国内市场上茶叶分装企业之间的平等竞争环境，对从其他国家进口的茶叶设置每吨 600 美元的最低限价。

3. 各种国内税

各种国内税（Internal Taxes）是指对进口商品除征收进口关税外，还加征对国内产品征收的各种国内税。这样使有些进口商品的税率大大高于国内商品的税率，以此达到限制商品进口的目的。如法国曾经对引擎为 5 马力的汽车每年征收养路税 12 美元，而对于引擎为 16 马力的汽车每年征收养路税高达 30 美元，当时法国生产的最大型的汽车为 12 马力，而进口汽车多为 16 马力的汽车。

4. 进口押金制度

进口押金制度（Advanced Deposit）又称进口存款制。它是指进口国规定，进口商在进口商品时，必须按进口金额的一定比率在规定的时间内，在指定的银行无息存储一笔现金，以增加进口商的负担，达到限制商品进口目的的制度。如巴西政府对飞机进口商就曾经采用过这种措施。

5. 海关估价制度

海关估价制度（Customs Valuation）是指有些国家用海关的专断估价来提高进口商品的关税负担，达到阻止商品进口的制度。如美国对煤焦油、胶底鞋类、毛手套等进口商品，就曾采用过这种措施。

6. 技术标准

技术标准（Technical Standard）是指有些国家对进口商品制定极为严格、繁琐、苛刻的技术准入标准。只有符合技术标准的商品才准进口。对某些商品还制定了独特的技术标准，规定采用或不采用制成品的某种既定结构或某种原料成产，甚至把制成品的某种性能过分提高到高于其他国家通用性能的水平，以限制外国商品进入本国市场。如美国对进口儿童玩具就规定了严格的安全标准；法国禁止含红霉素的糖果，而英国的糖果制造则普遍使用红霉素燃料；原西德禁止在国内使用车门由前向后开的汽车，而这正是意大利菲亚特500型汽车的式样。

知识拓展9.3

国外的技术贸易壁垒

案例1：原联邦德国禁止在国内使用车门从前往后开的汽车，这种汽车正是意大利菲亚特500型汽车的式样；法国禁止含有葡萄糖果汁的进口，这些规定的意图就在于抵制美国的货物，因为在美国，这类产品是经常加上这种附加物的。

案例2：美国为了阻止墨西哥的土豆输入，对土豆的标准规定有成熟度、个头大小等指标，这就给墨西哥种植的土豆销往美国造成了困难，因为要销往美国的土豆不能太熟就得收获，否则易烂，而这样的话又难以符合成熟性要求。

案例3：欧盟对进口的肉类食品不仅要检验兽药残留量，还要求检验生产厂家的卫生条件，还对工作间温度、肉制品配方及容器、包装等作出了严格的规定。

（资料来源：百度文库）

知识拓展9.4

欧盟市场对温州打火机的技术壁垒

温州是我国最大的打火机生产基地，年产打火机6亿只，80%以上出口，占世界金属外壳打火机市场的70%，其中1/3出口欧盟。2001年，通过了一个CR法案(Child Resistance Law，儿童安全法案)要求出厂价或海关价低于2欧元的打火机必须安装防止儿童开启的安全锁(CR装置)。此举的理由是提高消费者尤其是儿童被保护的水平，因为这个价格是一个儿童所能承受的价格。为防止儿童购买了打火机而发生各种危险事故。但此CR装置是欧美生产商的核心技术，且安全锁的很多专利都被欧盟发达国家申请了，若购买该技术，将使温州打火机失去价格优势；若自己研制，则费时、费财、费力。

2006年2月8日，欧盟委员会又通过新的CR法案，增加了一段新的条文：不适用CR标准的打火机应保证其使用寿命在5年以上，且具备产品保证书，至少两年内打火装置可以维修，并在欧盟内设立售后服务点，保证非易损件在保用期过后发生损耗无法继续使用时，能得到更换和维修，这种打火机被定义为豪华打火机。

也就是说，如果打火机不属于豪华打火机，那就应该加锁，如果属于豪华打火机，就要求5年预期寿命，并在欧盟设立维修点。其中寿命用的是“预期”(expect)，这个用词和"豪华打火机"一样比较模糊，认定机构和认定程序都没有明确界定，这使得主动权都在欧盟手中。而中国的打火机最多能用 1～2 万次，按每天打火 30 次计算，其寿命也就是 1 年左右。

（资料来源：百度文库）

7. 卫生检疫规定

卫生检疫规定(Health and Sanitary Regulation)是指进口国打着保证人民健康的旗号，制定十分复杂、严格且经常变化的检疫规定，使外国产品难以满足其要求，从而起到限制外国商品进口的作用。如日本对茶叶农药残留量规定不超过百万分之 0.2～0.5；美国对进口的食品、饮料、药品及化妆品规定必须符合"联邦食品、药品及化妆品法"(FDA)，如发现不符合规定的商品，海关将扣留或销毁；日本在食品中禁止使用化学品和其他食品添加剂。

知识拓展 9.5

关于我国出口茶叶农残的标准

2007 年 5 月 8 日，欧盟茶叶委员会近日发布了《茶叶农残操作性规范》，新标准增加了 10 个"农残项目"，更新了 10 个"农残项目"的新限量，更新后的欧盟及德国农残项目共计 227 项。

杭州市每年向欧盟出口茶叶 1 000 吨左右。杭州市农业局有关负责人说，对照欧盟修改的新标准，大部分农药在杭州并未使用，对杭州影响较大的主要是啶虫脒、敌敌畏两种。啶虫脒作为一种烟碱类杀虫剂，具有内吸性强、杀虫谱广、作用速度快等特点。欧盟以前不作为农残检测项目，现规定要作残留检测，限量标准为 0.1 mg/kg。敌敌畏残留限量从原来的 0.1 mg/kg 变为 0.02 mg/kg，较原来的标准提高了 5 倍。特别值得注意的是，这两个项目限量均为仪器最低检测限量，即不得检出。

（资料来源：姜锐. 杭州积极应对欧盟茶叶出口新标准[N]. 新华网：http://news.xinhuanet.com/fortune/2007-05/08/content_6072397.htm，2007-5-8.）

8. 商品包装和标签的规定

商品包装和标签的规定(Packing and Labeling Regulation)是指一些发达国家对进口商品的包装和标签的内容加以严格的规定。不符合要求的要按规定重新改换包装和标签，以达到增大进口商品成本，阻止商品进口的目的。许多国家对进出口商品的包装材料、包装形式、标签，甚至包装的器皿形状、规格都有具体的规定和要求。加拿大规定商品的标签必须以英文和法文标明商品的名称、净重、国外生产者的名称、地址及食品的成分。如果食品有一定的消费期限，则必须注明有效期。食用期少于 90 天的食品标签上必须注明到期日。不符合上述规定，海关便不准进口。

9. 绿色壁垒措施

(1) 绿色贸易壁垒的概念

绿色贸易壁垒是指各国为了保护本国市场,以保护环境和国民健康为由,对进口商品提出带有歧视性、针对性的技术、安全和卫生标准,如不达标准,进口国有权扣留、退回、销毁和索赔等。一些发达国家通过国内立法实施种种环保贸易壁垒措施,诸如征收环保进口附加税、颁布保护特定物种的法律规章、限制或禁止与之有关的进口贸易、为进口产品确定硬性环保指标,对不达标者限制或禁止进口;部分国家实行了绿色标志、再生标志(即“绿色通行证”)认证的市场准入制度等,如ISO14000标准。由于资源匮乏,生态环境恶化日益严峻,20世纪90年代以后,国际贸易中绿色贸易壁垒措施更为盛行。由于发达国家的环境标准普遍高于发展中国家,特别是少数发达国家对进口产品和本国产品采取不同的标准,使发展中国家的产品更难进入发达国家市场。

(2) 绿色壁垒的主要形式

① 绿色关税和市场准入。发达国家以保护环境为名,对一些污染环境、影响生态环境的进口产品征收进口附加税或限制、禁止进口。例如,美国对原油和某些进口石油化工制品征收环境进口附加税,这一措施规定:对国内石油每桶征收8.2美分的附加税,对进口石油每桶征收11.7美分的附加税。

② 绿色技术标准。发达国家的科技水平较高,它们以环保的名义,通过立法手段,制定一些发展中国家难以达到的非常严格的环保技术标准,将发展中国家的产品排斥在本国市场之外。如美国,为了保护自己的汽车工业,出台的《防污染法》,要求所有进口汽车必须装有防污染装置,并制定了近乎苛刻的技术标准。这些内外有别、明显带有歧视性的规定引起了其他国家尤其是发展中国家的强烈反对。

③ 绿色环保标志。它是一种贴在产品或其包装上的图形,表明该产品不但质量符合标准,而且在生产、使用、消费、处理过程中符合环保要求,对生态环境和人类健康均无损害。目前已有50多个国家和地区实行了各自的环保标志计划。发达国家环保标志具有很高的技术标准,一般发展中国家的产品很难满足。所以,如果发达国家要求某些产品在进入其市场前必须获得其环保标志,这势必对出口国市场形成了一道“绿色屏障”。

④ 绿色包装制度。绿色包装是指节约能源、减少废物、可以循环使用或再生,容易被自然降解、不污染环境的包装。发达国家为推动“绿色包装”的进一步发展,纷纷制定相关规则。如德国1992年6月公布了《德国包装废弃物处理的法令》;英国制定的包装材料重新使用的计划,要求2000年以前使用的包装废物的50%～70%可重新使用。我国的包装材料相对落后,不易处理,可回收率低,这就造成了我国许多产品因包装问题无法出口。例如,我国的电子产品近年来出口增长比较快,但在这类商品的包装中大量使用了泡沫塑料作为缓冲垫衬材料,这种材料体积大,回收困难,再生费用高,废弃物不易处理,焚烧时会造成严重的环境污染,引起了发达国家的关注,面临着完全禁用的危险。

⑤ 绿色补贴制度。发达国家将污染严重的产业转移到发展中国家以降低环境成本,造成发展中国家环境成本上升。而发展中国家的企业大多无力承担环境治理的费用,政府有时不得不给予一定的环境补贴。发达国家又以这种补贴违反世界贸易组织的规定为由,限制发展中国家向发达国家出口。

许多国家除了采用关税壁垒和非关税壁垒限制进口外,还采取各种鼓励出口的措施来扩大出口并占领国外市场。另外,出于政治、经济和军事方面的原因,一些国家对某些重要资源和战略物资,实行单方面的或多边的出口管制,限制或禁止出口。

知识拓展9.6

绿色贸易壁垒案例及其分析

绿色贸易壁垒作为一种非关税壁垒产生于20世纪80年代后期,90年代开始兴起于各国,绿色贸易壁垒兴起的原因主要包括以下几点:① 全球环保意识的提高;② 关税和非关税壁垒保护作用的减弱导致世界各国采用新的壁垒手段;③ 绿色消费市场具有诱人的超额利润;④ 绿色政治在发达国家盛行;⑤ 各国环境标准差异及国际公约的规则不健全。

绿色贸易壁垒有以下一些特点:① 名义上的合理性;② 形式的合法性;③ 保护内容的广泛性;④ 保护方式的隐蔽性;⑤ 较强的技术性;⑥ 具有实施的强制性;⑦ 具有贸易上的歧视性;⑧ 具有存在的动态性;⑨ 具有时效性。

关于绿色壁垒的性质,我们应当用客观的眼光来看待,绿色壁垒有正当和不正当之分。实施正当绿色壁垒的进口国,是出于保护人类健康和生态环境的动机。相反,如果进口国是借环境保护之名,行贸易保护之实,其抬高本国环境保护标准实际上是为了构筑阻挡外国产品进入本国市场的屏障,那么这种绿色壁垒无疑就是不正当的。实施不正当绿色壁垒的进口国,其行为主要有两种情况:其一,对特定国家的相同产品未能遵守WTO的最惠国待遇原则;其二,对国内产品和国外产品实行双重标准,从而违反了WTO的国民待遇原则。正是由于发达国家动辄设置不正当的绿色壁垒以排斥发展中国家的产品,从而掩盖模糊了绿色壁垒固有的、正当的、合理的一面。

我国遭受绿色贸易壁垒的原因:贸易伙伴对我国出口的农产品的质量要求比较高;我国的企业自身存在问题;我国对绿色贸易壁垒的重视不够;我国农业生产本身的局限性;我国环境标准过低,农业生产企业认证能力薄弱;贸易保护主义;绿色贸易壁垒设置的对象国具有一定的针对性。

对我国实行绿色贸易壁垒的国家及相关事件

韩国一直都将中国视为一个检疫区,一旦发现中国某个地区存在韩国禁止入内的动植物疫病或虫害,则中国非疫区生产的同类产品也将被禁止。

2002年1月30日,欧盟委员会发出禁止进口包括蜂蜜在内的部分中国动物源产品的指令。接着欧盟又提出比以往更苛刻的氯霉素残留限量,要求蜂蜜中氯霉素检出量不超过0.1 ppb,比原先严格了100倍。英国食品标准局也紧接着在市场抽查中查出中国蜜蜂含有氯霉素残留,建议零售商店禁止销售所有含有中国蜂蜜的混合蜜。

一直以来,美国对中国的禽肉,水产品,蜂蜜等实施较为严格的进口限制措施。

对我国实施农产品绿色壁垒的主要国家

目前已经对我国实施农产品贸易绿色壁垒的国家仍是未来对我国实施农产品贸易绿色壁垒的高概率国家。据统计,主要包括英国,德国,日本,加拿大,西班牙,阿拉伯联合国酋长国,韩国,墨西哥,荷兰,沙特阿拉伯,俄联邦和菲律宾。

这些国家都有严格的环境标准。根据我国的现状,许多出口商品很难在短时间内达到发达国家和部分新兴国家制定的较为严格的环境标准,于是我国的农产品出口贸易将限制在一个较小的范围之内,甚至使我国产品出口范围逐步缩小,影响我国对外贸易的发展,这使我国传统商品出口遭受了严重的打击。近年来,这些国家不断给我国农产品出口实施绿色壁垒,给我国农产品出口带来很大的经济损失。

影响及应对方案

全球范围内的环境保护浪潮,贸易与环境领域的争论以及绿色壁垒的兴起不可避免地对中国的对外贸易产生了影响。中国农产品出口正面临越来越多的主要来自发达国家的绿色壁垒挑战,但也给出口企业带来了市场机遇。

(1) 消极影响:影响了我国农产品的出口总量,以及出口额(受阻总量增多);影响了我国农产品的出口市场范围(从发达国家蔓延到发展中国家);影响了我国农产品出口的结构;影响了我国农产品出口的成本;影响了我国农产品出口贸易的增长速度。

(2) 积极影响:绿色壁垒能刺激农产品出口企业的产品创新意识;绿色壁垒调动了出口企业对环境质量竞争的意识;绿色壁垒能创造先动优势。

(3) 应对方案

作为发展中国家,我国要积极应对绿色贸易壁垒,一方面,要充分利用GATT/WTO规则赋予的权利,利用世贸组织的争端解决机制解决纠纷;另一方面,政府要大力发展绿色产业,提高环保水平,参与国际标准的制定;企业要积极推广清洁生产,提高产品技术含量,取得相关的环保认证、环保标志。

对我国农产品出口跨越绿色壁垒的建议

企业应采取相应策略:提高农产品生产的科学技术含量;增加农产品检测项目,提高测试标准;企业应开展绿色理念学习;对已受绿色贸易壁垒所限不能出口的产品,企业要及时客观地查明原因。

对政府的建议:尽快转变经济发展模式,强化环保法规,建立绿色核算体系;建立与国际标准一致的国家质量标准体系;积极开展IS014000国际认证,加快卫生注册;高度重视发展绿色食品、有机食品,无公害无污染的农业生产项目;农业产品品牌化;加强国际交流合作;制定可持续发展战略。

前景

在这个充满竞争的环保时代,我国对外贸易充满了机遇和挑战,同时也伴随着种种障碍。我们应该正视困难,大力提高环保意识,规范标准,努力缩小同发达国家的距离。同时,加强与发达国家的合作,统一认识,减少摩擦,为我国外贸持续稳定的发展开辟一条切实可行的道路。

有困难才有战胜困难的可能，随着绿色贸易壁垒的层层紧逼，我国各方面的素质都会有所提高，最终扫平这个障碍。

经典案例

中国—欧洲：冻虾仁遭退货案

浙江舟山出产的冻虾仁以个大味鲜名闻海内外，欧洲是它多年来的传统市场。然而，最近舟山冻虾仁突然被欧洲一些公司退了货，并且要求索赔。一问原因，原来当地检验部门从部分舟山冻虾仁中查到了10亿分之0.2克的氯霉素。冻虾仁里哪来的氯霉素？浙江省有关部门立即着手调查。结果发现，环节出在加工上。剥虾仁要靠手工，一些员工因为手痒难耐，用含氯霉素的消毒水止痒，结果将氯霉素带入了冻虾仁，造成大量退货。

"随着我国入世，贸易壁垒正在消解，但国外对中国农产品的技术壁垒特别是'绿色壁垒'日趋严重，这是我们必须面对的重大问题。"浙江省省长柴松岳说，"'冻虾仁事件'给我们上了惨重的一课。"据了解，近几年我国农产品由于质量安全方面的原因而在国际市场屡屡受挫的状况已经不在少数。加快发展绿色食品，确保农产品的质量安全，已经成为推动我国农村经济繁荣、增强农产品在国际市场竞争力的重要环节。

我国的绿色食品规范化起步于20世纪80年代末，尽管目前已形成了由各级绿色食品管理机构、环境监测机构、产品质量监测机构组成的工作系统，建立了涵盖产地环境、生产过程、产品质量、包装储运、专用生产资料等环节的技术标准体系，但绿色食品的数量和产值仍然偏低。据农业部有关专家介绍，目前我国有1100多家企业生产的2000多个产品使用绿色食品商标标志，食品生产量一年为1500万吨，年销售额400亿元。这个数量在总体上还是偏小。"现在的问题是我们的绿色产品太少了！"浙江省副省长章猛进说，浙江省有那么多的优质农产品资源，但评上国家级绿色食品的只有8个，这样下去怎么适应国际竞争？绿色食品品种和数量过少的根本原因，在于我们长期在农业生产上片面追求数量，忽视了对农产品质量的要求。农业部有关专家在浙江省国际农产品博览会上提出，我国入世之后，质量将成为绿色食品的生命和市场价值所在，必须严格执行科学的绿色食品标准，确保质量，以质量促发展，才能保证我国农产品在国际竞争中的地位，否则是无法抗拒"洋产品"的挑战的。

从"冻虾仁"事件中吸取教训，浙江省开始制订一系列鼓励发展绿色食品、打击危害食品安全活动的措施。杭州市对肉猪实行强制性尿检，凡发现有"瘦肉精"等激素的，一律不准上市，并对责任人加以处罚。浙中山区磐安县提出"生态富县"，县委书记刘树枝说，"9年后，磐安县绿色农产品的产值要达到农业总产值的95%！"浙江省副省长章猛进表示，省政府已经拿出100万元，让省农业厅抓紧制定浙江省的绿色食品标准，准备先在省里评绿色食品，评上"绿色"贴上标签的，由省政府给以奖励，评上一个奖励一个，动员越来越多的农户自觉地参与绿色食品的开发。

（资料来源：百度知道）

9.3　非关税措施对国际贸易的影响

随着我国对外贸易地位的迅速提高,出口规模的不断扩大,产品竞争力的提升,加上与主要工业国的贸易不平衡状况日益加剧等,我国遭遇的贸易摩擦增多。目前,我国出口日益受到其他国家的关注和牵制,出口产品受到国外名目繁多、形式多样的贸易措施限制,特别是非传统贸易壁垒的制约在加大。美欧等贸易大国还采取了许多违反世贸组织规则和自由贸易精神的不合理限制措施,变换各种方式,制造和滥用贸易壁垒。目前,在我国对外贸易活动中,技术性贸易壁垒对出口的制约作用迅速上升;贸易救济措施仍是影响出口的重大贸易壁垒;知识产权问题成为出口的新制约因素。

从我国对进口产品实施贸易救济情况看,为了抵御进口产品的不公平竞争,我国依据世贸组织基本精神和规则,积极完善各类贸易救济制度,对某些进口产品实施了贸易救济措施,以保护国内产业和市场秩序。但总体看,在我国进口贸易迅猛增长的情况下,如何合理、有效地运用非关税措施仍存在着一些问题。我国对外反倾销立案数量与进口的增长还有差距;一些贸易救济措施的启动在不同产业间造成不合理的"分配效应";在技术性贸易措施、知识产权保护等方面尚缺乏足够的手段。

贸易摩擦的蔓延和升级,威胁着我国的出口贸易环境,不仅给出口持续发展带来重大威胁,而且对宏观调控和对外政治外交关系造成严重干扰,成为制约我国对外贸易发展和产业结构调整的主要因素之一。从当前形势看,今后一段时期我国对外贸易仍将保持增长态势,出口增速将继续高于世界贸易平均增速和大多数国家的出口增长水平,与一些国家的双边贸易失衡状况恐将难以得到完全解决。由此,我国出口产品在全球范围内遭遇贸易救济措施及贸易壁垒也难以避免,各种贸易争端可能还会进一步增加,我国企业将因此增加参与国际贸易的成本,面对更多的冲击和挑战。今后,我们要以充分准备来应对所遭遇到的贸易壁垒及其引发的具体案件。

本 章 小 结

各国限制商品进口的主要措施有关税壁垒和非关税壁垒。非关税壁垒主要有进口配额制、"自动"出口配额制、进口许可制度、外汇管制、歧视性政府采购、最低限价和禁止进口、各种国内税、进口押金制度、海关估价制度、严格的技术标准和卫生检疫、商品包装和标签的规定等。

基 本 概 念

非关税壁垒　进口配额制　进口许可制度　外汇管制　歧视性政府采购　最低限价　进口押金制　海关估价制度

复习思考题

一、单选题

1. 在规定期限内对配额以内的商品征收最惠国税，超过配额征收普通税甚至罚款，这种非关税壁垒叫做(　　)。

A. 全球关税配额　　B. 国别关税配额

C. 优惠关税配额　　D. 非优惠关税配额

2. 进口国在总配额内按国别和地区分配一定的配额，超过该配额便不准进口的是(　　)。

A. 关税配额　　B. 全球配额　　C. 国别配额　　D. 总配额

3. 假定某国规定 1995 年从中国进口鞋不超过 2000 万双，它是(　　)。

A. 全球配额　　B. 国别配额　　C. 关税配额　　D. 自愿出口限制

4. 在海关税率一定的情况下进口商品的负税大小除取决于海关估价外，还取决于(　　)。

A. 外汇管制　　B. 差价税

C. 征税产品的归类　　D. 进口押金制

5. 韩国进口服装的消费税大于本国制品，这种现象是属于下列哪种非关税壁垒措施？(　　)。

A. 绿色壁垒　　B. 海关估计制度　　C. 直接生产补贴　　D. 国内税

6. 从海关通关程序上起限制作用的非关税壁垒措施有(　　)。

A. 进口配额制　　B. 繁琐的技术标准

C. 进口许可证制　　D. "自愿"出口限制

7. 成本性外汇管制是指一国外汇管理机构对外汇买卖实行(　　)制度。利用外汇买卖成本的差异间接影响不同商品的进出口。

A. 市场汇率　　B. 官方汇率

C. 复汇率　　D. 两种汇率同时使用

8. "自愿"出口配额制是一种(　　)。

A. 鼓励进口的手段　　B. 限制进口的手段

C. 鼓励出口的手段　　D. 限制出口的手段

9. 进口押金制是通过以下哪种方式来达到限制进口目的的？(　　)。

A. 限制进口数量　　B. 加大进口商资金负担

C. 加大出口商的资金负担　　D. 提高进口关税率

二、多选题

1. 非关税壁垒措施的特点是(　　)。

A. 非关税壁垒措施更具有效性

B. 比关税壁垒措施具有更大的灵活性和针对性

C. 非关税壁垒措施具有苛刻性

D. 比关税壁垒措施更具有隐蔽性和歧视性

2. 进口附加税是限制商品进口的重要手段,主要包括(　　)。
A. 紧急关税　B. 反补贴税　C. 反倾销税　D. 过境税
3. 属于技术性贸易壁垒的是(　　)。
A. 技术标准　B. 卫生检疫　C. 包装与标签方面的规定
D. 关税　E. 海关估价
4. 直接限制进口商品数量或金额的非关税壁垒有(　　)。
A. 进口配额制　B. "自愿"出口配额制　C. 进口许可证制
D. 外汇管制　E. 进口押金制
5.《海关估价协议》认定的可以采取的估价方法有(　　)。
A. 按进口商品的成交价　B. 按相同商品的成交价
C. 按相似商品的成交价　D. 按推算价格
E. 倒扣法

三、判断题

1. 自愿出口限制与一般进口配额制一样,都是进口国限制进口的一项措施。(　　)
2. 进口配额下的商品都必须提供原产地证明书。(　　)
3. 直接生产补贴是政府对出口部门的补贴从而排挤或减少此类产品的进口数量。(　　)
4. 外汇倾销是垄断企业利用本国货币对外升值以争夺国外市场的一种特殊手段。(　　)
5. 进口国利用海关估价提高进口商品的价格,这是一种非关税壁垒措施。(　　)

四、简答题

1. 简述进口配额制和"自愿"出口配额制的区别。
2. 简述技术贸易壁垒的双重性,优点及缺点。

五、论述题

试述什么是绿色贸易壁垒,阐述它的特点、形式、原因及应对方案。

六、案例分析

2003年2月,意大利弗德庞特皮革公司(FODERPOINT SRL)以中国最大的皮革出口商——远东皮业集团香港子公司交易产品化学指标超标为由,将后者告上法庭,要求赔偿以前交易的所有损失,并利用意大利法律的特有规定通过法院扣押了后者应收的货款。在有关政府部门和中国皮革工业协会的协助下,通过积极应诉,远东皮业集团成功地赢得首场官司的胜利,解除了法院的扣押,收回了货款。但弗德庞特公司不服判决,又提出上诉。

远东公司于2004年3月向浙江温州市中级人民法院提起诉讼,状告意大利弗德庞特公司,理由是后者涉嫌商业诈骗。

对于远东皮业集团,乃至整个中国皮革企业,这不是一场简单的贸易纠纷。因为如果败诉,不仅货款会被追回,而且由于赔偿金额巨大,货款不足以偿还,远东集团任何进入意大利的货款都会被扣押,以抵偿赔款的不足。

这意味着中国皮革行业的旗舰企业将无法进入世界顶级皮革市场,同时将有更多的中国皮革企业为此担忧,徘徊在意大利的非关税贸易壁垒门外。

远东皮业集团是中国民营企业500强之一,经过10年的发展,现已成为全球规模最大的猪皮革产销企业,公司年生产加工猪皮革950多万张,产品销往意大利、西班牙、葡萄牙、印尼、印度等60多个国家和地区。

远东集团2000年开始开拓意大利市场。意大利是全球顶级的皮革市场,中国皮革企业要做大做强,在国际上占有一席之地,必须到意大利去拓展市场。抱着这种信念,远东集团与弗德庞特等意大利皮革公司开展了大量高起点的业务合作。

据了解,远东集团与弗德庞特公司在2000年建立贸易关系,此后生意来往一直较稳定。但到了2002年5月,该客户订单突然锐减,几乎终止采购。到10月,经过协调沟通,双方又开始了商业来往。弗德庞特公司当时同意订一个货柜,称等货到后看看质量,再讨论新的业务。为表示诚意,远东集团在价格上给予了很大优惠,付款方式也定为60天远期信用证。

为了双方的合作,远东公司对这批货十分重视,完全按照客户的各项要求来生产。出货前还快递了两张皮给客户验收。货物于12月发往意大利,之后一切顺利,对方银行也已承诺付款。

然而,就在付款期限届满的前几天,对方银行向远东方银行发来电函说,客户向当地法院申请了禁止令,此笔货款被法院扣押。经过询问,远东集团才知道弗德庞特公司是以2000年初至2002年5月期间收到的货物化学指标超标为由,将他们告上地方法院,并要求法院将本次交易货款扣押,以充当日后赔偿的资金。

远东皮业集团董事长王敏对此提出质疑,因为根据通行的国际惯例,在货物到港后,买方要提出索赔最多不超过28天,否则视为接受。而弗德庞特公司的索赔期限早已过期;同时按照国际惯例,在提出索赔时至少80%以上的货物必须保存完好,但弗德庞特公司早就将这批货物卖光;最重要的是,弗德庞特公司诉讼请求中提出的远东集团皮革六价铬超标问题不成立,因为欧盟乃至全球到目前为止,并没有具体制订皮革六价铬含量标准。

远东集团毫不犹豫地予以反击,他们首先与中国皮革协会取得了联系,一边汇报案情,一边共同研究紧急应对方案。在中国皮革工业协会的帮助下,3月,公司与中国国际贸易促进委员会法律顾问处及中国国际仲裁委员会法务部联系,并委托后者的律师作为远东集团本案的中国代理律师。同时,公司又在意大利委托了一名当地律师作为本案代理。

4月24日,意大利地方法院第一次聆讯。7月,远东集团将相关的情况向国家商务部做了整理和汇报。

9月12日是意大利地方法院作出裁决的日子,在法庭上,原被告双方代理律师辩论得很激烈。经过审理,意大利地方法院正式宣布扣押令无效,远东公司成功收回了货款。

然而事情并没有结束,输了官司的弗德庞特公司似乎受到了前所未有的挫败,10月他们又向上级法院提出上诉,要求驳回原判。更为关键的是,远东集团皮革产品是否化学指标超标的问题还没有正式审理,等待远东集团的或许会是漫长的诉讼之旅。

中国皮革工业协会有关负责人在总结"远东事件"时说,在某种意义上,这个事件是给中国企业就如何应对非关税贸易壁垒的问题上了生动一课。现在中国经济与世界的联系越来越密切,经过多年的发展,相当一批中国企业正积极地谋划走出去开拓国际市场,遇到非关税贸易壁垒日益增多。

这位负责人表示，中国皮革企业要应对国际贸易中的非关税壁垒，更应该关注自身产品的创新和质量提高，注重从提高产品质量和企业竞争力的角度来解决问题，因为这才是中国皮革行业可持续发展的源泉。

根据上述资料，结合所学内容，对上述案例进行分析，远东皮业集团面临的是何种贸易壁垒。试讨论中国企业在面对来自国外的贸易壁垒时应如何应对？

第 10 章　鼓励出口和出口管制措施

学习目标

1. 掌握鼓励出口的主要措施；
2. 熟悉经济特区措施；
3. 了解出口管制的目的、对象以及管制的形式。

10.1　鼓励出口措施

各国除了利用关税和非关税措施限制进口外，还采取各种鼓励出口的措施扩大商品的出口。限制进口和鼓励扩大出口是国际贸易政策相辅相成的两个方面。无论采用自由贸易政策还是保护贸易政策的国家，都无例外地会采用这种奖出限入的政策。

鼓励出口的措施是指出口国家的政府通过经济、行政和组织等方面的措施，促进本国商品的出口，开拓和扩大国外市场。鼓励出口的政策一般也被视作保护贸易政策的一种表现，也是干预主义的一种，只是在干预形式上与进口限制有所不同，隐蔽性较强。在当今国际贸易中，各国鼓励出口的做法很多，涉及经济、政治、法律等许多方面。运用财政、金融、汇率等经济手段和政策工具较为普遍。本节主要从宏观经济政策方面论述鼓励出口的措施，主要有以下几种。

10.1.1　出口补贴

1. 出口补贴的定义

出口补贴(Export Subsidies)又称出口津贴，是一国政府在商品出口时给予出口厂商的现金补贴或财政上的优惠，目的在于降低出口商品的价格，加强其在国外市场的竞争力。

补贴是当今国际贸易中运用最广泛的干预形式之一。鼓励出口的补贴的基本形式有两种，即生产补贴和出口补贴。实施出口补贴，就使产品具有“双重价格”——国内市场的销售价格(内销价)和销往国外市场的价格(外销价)，外销价低于内销价。

2. 出口补贴的分类

(1) 直接补贴(Direct Subsides)

直接补贴即出口某种商品时,直接付给出口商的现金补贴。直接补贴的办法包括价格补贴和收入补贴。如韩国在20世纪60年代初就制定过非常具体的补贴标准,将出口补贴共分4等,特等25韩元/美元,一等20韩元/美元,二等15韩元/美元,三等10韩元/美元。另外,政府设立保证价格,保证支付出口产品国际市场和国内市场的差价也是一种价格补贴。美国和欧盟的农产品出口补贴就是例子之一。

收入补贴则包括对企业的出口亏损进行补偿等。例如,中国的外贸企业在改革之前都是国营的,出口的亏损由政府承担。

(2) 间接补贴(Indirect Subsides)

间接补贴即政府对某些商品的出口给予财政上的照顾。如给予某些商品的出口商减免出口税和国内损失税的优待;对加工出口商品而进口的原料、半成品实行暂时免税或退税;对于出口商品减低运费等,这些方法都是为了减少出口成本,扩大销路。

3. 出口补贴的形式

出口补贴的具体形式很多,有的很明显,容易招致报复;有的则较为隐蔽,不易觉察。常见的方式有以下几种。

(1) 亏损补贴

即政府对出口商的亏损实行全额补贴,甚至再加上适当的利润,以鼓励出口。

(2) 优惠收购

政府以对生产者有利的固定价格收购产品,然后以低于国内市价或低于收购价格水平向国际市场销售。

(3) 减免税收

通过税收政策达到鼓励国内扩大出口目的,即政府选择一些具有外销潜力的产业,予以租税方面的减免优惠,鼓励其投资,培养未来的国际竞争力,或对外销产品准许退税甚至免税。

(4) 提供廉价资源

政府以优惠费用提供国内公营的运输交通工具,以低廉价格由国有公司承运外销,甚至包括提供廉价的原料投入物等。

GATT规定,把出口补贴视作“不公平竞争”,它允许进口国在本国同类产业遭受到补贴产品的进口冲击,造成重大损失时,征收反补贴税。

10.1.2　出口退税

1. 出口退税的定义及目的

出口退税,是指政府对本国产品所征的货物税或加工出口前所缴纳的原料进口税,在制成品出口时予以退还。这是国际贸易中经常采用的为各国所接受的税收制度,是间接补贴的一种形式。

出口退税政策减轻了国内产品的税收负担，使得本国产品可以以较低廉的价格进入国际市场，使本国产品具有价格优势，从而增强国际竞争力。

2. 出口退税的理论依据

出口退税的理论依据是避免双重征税和保证国际竞争的公平性。双重征税是由于进口国在产品的最终消费阶段还要征收间接税导致的。例如，中国的彩电在美国市场上销售，美国地方政府要像其他商品一样征收消费税。如果中国的彩电已经在出口前被征了一次消费税，到美国再被征一次，即为双重征税。这似乎对出口厂商不公平，所以，出口国通过退税来避免双重征税。当然，出口国政府之所以愿意退税，真正的原因还不是公不公平的问题，而是因为双重征税使本国出口商品的价格在国际市场上处于不利地位。例如，中、韩都出口彩电，韩国对出口彩电不征税，中国却征税，中国彩电在国际市场上的价格竞争力就减弱了。所以，为了提高本国企业的国际竞争力和鼓励出口，各国政府愿意在 WTO 允许的范围内对出口产品少征税或不征税。

3. 出口退税的负面影响

退税虽然对一国的出口业发展有积极作用，但是这种退税同样也会对国内经济产生负面影响。

① 税收的征、纳双方工作繁重，且造成出口厂商资金积压负担；

② 骗税现象。不良厂商利用假出口真退税，冒领进口税款，或者国内次级原料加工出口，冒领进口原料退税；

③ 不利于产业结构均衡。由于工业发展中上下游之间的不协调，厂商急功近利，偏向于加工工业，而不愿投资于基础工业，以致基础工业发展缓慢；

④ 利益平均分配的难度极大。同一制造品的相关产业之间（上下游间）很难在退税问题上达成妥协。

知识拓展 10.1

中国出口退税政策的发展历程

• 1985 年 3 月国务院发布通知，规定从 1985 年 4 月 1 日实行对出口产品退税政策。

• 1994 年 1 月改革退还产品税、增值税、消费税的出口退税管理办法，建立以新的增值税、消费税制度为基础的出口货物退（免）税制度。

• 1996 年，由于财政原因，中国政府将出口退税率从 11%、13%、17%分别降为 3%、6%、9%。

• 1997 年开始的亚洲金融危机造成中国出口的大幅度下降。1998 年中国的出口增长率几乎是零。为了刺激出口增长，政府从 1998 年开始逐渐将出口退税率调高。到1999年7月时,服装、机械及设备、电器及电子产品、运输工具和仪器仪表等主要产品的出口退税率调为17%(全额退税),其他产品也都分别调到13%～15%的范围。经过调整,中国出口商品的综合退税率为15%。

• 2002年对生产企业自营出口或委托外贸企业代理出口的自产货物出口退税全面实行"免、抵、退"税办法。

• 2003年由于经济局部过热,出口欠税严重,政府将出口退税率由15.5%调整到12.51%。

• 2003年财政部、国家税务总局《关于调整出口退税率的通知》正式出台。

• 2006年1月1日起取消多项皮革类原材料的出口退税政策,并下调了部分产品的出口退税率。

• 2006年9月15日起,142个税号的钢材、部分有色金属材料、纺织品、家具等产品的出口退税率下调;有重大技术装备、部分IT产品和生物医药产品以及部分国家产业政策鼓励出口的高科技产品、部分以农产品为原料的加工品出口退税率上调。

• 2007年4月15日,经国务院批准,财政部、国家税务总局将进出口税则(2007年版)第72章中的部分特种钢材及不锈钢板、冷轧产品等76个税号出口退税率降为5%;型材、盘条等另外83个税号的钢材产品则取消出口退税。

(资料来源:孟繁华.我国出口退税政策的发展历程及调整原因[J].中国商贸,2011(18).)

10.1.3 出口信贷

建立资助性的出口信贷体系,运用优惠信贷支持和扶植出口业的发展,是当今国际贸易中常用的方式。各国政府建立专门的归政府所有的出口和对外贸易的商业银行,办理出口信贷和保险业务,商业银行以国家信用担保。

1. 出口信贷的定义

出口信贷(Export Credit)是指一个国家为了鼓励商品出口,加强商品的竞争能力,通过银行对本国出口厂商或国外进口厂商所提供的一种信贷资助,它是一国的出口商利用本国银行的贷款扩大商品出口,特别是金额较大、期限较长的商品出口,如成套设备、船舶等出口的一种重要手段。对银行而言,这就是出口信贷业务,用于促进和扩大出口。

2. 出口信贷的分类

(1) 出口信贷按时间长短可分为短期信贷、中期信贷和长期信贷

① 短期信贷(Short-Term Credit)。通常指180天以内的信贷,有的国家规定信贷期限为一年,适用于原料、消费品及小型机器设备的出口。

② 中期信贷(Medium-Term Credit)。通常指为期1～5年,用于中型机器设备的出口。

③ 长期信贷(Long-Term Credit)。通常是 5～10 年,甚至更长时期的信贷,用于重型机器、成套设备的出口等。

(2) 出口信贷按借贷关系可分为卖方信贷和买方信贷

① 卖方信贷(Supplier's Credit)。它是出口方银行向本国出口厂商(即卖方)提供的贷款。这种贷款协议由出口厂商与银行之间签订。卖方信贷通常用于成套机器设备、船舶等的出口。由于这些商品出口所需的资金较大、时间较长,进口厂商一般都要求采用延期付款的办法。出口厂商为了加速资金周转,往往需要取得银行的贷款。出口厂商付给银行的利息、费用有的包括在货价内,有的在货价外另加,并转嫁给进口厂商负担。因此,卖方信贷是银行直接资助本国出口厂商向外国进口厂商提供延期付款,以促进商品出口的一种方式。

在采用卖方信贷的情况下,通常在签订买卖合同后,进口厂商先支付贷款 5%～15%的订金,作为履约的一种保证金,在分批交货、验收和保证期满时,再分期支付 10%～15%的货款,其余的货款在全部交货后若干年内分期支付,并付给延期付款期间的利息。出口厂商把所得的款项与利息按贷款协议的规定偿还给本国的贷款银行。所以,卖方信贷实际上是出口厂商从贷款银行取得贷款后,再向进口厂商提供延期付款的一种商业信用。

② 买方信贷(Buyer's Credit)。它是出口方银行直接向外国的进口厂商(即买方)或进口方的银行提供的贷款。其附带条件就是贷款必须用于购买债权国的商品,因而起到促进商品出口的作用,这就是所谓的约束性贷款(Tied Loan)。

在采用买方信贷的条件下,当出口方供款银行直接贷款给外国进口商时,进口厂商先用本身的资金,以即期付款方式向出口厂商交纳买卖合同金额 15%～20%的订金,其余货款以即期付款的方式将银行提供的贷款付给出口厂商,然后按贷款协议所规定的条件,向供款银行还本付息。当出口方供款银行贷款给进口方银行时,进口方银行也以即期付款的方式代进口厂商支付应付的货款,并按贷款协议规定的条件向供款银行归还贷款和利息等。至于进口厂商与本国银行的债务关系,则按双方商定的办法在国内结算。买方信贷不仅使出口厂商可以较快地得到货款和减少风险,而且使进口厂商对货价以外的费用比较清楚,便于与出口厂商进行讨价还价。因此,这种方式在目前较为流行。

由于出口信贷方式能有力地扩大和促进出口,世界上的主要出口国尤其是西方国家一般都设立专门银行来办理此项业务,如美国进出口银行、日本输出入银行、法国对外贸易银行、加拿大出口开发公司等。这些专门银行除对成套设备、大型交通工具的出口提供出口信贷外,还向本国私人商业银行提供低利率贷款或给予贷款补贴,以资助这些商业银行的出口信贷业务。

我国也于 1994 年 7 月 1 日正式成立了中国进出口银行。作为一家政策性银行,中国进出口银行的资金来源除国家财政拨付外,主要是中国银行的再贷款、境内发行的金融债券和境外发行的有价证券以及向外国金融机构筹措的资金等,其任务主要是对我国的机电产品及成套设备等资本性货物的进出口给予必要的政策性金融支持,从根本上改善我国出口商品结构,以促进其升级换代。

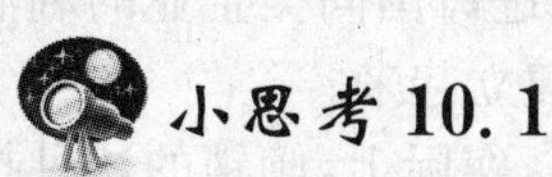

出口买方信贷和卖方信贷的共同点和区别主要表现在哪些方面?

10.1.4 出口信贷国家担保制

一些国家的出口商，为了多做买卖，有时不是卖货后立即要求付款，而是允许外国买方内销商品，在一定时期以后再付款。外国买方到期不付款，出口商便要受到损失。出口信贷国家担保制(Export Credit Guarantee System)是国家为了扩大出口，对本国出口商或商业银行向国外进口商或银行提供的信贷，由国家设立的专门机构出面担保。当国外债务人拒绝付款时，这个国家机构即按照承保的数额给予补偿。如英国的出口担保局、美国的进出口银行、日本的输出入银行和法国的对外贸易银行等。我国的中国进出口银行，除办理出口信贷业务外，也办理出口信用保险和信贷担保业务。

出口信贷国家担保制有如下特点：① 担保金额大，有时达信用额的70％～80％，有时达到100％；② 范围不断扩大，除一般商业性风险外，还包括政治风险、外汇管制、货币贬值等所引起的不能按时付款或拒绝付款的风险等；③ 整个出口贸易中，国家信贷担保额比重不断增加；④ 国家出口信贷担保基金也不断扩大。出口信贷国家担保是国家替出口商承担风险，是扩大出口和争夺国外市场的一个重要手段。

从目前的情况看，发达国家出口信贷担保制日益加强，担保范围不断扩大，担保信用额在出口中所占比重不断提高，国家担保基金也不断增加，说明这些国家更加重视出口信贷担保制。

中国政府在大力发展出口信贷业务的同时，也越来越重视发展出口信贷国家担保业务，把其作为鼓励出口的重要手段。继组建进出口银行后，在2001年12月18日，由财政部出资，中国人民保险公司和进出口银行联合组建了中国出口信用保险公司(简称“中国信保”)，它是承办政策性信用保险业务的金融机构，资本来源为出口信用保险风险基金，由国家财政预算安排。中国信保的主要任务是积极配合国家外交、外贸、产业、财政和金融等政策，通过政策性出口信用保险手段，支持货物、技术和服务等出口，特别是高科技、附加值大的机电产品等资本性货物出口，支持中国企业向海外投资，为企业开拓海外市场提供收汇风险保障，并在出口融资、信息咨询和应收账款管理等方面为企业提供快捷、便利的服务。

10.1.5 商品倾销

商品倾销(Dumping of Goods)是指出口商在国际市场上，以远低于国际市场价格、国内批发价格，甚至低于生产成本的价格，向国外市场抛售商品，从而打击竞争者，占领市场的一种手段。

从法律层面来看，满足以下三个条件的商品出口行为即构成倾销：① 进口国生产同类产品的企业受到低价进口品的冲击，以致其市场份额明显减少；② 进口国同类企业的利润水平明显降低；③ 在低价进口品的冲击下，进口国的同类工业难以建立起来。

从表面上看，低于成本销售会使出口厂商蒙受经济损失。但是，实际上，倾销的这种损失不仅可以通过各种途径得到补偿，甚至可以获得更高的利润。例如：① 以国内垄断高价补偿国外低价销售损失的“空间倾销”；② 通过倾销击败竞争者占领市场后，以垄断高价补偿倾销时期的损失的“时间倾销”；③ 接受国家组织的出口补贴来补偿倾销亏损。倾销必须以高筑关税为前提，否则难以获得国内垄断高价的超额利润。

实施商品倾销的原因很多，如因国内商品积压多了而进行的清仓；为了打击竞争对手而进行的低价策略；为了开拓市场；为了保持独占的优势等。商品倾销通常与政府的支持是分不开的。政府或限制有关商品进口，使企业在国内市场取得垄断利润以贴补出口，或给予某种贴补以弥补其亏损，或以其他方式直接、间接给予支持。措施一经核实，且有证据证明已对进口国同类工业造成实质性损害，二者之间有因果关系，则允许进口国报复，征收反倾销税。

商品倾销按照倾销的具体目的和时间的不同，商品倾销可以分为偶然性倾销、掠夺性倾销、持续性倾销等。

1. 偶然性倾销

偶然性倾销(Sporadic Dumping)通常是因为销售旺季已过，或因公司改营其他业务，在国内市场上不能售出“剩余货物”，而以倾销的方式在国外市场抛售。这种倾销对进出口国的同类产品生产当然会造成不利的影响，但由于时间短暂，进口国家一般较少采用反倾销措施。

2. 掠夺性倾销

掠夺性倾销(Predatory Dumping)是以低于国内价格甚至低于成本的价格，在某一国外市场上倾销商品，在打垮或摧毁了所有或者大部分竞争对手，垄断了这个市场后，再抬高价格。这种倾销的目的有的是为了打垮竞争对手，以扩大和垄断其产品的销路；有的是为了阻碍当地同类产品或类似产品的生产和发展，以继续在当地市场维持其垄断地位；有的是为了在国外建立和垄断产品的销售市场等。总之，其目的是占领、垄断和掠夺国外市场，获取高额利润。这种倾销对进口国家的利益会造成严重损害，因而进口国一般都要采取反倾销措施予以抵制。

3. 持续性倾销

持续性倾销(Persistent Dumping)是在一个相当长的时间内，持久地、连续地以低于国内市场的价格，在国外市场上抛售商品。这种倾销有长期目标，但从经济利益来考虑，维持长期的亏本必须要有足够的经济承受力。这种倾销行为出现的可能性比掠夺性倾销要多。

除以上三种倾销之外，间接倾销和社会倾销的现象也已引起国际社会的重视，要求对其实施制裁的呼声越来越高。间接倾销通常也称第三国倾销，是指甲国的产品倾销至乙国，再由乙国销往丙国，并对丙国的有关工业造成损害。在这种情况下，虽然乙国的出口商并没有实施实际倾销行为，但丙国相似产品生产商可依反倾销法申请对乙国的生产商和出口商进行反倾销调查，也可要求乙国对甲国的产品采取反倾销措施。至于乙国当局是否会根据丙国的请求，对甲国的倾销产品实施反倾销措施，往往取决于乙国与丙国的政治与贸易关系。社会倾销最初仅指出口利用犯人生产的廉价产品，现在已扩大到计算生产成本时所必须考虑的其他因素。发展中国家由于廉价劳动力和生产环境的低标准等种种因素，使其出口商品在国际市场和国内市场上的价格都比较低，因此不能按现有的法律定义确定其倾销。但由于这些廉价出口商品对发达国家的市场带来冲击，因此，近年来，发达国家，特别是欧盟的贸易保护主义者，一直在呼吁制止这种所谓的社会倾销。

由于倾销行为的诸多危害，它给正常国际贸易关系带来的危害是不可小视的，各国都通过制定反倾销法抑制和对抗倾销行为。反倾销制度也是WTO确立的仅有的几个合法的、可单边采取的保障制度之一。然而，各国在其经济发展到一定规模后，往往都会从本国自身的利益出发，一边支持本国产品打入国际市场，一边又尽可能地限制他国商品在本国的销售，以保护本国相同产业的建立和发展。因此，在国际贸易中，反倾销常常包含维护国际贸易的正常秩序和国内贸易保护主义两方面的因素。特别是历次关贸总协定多边贸易谈判迫使各国关税水平大幅度下降，为了保护国内产业，反倾销这一为WTO所允许的措施便堂而皇之地成为了保护本国市场优势，阻止外国产品进入本国市场的合法而有效的手段，成为了当今国际贸易中最主要的非关税贸易壁垒。但是，不当的反倾销措施无论对被调查的出口国还是对进口国都有消极影响。对被调查的出口国来说，不当的反倾销措施阻碍了其正常的对外贸易，并会累及其国内经济的发展；对进口国来说，一旦其某一特定产业由于反倾销措施的采用而被置于特殊保护并进而脱离正常的竞争市场后，不可避免地会对其国内竞争性市场造成一定程度的扭曲，影响资源的有效配置，导致产业间发展失衡。此外，反倾销调查程序一旦发动，被调查的出口国国内相关产业的对外贸易就被打乱，生产商的正常生产活动就被中止，相关各方就此进入冗长繁复的反倾销程序。由此可见，各国都有义务避免反倾销措施的滥用，严格、合理、规范地启动反倾销机制，防止将反倾销作为贸易保护的盾牌，甚至是贸易报复的手段。否则反倾销同样也会给正常有序的国际贸易秩序带来极大的负面影响，阻碍国际贸易的良好发展。

10.1.6 外汇倾销

外汇倾销(Exchange Dumping)是指出口企业利用本国货币对外贬值的机会进行商品倾销，争夺国外市场的一种特殊手段。由于一国货币贬值后，以外国货币表示的出口商品的价格就会降低，从而提高了出口商品的竞争能力，达到扩大商品出口的目的。不仅如此，在一国货币贬值后，货币贬值的国家从国外进口的商品以贬值后的货币计算，其商品价格必然上涨，从而削弱了进口商品的竞争力，限制了外国商品的进口。因此，货币贬值起到了促进出口和限制进口的双重作用。但是，倾销要达到扩大出口的目的，必须具备两个条件：一是货币贬值的程度要大于国内物价上涨的程度；二是其他国家不同时实行同等程度的货币贬值或采取其他报复性措施。

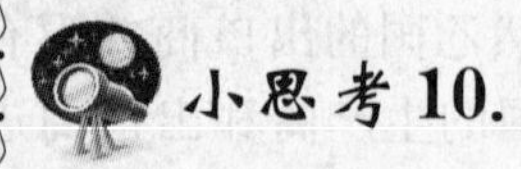

结合实际分析近年来人民币持续升值对我国进出口贸易的影响。

10.1.7　促进出口的组织措施

1. 成立专门组织,研究和制定出口战略,扩大出口

例如,为了研究与制定出口战略,扩大出口,美国在1960年成立了“扩大出口全国委员会”,其任务就是向美国总统和商务部长提供有关改进鼓励出口的各项措施的建议和资料。1978年又成立了出口委员会和跨部门的出口扩张委员会,附属于总统国际政策委员会。为了进一步加强外贸机构的职能,集中统一领导,1979年5月成立了总统贸易委员会,负责领导美国对外贸易工作。此外,还成立了一个贸易政策委员会,专门定期讨论、制定对外贸易政策与措施。欧洲国家和日本为了扩大出口都成立了类似组织。

2. 建立商业情报网,加强商业情报的服务工作

为加强商业情报的服务工作,许多国家都设立了官方的商业情报机构,在海外设立商情网,负责向出口厂商提供所需的情报。例如,英国设立出口情报服务处,装备有计算机情报收集与传递系统。情报由英国220个驻外商务机构提供,由计算机进行分析,分成近5000种商品和200个地区或国别的市场情况资料,供有关出口厂商使用,以促进商品出口。

3. 组织贸易中心和贸易展览会

贸易中心是永久性的设施,在贸易中心内提供陈列展览场所、办公地点和咨询服务等。贸易展览会是流动性的展出,许多国家都十分重视这项工作。有些国家一年组织15～20次国外展出,费用由政府补贴。例如,意大利对外贸易协会对它发起的展出支付80%的费用,对参加其他国际贸易展览会的公司也给予其费用30%～35%的补贴。

4. 组织贸易代表团和接待来访

许多国家为了发展对外贸易,经常组织贸易代表团出访,其出国的费用大部分由政府补贴,例如加拿大政府组织的代表团出访,政府支付大部分费用。许多国家设立专门机构接待来访团体,例如英国海外贸易委员会设有接待处,专门接待官方代表团和协助公司、社会团体接待来访的工商界人士,从事贸易活动。

5. 组织出口商的评奖活动

第二世界大战后,许多国家对出口商给予精神奖励的做法日益盛行。对扩大出口成绩卓著的厂商,国家授予奖章、奖状,并通过授奖活动推广它们扩大出口的经验。例如,美国设立了总统“优良”勋章和“优良”星字勋章,得奖厂商可以把奖章样式印在它们公司的文件、包装和广告上。日本政府把每年6月28日定为贸易纪念日,每年在贸易纪念日这一天,由通商产业大臣向出口贸易成绩卓著的厂商和出口商颁发奖状。

10.2 经济特区

10.2.1 经济特区的含义及其发展

所谓经济特区(Special Economic Zone),指的是一个国家或地区划出一定的区域,在该区域内采取更加开放的政策,提供良好可靠的投资环境,用减免关税和其他税收,提供良好的基础设施等优惠方式,吸引外资和先进技术,以达到一定的经济目的的特殊区域。建立经济特区作为促进贸易发展的政策措施由来已久,在当代国际贸易中,占有相当重要的地位。

经济特区的主要特点包括:以扩大出口贸易、开发经济和提高技术水平为目的;有一个开放的投资环境;具有一定的基础设施;具有良好的社会经济条件及自然条件。

20 世纪 40 年代,特别是第二次世界大战以后,自由港或自由贸易区在世界范围内获得了较大的发展,在国际贸易中担当起越来越重要的角色。50 年代末 60 年代初,出现了新型的自由贸易区——出口加工区。爱尔兰于 1959 年在香农国际机场兴建的自由贸易区,是世界上第一个出口加工区。以工业——贸易型为特征的出口加工区,是 60 年代至 70 年代国际间经济特区的主导,其中发展中国家和地区起到了决定性的作用。目前发展中国家参与设立的经济特区占世界经济特区总数的三分之二以上。经济特区向多行业多功能综合型发展,是 20 世纪 80 年代以来经济特区发展的主要特点。

10.2.2 经济特区的种类

世界经济特区一般有自由港和自由贸易区、出口加工区、保税区、边境自由区、科学工业园区及综合经济特区几种类型。

1. 自由港和自由贸易区

传统的自由港(Free Port)和自由贸易区(Free Trade Zone)基本上是一种商业型或贸易型的经济特区,是经济特区最常见的形式。

自由港又称自由口岸,一般设置在港口城市或地区,例如,香港就是典型的自由港。它的特征是:① 对商品的输出输入不征关税或仅对少数商品征税(如烟、酒等),不必办理海关手续;② 一般准予在港内进行自由改装、加工、装卸、整理、买卖、展览、销毁和长期储存等。自由港的设立主要是为了发展过境贸易,吸引外国船只或货物过境,从中获取运费、堆栈费、加工费等收入。

自由贸易区,又称免税贸易区(Tax-Free Trade Zone)和自由区(Free Zone),也有的称为对外贸易区(Foreign Trade Zone)等,是划在关境以外的一个区域,对进出口商品的全部或大部分免征关税,并且准许在区内进行商品的自由储存、展览、加工和制造等业务活动,以促进地区经济及本国对外贸易的发展。

国际上通行的自由贸易区内基本没有关税或其他贸易限制，实施贸易与投资自由化的政策与法规，贸易区内人、财、物及信息的流动都比较自由，程序简便、透明，政府部门办事效率高，通关速度快以及资金融通便利。自由贸易区通常还有完善的海、陆、空交通基础设施，有发达的国际化的各式联运体系和物流体系，有满足现代大型集装箱船舶需要的深水港及其港务体系，有通向世界各地的航线及发达的内支线。

自由贸易区一般有以下几个特点：① 关税减免。除少数特殊商品外，一般都允许商品自由进出，不必办理海关手续且免征关税。② 活动自由。进入自由贸易区的商品，一般允许在区内自由地拆散、分类、改装、储存、展览、重新包装、重整贴标签、清洗、整理、加工、制造、销毁以及与外国或国内的原料混合再出口，海关不予监督或控制。③ 特殊商品受限制。各国一般都禁止武器、弹药、毒品等进入自由贸易区，国家专卖的烟草、酒等特殊商品进入则规定必须凭特种进口许可证。

尽管自由贸易区本身是对进出口的双向鼓励，但多数国家在本国境内开设自由贸易区的目的是为了促进出口。

自由港与自由贸易区对出口贸易提供的优惠和便利主要是：① 关税优惠和免除海关手续，也不受配额限制和外汇管制，免除大多数统计申报；② 节省费用，自由贸易区一般都设在近海港的城市区，为外商提供接近最终市场的商品储存和加工地；③ 商品展销的窗口，便于外商以自由贸易区作为展示市场，以便进一步进入当地市场；④ 允许从事加工装配，既可省去捐税，又能降低成本、运费、厂房租金、工资及保险费等。

2. 出口加工区

出口加工区(Export Processing Zone)源于自由贸易区，是自由贸易区转口贸易功能弱化、出口加工功能强化的产物。出口加工区是一国专门为加工、制造和装配出口产品而开辟的特定区域，在此区域内，一些以出口为导向的经济活动受到一系列政策工具的刺激和鼓励，而这些政策工具通常不适用于其他经济活动和其他经济区域。加工区生产的产品全部出口或大部分出口。

出口加工区一般设置在港口或邻近港口、国际机场的地方，提供基础设施以及免税等优惠待遇，主要的目的是引进国外资金、技术和经营管理方法，利用本国的劳动力资源与国际市场，发展出口加工工业，以扩大设区国的出口贸易，增加劳动就业和外汇收入，取得工业方面的收益，促进本国经济的发展。

出口加工区有两种类型：一是综合性出口加工区，即在区内可以经营各种产品的出口加工；二是专业性出口加工区，即区内只能经营某种特定产品的加工。

出口加工区的优惠政策措施主要包括两方面：① 提供工业化所必需的一般先决条件，如提供训练有素、工资水平与生产效率和技术熟练程度相适应的劳动力；提供良好的环境，如码头、水电供给、交通设施，国际机场及通信等基础设施；精简高效的行政机构和规章制度；稳定的政策和对外投资的法律保护。② 提供财政上的优惠和补贴，鼓励出口加工业务发展及吸引外国投资，包括：区内加工出口所需的各种进口设备、原材料一律免征进口税；加工产品出口一律免征出口税；区内外商投资企业可以减免部分国内税；按补贴性的收费率提供公用事业和基础设施服务以及工厂用地等；外商企业的经营所得的各种收入不受外汇管制的限制等。

出口加工区与自由港、自由贸易区的重要区别是:其功能主要是开发外向型的加工或精加工的业务,发展具有国际竞争能力的工业;其政策优惠主要是对经过加工后增值并最终将产品销往国外的厂商给予减免优惠。

在不发达国家建立的大部分出口加工区内,生产活动占统治地位。加工区内的大部分公司是跨国公司的子公司,而这些公司生产的产品均销往国外,东道国提供各种鼓励措施以吸引外国公司进入出口加工区,这些措施包括免税、提供廉价的劳动力和土地租金、放宽管制和限制工会活动等。对跨国公司来说,所有这些特权(优惠政策)均可通过出口加工区转化成比向其他地方投资获得更高的赢利潜力。

中国从2000年开始逐步批准15个出口加工区试点,它们位于大连、天津、北京天竺、烟台、威海、江苏昆山、苏州工业园、上海松江、杭州、厦门杏林、深圳、广州、武汉、成都和吉林珲春。这些加工区的功能比较单一,仅限于产品外销的加工贸易,区内设置出口加工企业及相关仓储、运输企业。加工区对出口产品免征增值税和消费税,有力地促进了产品的出口。区内实行封闭式的区域管理模式,海关在24小时实行监管的同时,提供更快捷的通关便利,实现出口加工货物在主管海关"一次申报、一次审单、一次查验"的通关要求。

3. 综合型经济特区与科技型经济特区

综合型和科技型经济特区是在出口加工区基础上形成和发展起来的,是世界经济特区发展的新阶段和新趋势。它们除了具有一般出口加工区和自由贸易区的特点外,还有各自的特点。综合型经济特区的特点是:规模大、经营范围广,是一种多行业、多功能的特殊经济区域。它比小型的出口加工区具有更大的优势,经济效益显著。除了出口加工业和进出口贸易外,还经营农牧种植业、旅游业、金融服务业、交通电信以及其他行业。例如巴西的马瑙斯自由贸易区。

科技型经济特区则一般以大学和科研机构为依托,以科学研究为先导,拥有较雄厚的技术力量,能够创立技术密集与知识密集型的新兴产业,发展高精尖产品,具有较强的国际竞争力。这种类型的经济特区,对于东道国的科技进步和工业化起到巨大的促进作用。

4. 保税区

保税区(Bonded Area)也称保税仓库(Bonded Warehouse),它是由国家海关所设置的或经海关批准设置的特定地区或仓库。

保税区的功能定位为"保税仓储、出口加工、转口贸易"。所谓保税仓储,即货物在进入保税仓库以及存储期间,海关暂不征收进口税。出口加工即货物可以在保税区进行改装、分类、混合、展览、加工与制造等。转口贸易功能即进口货物在保税区存储后,或存储期间经过简单加工后,转手出口到其他目的国家或地区。

各个国家保税区的具体规定各有不同,做法上也有差异。日本则根据职能的不同将保税区分为:① 指定保税区(Designated Bonded Area)与保税棚(Bonded Shed),是为方便报关的短期储存场所;② 保税仓库,储存期较长,便于贸易业务特别是转口贸易的发展;③ 保税工厂(Bonded Factory),在海关监管下进行加工、制造分类等保税业务的专门工厂;④ 保税陈列场(Bonded Exhibition),便于展览和广告宣传的场所,促进交易的开展。

我国的保税区是中国借鉴国外自由贸易区、出口加工区的成功经验,并结合中国国情而创办的特殊的经济区域，其主要功能与自由贸易区和出口加工区相似。自 1990 年 5 月以来，中国已建成了上海外高桥、天津港、大连、青岛黄岛、张家港、宁波、厦门象屿、福州、海口、汕头、珠海、广州、深圳福田、沙头角和盐田港等保税区。

知识拓展 10.2

我国主要保税区简介

1. 上海外高桥保税区

(1) 概况

1990 年 6 月，外高桥保税区是经国务院批准设立的全国第一个、启动最早的保税区，位于上海东北端，濒临长江口，处于中国黄金水道——长江与东海岸线的交汇点。上海外高桥保税区距离市中心 20 公里，距离浦东国际机场 40 公里，距离虹桥国际机场 35 公里。

(2) 发展特色

上海外高桥保税区依托贸易带动物流、以物流促进贸易、贸易促进先进制造业的优势，将保税区的国际贸易、加工制造、现代物流三大产业发展为区域核心功能。

第一，贸易产业链优势。外高桥保税区依托保税和非保税贸易结合形成的产业链优势，经过了起步、探索创新和规模形成三个阶段，以跨国公司为主导的贸易企业在原有业务的基础上大规模开展分拨业务，分拨面已从单一国内市场向国际市场拓展，使外高桥保税区成为跨国公司跨区域的货物集散中心。

第二，现代物流产业体系。上海外高桥保税区已基本形成了以第三方物流企业为主体的现代物流产业体系，集聚了包括美国 APL、英迈，荷兰 TNT，日本近铁、通运和德国飞鸽等世界知名物流企业在内的 1000 多家物流仓储企业。外高桥保税区的物流产业在全国乃至全球范围内的物流供应链中发挥重要作用，成为跨国公司在我国及亚太地区的采购中心、配送中心及物流中心的主要聚集地。

第三，加工制造链产业体系。外高桥保税区形成了与长三角地区相配套的较为完整的加工制造链和产业体系，加快了对长三角地区的功能辐射，实现从单纯的加工制造向发展现代制造业和承接国际服务外包并举的转变，形成高附加值的制造与服务相结合的产业，并成为跨国公司跨地区加工制造的订单中心、技术服务中心和研发中心。

2. 苏州工业园综合保税区

(1) 基本概况

2006 年 12 月 17 日，苏州工业园综合保税区正式获国务院批准设立，规划面积为 5.28 平方公里，具有保税港区综合功能，税收、外汇政策参照洋山保税港区，海关比照保税港区的监管办法对其实施监管；该区推行“一次规划，分期开发”模式，首期 4.2 平方公里于 2007 年 8 月 28 日通过海关总署等国家有关部门联合验收。

(2) 发展特色

苏州工业园综合保税区充分发挥"政策最优、功能最全"的先发优势,在推动经济转型升级、提升区域竞争力方面起到了重要的促进作用。

第一,优化投资环境,提升经济国际化、现代化水平。首先,改善区域通关环境。综合保税区设立后,园区海关、商检以及市外汇局等部门先后在区内设立办事处,机构到位、人员到位,向周边企业提供便捷人性化的通关服务。其次,优化商贸物流服务。区内贸易公司和物流企业的业务涵盖进出口贸易、报关报检、货代、仓储、运输、分销配送等领域。原来相对独立发展的流通企业形成了集聚,通过互相之间资源的整合,向企业提供更为高效低成本的物流解决方案。再次,提升招商引资水平。随着国际制造业向中国转移速度的放缓,投资者越来越理性的关注除成本外的各种投资软环境。不仅加快了园区的通关速度,而且检测维修、研发、展览展示等增值服务得以逐步开展,集中报关、分批送货等便利措施也陆续到位,增加了苏州工业园区招商引资的"筹码"。综合保税区成功吸引了三星半导体、快捷半导体等企业的全球配送中心落户,已成为中国最大的液晶面板集散中心。

第二,加快现代服务业发展,促进商贸市场的繁荣发达。经过数年的发展,综合保税区已成为苏州地区面向上海进行货物集散和中转的一个重要枢纽。伴随着货物的流动,金融、信息、贸易和其他各种服务应运而生,国家信息产业部批准在苏州工业园区设立"中国国际电子产品交易基地",依托综合保税区的功能优势,将园区电子制造产业链条上的企业吸引进来,开展相关产品的交易活动。

第三,促进加工贸易升级,加快工业化转型速度。综合保税区设立后,以大物流来降低企业运营成本,提升产品的出口附加值,引导企业将加工贸易的内涵向附加值更高的上游研发采购和下游销售、售后服务扩展,带动了整个园区加工贸易转型升级,对工业向服务业转型起到很重要的作用。

3. 北京天竺综合保税区

(1) 概况

2007年7月23日,北京天竺综合保税区获国务院批准设立,是我国第一家空港型综合保税区。北京天竺综合保税区依托首都国际机场建设,总规划面积5.944平方公里,分为南北两区。综合保税区南区总体规划面积为2.726平方公里,包括出口加工区和空港工业区A区两个区域;综合保税区北区总体规划面积为3.218平方公里,包括空港物流基地用地及大通关基地。

(2) 发展特色

北京市将北京天竺出口加工区和北京空港保税物流中心进行整合后,根据"统一规划、整体围网、分区管理、分期建设"总体原则,北京天竺综合保税区被划分为两大功能区域,一是口岸操作区,即内围网以南,机场以北区域;二是保税功能区,由三个区组成,一区为机场北线以东、内围网以北区域,二区为机场北线以西区域,三区为南区。

北京天竺综合保税区立足打造"东方经贸航空枢纽"的战略发展定位,充分发挥综合保税区"国际中转、国际采购、国际配送、国际转口贸易和保税加工、保税物流"等功能政策优势,重点发展现代物流、国际贸易、保税加工、服务贸易等四大产业,探索发展离岸金融。北京天竺综合保税区计划到2015年实现进出口总额翻两番，达200亿美元，年均增速接近25%。

（资料来源：百度知道）

5. 自由边境区

自由边境区(Free Perimeter)早期亦称自由贸易区域，是自由港区的一种形式；是在与邻国接壤的边远省或边境城市中划出的专供对邻国自由进出货物的地区。

自由边境区是指在本国的边境省、市地区或地带划定某一地段，按自由贸易区或出口加工区的优惠措施，吸引国内外厂商投资，以开发边远地区经济的自由区域。自由边境区通常划在国境之内、关境之外(如我国的香港、澳门)，从邻国输入的货物只要不逾越关境进入内地，一般不征关税。但有时对少数几类货物征收少量关税。设置自由边境区可以繁荣边境贸易，特别是在一些国家，荒僻的边远地区与内地交通不便，设立自由边境区便于当地从邻国获得必需的物资供应。有些拉丁美洲国家设置边境区，利用从邻国输入的设备和原料，建立和发展边远地区的工业，以满足当地消费的需要。自由边境区的产品大多在区内留用，发展边区经济。自由边境区优惠期限较短，一般在边区经济发展起来以后就会逐步取消优惠待遇。

自由边境区主要分布于北美洲的墨西哥与美国边境地区。凡自由边境区内使用的机器、设备、原料和消费品，都可免税或减税进口。但商品从该区运入海关管制区，须照章纳税。它与自由港区的其他主要形式一样，20世纪70年代以来，十分重视发展出口加工业和转口贸易，实行工贸结合。如墨西哥的“边境客户工业区”，实质上为出口加工工业区。

6. 过境区

过境区(Transit Zone)是沿海国家为了便利邻国的进出口货运，开辟某些海港、河港或边境城市作为货物过境区，过境区对过境货物简化通关手续，免征关税或只征小额的过境费用。过境货物一般可在过境区内作短期储存、重新包装，但不得加工。

7. 科学工业园区

科学工业园区是指在科研机构和名牌科技大学比较集中、居住环境和教育环境比较优越的大城市或城市近郊开辟出一块地方，提供比出口加工区更大的租税优惠，吸引外国资金和高技术人才，研究和开发尖端技术产品，促进科技和经济发展，智力、资金高度积聚的特定区域是从事高科技研究，并对其成果进行测试、生产的新型开发区。

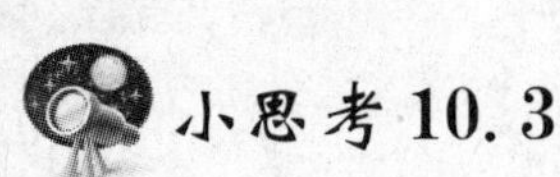

试总结各类经济特区的主要功能和特点。

10.3 出口管制措施

世界经济发展的一般趋势和各国对贸易实行干预政策的基本点是鼓励出口和限制进口,并且越来越偏重于鼓励出口。但是,许多国家,特别是发达国家,为了达到一定的政治、军事和经济目的,往往对某些产品,特别是战略物资和高技术产品等的出口实行管制,以限制或禁止这类商品的出口。出口管制是一国对外贸易政策的组成部分,尤其是西方发达国家往往运用出口管制作为其实行贸易歧视的重要手段。

出口管制或称出口控制措施(Export Control),是指出口国政府通过各种经济的和行政的办法和措施,对本国出口贸易实行管制行为的总称。管制的目的一般有政治军事和经济两个方面。

10.3.1 出口管制的目的

1. 出口管制的政治目的

出口国为了干涉和控制进口国的政治经济局势,在外交活动中保持主动地位,遏制敌对国或臆想中的敌对国家的经济发展,维护本国或国家集团的政治利益和安全等目标,通过出口控制手段,限制或禁止某些可能增加其他国家军事实力的物资,特别是战略物资和可用于军事的高技术产品的出口,或通过出口控制手段对进口国施加经济制裁压力等,迫使其在政治上妥协就范。

2. 出口管制的经济目的

出口国为了保护国内稀缺资源或非再生资源,维护国内市场的正常供应,促进国内有关产业部门或加工工业的发展,防止国内出现严重的通货膨胀,保持国际收支平衡以及稳定国际市场商品价格,避免本国贸易条件的恶化等,需要对有关商品的出口进行适当的控制。

10.3.2 出口管制的对象

从管制的对象来看,出口管制国家一般对以下几类商品实行管制。

1. 战略物资和先进技术

大多数国家对诸如武器、军事设备、军用飞机、军舰、先进的电子计算机及有关的技术资料等商品和技术资料的出口均实行严格的控制,这些商品必须得到政府机构的特别许可方可出口。对这类商品实行出口管制,主要是从“国家安全”和“军事防务”的需要出发,以及从保持科技领先地位和经济优势的需要考虑。

2. 国内生产所需的各种原材料、半成品及国内市场供应不足的某些商品

大多数发达国家本国国内生产所需的各种原材料、半成品及国内市场供应不足的某些必需品，均严格控制出口。其目的是保证国内生产和生活需要，抑制国内该商品价格上涨，稳定国内市场。如西方各国往往对石油、煤炭等能源商品实行出口管制。

3. 实行“自动”出口限制的商品

这是为了缓和与进口国的贸易摩擦，在进口国的要求下或迫于对方的压力，不得不对某些具有很强国际竞争力的商品实行出口管制。

4. 历史文物、艺术珍品、贵金属等特殊商品

这是出于保护本国文化艺术遗产和弘扬民族精神的需要而采取的出口管制措施。

5. 本国在国际市场上占主导地位的重要商品和出口额大的商品

对于一些出口商品单一、出口市场集中，且该商品的市场价格容易出现波动的发展中国家而言，对这类商品的出口管制，目的是为了稳定国际市场价格，保证正常的经济收入。比如，欧佩克(OPEC)对成员国的石油产量和出口量进行控制，以稳定石油价格。

6. 被列入对进口国或地区进行经济制裁范围的商品

10.3.3　出口管制的形式

出口管制一般有两种形式。

1. 单边出口管制

即一国根据本国的需要和外交关系的考虑，制定本国的出口管制法案，设立专门的执行机构对本国某些商品出口进行审批和颁发出口许可证，自主地实行出口管制。以美国为例，美国政府会根据国会通过的有关出口管制方案，在美国商务部，设立外贸管制局专门办理出口管制的具体业务，美国绝大部分受出口管制的商品的出口许可证都由这个机构办理。

2. 多边出口管制

即两个以上国家的政府，通过一定的方式建立多边出口管制机构，共同商订和编制多边出口管制货单和出口管制国别，规定管制办法，以协调彼此的出口管制政策和措施，达到共同的军事、政治和经济目的。

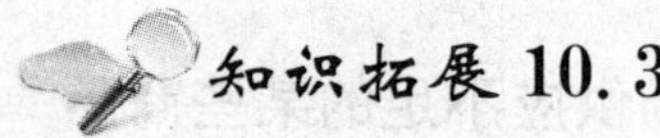

知识拓展 10.3

巴黎统筹委员会

巴黎统筹委员会(Coordinating Committee, COCOM),简称巴统,是实行多边出口管制的主要国际组织之一。第二次世界大战结束后不久,美国与西欧诸国于1949年4月4日成立北大西洋公约组织(NATO),以防御苏联、东欧集团国家。为了防止美国的战略性高科技产品与技术,可能会经由西方工业国家输入苏联、东欧,在经济上对社会主义国家实行封锁。巴黎统筹会的主要工作是编制和增减禁运货单,规定受禁国别或地区,确定禁运审批程序,加强转口管制。

巴统的管制方式是直接管制特定产品和技术出口到特定国家或地区,按管制程序的强弱分成一般禁运项目,善意考虑项目,45天评估项目,知会项目和行政例外备忘录等五种。1994年4月1日起,经历45年的巴黎统筹委员会最终宣告解散。

(资料来源:百度百科)

10.3.4 出口管制的主要手段

一国控制出口的方式有很多种,例如可以采用出口商品的国家专营、征收高额的出口关税、实行出口配额、出口禁运等,但是出口管制最常见和最有效的手段是运用出口许可制度,出口许可证分为一般许可证和特殊许可证。

1. 一般许可证

一般许可证又称普通许可证,这种许可证相对较易取得,出口商无须向有关机构专门申请,只要在出口报关单上填写这类商品的普通许可证编号,在经过海关核实后就办妥了出口许可证手续。

2. 特殊许可证

出口属于特种许可范围的商品,必须向有关机构申请特殊许可证。出口商要在许可证上填写清楚商品的名称、数量、管制编号以及输出用途,再附上有关交易的证明书和说明书报批,获得批准后方能出口,如不予批准就禁止出口。

本章小结

对外贸易政策是国家对外政策的重要组成部分,一国的对外贸易政策倾向受其经济、政治及环境条件等的制约。在经济全球化趋势的带动下，贸易政策的国际协调发挥着越来越重要的作用。各国对贸易实行干预政策的基本点是鼓励出口和限制进口，并且越来越偏重于鼓励出口。但是，许多国家为了达到一定的政治、军事和经济目的，往往对某些产品，特别是战略物资和高技术产品等的出口实行管制，以限制或禁止这类商品的出口。鼓励出口的措施主要包括出口补贴、出口退税、出口信贷、出口信贷国家担保制、出口补贴、商品倾销、外汇倾销等。出口管制措施是出口国政府通过各种经济的、行政的办法和措施，对本国出口贸易实行的管制行为的总称。同时，各国也通过设立各类经济特区，以促进对外贸易的发展。

基本概念

出口信贷　出口信贷国家担保制　买方信贷　卖方信贷　商品倾销　外汇倾销　出口退税　经济特区　自由贸易区　保税区　出口加工区　自由边境区　过境区　出口管制　“自动”出口配额

复习思考题

一、单选题

1. 出口补贴将导致出口国国内市场价格(　　)。

A. 不变　B. 升高　C. 降低　D. 以上均有可能

2. 退还出口商品国内税属于(　　)。

A. 出口信贷　B. 出口信贷担保　C. 直接出口补贴　D. 间接出口补贴

3. 先以低价倾销商品，在打垮其他竞争对手后，对市场实行垄断，再提高价格，属于(　　)。

A. 偶然性倾销　B. 掠夺性倾销　C. 长期性倾销　D. 经常性倾销

4. 对进口国造成危害最大的倾销是(　　)。

A. 偶然性倾销　B. 掠夺性倾销　C. 长期性倾销　D. 外汇倾销

5. 出口信贷一般用于(　　)。

A. 初级产品出口　B. 日用消费品出口　C. 资本货物出口　D. 化工产品出口

6. 短期出口信贷担保期限为(　　)。

A. 1 个月　B. 3 个月　C. 6 个月　D. 1 年

7. 本国货币对外贬值一般(　　)。

A. 对本国出口有利　B. 对本国进口有利　C. 都有利　D. 都不利

8. 在本国利用货币贬值促进出口时，如果主要的贸易伙伴国实行同等程度的竞争性贬值，那么(　　)。

A. 贬值只能起到削弱进口商品竞争力的作用

B. 贬值只能起到促进出口的作用

C. 贬值既能促进出口，又能削弱进口商品的竞争力

D. 贬值起不到任何作用

9. 出口加工区主要分布在(　　)。

A. 发达国家　B. 发展中国家　C. 欧洲　D. 拉丁美洲

10. 自由贸易区是划在(　　)以外,准许外国货物自由免税进入的地区。

A. 保税区　B. 关境　C. 国境　D. 保税仓库

11. 自由港或自由贸易区是以发展转口贸易,取得(　　)方面的收益为主,因而是面向(　　)的。

A. 工业、商业　B. 商业、商业　C. 商业、工业　D. 工业、工业

12. 出口加工区是以取得(　　)方面的收益为主,因而是面向(　　)的。

A. 工业、商业　B. 商业、商业　C. 商业、工业　D. 工业、工业

二、多选题

1. 出口信贷是一种国际信贷方式,它分为卖方信贷和买方信贷,其中买方信贷(　　)。

A. 出口商所在地银行借款给进口商的银行

B. 进口商所在地银行借款给出口商

C. 出口商所在地银行借款给出口商

D. 出口商所在地银行贷款给进口商

2. 出口信贷国家担保机构的担保对象包括(　　)。

A. 对进口厂商的担保　B. 对出口厂商的担保

C. 对进口方银行的担保　D. 对出口方银行的担保

3. 外汇倾销应该要具备以下哪些条件?(　　)

A. 货币对外贬值的程度要大于对内贬值的程度

B. 货币对外贬值的程度要小于对内贬值的程度

C. 其他国家不采取同等程度的货币贬值

D. 其他国家采取贸易报复措施,如贸易制裁

E. 其他国家不采取贸易报复措施

4. 扩大出口的行政措施主要包括(　　)。

A. 扶植出口企业和出口项目　B. 以法律手段维护出口秩序

C. 为出口企业提供信息　D. 出口倾销

5. 属于出口管制的货物包括(　　)。

A. 战略物资及其有关的先进技术资料　B. “自动”控制出口物资

C. 一般出口物资　D. 国内生产所需原材料、半成品

E. 国内市场供应不足的某些必需品

6. 鼓励出口的措施主要有(　　)。

A. 出口许可证　B. 出口信贷国家担保制

C. 出口补贴　D. 商品倾销

E. 外汇倾销

7. 一般来说,存入保税区的外国商品(　　)。

A. 无需缴纳进口税

B. 需接受海关监管

C. 如要进入所在国的国内市场，必须缴纳进口税

D. 如再出口，无须缴纳进口税

三、判断题

1. 出口加工区一般应设在进出口运输方便，运输费用较节省的地方，如港口、机场附近。 ( )

2. 买方信贷是出口方银行向出口商提供贷款，然后由出口商转向进口商(即买方)提供的信贷。 ( )

3. 外国商品进入保税区后再从保税区提出进入该国国内市场销售必须缴纳进口税。 ( )

4. 出口信贷是一种非限制性贷款，这种借款除了用于购买贷款国的出口商品外，还可用于购买其他国家的出口商品。 ( )

5. 目前，国际上比较流行的出口信贷是买方信贷。 ( )

6. 外汇倾销的一个重要前提就是要求货币贬值的程度大于国内物价上涨的程度。 ( )

7. 商品倾销会引起进口国征收反倾销税，所以它不是一种鼓励出口的措施。 ( )

8. 自由港或自由贸易区都被划在关境以外。 ( )

四、简答题

1. 出口补贴是指什么？它有哪些具体的方式？

2. 出口信贷是指什么？买方信贷和卖方信贷的基本流程是什么？

3. 出口管制的原则和出口管制的商品主要包括哪些？

4. 促进出口的行政组织措施有哪些？

五、论述题

1. 外汇倾销及其实施条件是什么？人民币币值的波动对我国对外贸易的影响是什么？

2. 什么是经济特区？经济特区的主要类型有哪些？我国的经济特区的发展态势如何？

3. 出口退税的主要内容是什么？试分析出口退税政策对我国出口贸易的影响。

六、案例分析

1. “白沙”烟是我国名烟之一，也是全国烟草类出口量最多的品牌，1995年出口额达4000万美元。出口型的白沙烟用国产优质烟丝制成，采用进口卷烟纸、过滤嘴及香料，质量上乘。从报关单上看，白沙烟主要销往韩国、越南、新加坡，但是，据国外市场反馈的情况反映，这几年，韩、越、新市场几乎见不到“白沙”烟销售。出口的卷烟哪里去了？1996年10月武汉海关、武汉水上公安局以及上海海运公安局在长江水道首次查获的国产卷烟走私入境特大案件揭开了这个谜底。原来有一个专门走私香烟的团伙，从1994年12月至1996年10月案发止，共走私国产卷烟20次。起初，他们租船走私。后来，逐步发展到买船走私。1995年10月，他们从安庆轮船公司购买了“振风6号”货轮，专门从事走私国产卷烟的活动，并为此船配备了大功率单边带通信机，可以随时与世界各地的港口取得联系。

这条地道的中国船“振风6号”有中国和伯利兹双重船籍。每次走私，他们都采取船出

长江口抵达公海济州岛附近后，即用油漆改换船名。待船从韩国釜山或仁川的保税仓库中装烟回到长江口外时，再将船名改回，驶回内河。通过地下网络销售，使国家蒙受巨大损失，就这20次走私，偷逃国家税款数以亿计。

2. 美国和欧盟于2009年6月23日就中国限制部分工业原材料出口向世界贸易组织提出申诉，要求与中国在世贸组织争端解决机制下展开磋商，墨西哥于8月21日也提出同样磋商请求。美欧申诉书中提到的原材料包括矾土、焦炭、氟石、镁、碳化硅、金属硅、黄磷和锌等。美欧认为，中国对这些产品采取的出口配额、出口税以及最低出口限价等措施对美欧利益造成损害，也违反世贸组织规则和中国加入世贸组织时所作的承诺。中国商务部有关负责人随即作出回应，表示中国有关原材料出口政策的主要目的是保护环境、保护自然资源，中方的相关政策符合世贸组织规则和入世承诺，称中方将根据世贸组织争端解决程序妥善处理有关美欧的磋商请求。2011年7月5日，世界贸易组织公布裁决报告，称中国对9种原材料实行的出口限制措施不符合WTO规则和中国入世时的承诺，违规措施包括征收出口税、出口配额以及出口许可证系统。在世贸组织框架下，2011年8月31日，中方就原材料出口限制案向世贸组织争端解决机构提出上诉，要求推翻专家组报告的部分裁决。

试分析，我国提出上诉是否有充分依据？

第 11 章　国际贸易条约和协定

学习目标

1. 了解国际贸易条约和协定的概念；
2. 明确贸易条约和协定所依据的法律原则；
3. 认识通商航海条约，贸易协定和贸易议定书的含义及它们之间的异同点；
4. 掌握国际商品协定及分类；

11.1　国际贸易条约和协定概述

11.1.1　国际贸易条约和协定的概念

随着科学技术和生产力的发展，各国的经济生活日益国际化。不同国家或地区在经济、政治、科技、文化等方面的联系越来越密切，一种真正意义的全球经济正在形成。任何国家要发展，就不可能闭关自守，必须重视同外界的联系。国际贸易条约与协定就是国与国之间经济贸易关系紧密联系的纽带。

国际贸易条约与协定(Commercial Treaties and Agreements)是两个或两个以上的主权国家为确定彼此的经济关系，特别是贸易关系方面的权利和义务而缔结的书面协议。一般地，国际贸易条约作为国际经济法的渊源，其约束力仅以缔约方为限。在国际经济关系中，由于各国的社会经济制度和政治经济实力对比关系的不同，它们之间所缔结的贸易条约与协定的内容和作用也有所不同。贸易条约与协定的条款，通常是在所谓“自由贸易，平等竞争”的形式上签订的，但事实上，缔约方在经济上的利益，往往是靠缔约方的政治，经济实力来保证的。因此，各缔约方之间从贸易条约与协定中得到的好处是不一样的。

11.1.2　国际贸易条约和协定的特性

国际贸易条约和协定是主权国家为了确立他们之间经济贸易关系以及为了实现这一关系所应遵循的一般原则和所需采取的具体措施而缔约的书面协议。它是国际条约的一个重要组成部分，具有以下特性。

1. 一般特性

国际贸易条约与协定作为国际条约的一个构成部分，它应具备国际条约如下的一般特性：

(1) 国家是主体

国际贸易条约和协定的主体只能是国家。而自然人与自然人之间、法人与法人之间、国家与法人或自然人间达成的有关协议，无论其内容或性质何等重要，都不能成为双边贸易条约和协定或其组成部分。

(2) 以国际法为准

必须符合国际法是国际贸易条约和协定合法性的根本标志，否则，其就不具有法律上的约束力。它成为判断国际贸易条约和协定是否平等，是否具有权威性的基础。

(3) 主体之间的相关性

国际贸易条约和协定所规定的是缔约国之间经济贸易交流中的权利和义务关系，以此确定签约主体之间的相关性。

(4) 以书面形式表达

国际贸易条约和协定的内容要形成文字，作为一个书面文件出现。因为国际贸易条约和协定内容涉及缔约国之间的经济利益和国家政策。如果不把达成的协议用确切的文字记载下来，则不能保证缔约国如实履行条约。

2. 独有特性

国际贸易条约和协定与其他政治性的国际条约相比又有其自己的特殊之处。根据国际惯例，在没有正式建立外交关系的国家之间，不能签订政治性条约，但可签订双边贸易条约和协定。在国际惯例中，贸易条约和协定，即可在建立正式外交关系的国家之间签订，也可在在没有正式建立外交关系的国家之间签订。在很多情况下，双边贸易条约和协定的缔结，往往为外交关系的建立创造有利的先行条件。

3. 与国内政策的约束关系

国际贸易条约和协定是一个国家实现贸易政策的重要措施之一。它与属于国内法范畴的关税措施和非关税措施等其他贸易政策措施不同，受国际法规范的约束。但是，国际贸易条约和协定与其他贸易政策措施之间有着密切的联系和相互配合作用。当一个国家的国内法措施同其他国家的国内法措施发生利益上的冲突时，就必须通过双边或多边谈判，采取协议的方式进行解决。当一个国家的国内法措施的某些规定转变为国际贸易条约和协定的条款或规定时，缔约国一方的政府就应承担贸易条约和协定的义务。

11.1.3 国际贸易条约与协定的种类

国际贸易条约和协定按照缔约国的多少，分为双边贸易条约(Bilateral Commercial Treaty)与多边贸易条约(Multi-Bilateral Commercial Treaty)。这些贸易条约与协定都反映了缔约国对外贸易政策和对外经济政策。

1. 双边贸易条约和协定

双边贸易条约与协定是两个主权国家之间缔结的贸易条约与协定，如通商航海条约、贸易协定、支付协定等。

(1) 通商航海条约

通商航海条约(Treaty of Commerce and Navigation)又称友好通商条约，即狭义的贸易条约，是指全面规定缔约国之间经济、贸易关系的条约。它的内容涉及缔约国经济和贸易关系的各个方面，包括关税的征收、海关手续、船舶航行、使用港口、双方公民与企业在对方国家所享受的待遇、知识产权的保护、进口商品征收国内税、过境、铁路、争端仲裁、移民等。

由于贸易条约的内容关系到国家的主权与经济权益，因此，这种条约是由国家元首或他的特派全权代表以国家的名义签订的。双方代表在条约上签字之后，还需按有关缔约国的法律程序完成批准手续，缔约国间互相换文后才能生效。有效期限一般比较长。

(2) 贸易协定

贸易协定(Trade Agreement)是缔约国间为调整和发展相互间经济贸易关系而签订的书面协议。其特点是，与贸易条约相比，所涉及的面比较窄，对缔约国之间的贸易关系往往规定得比较具体，有效期较短，签订程序也较简单，一般只需经签字国的行政首脑或其代表签署即可生效。

贸易协定的内容通常包括：贸易额、双方出口货单、作价办法、使用的货币、支付方式、关税优惠等。未签订通商航海条约的国家间，在签订贸易协定时，通常把最惠国待遇条款列入。对贸易额和双方出口货单的规定往往不是硬性的，在具体执行时还可以通过协商加以调整。

(3) 贸易议定书

贸易议定书(Trade Protocol)是缔约国就发展贸易关系中某项具体问题所达成的书面协议。这种议定书往往是作为贸易协定的补充、解释或修改而签订的，内容较为简单，如用来规定有关贸易方面的专门技术问题或个别贸易协定中的某些条款，有时也用来规定延长贸易条约或协定的有效期。

在签订长期贸易协定时，关于年度贸易的具体事项，往往通过议定书的方式加以规定。也有在两国尚未达成贸易协定时，先签订议定书，暂时作为进行贸易的依据。贸易议定书有的是作为贸易协定的附件而存在；有的则是独立文件，具有与条约、协定相同的法律效力。其签订程序比贸易协定更为简单，一般经签字国有关行政部门的代表签署后即可生效。

(4) 支付协定

支付协定(Payment Agreement)大多为双边支付协定，是规定两国间关于贸易和其他方面债权债务结算方法的书面协议。其主要内容包括：清算机构的确定、清算账户的设立、清算项目与范围、清算货币、清算办法、差额结算办法的规定等。

支付协定是外汇管制的产物。在实行外汇管制的条件下，一种货币不能自由兑换另一种货币，对一国所具有的债权不能用来抵偿对第三国的债务，结算只能在双边基础上进行，因而需要通过缔结支付协定来规定两国间的债权债务结算方法。这种通过相互抵账来清算两国间的债权债务的办法，既有助于克服外汇短缺的困难，亦有利于双边贸易的发展。

自1958年以来，西方一些主要资本主义国家相继实行货币自由兑换，双边支付清算逐渐为多边现汇支付清算所代替。但对于一些目前仍实行外汇管制的发展中国家,往往还签订支付协定。

2. 多边贸易条约与协定

多边贸易条约与协定是两个以上的主权国家共同缔结的贸易条约与协定。如 1947 年关税与贸易总协定、商品生产国和消费国签订的商品协定等。

知识拓展 11.1

国际贸易条约和协定的内容结构

国际贸易条约和协定的结构同其他的国际条约一样,一般由序言、正文和结尾三个部分组成。

(1) 序言。贸易条约和协定的序言通常载明缔约双方发展经济贸易关系的愿望及缔结条约或协定所遵守的原则。

(2) 正文。贸易条约和协定的正文是贸易条约和协定的主要组成部分,它是有关缔约各方权利、义务的具体现定。不同种类的贸易条约和协定,其正文所包括的条款和内容有所不同。

(3) 结尾。贸易条约和协定的结尾包括条约和协定的生效日、有效期、延长和废止的程序、份数、文字等内容,还有签订条约和协定的地点及双方代表的签名。缔结条约和协定的地点对于需要经过批准的条约和协定有特别的意义,如果条约是在一方首都签订的,按惯例批准书就应在对方国家的首都交换。贸易条约和协定一般以缔约各方的文字写成,并且规定两种文本具有同等的效力。

(资料来源:张锡嘏.国际贸易[M].北京:对外经济贸易大学出版社,2006.)

11.2 国际贸易条约与协定所依据的法律原则

国际贸易条约与协定中,通常所依据的法律原则是最惠国待遇原则和国民待遇原则。

11.2.1 最惠国待遇原则

1. 最惠国待遇原则的含义

最惠国待遇原则(Most Favored Nation Treatment,MFNT)是贸易条约与协定中的一项重要条款。其基本含义是:缔约国一方现在和将来所给予任何第三国的一切特权、优惠和豁免，必须同样给予缔约对方。

最惠国待遇原则按照有无条件，分为有条件和无条件两种。无条件最惠国待遇原则，即缔约国一方现在和将来所给予任何第三国的一切特权、优惠和豁免，立即无条件地、无补偿地、自动地适用于对方；有条件的最惠国待遇原则，即如果缔约国一方给予第三国的优惠是有条件的，那么另一方必须提供同样的条件，才能享受这些优惠待遇。现在的国际贸易条约与协定一般都是采用无条件的最惠国待遇原则。

在贸易条约与协定中有时还采用"无歧视待遇原则"。无歧视原则是要求缔约国之间在实施进口数量限制或其他限制及禁止措施时，不对缔约国对方实施歧视待遇。如果缔约国一方根据合法的理由而采用某种限制或禁止措施时，这些措施在同样情况下普遍实施于订有这项原则的所有缔约国，这就符合无歧视待遇原则。反之，如果这些措施单独对某缔约国实行，而对另一个缔约国不实行，这就违反了无歧视待遇原则。

2. 最惠国待遇原则适用的范围

最惠国待遇条款适用的范围有大有小，一般包括：① 有关进口、出口、过境商品的关税及其他捐税；② 商品进口、出口、过境、存仓和换船方面的有关海关规则、手续和费用；③ 进出口许可证发放的行政手续。

在通商航海条约中，最惠国待遇条款适用的范围要大些，可把缔约国双方的船舶驶入、驶出和停泊时的各种税收、费用和手续等也包括在内。在具体签订贸易条约与协定时，缔约双方可以根据两国的关系和发展贸易的需要，在最惠国待遇条款中具体确定其适用的范围。

11.2.2　国民待遇原则

在国家间签订的贸易条约与协定中，时常规定缔约国双方相互给予国民待遇原则(Principle of National Treatment)。所谓国民待遇原则，就是缔约国一方保证缔约国另一方的公民、企业和船舶在本国境内经济上享受与本国公民、企业和船舶同等的待遇。国民待遇原则是法律待遇条款之一，一般适用于外国公民或企业经济权利。其范围主要包括：外国公民的私人经济权利(私人财产、所得、房产、股票)、外国产品应交的国内税、利用铁路运输和转口过境的条件、船舶在港口的待遇、商标注册、版权、专利权等等。但沿海贸易权、领海捕鱼权、土地购买权等均不包括在内。

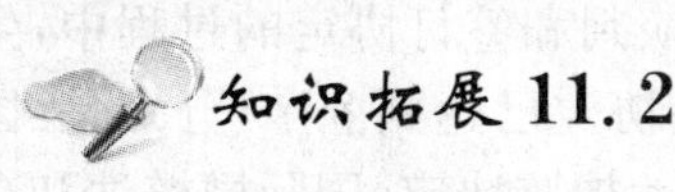

知识拓展 11.2

最惠国待遇条款适用的例外

常见的最惠国待遇条款的例外有以下几种：

(1) 边境贸易。一些国家往往把边界两边 15 公里以内的小额贸易在关税、海关通关手续上给予减免等优惠，不适用于任何缔结有最惠国待遇条款国家的正式贸易关系。

(2) 关税同盟。已经结成关税同盟的成员国之间,在关税上的免税待遇,应作为最惠国待遇的例外。

(3) 国内法令和规章中的某些规定。即一国为了维护社会秩序、国家安全、人民保健,防止动植物病害、衰退、死亡等而制定的法令和规章。在执行过程中缔约国双方有权对这类商品的输入或输出加以限制或禁止,这种行为不应作为对最惠国待遇的违背。

(4) 沿海贸易和内河航行。在航行问题上,对于缔约国一方在沿海贸易和内河航行方面给予他国的优惠视为例外。

(5) 多边国际条约和协定承担的义务。缔约国一方参加其他多边国际条约和协定而履行其所承担的义务如触及最惠国待遇利益者,应视为例外。

(6) 区域性特惠条款。即若干特定的国家之间通过条约或协定相互给予的优惠待遇,应作为最惠国待遇的例外。

(7) 其他例外。如沿海捕鱼、武器进口、金银外币的输出入和文物、贵重艺术品的出口限制和禁止等,也常作为例外。

(资料来源:张锡嘏. 国际贸易[M]. 北京:对外经济贸易大学出版社,2006.)

11.3 国际商品协定

国际商品协定(International Commodity Agreement)是某项商品的主要生产国(出口国)和消费国(进口国)就该项商品的购销、价格等问题,经过协商达成的政府间多边协定。其主要目的在于稳定该项商品的价格和供销,消除短期和中期的价格波动。在国际商品协定中,通常采用最低价格和最高价格等办法来稳定商品价格。当有关商品降到最低价格认下时,就减少出口,或用缓冲基金收购商品;当有关商品价格上升到最高价格时,则扩大出口或抛售缓冲库存。

国际商品协定的主要对象是发展中国家所生产的初级产品。发展中国家为了保障自身的利益,希望通过协定维持合理的价格;而作为主要消费国的工业发达国家则持另一种态度,在价格偏低时,它们对签订协议并不感兴趣,只有当价格上涨时,才想通过协定保证价格不至于上涨过高并保证供应,才有签订协议的要求。因此,在谈判和签订协定的过程中,生产国和消费国之间充满着矛盾。到 20 世纪 90 年代,国际商品协定已达到 8 个,分别是:国际可可协定、国际咖啡协定、国际黄麻和黄麻产品协定、国际天然橡胶协定、国际橄榄油和食用橄榄油协定、国际热带木材协定、国际糖协定、国际谷物协定。

这些国际商品协定关注的重点和目标有所不同,大体上可以把它们分为三类:第一类是以稳定价格为重点的国际商品协定,如可可和天然橡胶的协定;第二类是以国际合作为主要目标的国际商品协定,如咖啡、糖和谷物的协定;第三类是以提高产品竞争力和可持续发展为主要目标的国际商品协定,如黄麻及其制品协定和热带木材的协定。

11.3.1 以稳定价格为重点的国际商品协定

1. 国际可可协定

(1) 建立的时间与成员

1993年国际可可协定由联合国会议在1993年7月16日达成，1994年2月22日生效。有效期到2003年。成员有35个，其中，出口成员13个，都是发展中国家。进口成员22个，由发达市场经济国家和东欧国家中的捷克和俄罗斯组成。

(2) 国际可可协定的目标

国际可可协定的目标是加强在世界可可经济领域中的国际合作，促进其发展；为世界可可市场的稳定作出贡献，以维护各成员的利益；使生产方面的调节比较容易，促进消费，以确保供给与需求的中长期均衡，从而使世界可可经济得到均衡发展；在对消费者和生产者都为公正合理的价格基础上确保充足的供应；有利于国际可可贸易的扩大；通过收集、分析和发布相关统计资料和开展相关的研究，提高世界可可经济活动中的透明度；促进在可可领域中的科学研究和开发；提供适当的论坛，讨论与世界可可经济有关的各种事件。

为鼓励生产和消费的均衡发展，确保供给与需求的最优平衡，参加国际可可协定的出口方必须采用新的生产政策，制定每年的全球产量指标。为此，国际可可协定要作出世界可可生产和消费的年度预测，作为出口方执行和调节生产计划的依据。

(3) 监督国际可可协定执行的机构

为监督国际可可协定的执行，建立了国际可可组织，总部设在英国伦敦。考虑到环境因素，国际可可组织建立了"研究和环境专家工作组"，建立了环境基金，以促进和支持符合环保的可持续的可可生产、处理、存储和加工。

2. 国际天然橡胶协定

(1)建立的时间与成员

新的国际天然橡胶协定于1995年2月17日在日内瓦建立，取代1987年的国际天然橡胶协定。原协定于1979年建立的国际天然橡胶组织继续负责和监督协定的实施。总部设在马来西亚的吉隆坡。参加协定的成员有24个，其中，出口成员6个，都是发展中国家；进口成员18个，由发达国家和中国组成。

(2) 协定的主要内容

1995年国际天然橡胶协定有以下主要内容。

① 主要目标：稳定天然橡胶价格和使天然橡胶的供给和需求得到均衡增长。

② 价格稳定办法：通过缓冲库存解决。缓冲库存是指由协定参加成员提供实物和现金，来干预和稳定世界天然橡胶市场价格。当世界天然橡胶市场价格高出协定确定的最高限价时，缓冲库存机构向市场抛出实物，加大实物供应量，使市场供求趋向平衡，抑制价格上涨。使价格回落到最高限价以下；当世界天然橡胶市场价格低于协定确定的最低限价时，缓冲库存机构则以现金从市场收购实物，减少实物供应量，使供求趋向平衡，阻止价格下跌，使价格回升到最低限价以上。天然橡胶价格的稳定是通过55万吨实物和现金的缓冲库存的

操作,平衡供求关系,来稳定价格的。

③ 价格范围的确定:为使缓冲库存操作良好进行,天然橡胶协定确定了价格范围,它由参考价格、上限价格、下限价格和干预价格组成。1995 年国际天然橡胶协定确定的参考价格是 1987 年原协定在 1995 年 l2 月 28 日到期时的参考价格,即每公斤天然橡胶为 206.68 马来西亚/新加坡分。下限价格是每公斤天然橡胶 157 马来西亚/新加坡分,上限价格为每公斤天然橡胶 270 马来西亚/新加坡分。围绕参考价格的是干预价格的上下限,在参考价格基础上再增加和减少 5%的价格,就是干预价格。在这些价格范围内,缓冲库存经理可以动用缓冲库存的实物和现金,来干预市场。在参考价格基础上再增加和减少 20%,成为最高和最低启动价格,当市场上出现这种价格局面时,缓冲库存经理必须进行干预以稳定价格。1995 年天然橡胶协定规定可以根据市场价格稳定趋势和/或缓冲库存规模的净变化而修改参考价格。此外,为了使缓冲库存有效地运行,1995 年天然橡胶协定规定,理事会可允许缓冲库存经理购买最长期限为两个月的期货合同。

④ 商品开发目标:为通过研究与开发来提高天然橡胶的竞争力,确保供给的稳定,协定还寻求采取各种措施,来扩展天然橡胶的国际贸易,提高天然橡胶的市场准入度,促进天然橡胶再加工、营销和分配方面的改善。为实现这些发展目标,国际天然橡胶协定还寻求在天然橡胶领域,进行更深入的国际合作与磋商,促进天然橡胶工业的技术和资本资源流动性的加强。

11.3.2 以国际合作为主要目标的国际商品协定

1. 国际咖啡协定

(1) 建立的时间与成员

新的国际咖啡协定于 1994 年建立,取代 1983 年的国际咖啡协定。协定拥有 63 个成员,其中,出口成员 44 个,由 43 个发展中国家和越南组成;进口成员 19 个,均为发达市场经济国家。

(2) 协定目标

确保与世界咖啡经济有关的国际合作得到加强;为协定政府间的磋商和谈判提供论坛,讨论有关咖啡的问题,寻求世界咖啡供给与需求达到合理的平衡的方法;这种方法的基础应该是在对消费者公平、对生产者合理的价格水平上确保咖啡的充足供应,同时有助于生产和消费之间达到长期的均衡;通过收集、分析和发布有关咖啡生产、销售等方面的统计数字,公布指标价格和其他市场价格以利于国际咖啡贸易的扩大,同时提高世界咖啡经济的透明度;成为收集、交换和公布有关咖啡的经济信息和技术信息的中心;促进在咖啡领域的研究和调查;鼓励、增加对咖啡的消费。

(3) 国际咖啡协定的执行和监督机构

国际咖啡组织是国际咖啡协定的执行和监督机构,总部设在英国伦敦。国际咖啡组织的职能包括:收集、交换和发布世界咖啡的生产、价格、进出口、分销和消费的统计信息;培育、加工和利用咖啡方面的技术信息交流;建立一个指标价格制度,公布每日综合指标价格,探讨谈判一个新的国际咖啡协定。

2. 国际糖协定

(1) 建立的时间与成员

新的国际糖协定于 1992 年建立，取代 1987 年的国际糖协定。协定拥有成员 51 个，其中，发达市场经济国家为 19 个，其余为发展中国家。

(2) 协定目标

国际糖协定的目标是：确保与世界糖制品及其相关问题的国际合作的加强；提供政府间讨论糖和发展世界糖业经济方法的论坛；收集和提供世界糖市场及其他甜料的信息，为糖的国际贸易提供便利；开辟新途径，利用各种方法刺激对糖的需求。

(3) 管理和监督协定执行的机构

国际糖组织是管理和监督协定执行的机构。国际糖组织的职能包括：收集和发布有关世界原糖、精炼糖和其他甜料的生产、价格、进出口、消费和储存、税收的统计信息。为此，专门建立了一个对糖的市场评估、消费和统计委员会。国际糖组织的总部设在英国伦敦。

3. 国际谷物协定

(1) 建立的时间与成员

新的国际谷物协定于 1995 年 7 月 1 日建立。国际谷物协定包括谷物贸易公约和食品援助公约，取代 1986 年的小麦贸易和食品援助公约。谷物贸易公约拥有成员 26 个，其中，发达国家 6 个，其余为发展中国家和东欧国家。食品援助公约拥有成员 23 个，其中，有一个发展中国家，其余均为发达国家。组织机构为国际谷物理事会。

(2) 谷物贸易公约

① 谷物贸易公约中的谷物范围：包括小麦在内的所有谷物。

② 谷物贸易公约宗旨：进一步稳定和扩大谷物市场，提高世界谷物供应的安全性；提供扩大和改进对成员方的统计和市场信息服务，为成员方之间的磋商创造和提供机会。

③ 谷物贸易公约监督和执行机构：市场条件委员会。

(3) 食品援助公约

① 目标：通过国际社会的共同努力，保证每年向发展中国家提供1000 万吨适合食用的谷物。

② 援助方式：捐赠。捐赠是以提供最大可能数量的谷物或现金方式进行。如以提供现金方式进行捐赠时，应优先从加入谷物协定的发展中国家采购谷物。

③ 捐赠衡量方式：以小麦来衡量。

④ 得到食品援助的条件：要首先得到经济合作与发展组织的发展委员会的认可。在给予援助时，应优先考虑最不发达国家、其他低收入国家或中低等收入的国家。

11.3.3 以提高产品竞争力和可持续发展为主要目标的国际商品协定

1. 国际黄麻和黄麻制品协定

(1) 建立的时间与成员

新的国际黄麻和黄麻制品协定于1989年11月3日建立,取代1982年国际黄麻和黄麻制品协定。拥有24个成员,其中,出口成员5个,包括中国和亚洲的4个发展中国家;进口成员21个,其中有2个为发展中国家,其他均为发达市场经济国家。

(2) 目标与实现目标的方法

本协定的目标是提高黄麻和黄麻制品的竞争力;在维持和扩大现有市场的同时开发新市场;开发黄麻和黄麻制品的新的最终用途;提高黄麻种植业的产量和质量,提高黄麻制品的质量和降低成本。实现目标的方法包括:研究和开发,市场推广和降低成本。包括人力资源的开发;收集和发布黄麻及其产品有关的信息;对世界黄麻经济进行短期和长期趋势的研究。

(3) 监督协定执行的机构

国际黄麻组织是该协定的监督和执行机构。它通过国际黄麻理事会来运作,其主要活动是确定和挑选在研究和开发、市场促销与降低成本领域内的项目,并为之开展准备工作、实施这些项目并监督其执行。总部设在孟加拉国的达卡。

2. 国际橄榄油协定

(1) 建立时间与成员

新的监督协定执行的机构于1994年3月25日建立。该协定对1986年国际橄榄油协定进行修订和补充,故此协定又称为"1986年国际橄榄油协定及1993年议定本"。

(2) 协定目标

开展国际合作与共同行动,促进橄榄培育、橄榄油提炼和食用橄榄油加工的现代化;增加橄榄产品的国际贸易;制定橄榄产品的标准化;在橄榄及橄榄油加工方面考虑的环境因素。

(3) 执行与管理机构

国际橄榄油理事会是国际橄榄油协定的执行与管理机构,总部设在西班牙的马德里。它的任务是跟踪市场发展,制定规则以确保国际橄榄油的正常贸易并制定产品标准;实施技术合作计划,开展消费者教育运动;鼓励在橄榄油的生物效应方面的研究;促进任何可以使世界橄榄产品经济协调发展的行动。

3. 国际热带木材协定

(1) 协定建立的时间与成员

新的国际热带木材协定于1994年1月26日建立,取代1983年的国际热带木材协定。拥有51个成员,其中,生产国为24个,都是发展中国家;消费国27个,除去中国、埃及、尼泊尔、韩国、俄罗斯以外，其余都是发达市场经济国家。

(2) 协定的主要目标

提供有效的与世界木材经济所有方面有关的磋商、国际合作和政策发展的框架；提供磋商论坛以促进正常的木材贸易活动；致力于可持续发展进程；实施提高成员供应能力的战略；在 2000 年以前获得可持续的能管理的资源，以开展热带木材及其产品的出口；促进国际热带木材贸易的扩展和多元化；促进和支持木材方面研究与开发；提高木材市场信息的充分性；促进在生产成员内热带木材的深加工；鼓励成员方支持和发展热带木材森林的再造、森林管理活动以及恢复退化的森林土地；提高热带木材从可持续有管理的资源中出口的营销与分销水平；促进木材加工技术的获得、交换和技术合作；鼓励分享国际木材市场的信息等。

(3) 协定实施与管理的机构

国际热带木材组织是国际热带木材协定的实施与管理机构。总部设在日本神户。其职能包括：提供有利于成员方和国际社会有关热带木材的经济信息，提供市场情报以确保热带木材市场更高的透明度；同国际非热带木材商品组织保持紧密联系；进行贸易和环境方面的政策研究，如研究热带木材贸易与可持续发展的联系以及木材制品的认证；在由联合国可持续发展委员会建立的政府间森林小组内有关贸易与环境问题上起领导作用。国际木材组织的理事会和常设委员会活动的基本任务是制定有关森林的重建和管理，森林工业的经济信息和市场情报的项目，并加以实施；为热带木材方面的研究与开发项目取得财政支持；进行可持续发展研究，为此设立“巴厘伙伴基金”。

本章小结

国际贸易条约与协定是两个或两个以上的主权国家为确定彼此的经济关系，特别是贸易关系方面的权利和义务而缔结的书面协议。国际贸易条约和协定按照缔约国的多少，分为双边贸易条约与多边贸易条约。这些贸易条约与协定都反映了缔约国对外贸易政策和对外经济政策。国际贸易条约与协定中，通常所依据的法律原则是最惠国待遇原则和国民待遇原则。国际商品协定是某项商品的主要生产国(出口国)和消费国(进口国)就该项商品的购销、价格等问题，经过协商达成的政府间多边协定。国际商品协定分为三类：第一类是以稳定价格为重点的国际商品协定，如可可和天然橡胶的协定；第二类是以国际合作为主要目标的国际商品协定，如咖啡、糖和谷物的协定；第三类是以提高产品竞争力和可持续发展为主要目标的国际商品协定，如黄麻及其制品协定和热带木材的协定。

基本概念

国际贸易条约和协定　通商航海条约　贸易协定　最惠国待遇　国民待遇　国际商品协定

复习思考题

一、单项选择题

1. 贸易条约和协定按照缔约国的多少，通常可以分为（　　）。
A. 单边贸易条约和协定与双边贸易条约和协定
B. 单边贸易条约和协定与多边贸易条约和协定
C. 双边贸易条约和协定与多边贸易条约和协定
D. 单边贸易条约与多边贸易协定

2. 现在的国际贸易条约和协定一般都适用（　　）。
A. 有条件最惠国待遇条款　　B. 无条件最惠国待遇条款
C. 美洲式最惠国待遇条款　　D. 普惠制条款

3. （　　）要求一切外国人或外国企业处于同等的地位，享有同样的待遇，不受歧视待遇。
A. 最惠国待遇条款　　B. 国民待遇条款
C. 通商航海条约　　D. 公平竞争原则

4. 两个或几个国家之间调整它们的相互贸易关系的书面协议称为（　　）。
A. 贸易协定　　B. 通商条约　　C. 通商航海条约　　D. 支付协定

二、多选题

1. 贸易协定书可以是（　　）。
A. 作为贸易协定的附件
B. 作为贸易协定的补充
C. 不作为贸易协定的附件
D. 由签字国有关行政部门的代表签署后即可生效
E. 必须签字国国家首脑签字后才可生效

2. 第二次世界大战后已签订的国际商品协定有（　　）。
A. 国际糖协定　　B. 国际咖啡协定　　C. 国际天然橡胶协定
D. 国际谷物协定　　E. 国际肉类协定

三、简答题

1. 简述支付协定。
2. 简述国际商品协定分类。

四、判断题

1. 没有正式建立外交关系的国家之间，不能签订国际贸易条约和协定条约。（　　）
2. 国际贸易条约与协定反映了缔约国对外贸易政策和对外经济政策。（　　）

五、论述题

1. 国际贸易条约和协定的特性是什么？
2. 试比较贸易协定和贸易议定书的异同点。

六、案例分析

中美贸易关系协定关于相互给予最惠国待遇的规定

1979 年中国与美国缔结的贸易关系协定第二条、第三条在下列方面相互给予最惠国待遇：

(1) 为了使两国贸易关系建立在非歧视性基础上，缔约双方对来自或输出至对方的产品应相互给予最惠国待遇。即对上述产品相互给予对来自或输出至任何其他国家或地区的同类产品在下列方面所给予的各种利益、优惠、特权或豁免：

① 对进口、出口、转口和过境货物所适用的关税和各种费用以及征收此类关税和费用的规章、手续和程序；

② 有关进出口货物和出口货物的报关、过境、仓储和转运的规章、手续和程序；

③ 对进出口货物或劳务所征收的直接或间接的国内税以及其他国内费用；

④ 有关涉及进口货物在国内销售、购买、运输、分配或使用等各方面的一切法律、规章和要求；

⑤ 发放进出口许可证的行政手续。

(2) 缔约任何一方如对来自或输出至第三国或地区的某些产品实施数量限制时，则该方对来自或输出至缔约另一方国家或地区的同类产品，应给予同它已经给予第三国或地区的待遇相比是公平的待遇。

(3) 向对方的商号、公司和贸易组织提供的待遇不低于给予任何第三国或地区的待遇。

根据上述资料，结合所学内容，分析在贸易协定中通常规定最惠国待遇条款所包括的内容及其适用范围。

第12章　世界贸易组织

学习目标

1. 了解关税与贸易总协定和世界贸易组织产生的历史背景、发展历程；
2. 认识世界贸易组织与关贸总协定的区别和联系、关贸总协定的局限性；
3. 理解世界贸易组织的决策机制、争端解决机制和政策审议机制；
4. 掌握世界贸易组织的机构设置、宗旨和基本原则。

12.1　世界贸易组织的产生

世界贸易组织(World Trade Organization, WTO)简称世贸组织，是世界上唯一处理国与国之间贸易规则的国际组织，它成立于1995年1月1日，总部设在瑞士日内瓦。到目前为止，该组织共有158个成员国；我国于2001年12月11日正式加入WTO。虽然世界贸易组织在1995年1月1日才建立，但其贸易体制已有60余年的历史。世界贸易组织的前身是成立于1947年的关税与贸易总协定。它于1948年开始临时实施一直到1995年WTO成立，一共存在了48年。尽管关贸总协定只是一个临时性的协定，但通过协调和处理各国贸易关系的多边贸易体制，对于战后国际贸易的发展，起到了巨大的促进作用。

12.1.1　世界贸易组织的前身：关税与贸易总协定

1. 关税与贸易总协定产生的背景与过程

关税与贸易总协定(General Agreement on Tariff and Trade, GATT)，简称关贸总协定。世贸组织正式运行之前，关贸总协定是协调、处理缔约方间关税与贸易政策的主要多边协定。其宗旨是：通过彼此削减关税及其他贸易壁垒，消除国际贸易上的歧视待遇，以充分利用世界资源，扩大商品生产和交换，保证充分就业，增加实际收入和有效需求，提高生活水平。

关贸总协定的产生可以一直追溯到20世纪30年代。随着世界经济陷入危机，资本主义国家之间爆发了激烈的“关税战”。1930年美国总统签署通过了《1930年霍利-斯穆特关税法》(The Hawley-Smoot Tariff Act of 1930)，把进口关税提高到历史最高水平，当时的欧洲各国也纷纷效仿，制定自己的限制性关税政策来对美国进行报复。资本主义国家间的高关税阻碍了商品的国际流通，造成国际贸易额大幅度萎缩，整个世界经济陷入严重衰退。面对经济危机的严峻形势，为扭转困境，扩大国际市场，1934年美国颁布了《互惠贸易协定法》(the Reciprocal Trade Agreement Act)。根据此法，美国与21个国家签订了一系列双边贸易协定，将关税水平降低30%～50%，并根据最惠国待遇原则扩展到其他国家。关税的降低促进了国际商品流通，使经济危机有所缓解。

第二次世界大战使世界经济重陷困境。在二战临近结束时，各国开始探讨建立调节国家之间经济与贸易关系、重建战后经济秩序的国际经济组织。当时亟待解决的问题有三个：① 建立新的汇率制度，促进国际货币合作；② 促进国际资金合作，解决经济恢复和发展的资金来源；③ 减少和消除贸易障碍，重建国际贸易新秩序。1944年7月，美、英等44个国家在美国新罕布什尔州的布雷顿森林召开联合国货币与金融会议，成立了国际货币基金组织和国际复兴开发银行，解决了前两个问题。对第三个问题的解决办法是酝酿建立国际贸易组织。

1945年11月，美国提出"扩大世界贸易与就业方案"，提出建立新的国际贸易体系的一系列基本原则，倡导组建"国际贸易组织"(International Trade Organization，ITO)以专门协调各国对外贸易政策和国际经济与贸易关系。1946年2月，联合国经社理事会通过决议，决定召开"联合国贸易与就业会议"，着手筹建国际贸易组织，并成立了筹备委员会。同年10月，经社理事会在伦敦召开第一次筹委会，讨论美国提出的《国际贸易组织宪章》草案，并成立了起草委员会对草案进行修改。1947年4月至8月，经社理事会在日内瓦召开了第二次筹委会，对《宪章》草案进行审议。在审议期间，考虑到短期内难以建立国际贸易组织，当时亟待解决的问题是各国的高关税，于是在美国的积极策动下，包括美国、英国、法国、加拿大与中国在内的23个国家就具体产品的关税减让进行了谈判，共达成了123项双边关税减让协议，这次谈判后来被称为关贸总协定第一轮多边贸易谈判。23国还将达成的双边关税减让协议与《宪章》草案中有关商业政策的部分加以合并，命名为《关税与贸易总协定》，并于1947年10月30日在日内瓦签署了该协定。为尽快实施关税谈判的成果，美国联合英国、法国、比利时、荷兰、卢森堡、澳大利亚和加拿大等8国于1947年11月15日签署了《关税与贸易总协定临时适用议定书》，宣布从1948年1月1日起临时适用关贸总协定。1948年又有15个国家签署该议定书，签署国达到23个，这23个国家就成为关贸总协定的创始缔约方。各缔约方还约定国际贸易组织成立后，以《宪章》的贸易规则部分取代关贸总协定的有关条款。

1948年3月，在古巴哈瓦那召开的联合国贸易与就业会议上审议通过了经修改的《国际贸易组织宪章》即《哈瓦那宪章》(Havana Charter)。但后来由于美国国会认为《宪章》中的许多规定与美国国内立法相抵触，限制了美国的立法主权，最终未予批准。受其影响，绝大多数国家没有批准《宪章》，建立国际贸易组织的计划因此夭折，关贸总协定一直以临时适用的多边协定形式存在，从1948年1月1日开始实施到1995年1月1日世贸组织正式运行后与之并行一年，共存续了48年。

2. 关税与贸易总协定的八轮多边贸易谈判

关贸总协定在48年中积极致力于国际贸易政策的协调，成功主持了八轮世界范围的多边关税与贸易谈判。谈判的具体时间、地点和主要成果见表12.1。

表 12.1 关贸总协定历次多边贸易谈判情况简表

轮次	谈判地点和时间	参加方	谈判主要成果
第一轮	瑞士日内瓦 1947年4～10月	23	达成45000项商品的关税减让,使占应税进口值54%的商品平均降低关税35%;关贸总协定于1948年1月1日生效
第二轮	法国安纳西 1949年4～10月	33	达成近5000项商品的关税减让,使占应税进口值5.6%的商品平均降低关税35%
第三轮	英国托奎 1950年9月～1951年4月	39	达成8700多项商品的关税减让,使占应税进口值11.7%的商品平均降低关税26%
第四轮	瑞士日内瓦 1956年1～5月	28	达成近3000项商品的关税减让,使占应税进口值16%的商品平均降低关税15%
第五轮 狄龙回合	瑞士日内瓦 1960年9月～1962年7月	45	达成4400项商品的关税减让,使占应税进口值20%的商品平均降低关税20%
第六轮 肯尼迪回合	瑞士日内瓦 1964年5月～1967年6月	54	以关税统一减让方式就影响世界贸易额约400亿美元的商品达成关税减让,平均降低关税35%;首次涉及非关税壁垒谈判,并通过了第一个反倾销协议
第七轮 东京回合	瑞士日内瓦 1973年9月～1979年4月	102	以一揽子关税减让方式就影响世界贸易额约3000亿美元的商品达成关税减让与约束,关税水平下降35%;达成多项非关税壁垒协议和守则;通过了给予发展中国家优惠待遇的"授权条款"
第八轮 乌拉圭回合	瑞士日内瓦 1986年9月～1994年4月	123	达成了28个内容广泛的协议;货物贸易减税幅度近40%,减税商品涉及贸易额高达1.2万亿美元,近20个产品部门实行了零关税;农产品非关税措施实行关税化,纺织品的配额限制在10年内取消;GATT扩大到服务贸易、知识产权和与贸易有关的投资措施协议;建立WTO取代GATT

关贸总协定第一轮至第五轮多边贸易谈判致力于关税的削减,使世界平均关税水平大幅度下降。第六轮谈判在关税大幅度减让的同时第一次涉及非关税措施,主要就美国的海关估价及各国的反倾销制度进行谈判,美国、英国与日本等21个缔约方签署了第一个有关反倾销的协议,该协议于1968年7月1日生效。第七轮谈判在发展和完善关贸总协定体制方面作了更进一步的尝试,谈判范围远远超出前几轮,在继续大幅度削减关税的同时还达成了只对签约方生效的一系列非关税措施协议,包括反倾销协议、反补贴协议、政府采购协议、海关估价守则、进口许可证程序协议、技术性贸易壁垒协议、牛肉协议、国际奶制品协议以及民用航空器贸易协议等。这次谈判还通过了对发展中缔约方的授权条款,要求发达缔约方给予发展中缔约方优惠待遇,发展中缔约方可以在实施非关税措施协议方面享有差别和优惠待遇。

关贸总协定第八轮多边贸易谈判从1986年9月开始启动,到1994年4月签署最终协议,历时八年。这是关贸总协定的最后一轮谈判,因发动谈判的贸易部长会议在乌拉圭埃斯特角城举行，故称“乌拉圭回合”。乌拉圭回合的谈判范围包括传统议题和新议题，其中传统议题涉及关税、非关税措施、热带产品、自然资源产品、纺织品与服装、农产品、保障条款、反补贴措施以及争端解决等；新议题涉及服务贸易、与贸易有关的投资措施以及与贸易有关的知识产权等。乌拉圭回合谈判在上述各项议题上达成了框架性协议，是关贸总协定所主持的历次多边关税与贸易谈判中涉及的范围和内容最广、参与谈判的国家和地区最多以及涉及全球贸易金额最多的一次谈判。此外，乌拉圭回合取得的另一项重要成果是建立世界贸易组织取代临时性的关贸总协定。

纵观关贸总协定48年的存续期，它在推动国际贸易自由化，建立国际贸易新秩序上发挥了巨大的作用。首先，经过八轮谈判，全体缔约方的平均关税水平从20世纪40年代末的40%左右下降到90年代末发达国家的4%左右和发展中国家的12%左右；缔约方还在非关税措施上达成了协议，非关税措施的应用受到了约束。其次，关贸总协定的管辖范围从商品扩展到了服务贸易、知识产权等。再次，关贸总协定建立了一套有关国际贸易的原则和协议，提高了国际贸易管理的透明度，还协商处理了100多起缔约方之间的贸易纠纷等。最后，关贸总协定的正式缔约方从最初签署临时议定书的23个发展到1994年底的共128个，缔约方的贸易量占到世界贸易总量的90%以上，充分体现了多边贸易体制的广泛性。

3. 关贸总协定的局限性

关贸总协定虽然取得了巨大成就，但存在以下五个方面的缺陷。

① 关贸总协定仅是根据《关贸总协定临时适用议定书》生效的临时协议，并不是正式生效的国际公约；从传统的法律和组织来看，关贸总协定是众多国际机构中级别较低的一个，没有正式的组织机构，不具有法人资格，仅是一个政府间行政协议。

② 关贸总协定各缔约方同意临时接受关贸总协定的法律义务，并且还同意“在不违背国内现行立法的最大限度内临时适用总协定第二部分”（即关于国民待遇、取消数量限制等规定）。那些不能完全遵守关贸总协定第二部分的国家在“临时”的基础上遵守关贸总协定规定，而不需要改变其现有的国内立法。这使一些国家以此为理由在贸易立法或政策制定中时常偏离关贸总协定的基本义务，削弱关贸总协定的权威性。

③ 关贸总协定仅管辖货物贸易，并且农产品和纺织品、服装还不受关贸总协定的约束。这与世界性产业结构向服务业、第三产业转变，国际服务贸易及投资的迅速发展不相适应，也与贸易有关的知识产权保护的要求不适应。关贸总协定不能适应国际经贸环境的巨大变化，尤其是经济全球化和知识经济发展的要求。

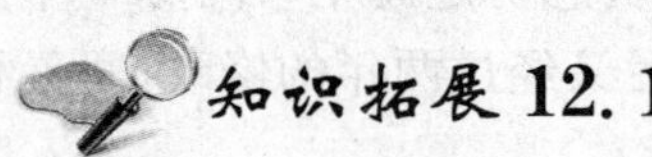

知识拓展12.1

目前，发达国家服务业产值占GDP比重已超过70%，发展中国家的比重也达到了50%。1980到2005年的25年间，世界服务贸易出口额由3650亿美元扩大到24147亿美元，增长了5.7倍，占世界贸易出口总额的比重从1/7增加至近1/5。服务业正日益成为新一轮全球经济发展的动力和引擎。

（资料来源：服务贸易的会计分析. 中国财务网：http://www.caiwu360.com/Channel/news/info.aspx?id=4280.）

④ 关贸总协定的争端解决机制在作出决策时要求所有缔约方“完全协商一致”作出决策，即只要有一个缔约方不同意争端解决专家小组的仲裁结果，则该争端解决专家组报告不能通过。因此，使关贸总协定很难在公正、客观的基础上就缔约方之间的贸易争端作出裁决，有贸易大国操作或控制争端解决结果的可能性。加之美国国会从未批准过关贸总协定，美国始终视关贸总协定为一个政府间的行政协议、采取实用主义的做法，当贸易争端解决对其不利时，就会反对通过争端解决专家小组的裁决报告。这极大降低了关贸总协定的权威性和削弱了关贸总协定解决贸易争端的能力。

⑤ 关贸总协定是各缔约方在经济贸易利益关系调整过程中妥协的产物，它是由一些“原则”和一系列的“例外”所组成。正如一位关贸总协定的研究学者所说，“最好将关贸总协定最恰当地看作是一个软法律文件，一个充满‘假设’、‘但是’及漏洞的折中产物”。这种先天不足使各缔约方在援引例外条款时对“越轨行为”难以很好地加以约束。

12.1.2 世界贸易组织的建立

世界贸易组织的建立是乌拉圭回合多边贸易谈判的一项重大意外成果。1986 年乌拉圭回合谈判启动时，拟订的 15 项谈判议题中没有涉及建立世贸组织的问题，只是设立了一个完善关贸总协定体制职能的谈判小组。但是由于乌拉圭回合谈判不仅包括传统的货物贸易议题，而且还涉及服务贸易、与贸易有关的知识产权以及与贸易有关的投资措施等新议题，这些新议题的谈判成果能否在关贸总协定的框架内付诸实施，关贸总协定能否有效地贯彻执行乌拉圭回合的各项协议就格外受到谈判各方的关注。关贸总协定由于存在的局限性已无法适应日趋复杂的国际经济与贸易现实，在新的使命面前力不从心，因此有必要在其基础上建立一个正式的国际贸易组织来协调、监督和执行乌拉圭回合谈判的成果。

在此背景下，1990 年初，当时任欧共体轮值主席国的意大利首先提出了建立一个多边贸易组织的倡议，同年 7 月，欧共体把这一倡议以 12 个成员国的名义向乌拉圭回合体制职能谈判小组提出。随后加拿大、瑞士与美国也分别向关贸总协定体制职能小组提出设立一个体制机构的设想，这些设想从不同的角度提出未来国际贸易组织机构的职责及性质。联合国贸发会议也认为加强多边贸易领域的国际组织是联合国有效实现世界经济持续发展目标的重要组成部分。经过反复磋商，1990 年 12 月，布鲁塞尔贸易部长会议决定责成关贸总协定体制职能小组负责“多边贸易组织协议”的谈判。经过历时一年的紧张谈判，该小组于 1991 年 12 月形成“关于建立多边贸易组织协议”草案。时任关贸总协定总干事阿瑟·邓克尔将该草案和其他议题的案文汇总，形成“邓克尔最后案文”。后又经过两年的修改、完善和磋商，最终于 1993 年 11 月形成了“多边贸易组织协议”。

1993 年 12 月 15 日，根据美国的建议，“多边贸易组织”更名为“世界贸易组织”。1994 年 4 月 15 日，在摩洛哥马拉喀什部长会议上，104 个缔约方政府代表(包括中国政府)通过并签署了《建立世界贸易组织的马拉喀什协定》(简称《建立世界贸易组织的协定》)，它与其他附件协议和部长宣言及决定共同构成了乌拉圭回合多边贸易谈判的一揽子成果。根据该协定，世界贸易组织于 1995 年 1 月 1 日正式成立，在与关贸总协定并存一年后，自 1996 年 1 月 1 日起完全担当起全球经济与贸易组织管理者的角色。世界贸易组织同国际货币基金组织、世界银行共同构成维护世界经济运行的三大支柱。

12.1.3　世界贸易组织和关贸总协定的关系

1. 世界贸易组织和关贸总协定的联系

世界贸易组织和关贸总协定有着内在的历史继承性。世界贸易组织继承了关贸总协定的合理内核，包括其宗旨、职能、基本原则及规则等。关贸总协定有关条款，是世界贸易组织《1994 年关税与贸易总协定》的重要组成部分，仍然是规范各成员间货物贸易关系的准则。

2. 世界贸易组织和关贸总协定的区别

(1) 机构性质不同

关贸总协定以“临时适用”的多边贸易协议形式存在，不具有法人地位；世界贸易组织是一个具有法人地位的国际组织。

(2) 管辖范围不同

关贸总协定只处理货物贸易问题；世界贸易组织不仅要处理货物贸易问题，还要处理服务贸易、与贸易有关的知识产权和投资措施等问题，其协调与监督的范围远大于关贸总协定。

(3) 争端解决效果不同

关贸总协定的争端解决机制，遵循协商一致的原则，对争端解决没有规定时间表；世界贸易组织的争端解决机制，采用反向协商一致的原则，裁决具有自动执行的效力，同时明确了争端解决和裁决实施的时间表。因此，世界贸易组织争端裁决的实施更容易得到保证，争端解决的效果更好。

12.2　世界贸易组织的组织机构和运行机制

12.2.1　世界贸易组织的机构设置

根据《关于建立世界贸易组织的协定》的规定，世贸组织建立了相应的组织机构，如图 12.1 所示。

1. 部长级会议和总理事会

部长级会议是世贸组织的最高权力机构，由全体成员方的代表组成，负责履行世贸组织的职能。部长级会议的主要权力有：① 有权对世贸组织的各项协定作出修改和权威性解释；② 对成员方之间发生的争议或其贸易政策是否与世贸组织规定一致作出裁决或提出修改意见；③ 在特定情况下豁免某个成员的义务；④ 批准世贸组织的新成员或观察员。部长级会议至少每两年举行一次。

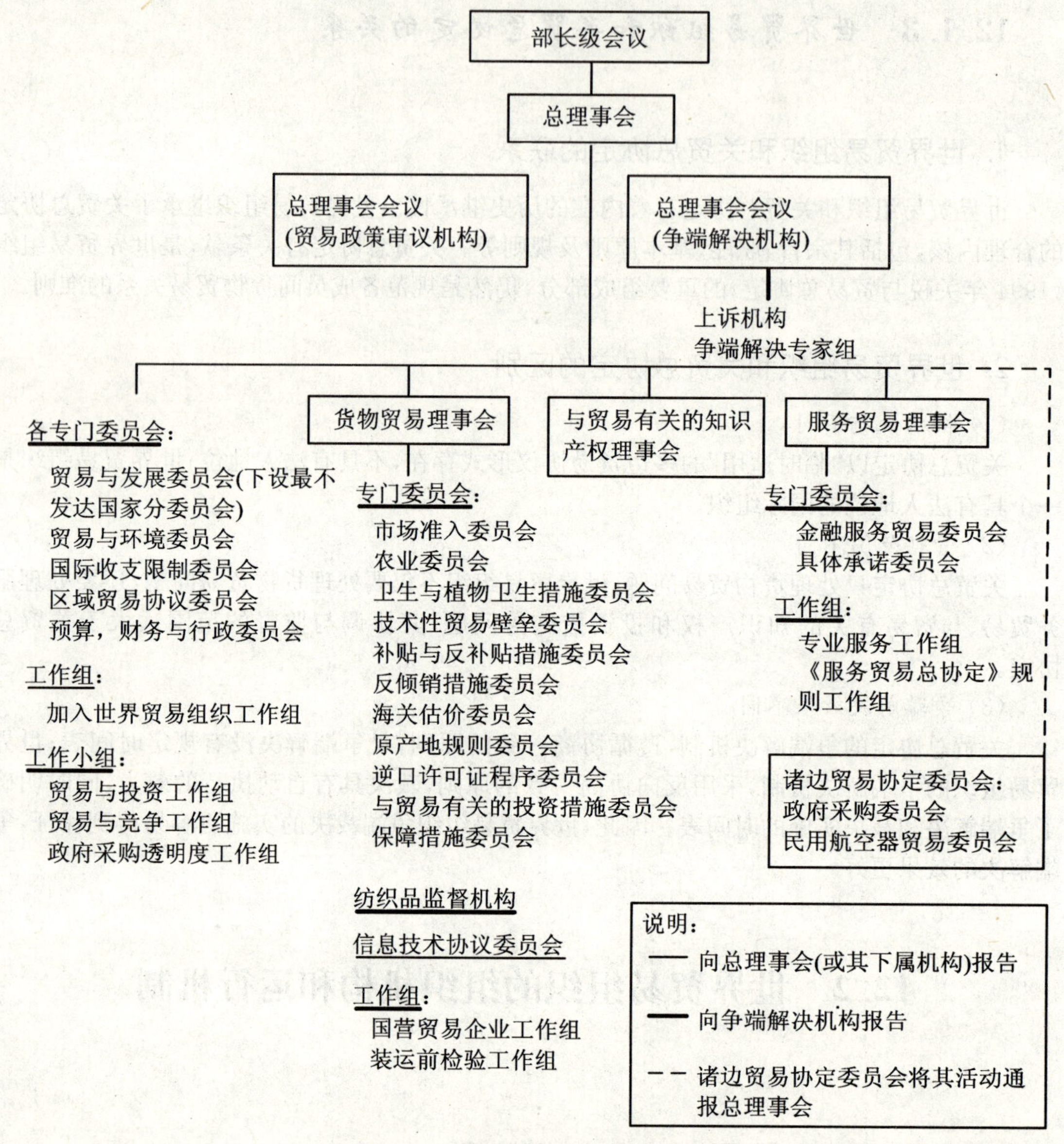

图 12.1 世界贸易组织的组织机构

在部长级会议休会期间,其职能由总理事会代为行使。总理事会由全体成员方的代表组成,负责处理世贸组织的日常事务,监督和指导各项协定以及部长级会议所作决定的贯彻执行情况。总理事会还有两项具体职能,即履行争端解决机构和贸易政策审议机构的职责。总理事会定期召开会议,通常每两个月一次。

2. 理事会

世贸组织在总理事会下设有三个理事会,即货物贸易理事会、服务贸易理事会和与贸易有关的知识产权理事会(简称知识产权理事会),它们在总理事会指导下分别负责管理、监督相关协议的实施,并负责行使相关协议规定的职能以及总理事会赋予的其他职能。其中货物贸易理事会负责管理、监督货物贸易多边协议的执行,包括《1994年关税与贸易总协定》及其附属的12个协议或守则。货物贸易理事会又下设市场准入委员会等11个委员会以及纺织品监督机构,具体负责处理各专项协议的有关事项。服务贸易理事会负责管理、监督《服务贸易总协定》的实施,下设金融服务贸易委员会和具体承诺委员会。知识产权理事会则负责管理、监督《与贸易有关的知识产权协议》的执行,尚无下设机构。

3. 专门委员会

世贸组织在总理事会下还设有五个专门委员会,负责处理三个理事会的共性事务及其他事务。专门委员会包括:贸易与发展委员会、贸易与环境委员会、国际收支限制委员会、区域贸易协议委员会以及预算、财务与行政委员会。此外,根据《民用航空器贸易协议》和《政府采购协议》的规定,世贸组织还设立了民用航空器贸易委员会和政府采购委员会,负责监督实施相应的诸边贸易协议。这两个委员会不是总理事会的附属机构,但在世贸组织框架内运作,并定期向总理事会通报其活动。

4. 秘书处及总干事

世贸组织下设秘书处,秘书处由总干事负责。部长级会议任命总干事并明确规定其权力、职责、服务条件及任期,总干事任命副总干事和秘书处工作人员并按部长级会议通过的规则确定他们的职责。总干事、副总干事和秘书处工作人员必须独立地行使各自承担的职责,不得寻求或接受部长级会议之外任何政府或其他权力机构的指示或指挥,以保持世贸组织作为一个国际组织的独立性。

5. 临时机构

除上述常设机构外,世贸组织还根据需要设立一些临时机构,即所谓的工作组,例如加入世贸组织工作组、服务贸易理事会下的专业服务工作组、《服务贸易总协定》规则工作组等。工作组的任务是研究和报告有关专门事项并最终提交相关理事会作决定。有的工作组则直接向总理事会报告,例如加入世贸组织工作组。

12.2.2 世界贸易组织的运行机制

1. 决策机制

世界贸易组织的决策机制是指世界贸易组织对有关事项作出决定时应遵循的程序规则。按照世贸组织的规定,世贸组织的决策首先应考虑适用协商一致原则,不能达成协商一致的方实行多数票规则,但某些决策必须实行协商一致规则。对于实行多数票的决策,根据决策内容的不同,分别适用简单多数、2/3多数、3/4多数或反向一致规则。概括起来,主要有以下6种情况。

(1) 协商一致规则

即只要出席会议的成员方对拟通过的决议不正式提出反对就视为同意,包括保持沉默、弃权或进行一般的评论等均不能构成反对意见。下列事项的决策一般应实行协商一致规则通过才有法律效力(除非特殊规定):① 对《世界贸易组织协定》和多边贸易协定的修改,有特殊规定的除外。② 下列豁免成员方的义务:豁免决定所涉及的是某一成员方未在有关期限内履行过渡期或分阶段实施期的任何义务;某项有关世贸组织章程的豁免请求且在提交部长会议 90 天内。③ 对世界贸易组织协定附件 4 中诸边贸易协议的增加。④ 争端解决机构按照《关于争端处理规则和程序的谅解》作出决定时,需一致同意。

(2) 简单多数规则

对于世贸组织的一般决议如果不能达成一致同意,则采用简单多数规则,但《世界贸易组织协定》另有规定的除外。

(3) 2/3 多数通过规则

下列事项采用 2/3 多数通过:① 对《世界贸易组织协定》附件 1 中的多边货物贸易协定和与贸易有关的知识产权协定的修改建议;② 对《服务贸易总协定》第一至三部分以及附件的修改建议;③ 对《世界贸易组织协定》和多边贸易协定的某些条款修改意见提交成员方接受的决议;④ 新成员方加入世界贸易组织;⑤ 财务和年度预算决议。

(4) 3/4 通过规则

对于非常重大事项,如果成员方不能达成一致同意,则采用 3/4 多数通过:① 条款的解释;② 各项协定的修改;③ 豁免义务。

(5) 反向一致规则

即只要不是有权投票者全体一致对有关事项提出反对,则视为全体一致同意。该规则避免了 1947 年关贸总协定"一致同意"规则的弊端,是一重大的创新。该规则主要体现在《关于争端解决规则和程序的谅解》第十六条等条款之中。

(6) 必须接受规则

世贸组织的有些决议通过后只有经过所有成员方的接受才具有法律效力。下列决策采用必须接受规则:① 对世界贸易组织决策制度(投票程序)的修改;② 对 1994 年《关贸总协定》第一条款(最惠国待遇)和第二条款(关税减让)的修改;③ 对《服务贸易总协定》第二条款(最惠国待遇)的修改;④ 对《与贸易有关的知识产权协定》第四条款(最惠国待遇)的修改。

世界贸易组织的决策实行多数票规则时,在部长会议和总理事会上每个世贸组织成员方均有且只有一票投票权,这是世贸组织同联合国、国际货币基金组织和世界银行决策机制的根本区别之所在。联合国尽管实行一国一票制,但美国、中国、法国、英国和俄罗斯等五大国拥有否决权。而国际货币基金组织和世界银行的决策则实行股份公司式的投票制度,即各成员国的投票权数量取决于其缴纳的基金的数量,因而是由美国等缴纳基金多的发达国家控制的。世贸组织的决策则实行一方一票制,且任一成员方都没有否决权,这一机制从根本上保证了世贸组织的决策不受少数国家特别是大国意志的左右。

2. 争端解决机制

随着国际社会经济贸易的不断发展,国际经贸领域的贸易战也日益频繁。在解决国际经济贸易纠纷方面,世界贸易组织自成立以来就发挥着重要作用。与关贸总协定相比,世界贸易组织建立了一套完整而有效的争端解决机制,而且世贸组织的法人地位也使其对争端的调解更具强制性和法律约束力,从而使多边贸易体制的遵守和执行得到更大保障。世贸组织总理事会同时作为负责解决争端的机构，负责处理围绕乌拉圭回合最后文件所包括的任何协定或协议而产生的争端。根据世界贸易组织成员的承诺，在发生贸易争端时，当事各方不应采取单边行动对抗，而是通过争端解决机制寻求救济并遵守其规则及其所作出的裁决。

(1) 世界贸易组织争端解决的基本程序

① 磋商。

根据《争端解决规则和程序谅解》规定，争端当事方应当首先采取磋商方式解决贸易纠纷。磋商要通知争端解决机构。磋商是秘密进行的，是给予争端各方能够自行解决问题的一个机会。

② 成立专家小组。

如果有关成员在 10 天内对磋商置之不理或在 60 天后未获解决，受损害的一方可要求争端解决机构成立专家小组。专家小组一般由 3 人组成，依当事人的请求，对争端案件进行审查，听取双方陈述，调查分析事实，提出调查结果，帮助争端解决机构作出建议或裁决。专家组成立后一般应在 6 个月内向争端各方提交终期报告，在紧急情况下，终期报告的时间将缩短为 3 个月。

③ 通过专家组报告。

争端解决机构在接到专家组报告后 20～60 天内研究通过，除非当事方决定上诉，或经协商一致反对通过这一报告。

④ 上诉机构审议。

专家小组的终期报告公布后，争端各方均有上诉的机会。上诉由争端解决机构设立的常设上诉机构受理。上诉机构可以维持、修正、撤销专家小组的裁决结论，并向争端解决机构提交审议报告。

⑤ 争端解决机构裁决。

争端解决机构应在上诉机构的报告向世贸组织成员散发后的 30 天内通过该报告，一经采纳，则争端各方必须无条件接受。

⑥ 执行和监督。

争端解决机构监督裁决和建议的执行情况。如果违背义务的一方未能履行建议并拒绝提供补偿时，受侵害的一方可以要求争端解决机构授权采取报复措施，中止协议项下的减让或其他义务。

(2) 仲裁、斡旋、调解和调停

除争端解决的基本程序外，在当事方自愿的基础上，也可采用仲裁、斡旋、调解和调停等方式解决争端。

① 仲裁。

《关于争端解决规则与程序的谅解》规定，仲裁可以作为争端解决的另一种方式。如果争端当事方同意以仲裁方式解决，则可在共同指定仲裁员并议定相应的程序后，由仲裁员审理当事方提出的争端。在世界贸易组织的争端解决机制中，仲裁可用于不同的目的和争端解决的不同阶段，如审理争端、裁定执行的合理期限、评估报复水平是否适当等。

② 斡旋、调解和调停。

斡旋是指第三方促成争端当事方开始谈判或重开谈判的行为。在整个过程中，进行斡旋的一方可以提出建议或转达争端一方的建议，但不直接参加当事方的谈判。调解是指争端当事方将争端提交一个由若干人组成的委员会，该委员会通过查明事实，提出解决争端的建议，促成当事方达成和解。调停是指第三方以调停者的身份主持或参加谈判，提出谈判的基础方案，调和、折中争端当事方的分歧，促使争端当事方达成协议。

在世界贸易组织争端解决中，斡旋、调解或调停是争端当事方经协商自愿采用的方式。争端的任何一方均可随时请求进行斡旋、调解或调停。斡旋、调解或调停程序可以随时开始，随时终止。世界贸易组织总干事可以以其职务身份进行斡旋、调解或调停，以协助成员方解决争端。

3. 贸易政策审议机制

贸易政策审议机制是指，世界贸易组织成员集体对各成员的贸易政策及其对多边贸易体制的影响，定期进行全面审议。实施贸易政策审议机制的目的，是促使成员方提高贸易政策和措施的透明度，履行所作的承诺，更好地遵守世界贸易组织规则，从而有助于多边贸易体制平稳运行。

(1) 贸易政策审议机制的产生及要点

贸易政策审议机制是1988年"乌拉圭回合"中期审评会议临时批准建立的，由关税与贸易总协定理事会负责实施，1989年开始运行。世界贸易组织正式成立后，贸易政策审议职责由世界贸易组织总理事会承担，即总理事会同时也是贸易政策审议机构。

贸易政策审议对象主要是世界贸易组织各成员的全部贸易政策和措施，审议范围从货物贸易扩大到服务贸易和知识产权领域。贸易政策审议机制还要求对世界贸易环境的发展变化情况进行年度评议。

(2) 成员方贸易政策审议的程序

成员方接受贸易政策审议机构审议的频率，取决于该成员对多边贸易体制的影响程度。确定这种影响程度的主要依据，是成员方在世界贸易中所占的份额。成员方占世界贸易的份额越大，接受审议的次数就越多。

贸易政策审议，是在世界贸易组织秘书处的报告和接受审议成员方的"政策声明"基础上进行的。成员方政府的"政策声明"全面阐述其实施的贸易政策和做法。世界贸易组织秘书处报告包括意见摘要、经济环境、贸易与投资政策制定机制、贸易政策与做法等4个部分。世界贸易组织秘书处在准备报告过程中，要派人与接受审议成员的相关政府部门和机构就有关问题进行讨论，也可以向制造商协会、商业协会等中介机构以及有关研究机构进行咨询。

正式审议工作由贸易政策审议机构进行，对所有成员开放，接受审议的成员派出的代表团通常为部长级。为引导讨论，从参与审议的成员方中选取两位讨论人，以个人身份参加审议会议，不代表各自政府。第一次审议会议通常由被审议成员首先发言，然后由讨论人发言，随后与会者发表意见。在第二次审议会议上，讨论主要围绕会前确定的主题进行，被审议成员就各成员方提出的问题进一步作出答复；如有必要，被审议成员也可在1个月内作出书面补充答复。审议会议在总理事会主席作出总结后结束。

(3) 对世界贸易环境的评议

贸易政策审议机制要求总干事以年度报告的形式，对影响多边贸易体制的国际贸易环境变化情况进行综述。该报告列出世界贸易组织的主要活动，并指出可能影响多边贸易体制的重大政策问题。最初几次世界贸易环境评议的经验表明，这种评议提供了一个重要的机会,特别是在不举行部长级会议的年份里,使世界贸易组织成员可以对国际贸易政策和贸易环境发展趋势进行总体评估。

12.3　世界贸易组织的宗旨和基本原则

12.3.1　世界贸易组织的宗旨和目标

《建立世界贸易组织的协定》指出,世界贸易组织的宗旨为:提高生活水平,保证充分就业,大幅度稳步提高实际收入和有效需求;扩大货物、服务的生产和贸易;坚持走可持续发展之路,各成员应促进对世界资源的最有效利用,保护和维护环境,并以符合不同经济发展水平下各自成员需要的方式,加强采取各种相应的措施;积极努力以确保发展中国家,尤其是最不发达国家在贸易增长中获得与其经济发展水平相应的份额和利益。

根据世贸组织的宗旨确定其目标是:产生一个完整的,更具有活力的和永久性的多边贸易体系,来巩固原来关税与贸易总协定以往为贸易自由化所作的努力和乌拉圭回合多边贸易谈判的所有成果。为实现这些目标,各成员应通过互惠互利的安排,切实降低关税和其他贸易壁垒,在国际贸易中消除歧视性待遇。

12.3.2　世界贸易组织的基本原则

世贸组织的基本原则是各成员方公认的、具有普遍意义的适用于世贸组织全部规则体系范围内的,并构成该规则体系基础的最高共同准则。这些原则是从《1994 年关税与贸易总协定》、历次多边贸易谈判,特别是乌拉圭回合谈判达成的一系列协定以及其他协议和决议中归纳出来的,它们贯穿于世界贸易组织的各个协定和协议中,构成了多边贸易体制的基础。这些基本原则是非歧视原则、透明度原则、自由贸易原则、公平竞争原则、对发展中国家特殊优惠待遇原则、允许例外和实施保障措施原则。

1. 非歧视原则(Rule of Non-Discrimination)

非歧视原则,又称不歧视待遇或无差别待遇原则,是世贸组织全部规则体系的基础,它充分体现了平等精神,完全符合各国主权平等的国际法原则。非歧视原则规定,成员方在实施某种优惠或限制措施时,不得对其他成员方采取歧视待遇。非歧视原则体现在最惠国待遇原则和国民待遇原则两个方面。

(1) 最惠国待遇原则

在国际贸易中,最惠国待遇的实质是保证市场竞争机会均等。它最初是双边协定中的一项规定,要求一方保证把给予任何其他国家的贸易优惠(如低关税或其他特权),同时给予对方。关税与贸易总协定将双方协定中的最惠国待遇作为基本原则纳入多边贸易体制,适用于缔约方之间的货物贸易,“乌拉圭回合”将该原则延伸至服务贸易领域和知识产权领域。

知识拓展 12.2

最惠国待遇原则的四个要点

(1) 自动性。这是最惠国待遇的内在机制,体现在“立即和无条件”的要求上。当一成员给予其他国家的优惠超过其他成员享有的优惠时,这种机制就启动了,其他成员便自动地享有了这种优惠。例如,A国、B国和C国均为世界贸易组织成员,当A国把从B国进口的汽车关税从20%降至10%时,这个10%的税率同样要适用于从C国等其他成员方进口的汽车。又如A国和B国均为世界贸易组织成员,X国为非世界贸易组织成员,当A国把从X国进口的汽车关税税率从30%降至20%,这个20%的税率也应自动地适用于从B国等其他成员方进口的汽车。但当A国降低从B国等成员方进口的汽车关税税率时,降低后的关税税率并不能自动地适用于X国,X国只能根据与A国签订的双边贸易协定中的无条件最惠国待遇条款,来享有这种关税优惠。

在新成员加入世界贸易组织时,如果已有成员和新加入成员中的一方,或两个新加入成员中的一方,宣布不与对方适用《建立世界贸易组织协定》,则两者之间的贸易关系不受世界贸易组织规则约束,任何一方都不能自动地享有另一方给予其他国家的优惠。

(2) 同一性。当一成员给予其他国家的某种优惠,自动转给其他成员方时,受惠方的必须相同。仍以上述A国、B国和C国为例,A国给予从B国时口的汽车的关税优惠,只能自动适用于从C国等其他成员方进口的汽车,而不是其他产品。

(3) 相互性。任何一成员既是给惠方,又是受惠方,即在承担最惠国待遇义务的同时,享受最惠国待遇权利。

(4) 普遍性。指最惠国待遇适用于全部进出口产品、服务贸易的各个部门和所有种类的知识产权所有者和持有者。

(资料来源:百度文库)

在货物贸易领域,最惠国待遇原则适用范围不仅是产品的关税税率,还适用于:与进出口有关的任何其他费用(如海关手续费);征收关税和其他费用的方式;与进出口有关的规则和程序;国内税和其他国内费用;有关影响产品销售、运输、分销和使用的政府规章和要求。在服务贸易领域,该原则既适用于服务,也适用于服务提供者。但服务贸易领域的最惠国待遇原则有其独特之处。它允许各成员方在进行最初承诺的谈判中,将不符合最惠国待遇原则的措施列入最惠国待遇例外清单,附在各自承诺表之后,但这种例外不应超过10年。若一成员方日后要求增加新的不符合最惠国待遇原则的措施,则需得到世界贸易组织至少四分之三成员的同意。

最惠国待遇原则有四种情形的例外:一是以关税同盟和自由贸易区等形式出现的区域经济安排,在这些区域内部实行的是一种比最惠国待遇还要优惠的“优惠制”,区域外世界贸易组织成员无权享受;二是对发展中成员实行的特殊和差别待遇(如普遍优惠制);三是在边境贸易中，可对毗邻国家给予更多的贸易便利；四是在知识产权领域，允许成员方就一般司法协助国际协定中享有的权利等方面保留一些例外。

(2) 国民待遇原则

在货物贸易领域，国民待遇原则体现在以下方面：对国内外产品征收的国内税或其他国内费用应该相同；影响产品在国内销售、购买、运输、分配与使用的法律和规则对国内外产品不能存在差别；生产产品时不能强制规定使用国内投入品的比例。在货物贸易领域，国民待遇原则也存在三个例外：第一个例外是政府采购。未参加《政府采购协议》的成员方政府，在为自用或公共目的采购货物时，可以优先购买本国产品，但参加了《政府采购协议》的成员要遵守该协议所规定的国民待遇原则。第二个例外是只给予某种产品的国内生产者补贴。这种补贴包括用国内税费收入，或通过政府购买国内产品向国内生产者提供的补贴，但要符合《补贴和反补贴措施协议》以及《农产品协议》的有关规定。第三个例外是有关外国电影片放映数量的规定。成员方可要求本国电影院只能放映特定数量的外国影片。

在服务贸易领域，与最惠国待遇不同，国民待遇不是世界贸易组织成员的“一般义务”，而是成员方通过谈判确定的，且对不同服务部门有不同的规定。如经过谈判，成员方可以限制来自其他成员方的律师从事服务，限制外资控股的保险公司从事再保险业务等。

在知识产权领域，国民待遇原则处于比最惠国待遇原则更突出的位置。与《1994 年关税与贸易总协定》和《服务贸易协定》不同，《与贸易有关的知识产权协定》将国民待遇条款放在最惠国待遇条款之前，国为实施国际知识产权保护条约的实践表明，对知识产权最有效的国际保护手段是国民待遇，其次才是最惠国待遇。

2. 透明度原则

为保证贸易环境的稳定性和可预见性，世界贸易组织除了要求成员方遵守有关市场开放等具体承诺外，还要求成员方的各项贸易措施(包括有关法律、法规、政策及司法判决和行政裁决等)保持透明。透明度原则是指，成员方应公布所制定和实施的贸易措施及其变化情况(如修改、增补或废除等)，不公布的不得实施，同时还应将这些贸易措施及其变化情况通知世界贸易组织。成员方所参加的有关影响国际贸易政策的国际协议，也在公布和通知之列。透明度原则的主要内容，包括贸易措施的公布和贸易措施的通知两个方面。

公布有关贸易措施，是世界贸易组织成员最基本的义务之一。如果不公布有关贸易措施，成员方就很难保证提供稳定的、可预见的贸易环境，其他成员就难以监督其履行世界贸易组织义务的情况，世界贸易组织一系列协议也难以得到充分、有效地实施。比如，成员决定对进口产品进行反倾销调查，出口方企业需要获得该成员方有关反倾销的法律、法规及程序、计算方法等信息，否则就无法有效应诉。成员方除了公布有关贸易措施之外，还承担应其他成员要求提供有关信息和咨询的义务。关于公布的时间，世界贸易组织规定，成员方应迅速公布和公开有关贸易的法律、法规、政策、措施、司法判决和行政裁定，最迟应在生效之时公布或公开，使世界贸易组织其他成员和贸易商及时得以知晓。在公布之前不得提前采取措施，如提高进口产品的关税税率或其他费用；对进口产品或进口产品的支付转账实施新的限制或禁止措施等。

贸易措施及变化情况应该通知世界贸易组织。世界贸易组织对成员方需要通知的事项和程序都作了规定，以保证其他成员能够及时获得有关成员在贸易措施方面的信息；并成立了由世界贸易组织秘书处负责的通知登记中心，负责记录收到的所有通知，向成员方提供有关通知内容，并提醒成员方履行通知义务。

此外，为提高成员方贸易政策的透明度，世界贸易组织要求，所有成员的贸易政策都要定期接受审议。这已成为世界贸易组织的一种机制，即贸易政策审议机制。贸易政策审议的内容，一般为世界贸易组织成员最新的贸易政策，它可从一个侧面反映出被审议成员履行世界贸易组织义务的情况。

3. 自由贸易原则

自由贸易原则是指通过多边贸易谈判，实质性削减关税和减少其他贸易壁垒，扩大成员方之间的货物和服务贸易。世界贸易组织倡导并致力于推动贸易自由化，要求成员方尽可能地取消不必要的贸易障碍，开放市场，为货物和服务在国际间的流动提供便利。

关税透明度高，易衡量，但对进出口商品价格有直接影响，特别是高关税，是制约货物在国际间自由流动的重要壁垒。因此，世界贸易组织在允许成员方使用关税手段的同时，要求成员方逐渐下调关税水平并加以约束，以不断推动贸易自由化进程。"关税约束"是指成员方承诺把进口商品的关税限定在某个水平，不再提高。如一成员因实际困难需要提高关税约束水平，需同其他成员方再行谈判。

随着关税水平逐步下调，非关税贸易壁垒增多，且形式不断变化，隐蔽性强，越来越成为国际贸易发展的主要障碍。世界贸易组织就一些可能限制贸易的措施制定了专门协议，以规范成员方的相关行为，减少非关税贸易壁垒，不断推动全球贸易自由化进程。这些专门协议包括《技术性贸易壁垒协议》《实施卫生与植物卫生措施协议》《海关估价协议》《进口许可程序协议》《原产地规则协议》《装运前检验协议》《与贸易有关的投资措施协议》等。

各国为了保护本国服务业，对服务业的对外开放采取了诸多限制措施，影响了服务业的公平竞争、服务质量的提高和服务领域资源的有效配置，不仅对服务贸易本身，而且对货物贸易乃至世界经济发展都构成了重大不利影响。《服务贸易总协定》要求，成员方为其他成员方的服务产品和服务提供者提供更多的投资与经营机会，分阶段逐步开放商务、金融、电信、分销、旅游、教育、运输、医疗保健、建筑、环境、娱乐等服务领域。

4. 公平竞争原则

公平竞争原则是指成员方应避免采取扭曲市场竞争的措施，纠正不公平贸易行为，在货物贸易、服务贸易和与贸易有关的知识产权领域，创造和维护公开、公平、公正的市场环境。世界贸易组织是建立在市场经济基础上的多边贸易体制。公平竞争是市场经济顺利运行的重要保障，公平竞争原则体现于世界贸易组织的各项协定和协议中。

在货物贸易领域，世贸组织始终遵循公平竞争原则，为减少关税给外国产品带来不利的竞争影响，要求成员方逐步降低进口关税并加以约束；为使外国产品与本国产品处于平等的竞争地位，要求成员方取消数量限制，实施国民待遇；为使来自不同国家的产品公平竞争，要求成员方实施最惠国待遇。即使某些产品由国有贸易企业经营，包括经营的专有权和特权授予某些企业，这些企业的经营活动也应以价格、质量等商业因素为依据，使其他成员的企业能够充分参与竞争。货物贸易领域的其他具体协议，如《反倾销协议》《补贴与反补贴措施协议》《保障措施协议》和《农业协议》等，都体现了鼓励公平竞争原则。出口倾销和出口补贴一直被认为是典型的不公平贸易行为。为了消除出口倾销和出口补贴对本国产业造成的实质损害，《反倾销协议》《补贴与反补贴措施协议》允许进口成员方征收反倾销税和反补贴税，同时为了防止成员方滥用反倾销和反补贴措施妨碍公平贸易，又对成员方实施反倾销和反补贴措施规定了严格的条件和程序。

在服务贸易领域，世界贸易组织鼓励各成员通过相互开放服务贸易市场，逐步为外国的服务或服务提供者创造市场准入和公平竞争的机会。服务贸易领域的最惠国待遇原则和国民待遇原则也都是为了促进公平竞争的需要；为防止服务提供者的某些商业惯例抑制竞争，限制服务贸易，《服务贸易总协定》要求成员方在其他成员的请求下举行磋商，交流信息，以最终取消这些商业惯例。

在知识产权领域，公平竞争原则主要体现为对知识产权的有效保护和反不正当竞争。《与贸易有关的知识产权协定》要求成员方加强对知识产权的有效保护，防止含有知识产权的产品和品牌被仿造、假冒、盗版。无论是本国国民的知识产权，还是其他成员方国民的知识产权，都应得到有效保护。反不正当竞争也是知识产权保护的一个重要方面，一些限制竞争的知识产权许可活动或条件，妨碍技术的转让和传播，并对贸易产生不利影响。《与贸易有关的知识产权协定》专门对知识产权许可协议中限制竞争的行为作出了规定，允许成员采取适当措施，防止或限制以下商业做法，包括排他性返授条件、强制性一揽子许可等。

5. 对发展中国家特殊优惠待遇原则

关贸总协定关于对发展中国家的特殊优惠待遇原则，在世界贸易组织中得到了进一步加强。除了继续实行“非互惠原则”和体现“授权条款”的精神外，还在以下几方面给予一定的优惠待遇。

① 允许发展中国家用较长时间履行义务，或有较长的过渡期。如《农产品协议》规定，农产品进口数量限制等措施应以等量关税来取代，并实行关税下降，发达国家在 6 年内关税下降幅度 36%，而发展中国家在 10 年内下降幅度 24%。再如与贸易有关的投资措施协议规定，对外资企业不可采用“当地成分”、“外汇平衡”措施，发达国家应在 2 年后取消，而发展中国家则可有 5 年过渡期，最不发达国家可有 7 年过渡期。

② 允许发展中国家在履行义务时有较大的灵活性。如《农产品协议》规定，原则上对农产品必须取消并禁止采用进口数量限制，但对发展中国家给予“特殊待遇”，即仍可采用进口数量限制措施，通常可长达 10 年之久。再如《保障措施协议》规定，成员方对某项进口品过去已用过保障措施，为实行进口数量限制，必须相隔“一定时期”才能再度采用。对发达国家来说，“一定时期”是指与上次采用过的相隔时间相等，而对发展中国家，则给予一定的灵活性，即相隔时间等于上次采用过的时间的一半，但至少须相隔 2 年。

③ 规定发达国家对发展中国家提供技术援助，以便发展中国家更好地履行义务。如《服务贸易总协定》规定，发达国家要在技术获得、销售渠道、信息沟通等方面帮助发展中国家，并主动向发展中国家更多地开放自己的服务市场。

此外，世界贸易组织充分考虑到经济转型国家的复杂的内部、外部条件，对它们加入该组织给予鼓励并承诺给予灵活处理。

6. 允许例外和实施保障措施原则

世界贸易组织继承了关贸总协定允许例外和实施保障措施的原则。考虑到成员方经济发展水平的不一致和为了减少经济发展中出现的不稳定和突发因素的破坏作用，该原则允许成员方在特殊条件下可以采取例外和保障措施，即不承担和履行已承诺的义务，对进口采取紧急保护措施，如提高关税、实施数量限制和特殊限制等，如国际收支困难的国家被允许实施数量限制。但世界贸易组织加强了允许例外和实施保障措施的约束条件，在适用条件、手段和期限等方面都具有严格的限制。如保障措施协议规定，实施保障措施的期限一般不超过 4 年，因特殊原因可以延长，但也不能超过 8 年；再如任何成员不得寻求、采取或保持任何自愿出口限制、有秩序的出口销售安排及其他类似的“灰色区域”措施等。

本章小结

世界贸易组织是世界上唯一处理国与国之间贸易规则的国际组织，它的前身是关税与贸易总协定。第二次世界大战结束后，为了减少和消除贸易障碍、重建国际贸易新秩序，美国提出《国际贸易组织宪章》准备建立国际贸易组织，同时 23 个国家就具体产品的关税减让进行了谈判，共达成了 123 项双边关税减让协议，这些协议与《宪章》草案中有关商业政策的部分加以合并，命名为《关税与贸易总协定》。但因绝大多数国家没有批准《宪章》，建立国际贸易组织的计划夭折，关贸总协定一直以临时适用的多边协定形式存在，直到 1995 年世界贸易组织成立。关贸总协定在 48 年中一共组织了八轮多边贸易谈判，签订了一系列协议，对战后国际贸易的发展起到了巨大的促进作用，尤其是第八轮谈判促成了世界贸易组织的成立。

世界贸易组织的机构设置包括部长级会议、总理事会和理事会、专门委员会、秘书处及总干事和临时机构。世贸组织的决策首先应考虑适用协商一致原则，不能达成协商一致的方实行多数票规则，但某些决策必须实行协商一致规则；对于实行多数票的决策，根据决策内容的不同，分别适用简单多数、2/3 多数、3/4 多数或反向一致规则。与关贸总协定相比，世界贸易组织建立了一套完整而有效的争端解决机制，争端解决的基本程序包括磋商、成立专家小组、通过专家组报告、上诉机构审议、争端解决机构裁决、执行和监督。除争端解决的基本程序外，在当事方自愿的基础上，也可采用仲裁、斡旋、调解和调停等方式解决争端。世界贸易组织总理事会定期对世界贸易组织各成员的全部贸易政策和措施进行审议，同时对世界贸易环境的发展变化情况进行年度评议。世界贸易组织的基本原则包括非歧视原则、透明度原则、自由贸易原则、公平竞争原则、允许例外和实施保障措施原则、对发展中国家特殊优惠待遇原则。

基本概念

世界贸易组织　关税与贸易总协定　协商一致规则　反向一致规则　贸易政策审议机制　非歧视原则　最惠国待遇原则　国民待遇原则　自由贸易原则　透明度原则　公平竞争原则

复习思考题

一、单选题

1. 世界贸易组织成立于(　　)。
A. 1948年1月1日　　B. 1995年1月1日
C. 1994年1月1日　　D. 1999年1月15日

2. 世界贸易组织的最高权力机构是(　　)。
A. 部长会议　　B. 缔约方全体大会　　C. 总理事会　　D. 理事会

3. 从GATT到WTO成立47年的里程中,GATT主持了(　　)轮多边贸易谈判。
A. 10　　B. 9　　C. 8　　D. 12

4. 通过最惠国待遇原则和国民待遇原则来体现的是(　　)。
A. 自由贸易原则　　B. 非歧视待遇原则
C. 透明度原则　　D. 允许例外和实施保障措施原则

5. 关税与贸易总协定第一次涉及非关税措施的谈判是(　　)。
A. 第一轮谈判　　B. 第三轮谈判　　C. 第六轮谈判　　D. 第八轮谈判

6. 第八轮多边贸易谈判也称为(　　)。
A. 肯尼迪回合　　B. 狄龙回合　　C. 东京回合　　D. 乌拉圭回合

7. 世界贸易组织优先采用的决策规则是(　　)。
A. 简单多数原则　　B. 反向一致原则　　C. 必须接受规则　　D. 协商一致规则

8. A国、B国均为世界贸易组织成员,C国不是世贸组织成员,A国对从B国进口的汽车征收30%的关税,对从C国进口的汽车征收20%的关税,A国和C国没有进行区域经济一体化安排,则A国违反了世界贸易组织的哪个原则?(　　)。
A. 国民待遇原则　　B. 自由贸易原则　　C. 最惠国待遇原则　　D. 透明度原则

9. 目前世贸组织对其成员进行贸易政策审议的频率主要基于(　　)。
A. 经济发达程度　　B. 在世界贸易中所占份额
C. 轮流　　D. 抽签

10. 如果磋商程序未能达成解决办法,申诉方可以要求争端解决机构成立(　　)以审查该案件。
A. 工作组　　B. 专家小组　　C. 协调委员会　　D. 仲裁庭

二、多选题

1. 世贸组织的组织机构包括(　　)。
A. 部长会议　　B. 总理事会和理事会　　C. 临时机构
D. 专门委员会　　E. 秘书处及总干事

2. 对当今世界经济有重大影响的三个重要的国际经济组织是(　　)。
A. 国际货币基金组织　　B. APEC　　C. 世界银行
D. WTO　　E. NAFTA

3. 以下属于世界贸易组织决策规则的是(　　)。
A. 协商一致规则　B. 简单多数规则　C. 反向一致规则
D. 必须接受规则　E. 4/5 通过规则

4. 下列属于世贸组织总理事会下设机构的是(　　)。
A. 货物贸易理事会　B. 服务贸易理事会
C. 与贸易有关的知识产权理事会　D. 贸易与发展委员会
E. 国际收支限制委员会

5. 乌拉圭回合谈判涉及的新议题包括(　　)。
A. 服务贸易　B. 与贸易有关的投资措施
C. 与贸易有关的知识产权
D. 争端解决　E. 自然资源产品

6. 世贸组织对下列哪些决策必须实行协商一致规则?(　　)。
A. 豁免一成员方在过渡期或分阶段实施期的义务
B. 与贸易有关的知识产权协定的修改
C. 对《世界贸易组织协定》的修改(有特殊规定的除外)
D. 对世界贸易组织中诸边贸易协议的增加
E. 批准新成员方加入世界贸易组织

7. 下列属于世界贸易组织解决争端的方式的是(　　)。
A. 磋商　B. 调解　C. 斡旋　D. 调停　E. 仲裁

8. 世贸组织管辖范围包括(　)。
A. 货物贸易　B. 服务贸易
C. 与贸易有关的知识产权　D. 各国汇率的稳定
E. 与贸易有关的投资措施

9. 争端解决机构的职责包括(　)。
A. 成立专家组并通过其报告　B. 组建上诉机构并通过其报告
C. 监督裁决和建议执行　D. 贸易政策审议
E. 监督世贸组织协议的实施

10. 世界贸易组织贸易政策审议的范围包括(　　)。
A. 货物贸易政策和措施　B. 服务贸易政策和措施
C. 知识产权政策和措施　D. 世界贸易环境发展变化情况
E. 汇率管理政策和措施

三、判断题

1. 世界贸易组织的前身是关税与贸易总协定。(　　)
2. 我国于 2001 年 12 月 11 日正式加入世界贸易组织。(　　)
3. 出口倾销违反了世界贸易组织的公平贸易原则。(　　)
4. 在部长会议休会期间由世贸组织总干事代行部长会议职能。(　　)
5. 世界贸易组织坚持最惠国待遇和国民待遇,不允许存在任何差别待遇和例外。(　　)
6. 世贸组织成员给予邻国的边境贸易便利可以不给予其他世贸组织成员。(　　)

7. 专家小组的报告被争端解决机构采纳后，争议各方必须无条件接受。（　）
8. 在知识产权领域，国民待遇原则处于比最惠国待遇原则更突出的位置。（　）
9. 世贸组织管辖多边协议，不管辖诸边贸易协议。（　）
10. 世界贸易组织在进行投票时，任何一个世贸组织成员国都只有一票投票权。（　）

四、简答题

1. 简述世界贸易组织和关税与贸易总协定的联系与区别。
2. 简述世界贸易组织和宗旨和目标。
3. 简述世界贸易组织的决策机制。

五、论述题

1. 试述世界贸易组织的基本原则。
2. 试述世界贸易组织的机构组成。
3. 试述世界贸易组织争端解决的基本程序。

六、案例分析

我国2005年出台的《汽车零部件进口管理办法》(简称《办法》)将进口零部件的价格总和达到该车型整车总价60%以上的按整车征税。公开资料显示，我国对进口整车征收25%的关税，对单纯维修用的进口零部件征收10%的关税。也就是说，对于构成“整车特征”的进口汽车零部件，我国将征收25%的高关税，比一般关税整整高了15%。自《办法》制定以来，这一产业政策引发纠纷不断，在欧美一些豪华车生产企业的游说和推动下，2006年3月，欧盟、美国就此问题诉诸WTO，与中方开始在WTO争端解决机制下进行磋商，之后加拿大也加入进来，但磋商没有达成共识。在磋商期间，中国政府曾经于2006年7月5日作出让步，原定于2005年10月实施的《办法》被推迟到2006年7月1日起实施，同时，进口零部件价格总和不能超过该车总价格60%的规定，延期至2008年7月1日实施。中方的让步并没有使美国、欧盟和加拿大满意。其对于中国汽车进出口产业政策不断质疑，要求中方改变零部件关税的“区别性对待”。

试分析中国的汽车进口零部件的价格总和达到该车型整车总价60%以上的按整车征税的贸易做法是否违背WTO的基本原则？为什么？

第13章　国际服务贸易

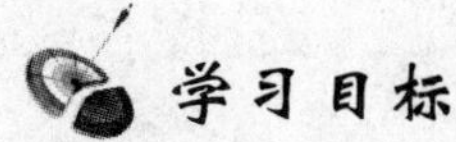

1. 了解国际服务贸易的概念、特点及其分类；
2. 认识国际服务贸易的主要形式；
3. 掌握《服务贸易总协定》的内容。

13.1　国际服务贸易概述

13.1.1　服务的概念与特征

1. 服务的概念

“服务”在古代是“侍候，服侍”的意思，随着时代的发展，“服务”被不断赋予新意，如今，“服务”已成为整个社会不可或缺的人际关系的基础。经济学意义上的服务，是指以等价交换的形式，为满足企业、公共团体或其他社会公众的需要而提供的劳务活动，它通常与有形的产品联系在一起。美国市场营销协会（AMA）最先给服务下的定义为：“用于出售或者是同产品连在一起进行出售的活动、利益或满足感。”这一定义在此后的很多年里一直被人们广泛采用。当代市场营销学泰斗菲利普·科特勒（Philip Kotler）给服务下的定义是：“一方提供给另一方的不可感知且不导致任何所有权转移的活动或利益，它在本质上是无形的，它的生产可能与实际产品有关，也可能无关。”

根据以上各种对服务下的定义，我们也可以这样来理解服务：服务是对其他经济单位的个人、商品或服务增加价值，并主要以活动形式表现的使用价值或效用。

2. 服务的特征

(1) 无形性

服务的空间形态基本上是不固定的、不直接可视的、无形的。一方面，服务提供者通常无法向顾客介绍空间形态确定的服务样品；另一方面，服务消费者在购买服务之前，往往不能感知服务的作用和质量，在购买之后也只能觉察到服务的结果而不是服务本身。

但这种无形性不是绝对的，随着科技发展服务的无形性也并非绝对的，出现了一些实体化服务。比如物化服务，唱片、软盘作为服务的载体，本身的价值相对其提供的整个价值来说，可以忽略不计，其价值主体是服务，这就是“无形”的“有形”化，服务的物质化。

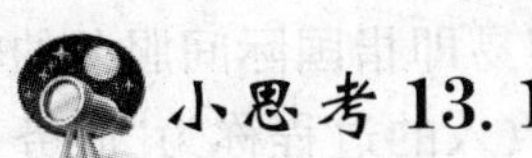

小思考13.1

Dell和Microsoft属于同一行业么？

(2) 生产和消费的不可分割性

服务的提供者和消费者必须在时空保持一致才能保证服务的提交和完成。如教师不可能离开学生从事教学，医生也不可能离开病人进行治疗。当然，现代通信技术的发展也使服务生产消费不可分离性的约束适当放松，出现了远距离的服务。另外，在物化服务的情况下，服务的生产和消费可以不同时发生。

(3) 不可储存性

商品可以在被生产出来后和进入消费之前这一段时间处于库存状态，而且这不一定会给商品所有者造成损失。而服务一旦被生产出来，一般不能长久搁置，也就是不可能处于库存状态。如果服务不被使用，则既不会给购买者带来效用，也不会给提供者带来收益。列车、飞机上的空位不会产生服务收入；医院、商店、餐馆和银行等行业如果没有顾客光顾，就会造成巨大的经济损失。但也有一些例外，如购买保险就可以在购买以后的整个有效期内消费，具有一定的存储性。

(4) 异质性

异质性指相同的服务产品在提供质量上存在差异，具有可伸缩性。商品的消费效果和品质通常是均质的，同一品牌的产品，只要不是假冒的，其消费效果和品质基本上没有差异。而同一种服务的消费效果和品质往往存在显著差别，这是由服务提供者的技术水平和服务态度不尽相同以及服务消费者对服务会提出特殊要求而决定的。所以，同一种服务的一般与特殊的差异经常存在。统一的服务质量标准只能规定一般要求，难以确定特殊的、个别的需要。因而，服务质量具有很大弹性。

(5) 不可预测性

购买商品所能得到的品质和效果是能够事先预期的，是相对确定的，而购买服务所可能得到的品质和效果则是难以事先预期的。也就是说，与商品相比，服务具有较强的经验特征和信任特征。

13.1.2　国际服务贸易的概念及特点

1. 国际服务贸易的概念

关于国际服务贸易，各国统计和各种经济贸易文献并无统一的、公认的、确切的定义。下面介绍几种有代表性的定义。

传统的国际服务贸易是指为国际货物贸易服务的运输、保险、金融以及旅游等无形贸易，现代国际服务贸易除了与货物贸易有关的服务外，还包括一些新贸易活动，如国际承包工程、卫星传送和传播等等。联合国贸易与发展会议利用过境现象阐述服务贸易。将国际服务贸易定义为:货物的加工、装配、维修以及货币、人员、信息等生产要素为非本国居民提供服务并取得收入的活动,是一国与他国进行服务交换的行为。

服务贸易可以分为国内服务贸易和国际服务贸易。国际服务贸易即指国际间服务的输出和输入的一种贸易方式。贸易的一方向另一方提供服务并获得收入的过程称为"服务出口"或"服务输出",与此相对应,购买他人提供的服务的一方称为"服务进口"或"服务输入"。WTO关于服务贸易的权威性定义,虽未提及"国际",但就多边协议的性质而言,适用于世贸组织成员,属于国际服务贸易范畴。乌拉圭回合谈判1994年4月签订的《服务贸易总协定》(General Agreement on Trade in Service,GATS)对服务贸易作了定义:服务贸易是指跨越国界进行服务交易的商业活动,即服务提供者从一国境内向他国境内,通过商业或自然人的商业现场向消费者提供服务并取得外汇报酬的一种交易行为。这个定义已被各国所普遍认同。

《服务贸易总协定》认为国际服务贸易的方式与范围包括:

① 过境服务(Cross Border Supply)。即从一成员国的境内向另一成员国的境内提供服务,这种方式是典型的"跨国界贸易型服务",它的特点是服务的提供者和消费者分处不同的国家,在提供服务的过程中,就服务内容本身而言已跨越了国境。它可以没有人员、物资和资金的流动,而是通过电信、计算机的联网实现,如一国咨询公司在本国向另一国客户提供法律、管理、信息等专业性服务以及国际电信服务和视听服务;也可以有人员或物资的流动,如一国租赁公司向另一国用户提供租赁服务以及金融、运输服务等。

② 境外消费(Consumption Abroad)。在一成员境内向另一成员的服务消费者提供服务,这种服务贸易形式指该项服务的提供者在本国国境内为其他成员的服务消费者(外国居民和法人)提供的服务,或指一成员方的服务消费者在另一成员方境内接受服务,如旅游、留学、境外医疗等的国际交换就属于这一类贸易。

③ 商业存在(Commercial Presence)。即一成员的服务提供者,在任何其他成员境内通过商业存在提供服务,这种服务贸易指某成员通过其他成员获准的商业存在,向其他成员境内的服务消费者提供服务。即一成员方的服务提供者到另一成员方境内建立经营企业或专业机构提供服务,如投资设立合资、合作或独资的服务性企业,如银行分行、饭店、零售商店、会计事务所、律师事务所等。

小思考13.2

中国某画家在国外展览其作品,在展览期间并销售其作品属此类贸易方式吗?

④ 自然人流动(Movement of Personnel)。一成员的服务提供者在另一成员领土内通过自然人存在提供服务,这种服务贸易指某一成员的自然人获准在另一成员境内,为该成员境内的服务消费者提供服务。例如,中国某杂技团获准到其他国家或地区去为这些国家和地区的居民演出等;一国教授、高级工程师或医生到另一国从事个体服务等;专家、教授到国外讲学、文化艺术从业者到国外提供文化娱乐服务等。它的特点是服务提供者在外国境内向该国服务消费者提供服务。

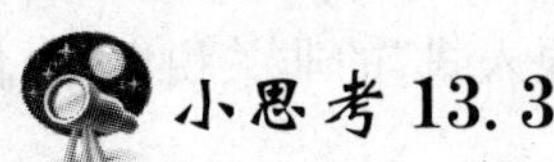

小思考 13.3

比较自然人流动与商业存在。

在以上 4 种服务的提供方式中,“商业存在”和“自然人流动”是有密切联系的,虽然“商业存在”并不一定意味着需要有外国人参加,但是外国服务的提供者任用一些自己的人员,尤其是一些高级管理人员和一些技术专家是不可避免的。

2. 国际服务贸易的特点

与国际商品贸易相比较,国际服务贸易的特点可以归纳如下:

① 服务是无形的,具有不可触摸性、不可储存性和不易运输性,因而导致国际服务贸易的交易方式多样化。

一般来看,国际服务贸易主要是通过以下三种方式实现的:第一,直接出口。指服务出口国向服务进口国直接提供服务,这种方式中没有人员、物资和资金的流动,只是通过电信、邮电或计算机联网实现的,也就是说服务的供需双方不离开居住地而进行的服务交易。例如国际电话、卫星广播和计算机软件设计等。直接出口有时也被称为分离型国际服务贸易或过境交付型国际服务贸易。第二,间接出口。指服务出口国不是直接将服务输出到服务进口国而是由服务进口国的消费者直接到服务出口国消费服务。比如服务进口国的消费者到服务出口国去旅游、留学等。间接出口又称为供给地依存型国际服务贸易或境外消费型国际服务贸易。第三,国外当地生产当地销售。是指服务出口国的企业、经济实体或个人直接到服务进口国去提供服务。提供的方式既可以是通过创办服务企业,也可以是通过个人受雇或从事个体服务等,譬如在进口国受雇当司机、海员或自己开设个体医疗诊所等。国外当地生产当地销售这种服务出口的方式又称为需求地依存型或法人与自然人存在型国际服务贸易,是目前服务出口中一种最主要的方式。

② 服务的生产与消费往往是同时发生的,通常无法进行将服务转让从而达到赢利目的的活动,所以服务的生产和出口过程在一定程度上讲,也就是服务的进口和消费过程。

③ 国际服务贸易更多地依赖于生产要素的国际移动和服务机构的跨国设置,国际间的服务交换无论采取什么样的形式,它都与资本、劳动力和信息等生产要素的跨国界移动紧密相关。

④ 服务贸易的统计数据和货物贸易的统计数据一样,在各国国际收支平衡表中得到体现。但是,服务贸易的统计数据却无法像货物贸易的统计数据那样,在各国海关进出口统计上显示。

⑤ 对服务贸易的监控往往只能通过国家立法和制定行政法规来达到目的,因此它所涉及的法规形式和强度都远远超过货物贸易。

⑥ 贸易保护方式更具有刚性和隐蔽性。各国对本国服务业的保护常常无法采取关税(关税表现为数量形式并具有较高的透明度)壁垒的形式,而只能采取在市场准入方面予以限制或进入市场后不给予国民待遇等非关税壁垒的形式,这种保护常以国内立法(法规)(难以体现数量形式,也缺乏透明度)的形式施行,而调整国内立法的难度要大于调整关税的难

度。国际服务贸易保护的态势也不同于货物贸易,各国对服务贸易的保护往往不是以区域性保护和"奖出"式的进攻型保护为主,而是以行业性贸易保护和"限入式"的非关税壁垒,使国际服务贸易受到的限制和障碍往往具有刚性和隐蔽性。

⑦ 营销管理具有更大的难度和复杂性。从宏观上看,国家对服务进出口的管理,不仅仅是对服务自身的管理,还必须涉及服务提供者和消费者即对人的管理,涉及人员签证、劳工政策等一系列复杂的问题。有些服务贸易还涉及国家主权安全、文化与价值观念、伦理道德等敏感问题。

在微观上,由于服务本身的特性,也使得企业营销管理过程中的不确定因素增多、调控难度加大,突出表现在对服务的质量控制和供需调节这两个企业营销管理中最为重要的问题上。

⑧ 服务贸易市场具有高度的垄断性。由于国际服务贸易在发达国家和发展中国家的发展不平衡,加上服务市场开放涉及一些诸如跨国银行、通信工程、航空运输、教育和自然人跨国界移动等直接关系到输入国主权、安全和伦理道德等极为敏感的领域和问题,因此,国际服务贸易市场垄断性强。一方面表现在少数发达国家在国际服务贸易中的垄断优势上;另一方面表现为全球服务贸易壁垒森严,多种贸易障碍林立。

⑨ 对服务贸易的约束具有相对的灵活性。GATS 条款中规定的义务有一般性义务和具体承诺的义务两种。一般性义务适用于 GATS 缔约方所有的服务部门,不论缔约方是否开放这些部门,都同样具有约束力。具体承诺义务是指必须经过双边或多边谈判达成协议之后才承担的义务,只适用于缔约方承诺开放的服务部门。

在市场准入方面,GATS 要求可以采取顺序渐进、逐步自由化的办法。在国民待遇来说,GATS 的规定也不是硬性的,而是可以协商的,GATS 允许缔约方可以根据自己的经济发展水平选择承担国民待遇的义务。

13.1.3 国际服务贸易的发展及其原因

1. 当代国际服务贸易的发展

在国际经济学的文献中出现"国际服务贸易"的概念只是最近二十多年的事情。有关"无形贸易项目"的观念也只是到了 20 世纪 60 年代才开始引起人们重视的。所以,国际服务贸易在国际经贸关系中的地位迅速提升应该说就是最近二三十年的事情。到 70 年代末 80 年代初,国际经贸关系中这一迅速崛起的领域才开始真正引起国际工商界和政治家们的高度重视,从而推动学术界对这个新的国际经济领域的问题进行探讨。我们这里所说的当代国际服务贸易实际就是指的国际服务贸易在这最近数十年的发展。当代国际服务贸易发展呈现出的特点如下。

(1) 服务贸易在国际贸易中的比重加大

进入 20 世纪 70 年代以来,国际服务贸易有了突飞猛进的发展。1970 年,世界服务贸易总额只有 710 亿美元,而到 1980 年则猛增至 3830 亿美元,10 年间增长 5 倍多。1980 年以后,国际服务贸易依然保持着迅速增长的势头,年平均增长率约 5%,是同期国际货物贸易年平均增长率 2.5%的两倍。到 1993 年,世界服务贸易额达到 10300 亿美元,在全球贸易总额中的比重超过 1/4。

(2) 国际服务贸易的范围不断扩展

如果把公认的国际服务贸易项目依据其同商品贸易、直接投资的密切程度作一区分的话,我们大约可以得到 3 种类型的国际服务贸易项目。一类是同国际货物贸易直接相关的古典国际服务贸易项目,如国际运输、国际维修和保养、国际金融服务(主要是贸易结算服务)、商品的批发和零售等。第二类是同国际直接投资密切相关的要素转移性质的国际服务贸易项目,如股票、债券等形式的证券投资收益,经营管理的利润收益,建筑和工程承包等劳务输出以及金融服务业的国际信贷等。最后一类是相对独立于货物贸易和直接投资的新兴产业的国际服务贸易项目,如国际旅游业提供的服务、世界信息网络的服务、视听产品与知识产权服务等。

20 世纪 70 年代以来,古典服务贸易项目的发展主要表现为规模的扩大和数量的增加。例如,从 1970 年到 1980 年,世界运输服务贸易的出口额从 255 亿美元增加到 1309 亿美元,年均增长率达 17.8%,低于同期世界服务贸易总额 19.7%的年均增长率。这类项目的增长仍然依赖于国际货物贸易的扩大,是当代国际服务贸易中相对稳定增长的部分。要素转移性质的国际服务贸易虽然在最近几十年也有相当的增长,但这种增长多半也属于规模和数量属性的,大体上同世界经济增长率同步。70 年代以来,真正构成国际服务贸易迅速发展的是第 3 种类型的服务贸易项目。这些是国际服务贸易的新范围、新的生长点。以美国为例,1991 年其新兴服务贸易项目的出口总额为 736.27 亿美元,占其服务贸易出口总额 1751 亿美元的 42%。

(3) 国际服务贸易在国际间发展不平衡

工业化国家在国际服务贸易中占有绝对优势。据统计资料显示,1986 年工业化国家在世界服务贸易中所占的比例为 78.6%,其中运输、投资净收益、旅游收入等均占各项目的 75%以上。目前世界前 20 位服务出口大国中,发达国家占了绝大多数。一般来说,工业化国家是服务贸易的顺差国。将要素服务考虑在内,美国是主要的出口国。但是,就狭义上的服务出口而言,法国、英国和意大利最为成功,而美国的地位则相对次之。日本和德国是明显的例外,两国在货物贸易上大幅度出超,但是在服务业上却有结构性赤字。

在服务业中,两国在货物运输方面具有很强的竞争力。不过,工业化国家之间在国际服务市场上的相互竞争也十分激烈。欧盟国家与美国之间为争夺发展中国家的市场份额,相互之间存在着种种矛盾,各自在国际服务贸易上推行的政策也有较大的差异。1995 年 7 月 26 日,关贸总协定在布鲁塞尔通过的金融服务贸易多边协议,美国就拒绝签字,认为其中某些条款未能照顾到自己的市场竞争利益。各工业化国家在国际服务市场上所占份额的变动,反映出它们在国际服务贸易领域的发展不平衡。就发展中国家而言,除旅游业、劳动汇回款等个别项目(即基于劳务输出之上的项国)之外,它们在服务贸易上全部是逆差。对于绝大多数发展中国家来说,服务并没有为其对外部门作出积极的贡献。那些因劳务输出而获得顺差的项目,通常由于缺少资本和信息,或者由于大型服务性跨国公司的控制(在旅馆业、航空业等领域),而没有能力留住大部分的附加值。另一方面,为在竞争日益激烈的市场上寻找出口商品机会,发展中国家不得不从工业化国家进口服务,以取得进入该国商品市场进行销售的机会。很多这类国家的国际收支赤字,特别是在生产者服务领域的赤字,显示出持续的、不断上升的趋势。尽管存在着各种各样的不平衡,但是由于“乌拉圭回合”的《服务贸易总协定》的达成和世界贸易组织的成立,不同发展水平的成员国将自愿或不自愿地参与到国际服务贸易的市场竞争中去。20世纪70年代以前,世界服务贸易市场集中在西方工业化国家。70年代,中东的几个主要产油国由于其丰富的石油收入而吸收大量的投资,成为世界上主要的国际服务输入市场。80年代以来,随着亚太地区经济的迅速发展,特别是"四小龙"的崛起,东南亚的国际服务市场十分活跃。目前,世界各地区的国际服务市场都迅速发展,国际服务贸易的多元竞争形势将会更加明显。

(4) 各国对国际服务贸易的重视和研究在加强

由于国际服务贸易自20世纪70年代以来的迅速发展,国际服务贸易市场的竞争日趋激烈,各国为了自己的利益都加强了对国际服务贸易领域的研究。在传统上,国际服务贸易理论和实证的研究是各国国际经贸关系领域相对被忽视的工作。但自1986年国际服务贸易成为"乌拉圭回合"新议题以来,国际服务贸易和国内服务业的发展开始成为政府、工商界和学术界关注的热点。在发达国家,政府拨款资助学术界和智囊机构对这一领域进行专项的研究,分析国际服务贸易的经济学涵义、现实发展状况、争夺世界市场的策略以及各种可能的政策行为等。而在发展中国家,一方面它们对于开放金融、保险、运输、视听服务及商业销售等市场方面仍持谨慎的保护主义态度,另一方面也开始重视这一领域的研究。有些国家甚至开始组织对本国的服务业状况和外国的服务业状况进行专门的研究和评价机构,力图在这一新的国际经贸领域中真正做到知彼知己,以便在进入和开放国际服务贸易市场的实践中处于主动的地位。

2. 国际服务贸易迅速发展的原因

当代国际服务贸易迅速发展的根本原因在于世界经济结构发生了历史性的变化。20世纪60年代起步的新科技革命加速了这种历史演变的进程,从而导致世界贸易结构和人们社会生活方式的改变。具体来说,当代国际服务贸易的发展主要有以下几个方面的原因。

(1) 世界产业结构的重心向服务业偏移

按照发展经济学的经济增长阶段论的说法,随着国家经济能力的增长,该国的产业结构将依次提升,逐步由农业经济过渡到工业经济,再由工业经济发展到服务经济。20世纪60年代初,主要西方工业化国家都已完成了本国的工业化进程,开始步入后工业化的发展阶段,即国内经济重心向服务业偏移。新科技革命的介入为这种经济结构的转型提供了杠杆,从而加速了这一进程。

根据统计,1960~1985年间,西方主要国家的服务业就业人数占整个就业人口的比重由51.6%上升到60.7%,其中美国从57.2%上升到65.8%,欧共体国家从43.4%上升到56.8%,日本从40.9%上升到54.4%。甚至在西方发达国家之后才发展起来的新兴工业化国家和地区,如亚洲"四小龙"等,也都自20世纪80年代以来不断地提升自己的产业结构,把国内加工制造业等劳动和资本密集型的基础产业转移至发展中国家从事跨国经营,利用这些国家的自然资源和人力资源。另外,从国民生产总值的比例来看,1994年服务业产值占国民生产总值的比例,美国已高达69%,法国为67%,英国为62%,德国为59%,日本56%。这些比例清楚地表明,西方国家为适应21世纪的发展,已经大幅度地调整自己经济的产业结构,由工业经济转变为服务经济,如美国仅金融业一项就占其国民总产值的25%。由各国经济能力增长所带动的产业升级使得世界产业结构发生大规模的调整。在这一过程中所形成的新的世界经济结构不平衡,导致了对国际服务的更大规模的需求。与此相适应,全球服务性产业的贸易总额才有了高速增长的潜力。另外,服务产业的发展也越来越专业化，规模也趋于扩大。规模的扩大和专业化程度的提高提升了服务业的生产率，从而刺激向国外输出，增加了国际市场的服务供给。

(2) 商品贸易和国际投资增长的带动

同国际货物贸易直接关联的传统服务贸易会随着世界商品贸易的增长和自由化而在规模上扩大并在数量上增加，而国际投资的迅速扩大和形式多样化，同样会使得广义服务贸易项目的投资收益（股息、利息、利润）流量加大。在战后关贸总协定组织的贸易自由化原则的带动下，世界各国通过双边和多边的国际协调和谈判，逐步形成了有序运行的国际商贸体系，为各国的商品贸易和投资提供了良好的国际市场环境，推动了贸易和投资的迅速增长。第二次世界大战后半个多世纪以来，除了最初的几年各国都处于战后经济恢复状态之外，自 20 世纪 50 年代起，国际商品贸易流量就开始不断扩大。

以世界货物贸易出口总值为例，1950 年总计为 611 亿美元，1960 年为 1280 亿美元，1970 年为 3120 亿美元，1980 年为 19946.68 亿美元，1990 年则达到 33949 亿美元，40 年时间增长了近 56 倍，远远超过了世界工业生产和国民生产总值的增长速度。在商品贸易高速增长的带动下，同货物进出口直接关联的传统服务贸易项目如国际运输服务（海运、陆运和空运）、国际货物保险、国际结算服务等，都相应地在规模上、数量上成倍地增长。国际投资带动国际服务贸易的迅速增长可以从 4 个方面说明：① 速度带动。国际直接投资自 20 世纪 70 年代开始快速增长，到 80 年代达到高潮，从 1983 年到 1990 年这类投资的增长速度是世界生产总值增长速度的 4 倍，是全球国际贸易增长速度的 3 倍。这种增长势头在 90 年代初因世界性经济衰退而有所减慢，但自 1993 年起又开始恢复。② 国际直接投资带动国际间接投资和国际贸易（货物和服务）额的增长。因为国际直接投资的主要形式是跨国公司，而世界贸易额的约 1/3 是跨国公司的内部贸易。③ 国际投资收益作为要素服务项目，其迅速扩张本身就构成海外服务贸易流量的扩大。④ 国际直接投资的产业向服务业倾斜。1975 年到 1990 年间，西方国家在第一产业和第二产业的国际投资比重都有所下降，而对服务业投资的比重却从 31.4%上升到 48.4%。由于服务的生产和消费是同时进行的，因此服务业的跨国直接投资必然驱动国际服务贸易的进一步国际渗透。

(3) 新科技革命的有力推动

新科技革命，特别是 20 世纪 60 年代以来的信息技术革命，有力地推动了国际服务贸易的迅猛发展。首先，高新技术的发展广泛应用到了服务产业，使许多原先“不可贸易”的服务转化成“可贸易”的服务，从而使国际服务贸易的种类增加，范围扩大，例如一些传统的教育服务、健康服务一向被认为是“不可贸易”的服务，现今可被储存在磁盘或软件中进行买卖。信息技术和通信的发展，促使银行、保险、商品零售等得以在全球范围内开展业务。由于交通条件的改善，工业组织和劳动市场得以改组，为跨国界提供服务带来了机遇。新信息技术使得日益一体化的跨行业公司能够分散其生产基地，刺激服务的专业化生产，并从中享受规模经济效益。其次，科学技术革命加快了劳动力和科技人员的国际流动，因为每一次科技革命必然更进一步推动生产的自动化、机械化，这就促进了专业科技人员和高级管理人才向其他国家流动，为发展中国家所引进，推动国际服务贸易流量扩大。最后，随着科技的进步，发达国家的产业结构逐渐向电子、航天技术及生物工程等高科技产业转移，把劳动密集型产业转移到新兴工业化国家和地区，再转移到我国大陆、马来西亚、印度尼西亚等国，使这些国家和地区能够利用本地区丰富廉价的劳动力资源，赚取外汇服务收入，形成大规模的境内服务输出。所以，科技革命带来了国际服务贸易变革性的发展。

(4) 社会生活国际化的促进

由于战后持久的和平和经济的发展，世界各国人民的生活水平和收入水平都有大幅度的提高，冷战后意识形态的对立也有所缓和，加之交通、通信工具的便利，使得现代人的社会生活越来越国际化了。出国旅游、接受教育以及聘请专门人才，即使对于发展中国家的民众来说也不是可望而不可及的了。在过去的40年间，旅游业成为国际上发展得最快的行业之一，许多发展中国家也通过发展旅游业而赚取大量的外汇收入。当然，社会生活国际化最大的赢家还是西方国家。根据1991年美国的官方统计，当年美国的旅游服务收入居各服务项目(除海外投资收益)之首，为487.57亿美元，向世界各国学生提供教育服务的收入是57.52亿美元。随着各国经济的进一步发展，同社会生活国际化相关的服务贸易将会有更长足的发展。

13.2 国际服务贸易的主要领域及政策措施

13.2.1 国际服务贸易的主要领域

1. 国际运输业

国际运输业是在国际货物贸易发展过程中形成并不断发展的行业，它是物品从生产部门流向国外消费部门不可缺少的中间环节。运输业的发展水平对国际贸易有促进或制约作用。国际运输的主要方式有国际海运、国际铁路运输、国际航空运输。

(1) 国际海运

国际海运是主要的国际运输方式之一，具有如下特点：

① 可利用天然航道，不受道路、轨道的限制，通过能力较大；

② 所需动力与燃料消耗较其他运输方式少，运费比较低廉，运距越远越有成本优势；

③ 易受天气变化(如台风、暴风雨)的影响，连续性较差。

海运一直在国际运输业中占据较高比重。长期以来，发达国家利用自己在海运业中发展早、技术领先、资金雄厚等优势，积极拓展海外业务。进入20世纪80、90年代，国际海运业的重点转向远东。远东地区主要港口，如香港、新加坡、高雄、釜山和神户等均制定了宏伟的发展规划，积极扩大码头吞吐能力，迎接国际海运业的大发展。

(2) 国际铁路运输

在国际贸易运输中，铁路运输占有重要地位。运量仅次于海运，速度仅次于空运，而且具有风险小、连续性强、不受气候条件影响等特点。这种运输方式特别适合运送内陆国家之间的货物。

近期以来，欧盟国际航运企业和欧洲的内陆铁路运输企业相继采取措施，促进铁路运输的发展。其主要措施包括：鼓励其他企业参与铁路运输市场竞争，国际航运与铁路运输企业进行联营等。这样做的主要原因有两个，一方面是发达国家越来越感到公路运输无法适应现代物流速度、环保、节能方面的要求；另一方面是为了适应国际多式联运系统工程中对集装箱的充分利用。

我国对外贸易铁路运输主要有国际铁路联运与对香港地区的国内联运两种。在汽车运输逐步成为短途运输市场上的主导运输方式以后，铁路运输在中远途运输市场上还会有广阔的发展空间。

(3) 国际航空运输

航空运输作为一种国际贸易货物运输方式，是第二次世界大战后才开始出现的。由于航空运输速度快，航线不受地形条件限制，货损率低、交货及时和手续简便，在开辟新市场、适应市场变化方面较其他运输方式优越，所以发展迅速，运量显著增加，在整个国际贸易运输中发展最快，地位日益重要。

《服务贸易总协定》减让表中关于国际运输服务主要包括：① 货物运输服务，如航空运输、海洋运输、铁路运输、管道运输、内河和沿海运输、公路运输服务，也包括航空发射及运输服务，如卫星发射等；② 客运服务；③ 船舶服务，包括船员雇用；④ 附属于交通运输的服务，主要指报关行、货物装卸、仓储、港口服务、起航前查验服务等。

2. 国际旅游业

国际旅游业由旅游设施和旅游服务两部分组成。前者是指从事旅游业所需的旅馆、饭店、名胜古迹、娱乐场所、生产旅游所需商品的企业、旅游交通运输和通信等；旅游服务是指在旅游过程中对旅游者提供所需的各种服务。

世界上大多数国家都把发展国际旅游业作为创汇的重要途径。20世纪90年代以来，世界旅游业持续高速增长，已超过石油、汽车工业。据世界旅游组织的统计，从2000年到2020年，全球旅游人数的年平均增长速度将达4.3%，预计到2020年全球国际旅游人数将增加到16亿人次，旅游收入的年均增长速度将达6.7%，超过世界经济的平均增长速度。

《服务贸易总协定》减让表中与旅游有关的服务包括4项：① 宾馆与饭店，包括供应饭菜服务；② 旅行社及旅游经纪人服务社；③ 导游服务；④ 其他服务。

3. 国际金融服务业

国际金融业务包括资金借贷、外汇与黄金买卖以及各类投资银行业务。

第二次世界大战后，随着世界经济的复苏和跨国银行的发展，国际金融市场上的竞争十分激烈，发达的资本主义国家在争夺国际金融市场上霸主地位的过程中，促使金融服务业的革命。自20世纪50年代末期以来，全世界的银行体系和金融市场都经历一次重大的结构性变化和重整的过程。这一过程以发达资本主义国家为先导，并逐渐向全世界蔓延。其结果使国际金融业务发生如下变化：

① 电子和电信业的高新技术在金融业的应用，除将金融信息迅速传播外，也大大提高了金融市场和服务的效率和速度，使金融创新业务和金融衍生品不断涌现，不少交易品种已很难判断其是货币市场上的交易品种，还是资本市场的交易品种。

② 金融业放宽管制或自由化趋势在发达国家和新兴工业化国家尤为显著。

③ 银行业务的不断国际化，主要表现在离岸外币市场(如欧洲美元市场、亚洲美元市场)的高速发展和跨国银行的海外扩展。

④ 商业银行与其他非银行金融机构合并，谋求规模扩大和竞争能力的增强。商业银行与保险业、投资银行的业务交叉越来越多。同时，各金融机构的业务迅速拓展到全球范围，全球化成为一种必然趋势。当前，世界各国均把逐渐开放国际金融服务业、不断提高服务质量作为参与服务贸易竞争的重要举措。

《服务贸易总协定》减让表中银行及相关服务包括：银行存款服务；与金融市场运行管理有关的服务；贷款服务；其他贷款服务；与债券市场有关的服务，主要涉及经纪业、股票发行和注册管理、有价证券管理等；附属于金融中介的其他服务，包括贷款经纪、金融咨询、外汇兑换服务等。

4. 国际电信服务业

根据《服务贸易总协定》的解释，电信服务是指传送和接收任何电磁信号的服务，可以分为基础电信和增值电信两部分。基础电信的内容包括电话、电报、电传、传真等，它在电信服务领域中处于基础地位，为其他电信服务提供完备的电信网络设施。增值电信是近年来发展起来的新型电信服务，它同计算机技术的突飞猛进和 Internet 的全球普及密切相关，主要包括：电子信箱、语音信箱、电子数据交换（EDI）、在线数据的加工与处理、在线数据库的存储与检索等。总的来说，基础电信是增值电信的基础，但两者又相互促进，共同发展。从服务的地域范围看，基础电信可分为本地、国内长途和国际长途三类；从服务所依靠的物质载体看，可分为直线和无线两类。

国际电信业在战后的信息革命中异军突起，成为服务行业中的一个重要行业。进入 20 世纪 90 年代以来，国际电信业发生了日新月异的变化，主要表现在以下几个方面。

① 市场规模不断扩大，全球电信业务收入总额从 1990 年的 3772 亿美元增至 2002 年的 1 万亿美元。电信业务市场收入与电信设备市场收入的比例，1991 年为 76∶24，2002 年调整为 85∶15。全球电信市场规模已超过计算机市场规模 1 倍以上。北美以 5%的全球人口占了全球 40%以上的电信收入。

② 通信技术与计算机技术相结合，电信业务向多元化演变。现代化的电信网，除了信息的交换、传输功能外，兼具信息的储存和处理功能，从而开发出各种新型增值业务。全世界研究开发的电信业务近 1000 种，有 300 余种已投入商用，显示出极大的商业潜力。“网络一元化，服务多样化”成为全球电信业共同的发展趋势。

③ 地域之间发展不平衡的矛盾更加突出。占世界人口 84%的国家和地区（主要是发展中国家）仅拥有电话主线总量的 20%，而占世界人口 16%的国家和地区（主要是发达国家）拥有电话主线总量的 80%。发达国家在 20 世纪 70 年代末已实现了基本电信业务的普及目标，从 80 年代起先后进入了“通信多元化时期”（也称“后电话时期”）；而许多发展中国家目前尚在致力于基础电信网建设和基本电信服务的普及。据国际电信联盟调查，地球上还有 2/3 的人口没有电话，许多国家的电话普及率不到 1%。现代信息技术的快速发展使发达国家与发展中国家之间出现了新的“数字鸿沟”（digital divide），但这种发展不平衡的情况也意味着“数字机会”，说明电信业在发展中国家有着巨大的发展潜力。

④ 电信从普及向多元化演变，促使电信市场的运营机制发生变化。传统的电信业务，属于社会基础设施和公用事业，并具有规模经济的特性，因此一般均以独占方式由政府经营，向社会提供服务。而在电信多元化时期，除了基础电信网以外，增值业务和用户终端的开发已不再具备规模经济的特征，适度竞争有利于促进技术进步和改善服务。同时，电信承

担为社会提供服务的义务，在有些国家中逐渐被商业利益所取代，说明当代的电信业在处理公平与效率的关系上，天平开始向效率倾斜。在这种环境下，电信业务市场从垄断走向开放成为一种国际性的趋势。

⑤ 各国原先封闭的国内电信市场成为国际电信业巨头的争夺对象。各发达国家依靠其技术、资金的优势，在扩大电信设备销售份额的同时，也竭力谋求占领海外的电信业务市场。由少数发达国家领头的电信自由化、民营化、国际化的浪潮，近年来愈演愈烈。各大电信公司通过联合、兼并，组成跨国电信经营集团。目前规模和影响较大的有 Concert、World Partners、Cable & Wireless 等，它们提供全球性电信业务，全力争夺世界电信市场份额，广大发展中国家的电信市场，显然是这场全球争夺战的重要目标。

5. 国际保险业

保险是以合同的形式，在结合众多受同样危险威胁的被保险人的基础上，由保险人按损失分摊的原则，以预收保险费、组织保险基金、用货币形式补偿被保险人损失的经济行为。

随着各国经济的发展，保险已成为专业化很强的独立市场，越来越多的保险业务走出国门，迈向世界。保险业的竞争是十分激烈的，按照竞争格局，保险市场可划分成完全竞争型、垄断型、垄断和竞争并存型三类。按照区域，保险市场可分为北美保险市场、欧盟保险市场、日本保险市场和发展中国家保险市场。

在美国，为了增强自身的竞争能力，许多保险公司采用了集团的形式进行承保。欧盟的保险公司实力强大，最突出的是英国、德国和法国。1992 年 12 月 31 日后，作为欧盟一体化进程的一部分，成员国的保险市场实现了内部市场一体化。在亚洲，日本的保险市场是具有相当实力的。日本保险业发展迅速的主要原因是，日本保险业与政府管理部门始终保持着协调关系，无论是日本国内外经济发生怎样变化，日本保险业很少有倒闭现象，这在市场经济国家十分罕见。

发展中国家保险市场在世界保险市场上所处的地位相对低下，收入大约只占世界保费收入的 5%。这种情况是由发展中国家经济、社会发展水平相对较低造成的。发展中国家保险市场的监督与管理是相当严格的，国家往往以保险立法及保险监督的形式强化对保险市场的干预，希望利用立法及保险监督等行政管理手段，促进本国民族保险业的发展，同时，对外国保险公司的进入及其经营范围实行严格的限制，一部分发展中国家还对保险业实行国有化。但是，随着服务贸易总协定的生效，这种局面已经出现变化。

6. 国际咨询服务业

咨询(Consultation)的传统含义是指询问别人的意见，请人出主意、当参谋、提建议。现代咨询服务是指精通某一专业知识的专家或由各单科专家组成的专门机构(咨询方)，利用自己的知识、技术、信息和经验，运用科学方法和先进手段进行调查、分析、预测，客观地为客户(委托方)提供一种或多种可供选择的优化方案，是有偿的智力服务。同时，现代咨询业也是一门应用性的软科学。

咨询不要求发明创造那样的新颖性，而是要用现有知识解答新问题、解决新问题。咨询给予服务对象的是咨询结论，而不是这一结论的实施。这个结论可以物化，也可以阻止不合理的物化。咨询最重要的是取得服务对象的信任，而信任的取得取决于咨询者的知识水准、信息拥有量、服务质量和速度,还取决于咨询者的道德素养。

咨询服务在现实生活中往往是与信息服务、策划服务、设计服务等交叉在一起的。仅就咨询服务而言,其业务范围大致包括几方面:① 解答疑难问题,向服务对象传播有关方面的知识;② 根据委托方的要求提供某个问题的专题报告;③ 可行性研究;④ 为委托方提供决策方案;⑤ 为委托方解决某一技术难题;⑥ 企业诊断(或称管理咨询);⑦ 为委托方充当一个时期或常年顾问;⑧ 帮助委托方进行人员培训;⑨ 有的咨询公司还出版刊物及书籍,发表自己的研究成果。

7. 国际教育、体育、文化、艺术交流服务

(1) 国际教育服务

WTO《服务贸易总协定》的有关条例规定,教育服务贸易和其他类服务一样,存在跨境交付、境外消费、商业存在和自然人流动等 4 种服务提供方式。

① 提供远程教育服务。WTO 规定:甲方成员国有权向乙方成员国提供"跨国界"服务。在教育领域,则鼓励甲方成员国向乙方成员国提供远程教育课程与服务,或允许乙方购进甲方的教材。

② 出国留学。WTO 鼓励甲方国家公民到乙方国家去留学、进修。

③ 海外办学。WTO 鼓励甲方国家公民到乙方成员国创办教育实体,开设独资或合资学校,从事教学、科研与文化交流活动。

④ 专业人才流动。WTO 鼓励甲方成员国聘请乙方成员国的公民去从事专业教学工作,如教授外语、人文科学或自然科学,不得予以歧视。

(2) 国际体育、文化、艺术交流服务

随着各国社会经济的发展以及对外开放政策的普及深入,国际间的体育、文化及艺术交流不断发展,规模越来越大,内容越来越丰富,交流日益频繁。比如,美国的 NBA 比赛正吸纳越来越多的国际球星参与,成为全球数亿人关注的赛事,中国球星姚明的加盟就大大提高了 NBA 在中国的影响力和商业价值。每年应邀来华进行商业演出的文艺团体有上百个,各种歌星演唱会更是数以千计,境内外举办的各种国际文化节、艺术节等接连不断,各国历史文化艺术珍品的国际巡展使世界人民可以共同分享人类文明的成果,更不用说举世瞩目的奥运会、世界杯足球赛为全球民众带来的欢乐和兴奋,这些丰富多彩的国际体育、文化、艺术交流服务不仅大大丰富了各国人民的文化娱乐生活,而且加深了不同文化之间的理解和融合,有力地推动了世界经济的发展。

13.2.2 国际服务贸易政策

1. 国际服务贸易的自由贸易政策和保护贸易政策

服务贸易政策是指一国政府在宏观上作出的旨在鼓励或限制服务交易活动的规定。它明确了该国在一定时期内对服务贸易管理的工作方针和目标,并通过相关法律程序加以贯彻实施。同国际货物贸易政策一样,国际服务贸易政策也可分为保护贸易政策和自由贸易政策。

(1) 保护贸易政策

① 按照世贸组织乌拉圭回合谈判采纳的方案分类(服务贸易总协定的分类),如表 13.1 所示。

表 13.1　保护置易政策按照世贸组织乌拉圭回合谈判采纳的方案分类

壁垒形式	举　例
影响市场准入的措施	完全禁止外国直接投资的进入; 有倾向性的限制某类投资方式; 对服务业外来投资规定其在企业中的最高所有权比例; 对服务业投资地域和企业数量的限制
影响国民待遇的措施	对经营范围限制; 对雇员结构的限制; 利润汇出和投资返还的限制; 对服务提供者人事资格的限制

② 按照服务贸易的具体形式分类,如表 13.2 所示。

表 13.2　保护贸易政策按照服务贸易服务的具体形式分类

贸易壁垒	对应的服务贸易模式	举　例
产品移动壁垒	跨境交付	数量限制,当地成分限制,补贴,政府采购,歧视性技术标准,税收,对知识产权缺乏保护
资本移动壁垒	境外消费	外汇管制,投资收益汇出限制
人员移动壁垒	自然人流动	繁琐的出入境手续和高额费用,移民限制
开业权壁垒	商业存在	外商进入的部门、地区、投资比例、使用雇员的限制

(2) 自由贸易政策

服务贸易自由化的目标是更加广泛和全面的市场开放,即服务产品市场、服务行业的投资市场和服务业劳动力市场的开放以及最大限度地清除各种服务贸易壁垒。

按照《服务贸易总协定》对服务贸易自由化的确定,服务贸易自由化可以理解为:

① 服务贸易自由化必须具有有效的、自由的和公平的市场进入;

② 在互利的基础上,服务贸易自由化必须是权利和义务全面平衡;

③ 服务贸易自由化的实现最终取于发展中国家的政策目标和部门发展水平。

人们比较多地把自由化与自由贸易政策联系起来。当一个国家对本国的对外贸易不加任何干预,即取消对进出口贸易的限制或优惠,使商品和服务在国内外市场上自由竞争。这就是自由贸易政策。随着自由贸易政策在各国得到推广,商品、服务及其要素在国与国之间自由流动,世界资源实现合理配置,也就实现了贸易自由化。

2. 国际服务贸易的部门政策

与商品的国际贸易相比,国际服务贸易具有更大的多样性,不同的服务部门有着不同的个性,彼此之间差异很大,因而,对不同服务部门的国际贸易就必须实施不同的政策,适用于所有服务部门的具体政策是不存在的。下面仅就国际海运业的国际贸易政策作一简要论述。当今世界各国的政府都十分重视本国海运业的发展,并采取了各种措施加以扶持,这些措施主要包括以下几个方面。

(1) 对外国参与的控制

由于国际海运业在一国对外经济贸易关系中占有举足轻重的地位,故绝大多数国家对外国资本参与本国的海运业持反对态度。例如,美国虽然是世界上对外资开放程度最高的国家之一,但它对其海运业也规定有极为严格的限制。根据美国 1952 年通过的琼斯法案,美国政府对外资参与本国海运企业作了如下规定:① 只有悬挂美国国旗的船舶才可以在美从事海运业,美国认为这么做可以加强对本国海运业的控制,并有利于在必要时(如战争需要)征调本国船舶。② 只有在美国制造的船舶才可以用于在美从事的海运业,但不禁止外国人出资在美建造船只并将其用于在美从事海运业,或是由外国人驾驶本国船只。③ 海运企业必须至少有 75%的有投票权股份为本国居民持有,其总经理、董事长必须为美国公民,外国董事在董事会的比例不能使其能控制董事会的决定。

(2) 政府的直接参与

政府直接投资经营海运业,因其直接参与了海运业的日常业务活动,故可使政府更好地了解该行业的需要以及存在的各种问题,政府对该行业的影响也更直接、更大。政府兴办的国有海运企业可以成为海运业的私营企业的指导者,在运费定价、行业发展方向等方面起到表率的作用。若整个行业实现了完全国有,或国有企业占据了绝对优势,则政府对海运业的控制将更为有力。政府的直接参与还使政府更易于对海运业进行扶持和资助,在遭到外国竞争时能提供更多的保护,使本国海运业更具有国际竞争力。在一些国家,海运业国有化的主要目的就是为了消除或对抗外国竞争。政府对海运业的参与,按其参与的程度可以分为:① 公私合资(joint-venture)或参与(Parternership),指政府与私营企业合资兴办海运企业或入股私营的海运业。② 国有企业,即设立完全国有的海运企业。③ 行业的国有化,即将整个海运业国有化。在发展中国家的海运业中,国家的参与十分普遍,如利比里亚政府成立了"利比里亚航运公司"(Liberian Shipping Corporation,LSC),并通过该公司参股了两家重要的航运公司,其中一名为"全额投资航运公司"(Total Investment Shipping Company,TISC),由 LSC 拥有 50%的股份,其余 50%由意大利和荷兰的投资者拥有,另一家为"远见航运公司"(Provident Shipping Company,PSC),由 LSC 和瑞典的一家公司共同拥有。在发达国家,海运业的国家参与也并不罕见。如在 1977 年 7 月,英国将其 19 家造船企业、5 家海运内燃机制造企业、3 家培训公司国有化,并合并成立了"英国造船公司"(British Shipbuilder Corporation,BSC)。码头也实行了国有化,并成立了一个"英国运输码头局"(British Transport Dock Board)。不过,在 1984 年英国又重新将这些企业私有化了。应该指出的是,海运业的国有化也存在着弊端,由于体制方面的缺陷,国有的海运企业往往缺少私营海运企业所具有的效率和活力,而且由于直接参与了海运业的经营,政府往往会失去看问题的全面性和公正性,无法就海运业作出全局规划。

(3) 政府的采购

如前所述,政府采购是贸易保护主义的一项重要措施。目前世界上有许多国家运用此法来发展本国的海运业。政府在履行其政治、军事、经济职责时,以及国有的企业在其经营活动中,往往需要购买一些船舶或海运服务,在采购船舶及海运服务时,通常对本国的造船企业或海运公司给予照顾。例如阿根廷规定：只有阿根廷公民拥有或控股的公司才有权获得政府的船舶采购订单。加拿大政府也规定政府的船舶采购订单只能给予本国的造船公司。

(4) 进口限制

许多国家的政府还通过立法限制本国企业购买外国的船舶及海运服务。例如秘鲁在1972 年曾作出一项规定：秘鲁企业不得再从外国购买本国可以制造的船舶，任何外国船舶的采购都必须经秘鲁国家工业委员会的推荐，确认对本国造船业无害后才可以得到批准。所有悬挂秘鲁国旗的船只均需在秘鲁造船厂制造，其维修也必须在秘鲁船厂进行。除非秘鲁船厂无力完成维修任务，或是在十分紧急的情况下，才可以在国外维修。造船及维修船只所需的原材料、零部件，以及船舶用水、食物、用具等的采购也只能在本国进行。

(5) 政府的信贷优惠

为支持本国的海运业，政府还可以对造船业提供资金支持，因为造船业是一国海运业发展的物质基础，它本身又是重要的商品出口项目。政府对造船业的信贷支持可以从两个方面进行，一是对本国的造船厂提供融资，另一方法则是对购买本国船只的外国客户提供融资。前者称为卖方信贷，后者称为买方信贷。买方信贷目前在船舶融资中占了主要地位。例如，希腊为了发展本国的海运业，规定无论是本国海运企业还是外国海运企业，凡购买悬挂外国国旗的船舶，并打算购买后悬挂希腊国旗的，政府授权私人商业银行对海运业国有化的主要目的就是为了消除或对抗外国竞争。

13.3 《服务贸易总协定》的主要内容

13.3.1 《服务贸易总协定》概述

1986 年开始的关贸总协定第八轮谈判——“乌拉圭回合”，首次将服务贸易列为三大议题之一来展开谈判，目标是为实现服务贸易自由化制定各缔约方普遍遵守的国际服务贸易规则。乌拉圭回合经过三个阶段的谈判，于 1994 年 4 月 15 日在摩洛哥马拉什正式签署了《服务贸易总协定》，并于 1995 年 1 月 1 日与世界贸易组织同时生效。

《服务贸易总协定》(General Agreement on Trade in Service，GATS)由三大部分组成：《服务贸易总协定》条款本身，部门协议，各国的市场准入承诺单。

《服务贸易总协定》本身条款由序言和 6 个部分 29 条组成。前 28 条为框架协议，规定了服务贸易自由化的原则和规则，第 29 条为附件(共有 8 个附件)。主要内容包括：范围和定义、一般义务和纪律、具体承诺、逐步自由化、机构条款、最后条款等，其中前 28 条称为框架协议，规定了服务贸易的定义、服务贸易自由化的原则和规则；第 29 条为附件，这些附件的主要目的是对一些较特殊的服务部门作出更有针对性的规定，以使框架协议的基本原则和规定更好地适用于这些部门。其核心是最惠国待遇、国民待遇、市场准入、透明度及支付的款项和转拨的资金的自由流动。《服务贸易总协定》的宗旨是在透明度和逐步自由化的条件下，扩大全球服务贸易，并促进各成员的经济增长和发展中国家成员服务业的发展。协定考虑到各成员服务贸易发展的不平衡，允许各成员对服务贸易进行必要的管理，鼓励发展中国家成员通过提高其国内服务能力、效率和竞争力，更多地参与世界服务贸易。

知识拓展13.1

(1)《服务贸易总协定》序言

说明了缔结该协定的宗旨、目的和总原则。

(2) 第一部分：适用范围与定义

《服务贸易总协定》适用于“服务部门参考清单”所列12种服务部门的服务贸易。

将“服务贸易”定义为：“服务贸易包括过境交付、境外消费、商业存在、自然人流动四个方面”。

(3) 第二部分：具体承诺（市场准入）

市场准入是一种经过谈判而承担的具体承诺的义务，实施对象既包括服务也包括服务的提供者。

各成员国应为其他成员的服务和服务提供者能够进入市场提供可行的渠道，而这种渠道必须以不低于其在具体承诺细目表上已同意提供的条件和待遇。市场准入是GATS中的关键性条款，适用于各成员在承诺表具体承诺范围的服务部门。

市场准入条款与国民待遇条款一样，都不是作为普遍义务，而是作为具体承诺而与各部门的开放联系在一起，这样可以使分歧较小的部门早日达成协议。

(4) 第三部分：逐步自由化

这部分就进一步扩大服务贸易自由化的谈判原则、适用范围、具体承诺的细目表以及细目表的修改作出了规定。各成员应进行多轮的谈判，最晚从《世界贸易组织协定》生效后5年开始，并在此后定期举行谈判。这些谈判的目的是减少和消除对服务贸易产生不良影响的措施，以实现有效的市场准入途径。谈判应充分尊重各国政府的政策目标和各国的发展水平。对某些发展中国家应允许有一定的灵活性，允许其有选择地开放部门和交易类型，并考虑到发展中国家的发展目标。

(5) 第四部分：组织机构条款

这部分主要规定了《服务贸易总协定》的争端解决机制及组织机构。任何成员都有权对其认为会有损于本国利益的做法，在本协定原则下向另一成员提出磋商。当某成员要求提出的磋商没能达成圆满的结果时，服务贸易理事会可与另一成员（指当事另一成员）或其他成员进行磋商解决有关问题。

服务贸易引起争端时，当受损害的成员认为该争端在合理的一段时间内没能达成满意的结果，或当事方认为磋商结果不尽如人意时，可将此争端提交“争端解决机构”。

服务贸易理事会是为了有利于实施本协定和促进实现本协定所期望达到的目标而设立的。

(6) 第五部分：最后条款

这部分主要规定了《服务贸易总协定》中的利益的否定、术语的定义、附录。

《服务贸易总协定》规定国际服务贸易具体包括四种方式：① 跨境交付(Cross-border Supply)；② 境外消费(Consumption Abroad)；③ 商业存在(Commercial Presence)；④ 自然人流动(Movement of Natural Persons)。《服务贸易总协定》列出服务行业包括以下12个部门：商业、通信、建筑、销售、教育、环境、金融、卫生、旅游、娱乐、运输、其他，具体分为160多个分部门。协定规定了各成员必须遵守的普遍义务与原则，磋商和争端解决的措施步骤。根据协定的规定，WTO成立了服务贸易理事会，负责协定的执行。

(资料来源：百度文库)

13.3.2 《服务贸易总协定》的一般性义务和具体承诺义务

1. 一般性义务

一般性义务适用于《服务贸易总协定》缔约国所有服务部门，不论缔约国是否开放这些部门，都同样具有约束力。一般性义务包括最惠国待遇、透明度、发展中国家更多参与、经济一体化等。这是《服务贸易总协定》的核心部分之一，主要有最惠国待遇原则、国民待遇原则、透明度原则、对发展中国家的特殊优惠原则。

(1) 最惠国待遇

与《关税与贸易总协定》第一条最惠国待遇类似，原则上也是无条件最惠国待遇原则，而对某些国际协议予以例外处理。但是，GATS中的最惠国待遇不仅适用于服务本身，而且还包括服务的提供者。这一点与调整货物贸易的"1994年关税及贸易总协定"(GATT 1994)所规定的最惠国待遇是不同的。GATT 1994的最惠国待遇只涉及其他成员方的产品，而不涉及产品的提供者。由于服务贸易的特殊性使得服务与服务的提供者不可分离。GATS也规定了最惠国待遇责任的若干例外与免除，也就是说，WTO成员在特定情况下，经WTO允许可以对最惠国待遇实行暂时的例外，即暂时在某些特定的服务领域，WTO成员间可以不履行最惠国待遇的义务。例如在基础电信、金融服务和海运服务方面，在其他成员方市场遇到市场关闭的情况下，已经放宽市场准入的成员方可以提出最惠国待遇的登记免除。

(2) 透明度

GATS法律框架下的"透明度义务"，是指任何成员，除非在紧急情况下，应立即并最迟在其生效前，公布所有有关或影响GATS执行的相关措施。GATS成员也应公布其签署参加的有关或影响GATS的国际协议。GATS透明度义务要求各成员国应至少一年一度地对本国新法规或现存法规的修改作出说明介绍，并对其他成员国的询问作出迅速的答复。此外，任何成员方如认为某一些成员采取的措施影响GATS的实施，可通知服务贸易理事会。

(3) 发展中国家更多参与

此条款有三层含义:① 有关成员应作出具体承诺以促进发展中国家国内服务能力、效率和竞争性的增强;促进其对技术的有关信息的获取;增加产品在市场准入方面的自由度。② 发达国家应在《服务贸易总协定》生效后的两年内建立"联系点",以使发展中国家的服务提供者更易获取有关服务供给的商业和技术方面的信息,有关登记、认可和获取专业认证方面的信息,服务技术的供给方面的信息。③ 对最不发达国家予以特殊优惠,准许这些国家不必作出具体的开放服务市场方面的承诺,直到其国内服务业具有竞争力。

(4) 经济一体化

经济一体化规定了成员方实施无歧视待遇的义务,要求在服务贸易总协定中安排具有实质性意义的部门的减让和在成员方之间实质性地消除所有歧视。该款规定,在履行GATS条款下可接受的条件方面,发展中国家享有灵活性。

2. 具体承诺义务

具体承诺义务即缔约方承担的特定义务,是必须经过双边或多边谈判达成协议后承担的义务,且只适用于缔约方承诺开放的服务部门,包括市场准入和国民待遇。

(1) 市场准入

根据《服务贸易总协定》第十六条"市场准入"条款的规定:① 任何缔约方都应向提供服务的另一缔约方开放其本国市场。双方还应按照有关部门范围及条款规定精神,就条件、限制、和计划安排达成一致;② 任何缔约方给予外国服务及服务提供者市场准入的待遇,应不少于其承担义务计划安排内的待遇。

市场准入原则旨在通过增强各国对外贸易体制的透明度,减少和取消关税、数量限制和其他各种强制性限制市场进入的非关税壁垒,以及通过各国对外开放本国服务业市场所作出的具体承诺,切实改善各缔约方市场准入的条件,使各国在一定期限内逐步放宽服务业市场开放的领域。市场准入是国家对市场基本的、初始的干预,是政府管理市场、干预经济的制度安排,是国家意志干预市场的表现,是国家管理经济职能的组成部分。自然人的民事权利能力和行为能力是天赋的,法律给以普遍的、一般的确认,而自然人、法人和其他组织从事经济活动的权利能力和行为能力是由法律特别确认的,必须通过一定的程序获得,如登记、许可。

(2) 国民待遇原则

"国民待遇"(National Treatment),根据《服务贸易总协定》第十七条"国民待遇"条款,"一参加方,在相同的环境下,给予其他参加方的服务业务及服务提供者在所有法律、规章、行政管理等方面的待遇应不低于其国内服务业和提供者,"这是针对歧视性国内政策的,这种待遇不是自动给予的,而是经过谈判减让的结果,具体反映在承诺单中。承诺单可以对国民待遇规定某种条件和限制,这种待遇只适应于承诺开放的部门。

本章小结

服务是对其他经济单位的个人、商品或服务增加价值,并主要以活动形式表现的使用价值或效用。WTO关于服务贸易的权威性定义,虽未提及"国际",但就多边协议的性质而言,适用于世贸组织成员,属于国际服务贸易范畴。乌拉圭回合谈判 1994 年 4 月签订的《服务贸易总协定》对服务贸易作了如下定义:服务贸易是指跨越国界进行服务交易的商业活动,即服务提供者从一国境内向他国境内,通过商业或自然人的商业现场向消费者提供服务并取得外汇报酬的一种交易行为。这个定义已被各国所普遍认同。

当代国际服务贸易发展呈现出的特点有:① 服务贸易在国际贸易中的比重加大;② 国际服务贸易的范围不断扩展;③ 国际服务贸易在国际间发展不平衡;④ 各国对国际服务贸易的重视和研究在加强。

《服务贸易总协定》由三大部分组成:《服务贸易总协定》条款本身,部门协议,各国的市场准入承诺单。

基本概念

服务　国际服务贸易　过境服务　境外消费　商业存在　自然人流动

复习思考题

一、单选题

1. 以下服务中不属于国际服务贸易范围的是(　　)。
   A. 境外消费　B. 政府当局为履行职能所提供的服务
   C. 商业存在　D. 自然人流动
2. 服务贸易标的物通常按(　　)作价。
   A. 生产成本加合理利润
   B. 服务提供者的成本
   C. 服务交换过程的实现给服务进口者带来的潜在经济利益
   D. 生产成本
3. 大部分服务贸易要求服务提供者与(　　)物理接近。
   A. 生产者　B. 消费者　C. 经营者　D. 管理者
4. 服务贸易通常不涉及服务(　　)的转让。
   A. 所有权　B. 使用权　C. 所有权与使用权　D. 以上都不对
5. 影响国际服务贸易的主要因素是(　　)。
   A. 关税壁垒　B. 非关税壁垒　C. 国内立法　D. 国际法
6. 当今世界最大的服务贸易国是(　　)。
   A. 英国　B. 德国　C. 美国　D. 日本
7. 下列(　　)属于 GATS 条款中所规定的一般承诺义务。
   A. 最惠国待遇和市场准入　B. 市场准入和透明度原则
   C. 最惠国待遇和透明度原则　D. 最惠国待遇和国民待遇
8. 按《服务贸易总协定》的解释,国际服务贸易不包括(　　)。

A. 国际旅游 B. 国际经济援助 C. 国际租赁 D. 国际咨询

9. 许多国家,特别是发达国家直接通过电信网向境外提供服务,如《服务贸易总协定》对服务贸易的定义中第一类的( )就是该类服务。

A. 过境交付 B. 消费者移动 C. 商业存在 D. 人员移动

10. 在服务贸易总协定中最惠国待遇属于( )。

A. 承诺义务 B. 豁免义务 C. 一般义务 D. 例外

二、多选题

1. 世贸组织《服务贸易总协定》按服务的传输形式分,将服务贸易定义为( )。

A. 商品过境 B. 过境交付 C. 境外消费

D. 商业性存在 E. 自然人流动

2. 发达国家在目前国际服务贸易中比较优势体现在( )。

A. 劳动密集型服务 B. 资本密集型服务 C. 知识密集型服务

D. 合作生产

E. 要素密集型服务

3. 国际技术贸易的方式有( )。

A. 许可证贸易 B. 国际承包劳务合作 C. 咨询服务和技术服务

D. 合作生产 E. 旅游

4. 国际技术贸易中使用的许可证协议大体包括( )。

A. 独占许可证协议 B. 排他性许可证协议 C. 分许可证协议

D. 交叉许可证协议 E. 普通许可证协议

5. 国际技术贸易的标的物主要是( )。

A. 专利 B. 商标 C. 专有技术

D. 资本 E. 国际承包

6. 传统国际工程承包市场有( )。

A. 西欧各国 B. 北美 C. 非洲 D. 东南亚 E. 中东

三、判断题

1. 无形贸易的范围比服务贸易的范围小。 ( )

2. 服务贸易可以不跨越国境实现,而商品贸易一般要跨越国境才能实现。 ( )

3. 创新型服务产品具有独创性、扩散性,因此,其产品的价值量是由生产该项产品的社会必要劳动时间决定的。 ( )

4. 在保证保险中,投保人是合同的债权人,在信用保险中,投保人是合同的债务人。 ( )

5. 绝大多数教育服务产品存在搭便车的问题,如广播电视服务产品。 ( )

6. 教育服务产品在消费上具有一定的价格排他性。 ( )

7. GATS 对服务贸易的定义中不包括政府服务。 ( )

8. WTO 服务贸易统计范围是居民与非居民之间的服务交易。 ( )

9. H 指数值越大,说明企业间市场份额的差距越小,表明市场的集中度越低。 ( )

10.《服务贸易总协定》明确规定,“政府为履行职能所提供的服务”也属于国际服务贸

易的对象。　(　)

四、简答题

1. 服务主要有哪些特征?
2. 服务业与第三产业有什么区别?
3. 什么是 FAT 的内向统计和 FAT 的外向统计? FAT 统计有什么特点?
4. 现代服务贸易迅速发展的原因有哪些?

五、论述题

1. 论述中国服务业发展水平的国际比较,谈谈你的见解。
2. 内容不健康的服务有价值吗?

六、案例分析

韩国和葡萄牙的金融服务贸易市场开放改革分别失败和成功的案例

不成功的案例

韩国的金融业自由化改革始自 20 世纪 80 年代,实质性的发展时期在 1990～1997 年间,1998 年的亚洲金融危机后,韩国加速了其金融业自由化的改革过程。

金融危机前,韩国没有明确定过境交付金融服务市场开放政策,其过境交付金融服务市场开放仅仅是资本账户自由化行动的一个副产品。

20 世纪 90 年代初期,韩国推行资本账户自由化的主要政策立场是鼓励资本进入,限制资本流出。为此,在渐进、部分的资本账户自由化改革下,仅仅容许企业和金融机构的过境交付金融服务贸易,而不允许个体居民的过境交付金融服务贸易,而且相比之下,银行在与外国客户交易方面享有更大的自由。1991 年,允许企业和金融机构在海外发行证券;1995 年,允许企业海外借款;整个 90 年代,与贸易相关的短期融资相对自由,对进口的延期付款和出口的预付款几乎没有什么限制。

为吸引外资,与 1991 年取消了对外资银行较高资本要求的限制,允许大量外国银行进入本国市场;1992 年,允许外国证券公司进入韩国市场(仅允许建立分公司);1993 年,通过放松利率管制、取消信用限额要求的 5 年金融自由化规划。

韩国部分和渐进的金融自由化改革推迟了政府对金融业中存在的结构虚弱和市场扭曲等问题的解决;同时,谨慎规制改革严重滞后,透明度和市场纪律甚为虚弱,使金融监管政策未能保证对自由化引起的挑战及时处理;对银行海外借款的放松和对个体居民过境交付金融服务贸易的限制是通过银行的海外借款急剧争夺的。外债的过度规模加上由于金融服务贸易市场开放改革缓慢而导致的金融体系虚弱最终使得韩国没有逃过弥漫亚洲的金融危机。

成功的案例

葡萄牙在 1983～1993 年间,成功地实施了金融自由化改革。首先,80 年代的宏观经济失衡现象为金融业自由化改革提供了良好的契机,银行体系被逐步的对内、对外开放;银行提供服务的范围也被逐步加宽。1986 年,在葡萄牙加入欧盟组织后,资本移动和过境交付金融服务贸易也逐步对外开放。到 20 世纪 90 年代早期,资本控制被完全取消,过境交付金融服务贸易市场开放改革也获得了成功。与此同时,对金融自由化改革也在同步进行:一方面,逐渐放松了对银行业和货币体系的管制,国有银行被私有化;另一方面,也加强了对银行的风险管理。

葡萄牙金融服务贸易市场开放的主要特征，一是改革实施在国家成为欧盟组织成员之时，这使得改革的政治压力减弱；同时，其他欧盟成员国的改革过程也为葡萄牙改革次序、步骤的选择，特别是谨慎规制的强化提供了宝贵的经验。二是资本账户和过境交付金融服务贸易的开放发生在国内市场竞争机制已经形成之后。

根据上述资料，结合所学内容，对韩国和葡萄牙的金融服务贸易市场开放改革作简要分析。

第 14 章　国际技术贸易

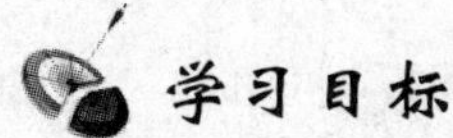

学习目标

1. 掌握国际技术贸易的特点、形式及内容；
2. 了解专利、商标、专有技术等不同技术贸易标的物的交易特点；
3. 熟悉许可证、特许经营、技术服务、国际合作生产等技术贸易方式；
4. 掌握总包、分包、转包、联合承包等国际工程承包的基本形式。

14.1　国际技术贸易概述

14.1.1　国际技术贸易的概念

1. 技术的基本概念

技术是指人类在认识自然、改造自然的反复实践中所积累起来的有关生产劳动的经验和知识，也泛指其他操作方面的技能、技巧。技术包括产品、工艺方法和服务三方面的知识，可以以书面或非书面形式存在，并存在于生产、管理、销售、金融、财会和科学研究等各个领域。

技术的特点主要包括：① 无形性。技术相对于有形资产而言，是非物质的、无形的；② 系统性。技术是一整套知识和经验，并且是一个动态的系统工程；③ 可实施性。技术必须能够实施，并且是能产生经济效益的知识；④ 可传授性。技术是可以传授的，无法传授的专门技艺都不是技术；⑤ 商业性。除已进入公共领域的共有技术外，技术是一种私有财产，可以作为“商品”在技术市场上进行交易。

2. 国际技术贸易的含义

国际技术贸易是国际技术转让的主要形式之一。国际技术转让是技术供应方将某种技术，通过一定的形式跨国界转让给技术的接受方使用的一种行为。跨国界有两层含义，一是技术转让双方当事人不在同一国内；二是被转让的技术必须是跨国界而传递的。

国际技术转让主要有两种形式，一种是无偿的、非商业性的技术转移，主要是与学术交流、技术信息传递和技术人员交往相关。通过国际间无偿转让形式取得的技术一般是不完整的,往往不能达到经济目的。因此,现代技术转移绝大部分采用的是另一种形式,即有偿的、商业性的技术转让。

国际技术贸易即指有偿的、商业性的国际技术转移,是指在不同国家的政府机构、企业或个人之间,按照商业条件签订技术协议或合同,进行有偿的技术转让。一般情况是,一国的技术供给方向另一国的技术需求方提供所需的技术,承担某些义务,并从需求方取得一定的报酬。

3. 国际技术贸易的特点

国际技术贸易是以技术作为交易内容,在国际间发生的交换行为,必然遵循商品交换的一般规律。但是,由于技术这类商品有自己的特点,在某些方面不同于物质商品,因此,技术贸易也不同于一般的商品贸易,形成了相对独立的世界技术市场,技术贸易与一般商品贸易有以下区别。

(1) 贸易标的内容不同

一般商品贸易的标的物是各种具体的物质产品。国际技术贸易是一种以无形的技术知识,即知识产权作为贸易标的物进入市场并进行转让的贸易活动。技术贸易的标的物主要是专利、商标和专用技术。

(2) 贸易标的物的形态不同

一般商品贸易是有形贸易,是看得见摸得着的物质产品,而技术贸易则是无形贸易,无法称量也难以检验其质量,不能以大小轻重来衡量。因为技术革新、创造发明可能是一个数学公式、一项原理、一项设计,可以写在纸上,也可以记录在录音带上,但是,文字和录音只是技术的载体,可以表示技术的内容,并不是技术本身。

(3) 贸易标的物的使用权和所有权不同

商品所有权是指对商品的占有、使用、收益处分的权利。技术贸易是技术所有方或供应方在一定条件下将技术贸易的标的物的使用权转让给接受方使用,但是,技术的所有权并没有转移给技术的接受方。技术的接受方只能取得技术标的物的使用权,而不能取得技术标的物的所有权。因此,技术贸易原则是一种标的物的所有权和使用权相分离的贸易。商品贸易中,商品的使用权和所有权同时转让,卖方失去对商品的所有权和使用权,卖方无权继续支配和使用该商品。

(4) 贸易双方当事人的关系不同

国际技术贸易双方当事人签订的技术转让合同的履约期一般较长,通常是5～7年,最长可达10年。在合同期内双方当事人在转让和技术使用方面,结成了长期的技术合作和技术限制、反限制的关系。与此不同的是商品贸易合同的履约期通常较短,商品贸易双方当事人不存在技术合同中的那种合作与技术限制、反限制的关系。

(5) 贸易条件不同

一般商品贸易条件比较简单。而技术贸易的条件非常复杂,包括转移什么技术,专利使用范围,承担什么义务和责任等。由于技术市场本质上是卖方市场,一般来说,技术引进方总是处于较被动的地位,特别是当今各国都重视科学技术进步对经济发展的作用,采用新技术速度快,需求量大,使世界技术贸易的卖方市场特征更加明显,技术供给方常常利用提供新技术附带一些限制性条款。

(6) 贸易标的物作价原则存在差异

在国际技术贸易中,技术的接受方一般采用利润分成方式进行技术贸易标的物的作价原则,即利润越大,则技术使用费越高;反之,利润越小,则技术使用费越低。商品贸易标的物的价格制定通常在商品成本基础上加上一定数量的利润,与利润的高低并不一定成正比。

(7) 贸易所涉及的法律上存在差异

国际技术贸易涉及的法律,除了适用于各国货物买卖法、合同法外,更要受工业产权法、专利权法、商标法等国际保护知识产权的公约或法律管辖。商品贸易合同则主要适用于各国货物买卖法、合同法、国际货物销售公约等。因此,国际技术贸易所涉及的法律、公约较之商品贸易合同更加广泛、更为复杂。

14.1.2　国际技术贸易的产生和发展

国际技术贸易大致经历三个阶段,即原始的技术转让、中世纪的技术转让以及现代的技术贸易。

在远古时代并没有国家的存在,因此技术转让只是部落之间通过地域迁移而实现的。当时模仿是传播知识和技术的唯一方式,并且由于生产力发展水平的限制,这一时期的技术转让活动是简单而又偶然的,因而此时的技术转让对社会经济发展影响不大。

中世纪的技术转让历史悠久,最早可以追溯到公元 6 世纪左右。18 世纪以前的技术转让并非现代意义上的技术贸易,一方面表现为手段落后,国际间的技术转让主要依靠工匠传播技能而不是许可权转让;另一方面表现为传播时间较长,当时一国的先进技术若想传到另一国,需要上百年的时间方可实现。然而 18 世纪初至 19 世纪中叶的英国工业革命改变了这一局面。英国工业革命使世界经济、科学技术有了很大的进步,航海等通信技术得到大力的发展,大大推动了国际间技术的转让。

现代意义的技术贸易从 19 世纪 20 年代末展开,伴随着资本主义商品经济的发展而逐步发展起来的。19 世纪以来,随着西方各国技术发展加快和技术发明数量的增多,绝大多数国家都建立了以鼓励发明创造为宗旨的保护发明者权利的专利制度。专利制度的诞生,是国际技术贸易产生的重要前提。第二次世界大战以后,科学技术在经济发展中的作用日益重要,国际间经济竞争实际上表现为技术上的竞争。因此,技术作为一种特殊的商品成为贸易的重要对象,国际技术贸易额不断增加。20 世纪 60 年代中期国际技术贸易额每年约为 30 亿美元,70 年代中期增至 100 多亿美元,80 年代中期增至 500 多亿美元,1990 年已达 1000 多亿美元,1995 年达到 2500 亿美元,到了 2005 年国际技术贸易总额突破以万亿美元,短短 40 年时间增长了 300 多倍。

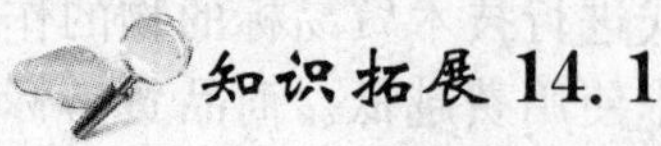

知识拓展 14.1

我国技术进出口贸易的发展概况

我国的技术进口贸易的发展概况

(1) 第一阶段(1950～1978 年),中国以许可贸易、顾问咨询、技术服务、合作生产等方式引进技术共 845 项,合同总金额 119.72 亿美元。这个阶段,中国技术引进和设备进口工作的主要特点是:① 以进口成套设备、新建大型企业为主,这些约占技术引进项目与合同总金额的 90%以上;② 主要是使用中央外汇和政府间的记账贸易,基本上没有利用外资。

(2) 第二阶段(1979 年至今),20 世纪 80 年代以后,中国的技术进口开始走上了正轨,90 年代进入迅速发展时期。这一阶段,中国共引进技术 3 万多项,合同总金额达到 1500 多亿美元。技术引进大大加快了中国企业的技术改造,推动了中国的技术进步,填补了中国一些行业的技术空白,缩短了与发达国家之间的技术差距。

与第一阶段相比,第二阶段的中国技术引进工作具有如下特点:① 技术引进的方式灵活多样。随着我国综合国力的提高,我国已基本上改变了过去单一的成套设备进口的方式,更多的是通过技术转让、技术许可、合作生产、顾问咨询、技术服务、关键设备等方式进口技术。② 技术引进的来源更加广泛。中国引进技术和设备的来源由改革开放初期的十几个国家扩大到五十多个国家和地区,主要集中在日本、加拿大、德国、美国、俄罗斯、英国、法国、瑞典、意大利等国家。③ 技术进口的资金来源不断拓宽。政府贷款、专项外汇、商业贷款、企业自筹、国际金融组织贷款、出口信贷、合作生产、租赁、补偿贸易、中外合资以及外商直接投资等资金渠道和合作方式已在技术引进中广为采用;④ 技术进口的法规日趋完善。

我国的技术进口贸易的发展概况

新中国成立后一个很长时期,中国的对外技术贸易是只进口不出口的单向流动局面。改革开放以后,从 20 世纪 80 年代初起,中国开始技术出口,90 年代以后发展迅速。技术出口占外贸总额的比重从 1991 年的 1.78%升至 1997 年的 3.02%。2000～2002 年,中国共向 52 个国家和地区出口技术和成套设备,签订技术出口合同 2233 项,合同总金额 1514 亿美元。

30 年来,中国技术出口发展的特点主要表现为:① 技术出口的国别和地区范围逐渐扩大。② 技术出口的行业和范围不断拓宽。1980 年,我国技术出口仅限于冶金、农机和化工 3 个行业,到 21 世纪初,已扩大到机械、电力、建材、轻工、船舶、航空、电子、能源、纺织、交通通信、卫星发射、工程设计、生物医疗、计算机信息服务等近 20 个行业。③ 技术出口方式灵活多样,有技术许可、技术服务、合作生产、高技术产品、关键设备、成套设备、大型设备等多种技术出口方式。④ 技术出口带动了国产成套设备的出口。

中国的技术出口规模虽然逐步扩大,但与西方发达国家相比仍有较大的差距,技术出口市场还不够广泛，许多市场还有待开发；技术出口的增长速度慢于技术进口的增长速度，导致了我国对外技术贸易的逆差不断扩大。总的来看，我国技术出口还处于较低水平，但已具备了一定规模，并显示出快速增长的发展趋势。

（资料来源：百度文库）

14.1.3　国际技术贸易发展的特点

1. 发达国家在国际技术贸易中占据绝对优势

长期以来，国际技术贸易活动主要集中在发达国家之间进行，贸易额占国际技术贸易额的 80%以上，而且相对集中在美国、德国、日本、英国和法国等少数几个国家，这 5 个国家的技术贸易额占发达国家技术贸易额的 90%以上。

2. 发达国家的跨国公司控制了国际技术贸易的较大份额

长期以来，跨国公司控制了相当份额的国际技术贸易，发达国家的 500 家大型跨国公司垄断了工业发达国家 90%的生产技术和 75%的国际技术贸易。跨国公司按照其全球战略进行海外投资，在形成规模经济的基础上将其产品销售纳入世界市场销售网，直接构成全球经济的一部分。此外，跨国公司已经把对发展中国家单纯的资本输出改变为以技术输出带动资本输出和商品输出。

3. 软件技术在国际技术贸易中的比重日益提高

20 世纪 80 年代以前，国际技术贸易主要是通过引进和输出先进设备等硬件来进行，以软件为交易对象的交易较少，进口国往往是以购买设备等硬件为主要目的，兼买软件。80 年代以后，以许可贸易形式进行的软件交易占据主导地位，进口国往往为了购买某项专利或专有技术而附带进口一些设备。尤其是发达国家间的技术贸易，软件技术的转让已占其技术贸易的 80%以上。近年来，发展中国家开始注重技术引进的效益，减少硬件技术的引进，软件技术正逐渐成为其技术引进的主要标的。

4. 技术输出和产品输出、资本输出结合愈加密切

随着国际交往方式的增多，技术转让与其他形式的国际交往、合作在更大范围内融合渗透。部分技术拥有者放弃单纯的技术买卖，开始从事产业贸易，或将技术作为投资入股或合资办厂的投入要素，以参与技术产业效益的分享作技术补偿，部分技术拥有者在提供技术时也提供资金贷款，或在提供资金贷款时限定接受方购买其技术。这样，纯粹的技术买卖关系扩展为以技术产品为中心的复合型国际经济合作。

14.2 国际技术贸易的内容

14.2.1 专利

1. 专利的含义

专利(Patent)是由一国政府主管部门根据发明人的申请,认为其发明符合法律规定的条件,而在一定时期内授予发明人的一种专利权,并予以法律的保护。专利权证明该项发明已获得法律上的独占权,即此项专利发明通常只能在专利持有人的授权下,其他人才能利用(制造、使用、销售、进口)。专利保护的期限一般为15～20年。

各国专利法中所指的专利包括:发明专利、实用新型专利、工业品外观设计专利。

① 发明专利是以发明为保护对象的专利。发明是对一种技术问题的新的解决方案。这种新的解决方案是人类在认识世界掌握自然规律的基础上,利用科学技术改造世界的产物。发明包括两种:产品发明,即制造的各种新产品;方法发明,即使一种物质在质量上发生变化成为一种新物质的发明。

② 实用新型专利是指对产品的形状、构造或两者结合所作出的革新方案。这种类型的发明创造性较低,审批手续简单、快捷,保护期也较短,一般在10年以内,此类发明虽小,但实用价值大,经济效益也较高,有的国家称为“二级专利”。

③ 工业品外观设计专利是指对物的形状、图案、色彩或其结合所作出的富有美感并能应用于工业的新设计,只涉及商品外表或形态,通常不涉及产品制造和设计要求。

2. 专利的特点

专利是一种无形的财产权,具有与其他财产权不同的特征,即专利具有独占性、无形性、地域性、时间性和实施性。

① 独占性也称专有性或排他性,专利权人在专利的有效期内享有专有权,即独家占有权。同一发明在一定的地域范围内,其专利权只能授予一个发明者,做出同一发明的其他人不能获得同一发明内容的专利权。发明人被授予专利权后,其在一定时期内享有独立制造、使用和销售权,其他人如欲使用,必须征得专利人的同意,否则属于侵权行为。

② 无形性是指专利权是一种无形资产权。专利权是无形的,因而是不可计量的。

③ 地域性是指专利只有在法律管辖区域内有效,受法律保护。但同一发明可以在两个或两个以上的国家申请专利,获得批准后便可以在有关国家受到法律的保护。

④ 时间性是指专利只有在法律规定的有效期限内才有效、才存在。专利有效期结束后,发明人所享有的专利权便自动丧失,一般不能续展,发明便成为社会公共的财富,其他人可以自由地使用该发明制造产品。

⑤ 实施性是指对发明者所得到的专利权,除美国等少数几个国家以外,大多数国家都

要求专利人在给予保护的国家内实施某专利权，即利用专利技术制造产品或转让其专利。

3. 授予专利权的条件

授予专利权的发明和实用新型，应当具备以下三个主要条件。

① 新颖性。是指在申请日以前没有同样的发明或者实用新型在国内外出版物上公开发表过、在国内公开使用过或者以其他方式为公众所知，也没有同样的发明或者实用新型由他人向国务院专利行政部门提出过申请并且记载在申请日以后公布的专利申请文件中。

② 创造性。是指同申请日以前已有的技术相比，该发明有突出的实质性特点和显著的进步，该实用新型有实质性特点和进步。

③ 实用性。是指该发明或者实用新型能够制造或者使用，并且能够产生积极效果。授予专利权的外观设计，应当同申请日以前在国内外出版物上公开发表过或者国内公开使用过的外观设计不相同和不相近似，并不得与他人在先取得的合法权利相冲突。

小思考 14.1

为解决世界能源危机，科技人员试图搞出一些发明创造，但都未获成功。科研人员李某提出了一种从未有人提出过的设想：如能在太阳和地球之间建立一个直径为 1 万公里的圆壳体，就可以将太阳的能量反射到地球上，这样，地球的能量将会增加 100 亿倍，能源危机问题就会得到解决。请问，李某的这一设想是否是可以获得专利权？为什么？

14.2.1　商标

1. 商标的含义

商标(Trade Mark)是工商企业为使本企业生产或经营的商品受到法律保护，用有色泽的文字、图形、记号或其相结合而构成的标明在商品上面的一种特定标志。

商标权是商标的使用者向主管部门依法申请、经主管部门核准所授予的商标专用权，也称商标专利权，受《商标法》的保护，经注册核准的商标，是商标所有人的财产。

2. 商标的特点

商标权也是一种工业产权，他人未经许可不得在同种或同类商品上使用与注册商标相同或近似的商标，否则就是侵权行为。商标权具有独占性、时间性、地域性的特点。

① 独占性是指商标是其所有人的财产，所有人对其享有排他的使用权，并受到法律保护，其他人不得使用。

② 时间性是指商标的保护是有时间限制的，一般为 7 年，中国为 10 年。但与专利不同的是，在商标保护期满以后，可以申请续展，而且续展次数不限。商标权所有人在按期交纳

费用并按期办理续展手续的前提下，可以永远保持商标的所有权。

③ 地域性是指商标权的所有人，只有在授予该商标的国家境内受到保护。如果想在其他国家得到同样的保护，商标所有人必须依法在其他国家申请注册，才能得到当地法律的保护。

3. 商标的注册原则

根据各国《商标法》的规定，必须由商标使用人提出书面申请，并交纳申请费。商标申请经主管部门批准后，才予以登记注册，授予商标权。各国对商标权的规定大致有三种原则：

① 使用在先原则。是指商标的所有权归属于首先使用的申请人，而不管其是否办理了商标注册手续，只要存在着首先使用的事实，法律就予以承认和保护。

② 注册在先原则。是指商标权属于先注册的申请人。注册后取得的权利压倒其他人的权利，包括商标的最先使用人。

③ 混合原则，又称无异议注册原则。即在法定期限内对已注册无人提出异议的原则。这一原则实际上是上述两种原则的折中。按照这一原则，商标权原则上授予先注册人，但先使用的人可以在规定的期限内提出异议，请求撤销。超过规定的期限无人提出异议，则商标权属于先注册人。如在规定的期限内，先使用人提出异议，并且异议成立，已经授予先注册人的商标权即被撤销，而授予先使用人。

目前大多数国家采用的是注册在先原则，我国的商标法也采用这一原则。

14.2.3　专有技术

1. 专有技术的含义

专有技术(Know-How)即 Know how to do something 的简称，又称为技术秘密、技术诀窍等，现在统称为专有技术。专有技术是指从事生产活动所必需的未向社会公开的秘密技术知识、工艺流程、设计方案和实践经验等。

在法律意义上，专有技术必须具备三个条件：① 其整体或其确切结构和内容组合是秘密的、非通常从事该信息领域工作的人们所普遍了解或容易获得的。② 是秘密的，具有商业价值。③ 其合法拥有者已按照实际情况采取了合理措施对其予以保密。

2. 专有技术的特点

专有技术不像专利技术那样经过法律的认可而得到保护，它是一种非法定的权利。其特征如下：

① 实用性。由于专有技术具有商品的属性，价值和使用价值，因而专有技术具有实用性。人们可以把专有技术用于实践中，并获得经济效益。专有技术可以在国际市场上有偿转让和许可使用。

② 秘密性。专有技术是不公开的、未经法律授权的秘密技术。专有技术的所有者只能依靠自身的保护措施来维持其技术的专有权，专有技术一旦为公众所知，便成为公开的技

术，从而丧失其商业价值。

③ 可传授性。专有技术作为一种技术必须能以言传身教或以图纸、配方、数据等形式传授给他人。不可传授的生理性技能等不属于专有技术。

④ 非专有性。在特定的时期、国家或地区内，同一专有技术的所有人可能不止一个，因为法律并不排斥他人对自己开发出来的相同技术的所有权。即只要是自己的智力成果，并以合理的措施予以保密，同一项专有技术可能有两个或两个以上的所有人。

⑤ 无时效性。专有技术无法律限定的有效期限，只有其所有人愿意并实施保密，他便可长期地拥有该项专有技术。典型的例子是可口可乐的配方已历时百年。

⑥ 无地域性。专有技术无法定的地域限制。国际贸易和国内贸易是任何国家发展国民经济必不可少的重要手段。两者在性质上和业务上，既有共同之处又各具特点，既有区别又存在着密切的联系。

14.3 国际技术贸易的方式

国际技术贸易的标的物是知识产权，一般只涉及使用权的转让，技术所有权并不随着使用权的转让而转移。目前，最常见的国际技术贸易方式有许可证贸易、技术服务、国际合作生产、国际工程承包等。

14.3.1 许可证贸易

1. 许可证贸易的含义

许可证贸易(Licensing Trade)是国际技术贸易中最常见、使用最广的交易方式。许可证贸易又称许可贸易，是指知识产权或专有技术是所有人作为技术许可方(Licensor)与技术接受方(Licensee)签订许可证合同或协议，许可方允许被许可人取得许可人所拥有的专利、商标或专有技术的使用权并得到相应的技术，被许可方则需支付技术使用费及其他报酬并承担保守技术秘密等义务。

许可证贸易的标的物可以包括专利技术、商标和专有技术三方面中的一项、两项或全部项目。

2. 国际许可证协议的主要类型

(1) 独占许可证协议

即技术的接受方在协议有效期内在特定地区内对许可证协议规定的技术拥有独占的使用权；同时技术的许可方不得在该地区使用该技术制造和销售商品，更不能把该技术又再授予该地区的任何第三方。正因为如此，技术的接受方付出或支付的技术转让费也就更高。

(2) 排他性许可证协议

即技术的许可方和接受方在许可证协议有效期内在特定地区对许可证协议项下的技术

都有使用权，许可方不得将此种权利给予该地区的任何第三方，不得与第三方签订该技术的许可协议。但是排他性许可证协议与独占许可证协议相比较，接受方所付的使用费也相对较低。

(3) 普通许可证协议

技术接受方在许可证协议项下在规定的地区内使用所转让的技术，但对许可方无任何限制，它仍可以在该地区使用或转让该技术的使用权给任何第三方。

(4) 从属许可证协议

是指技术被许可方将其得到的权利再转让给第三方的交易方式。出让从属许可的企业大部分是跨国公司的子公司或其驻外机构，这些跨国公司由于某些原因不能直接出让许可给第三者，就将技术出让给其子公司或海外机构，然后再由这些子公司与第三者签订从属许可技术贸易合同。

(5) 交叉许可证协议

技术许可方和被许可方双方将各自拥有的专利权、商标权和专有技术使用权提供给对方使用，其实质是双方以价值基本相等的技术，在互利互惠的基础上，交换技术的使用权。互换许可一般是在特定条件下采用的，如合作生产、合作设计、共同研究开发等项目中通常会用到这种方式。互换贸易的交易双方更多的是合作关系，而不是单纯的买卖关系。

14.3.2 特许经营

1. 特许经营的含义

特许经营(Franchising)是最近二三十年迅速发展起来的一种新型技术贸易方式，它是指由一家已经取得商业成功的企业(特许方)，将其商标、商号名称、专利、专有技术、服务标志和经营模式等授予另一家企业(被特许方)使用。被特许方用特许方的商业名称经营业务，遵循特许方制定的方针和程序。同时，特许方有义务不断地对被特许方的经营提供资金、技术、商业秘密、人员培训或管理等方面的援助和支持；而特许方从被特许方处得到连续提成费或其他形式的补偿，一般称此为特许费。

特许经营合同是一种长期合同，它可以适用于商业和服务行业，也可以适用于工业。

2. 特许经营的特点

各个使用同一商号名称的特许专营企业并不是由一个企业主经营的，被授权人的企业不是授权人的分支机构或子公司，也不是各个独立企业的自由联合。它们都是独立经营、自负盈亏的企业。授予人不保证被授人企业一定能获得利润，对其企业的盈亏也不负责任。

14.3.3 技术咨询

1. 技术咨询的含义

技术咨询(Technology Consulting)也称技术协助,是国际上广泛采用的一种技术贸易方式,由服务方以自己的技术知识为另一方提供有偿服务,以解决生产中的某个技术问题,如提供工厂的设计、布局、设备清单和说明、产品或生产工艺的资料及销售指南等。

技术咨询的内容包括咨询服务和工程服务两个部分。咨询服务的主要项目有市场估计、产品诊断、产品设计、投资分析、原料供应、建议厂址、选择技术等。工程服务主要是工厂项目设计、设备器材的供应以及提供工程建设和生产指导。

技术咨询服务是通过签订技术咨询合同来进行的,提出合同标的要求并付款的一方为委托方,提供特定技术项目成果的一方为被委托方,即顾问方。技术咨询合同标的的内容广泛,包括有关科学技术与经济、社会发展的软科学研究项目及专业性技术项目。在技术咨询合同履行过程中,委托方要向顾问方提供技术资料、工作条件;顾问方以其专门的知识、信息、技能、经验,运用科学方法和先进手段,通过调查研究,写出技术咨询合同,提出建议和最佳的或几种可供选择的方案,供委托方决策时参考。通常,提供技术咨询的顾问方为科研机构、大专院校,而委托方通常是国家有关机构、职能部门和生产企业。

2. 技术咨询的特点

(1) 技术咨询的内容很广泛

技术咨询的内容有项目的可行性研究、效益分析、工程设计、施工、监督、设备的订购、竣工验收等。

(2) 技术咨询有利于技术落后的国家找到性价比较高的技术

一些技术比较落后的国家,由于科技力量不足或对解决某些技术课题缺少经验,聘请外国工程咨询公司提供咨询服务,可以避免走弯路或浪费资金。这是因为咨询公司掌握丰富的知识、经验和技术情报,可以帮助委托方选择先进适用的技术,找到可靠的技术出让方,用比较合理的价格购到较好质量的机器设备等。委托方接受技术咨询要支付咨询费,但由于咨询而节约的资金远远超过支付的咨询费,因而总的来说,技术咨询对委托方仍然是有利的。

(3) 技术咨询的专业化程度比较高

在国际上,技术咨询大多由行业团体进行。目前,在发达国家大都有咨询工程师协会或联合会等,在许多发展中国家也有相当数量的咨询公司。

简单来说,技术咨询合同的内容主要包括:合同的标的;服务的要求及形式;双方的责任;咨询报告的验收和处理;其他条款。

14.3.4 国际合作生产

1. 国际合作生产的含义

国际合作生产是指分属不同国家的企业根据签订的合作生产合同，由一方提供有关生产技术或各方提供不同的有关生产技术，共同生产某种合同产品，并在生产过程中实现国际技术转让的一种经济合作方式。这种方式多用于机器制造业，特别是在制造某些复杂的机器时，引进方为了逐步掌握所引进的技术，且能尽快地生产出产品，需要和许可方在一个时期内建立合作生产关系，按照许可方提供的统一技术标准和设计进行生产，引进方在合作过程中达到掌握先进技术的目的。这种合作生产的方式常常和许可证贸易结合进行。有时合作双方可以共同研究、共同设计、共同确定零部件的规格型号，双方互相提供技术，取长补短。利用国际合作生产来引进国外的先进技术，已成为各国的普遍做法。

2. 国际合作生产的特点

① 合作生产涉及多方当事人。

② 合作生产的各方当事人的权利、义务关系主要表现在交换技术、提供劳务和生产成果上。

③ 合作生产是双方生产或多方生产，分别核算。

3. 国际合作生产的主要形式

① 合作当事人分别生产不同的部件，由一方或双方装配成完整的成品出售。

② 由技术较强的一方提供关键部件和图纸，并在其指导下，由较弱的一方生产次要部件，并组装成完整产品，在本国市场或国际市场销售。

③ 由一方提供生产或设备，按各自的专业分工制造某种零部件、配套件或生产某种产品。在这种合作方式下，技术与设备按技术转让办法和买卖关系处理。

14.3.5 国际合作开发

1. 国际合作开发的含义

国际合作开发是指不同国家的两个以上的自然人、法人或其他组织，为完成一定的研究开发工作，如就新技术、新产品、新工艺或者新材料及其系统的研究与开发，由当事人各方共同投资、共同参与研究开发活动、共同承担研究开发风险并共同分享研究开发成果。

2. 国际合作开发的特点

① 共同投资是合作开发的一个重要特征。

② 合作开发的合作各方既可以约定共同进行全部的研究开发工作，也可以按照合同约定进行分工研究开发。

③ 由于合作开发方式是由当事人共同投资、共同参与研究开发工作，所以合作各方必须积极协作配合研究开发工作的顺利进行，最终实现合同的预定目标。

14.3.5　国际工程承包

国际工程承包(International Contracting for Construction)也是国际技术贸易的一种方式。国际工程承包是通过国际间的招标、投标、议标、评标、定标等程序，由具有法人地位的承包人与发包人按一定的条件签订承包合同，承包人提供技术、管理、材料、组织工程项目的实施，并按时、按质、按量完成工程项目的建设，经验收合格后交付发包人的一项系统工程。工程承包项目多是大型建设项目，一般都伴随着技术转让。在施工过程中，承包商将使用最新的工艺和技术，并采购一些国家的先进设备，有些项目还涉及操作人员的技术培训、生产运行中的技术指导以及专利和专有技术的转让。目前，国际上流行的交钥匙工程和 BOT 建设方式中技术转让的内容十分广泛，许多国家都希望通过国际工程承包来改善本国基础设施条件和推动本国企业技术改造。

1. 国际工程承包的含义

国际工程承包是指个人或企业，在国际承包市场上通过投标、接受委托或其他途径承揽国际组织、外国政府或私人业主的工程建设项目、物资采购及其他方面的承包业务，是一种涉及资金、技术、设备、劳务等多方面内容的综合性国际经济合作形式。国际工程承包的主要业务包括：建筑项目的咨询、可行性研究；项目地址选择、勘测和动力的提供；工程施工、设备安装和调试；人员培训；项目建成后的生产组织和指导；专项物资采购和各类经营管理等活动。

2. 国际工程承包的特点

国际工程承包是一种综合性的国际交易活动，是国际经济合作的一个重要组成部分，其主要特点有：

(1) 交易内容和程序复杂

由于国际工程承包和劳务合作涉及的面比较广，程序复杂，从经济和法律等方面来看，比一般商品贸易和一般经济合作的要求高得多。在技术上，包括勘探、设计、建筑、施工、设备制造和安装、操作使用、产品生产；在经济上，包括商品贸易、资金信贷、技术转让、招标与投标、项目管理等；在法律上，既要遵循国际惯例，又要熟悉东道国法律、法规、税收等；此外，派出人员还必须了解东道国的风俗习惯，才能签订一个平等互利并能顺利实施的工程承包项目。

(2) 工程营建时间长、风险大

一项承包工程劳务合作项目，从投标及接受委托到工程完成，一般要经过很长的时间，项目金额一般在几百万美元以上，有的甚至高达几十亿美元。在国际政治经济形势多变，有些国家又经常发生政府更迭或政策变动的情况下，承包人承担的风险很大。此外，投标承包项目，投标人的报价必须是实盘，一经报出，不得撤回，如果要撤回，不但投入的费用无法收回，而且投标保证金也将被没收。因此，承包人必须量力而行，认真研究，慎之又慎。

(3) 政府的支持和影响

国际工程承包是一种综合性的交易，许多国家政府都直接开设公司或支持本国的工程承包公司开展这方面的业务，并采取措施使本国的承包公司从单纯的劳务输出向承包工程发展，从小型项目到大型项目发展，从劳动密集型项目向技术密集型项目发展。许多外国公司利用自身先进技术和高水平管理的有利条件，与东道国的承包公司进行联合，以期在该国项目竞标中获取优势。

(4) 国际工程承包涉及面广

虽然国际工程承包的当事人是业主和承包人，但在项目实施过程中，却要涉及多方面的关系。例如，业主方面涉及聘用的咨询公司、建筑工程师；承包人方面涉及合伙人或分包商、各类设备和材料供应商等。此外，工程承包还涉及银行、保险公司一类的担保人或关系人。规模大、技术复杂的大型工程项目可能有多个国家的承包商共同承包，所涉及的关系更为复杂。因此，对业主和承包人来说，要使工程项目顺利完成，必须有处理好各种复杂关系的能力。

(5) 国际工程承包履约具有连续性

国际工程承包履约具有渐进性和连续性。在工程承包中，施工过程就是履约过程。在整个施工期间，对工程的质量，承包人始终承担责任，并根据合同不断接受业主的检查直至最后确认。

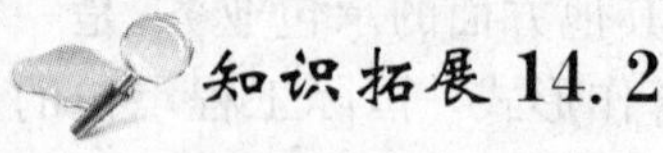
知识拓展 14.2

BOT 方式

BOT (Build-Operate-Transfer)即建设-经营-转让，是指政府通过契约授予私营企业(包括外国企业)以一定期限的特许专营权，许可其融资建设和经营特定的公用基础设施，并准许其通过向用户收取费用或出售产品以清偿贷款，回收投资并赚取利润；特许权期限届满时，该基础设施无偿移交给政府。

BOT 是政府吸引非官方资本家如基础设施的一种投资、融资方式，是一国利用外资引进大型工业技术和进行基础设施建设的一种较新的、有效的国际经济技术合作方式。它是国际经济技术合作发展到一定阶段的产物。其运行特征是：政府与非官方资本签订项目特许权经营协议，将基础设施项目的建设和投产后的一定时间内的经营权交给非官方资本组建的投资机构，由该投资机构自行筹集资金进行项目建设和经营，在特许经营期内非官方投资机构收回项目建设成本，并取得合理利润，经营期满后将该基础设施无偿移交给政府。

由于 BOT 方式在基础设施建设方面具有巨大的优越性，因而它在世界各国都得到了迅猛发展。

(资料来源：百度百科)

3. 国际工程承包的基本形式

在国际工程承包项目中，工程承包公司由于某些条件的限制通常需要与其他承包公司合作，发挥横向联合的优势，因此形成多种承包合作方式，常见的有以下几种。

(1) 总包与分包

总包(Main Contract)是指由一个承包人将业主的某项工程单独全部承包下来，既包工又包料，保证质量，按期完工，对业主完全负责。这种一揽子的承包工程，在国际上也叫"交钥匙"工程。分包(Sub-Contract)又称二包，是指总承包人将自己所承包工程项目的一部分施工、设备供应、安装或其他工作转包给其他的承包商。分包人同业主之间不存在直接的权利义务关系，而是对总承包人负责。

(2) 分项工程承包又称分主包

分主包是指将整个工程分为若干部分，分别交由若干个承包人承建。分项工程承包人都直接与业主签订合同，向业主负责。业主可以将工程按全部数量分成几个部分包出去，如房屋按基础结构、水电、室内装饰等进行分包。

(3) 转包

转包(Assignment Contract)是中标公司将承包权转让给另一家公司的行为，中标公司向其转包公司收取转包费，双方根据需要可以另订其他合作条件。

(4) 联合承包

联合承包(United Contract)是指同一国籍或不同国籍的两家以上的公司以合同方式组成联营或合营公司，共同参加某项工程项目的承包人资格审查、投标，中标后共同签约承建工程项目。联合承包时，几个公司共同向业主承担责任，但就联合承包人的内部而言，在履约过程中各自负责内部协议所规定的责任范围，有比较独立的分工。联合承包人在工程结束后一般即解散。近年来，由于国际工程承包项目向高技术领域的发展，有的规模十分巨大，单独一家公司难以完成，因此，联合承包方式逐渐盛行起来。

4. 国际工程承包的基本程序

国际工程承包是一项涉及经济、技术、法律等方面的综合性劳务贸易。它具有合同金额大、周期长、风险大等特点。因而，在进行国际工程承包时，必须做好充分的准备，还要具备高水平的技术条件及管理经验。进行这项工程的基本程序如下：

① 广泛的收集招标信息，并对项目所在国进行各项调查。

② 准备好报送的详细预审资料。

③ 深入研究招标文件并参加标前会议。

④ 正确确定报价水平。

⑤ 评价、中标后签订承包合同。

14.3.6 补偿贸易

1. 补偿贸易的含义

补偿贸易(Compensation Trade)是指一方(技术设备出口方)提供机器设备、生产技术、原材料或劳务,在一定时期内,技术设备进口方用出口方提供的设备、技术、原材料或劳务所生产出来的产品,或双方商定的其他商品或劳务分期清偿出口方提供设备和技术的价款及利息。补偿贸易实质上是技术设备出口方把设备、技术等以贷款的方式给进口方,而进口方在一定期限内以产品分期偿付贷款的一种贸易方式。

早期的补偿贸易主要用于兴建大型工业企业。如当时前苏联从日本引进价值 8.6 亿美元的采矿设备,以 1 亿吨煤偿还;波兰从美国进口价值 4 亿美元的化工设备和技术,以相关工业产品返销抵偿。后期的补偿贸易趋向多样化、不但有大型成套设备,也有中小型项目。我国在 20 世纪 80 年代,曾广泛采用补偿贸易方式引进国外先进技术设备,但规模不大,多为小型项目;近年来外商以设备技术作为直接投资进入我国,故补偿贸易更趋减少。但是,随着我国市场经济的发展,补偿贸易在利用外资、促进销售方面的优越性不容忽视。

2. 补偿贸易的分类

按照偿付标的不同,补偿贸易大体上可分为三类。

(1) 直接产品补偿

即双方在协议中约定,由设备供应方向设备进口方承诺购买一定数量或金额的由该设备直接生产出来的产品。这种做法的局限性在于,它要求生产出来的直接产品及其质量必须是对方所需要的,或者在国际市场上是可销的,否则不易为对方所接受。

(2) 其他产品补偿

当所交易的设备本身并不生产物质产品,或设备所生产的直接产品非对方所需或在国际市场上不好销时,可由双方根据需要和可能进行协商,用回购其他产品来代替。

(3) 劳务补偿

这种做法常见于同来料加工或来件装配相结合的中小型补偿贸易中。具体做法是:双方根据协议,往往由对方代为购进所需的技术、设备,货款由对方垫付。我方按对方要求加工生产后,从应收的工缴费中分期扣还所欠款项。

上述三种做法还可结合使用,即进行综合补偿。有时,根据实际情况的需要,还可以部分用直接产品或其他产品或劳务补偿,部分用现汇支付等等。

3. 补偿贸易的基本形式

补偿贸易的基本形式或种类很多,特别是在我国,补偿贸易的内涵更广,做法更灵活一些。

① 返销(Payback),即直接产品补偿,指以引进的技术、设备生产出来的直接产品作为进口货款的补偿。这种做法有一定的局限性,它要求生产出来的直接产品及其质量必须是

对方所需要的，或者是在国际市场上是可销的，否则不易为对方所接受。

② 回购(Counter Purchase)，回购也称互购或间接补偿，即进口方以某种双方协定的产品作为引进技术、设备的进口货款的补偿，这些产品是非直接相关的产品。

③ 综合补偿贸易，即进口方的补偿产品中，直接产品、间接产品、外汇等兼而有之，抵偿的商品可以直接给供方，也可以给供方事先指定的贸易商。此种补偿贸易方式是前两种方式的派生。

④ 劳务补偿贸易，这种做法常见于同来料加工或来件装配相结合的中小型补偿贸易中。按照这种做法，双方根据协议，往往由对方代买所需的技术、设备，货物由对方垫付，引进方按对方要求加工生产后，从应收的工缴费中分期扣还所欠技术、设备货款。

除此之外，还有其他形式，如双边补偿、多边补偿、卖方信贷补偿、买方信贷补偿、租赁补偿、全部补偿和部分补偿等等。

本 章 小 结

随着国际分工的深化和经济全球化的发展，国际经济技术合作已成为国家间经济交往的重要内容，在国际经济生活中发挥越来越重要的作用。本章主要介绍国际技术贸易的内涵、特点、主要内容及主要形式，需重点掌握专利、商标、专有技术等国际技术贸易的交易内容以及许可经营、特许经营、技术咨询、国际工程承包、国际直接投资、补偿贸易等国际技术贸易形式的涵义、特点等主要内容。

基 本 概 念

技术　技术转让　国际技术贸易　知识产权　专利权　商标　使用在先原则　注册在先原则　无异议注册原则　专有技术　许可证贸易　特许经营技术咨询　国际合作生产　国际合作开发　国际工程承包　总包　分包　分主包　转包　联合承包　补偿贸易

复习思考题

一、单选题

1. 国际技术贸易是(　　)。
   A. 商业性的国际技术转让
   B. 非商业性的国际技术转让
   C. 既包含商业性也包含非商业性的国际技术转让
   D. 既不是商业性也不是非商业性的国际技术转让
2. 国际技术贸易合同的形式应该是(　　)。

A. 任何形式 B. 一般书面形式 C. 口头形式 D. 正式书面形式

3. 商标权的保护期可以续展( )次。

A. 1次 B. 3次 C. 5次 D. 无数次

4. 商标权是一种( )。

A. 专用权 B. 地域权 C. 使用权 D. 合法权

5. 知识产权是一种( )的权利。

A. 无形 B. 非排他性 C. 公有 D. 非独占性

6. 专利权是以技术发明为( )。

A. 前提 B. 对象 C. 目标 D. 基础

7. 当前国际技术市场上的主导力量是( )。

A. 经济组织 B. 公司 C. 自然人 D. 跨国公司

8. 技术咨询的成果的实施由( )负责。

A. 委托方 B. 双方 C. 受托方 D. 第三方

二、多选题

1. 技术的特点包括( )。

A. 无形性 B. 系统性 C. 商业性

D. 可实施性 E. 可传授性

2. 国际技术贸易的"国际性"反映在( )。

A. 当事人处于同一国家 B. 当事人分处于不同国家

C. 当事人属于不同国籍 D. 技术跨越国境转移

3. 发明分为( )。

A. 实用新型 B. 产品发明 C. 方法发明 D. 外观设计

4. 商标权取得的基本原则包括( )。

A. 创新原则 B. 先使用原则 C. 注册在先原则 D. 无异议注册原则

5. 技术咨询委托方的主要责任是( )。

A. 说明咨询的主题、项目背景和有关技术数据

B. 接受工作成果

C. 监督检查

D. 支付约定的咨询费

E. 在受托方实地考察中,应提供必要的协助

6. 技术咨询受托方的主要责任是( )。

A. 按合同规定的时限,完成咨询任务

B. 保证咨询工作的质量

C. 解答委托方提出的问题

D. 通过咨询成果的验收

E. 负责咨询成果的实

三、判断题

1. 国际技术转让是国际技术贸易的主要形式之一。 ( )

2. 商业性的国际技术转让属于无偿的技术转让。（　）

3. 技术贸易往往把无形的技术知识和相关的机器设备结合起来进行。在技术贸易中，前者称为硬件，后者称为软件。（　）

4. 国际技术贸易是技术的供应方在一定条件下，将技术贸易的标的物的使用权和所有权有偿转让给技术接受方的交易行为。（　）

5. 实用新型专利的保护对象必须是具有固定形状的产品，没有固定形状的产品（如液态产品）以及方法发明都不属于实用新型的范畴。（　）

6. 外观设计专利只涉及产品的外表，不涉及制造技术和产品的功能。（　）

四、简答题

1. 简述国际技术贸易与国际商品贸易的区别。

2. 简要说明专有技术与专利的区别与联系。

3. 技术服务与技术咨询的区别表现在哪些方面？

五、论述题

1. 试论述国际技术贸易的方式有哪些。

2. 论述发展我国技术出口的意义与作用。

六、案例分析

1. 浙江省民营企业中国通领科技集团运用知识产权参与国际竞争，在美国本土依法维权，成为第一家在中美知识产权官司中获胜的中国企业。

GFCI（接地故障漏电保护器）产品是美国政府为保护居民人身安全而强制推行的安全装置，在美国拥有年销售量30亿美元的巨大市场。通领科技是全球生产GFCI产品的五家企业之一，作为一家拥有高新技术自主知识产权的外向型企业，通领科技拥有46项专利，其产品全部销往美国、加拿大等北美国家。由于高科技含量远远领先于同行，通领科技在进入美国市场后，引起了行业巨头莱伏顿公司的恐慌。莱伏顿于2004年发起了恶意的专利诉讼，采取了在美国司法界也很罕见的刁蛮的诉讼手段，将通领科技的4家美国经销商的董事、股东以及管理人员的所有私人财产全部诉上法院。面对这种情况，通领科技积极迎战，在付出了高额的诉讼费用，经历了3年多的漫长等待后，通领科技拿到了两份“马克曼命令”，认定通领集团GFCI产品采用的永磁式电磁机构原理的漏电保护技术没有侵犯美国莱伏顿公司的558专利和766专利。2007年7月10日，新墨西哥州地方法院判决通领科技集团的GFCI产品不侵犯莱伏顿公司的专利权。

美国新墨西哥州联邦分区法院布朗宁法官下达判决书，判定中国通领科技集团制造销往美国的GFCI产品，不侵犯莱伏顿公司第6246558号美国专利。目前莱伏顿公司正积极寻求与中国通领科技集团和解。

长达28页的判决书中指出：2007年4月12日，法庭举行了听证会，认为通领科技的器件并没有包含“558”专利权利要求中的相关“复位接触件”和“复位件”等要素，和以等效的方法完成同样功能的相同或等价的结构，因此法庭认定通领科技等被告依法胜诉。

中国通领科技集团与莱伏顿公司的专利纠纷始于3年前。2004年4月，莱伏顿公司以侵犯其第6246558号美国专利为由，分别在美国新墨西哥州等多个地方法院起诉4家中国通领科技集团的重要客户。为维护美国客户的合法权益，陈伍胜率领中国通领科技集团的技术专家专程赴美国参与制定了诉讼的策略，选择新墨西哥州联邦分区法院作为主审法庭。

2005年3月28日，新墨西哥州美国联邦分区法院布朗宁法官主持召开了马克曼听证会。2006年6月，法院下达了对案件结果具有决定性作用的马克曼命令，采纳了通领科技等被告对“558”专利相关权利要求的解释，明确显示了通领科技的产品不侵权莱伏顿公司的专利。

试分析此案例。

2. 2003年1月22日，全球最大的互联网设备制造商思科公司在美国对中国最大的电信设备制造商华为公司提起诉讼，指控华为在多款路由器和交换机中盗用了其IOS(互联网操作系统)源代码，使得源代码中的文字符、文件名以及程序瑕疵都存在相同现象；同时，还指控华为Quidway系列路由器和交换机的技术文件、路由器的命令行接口等软件侵权。2003年3月18日，华为否认剽窃思科的知识产权，并指控思科出于垄断市场的目的诋毁该公司形象。2003年3月20日，华为与美国3COM公司成立合资公司，共同挑战网络市场的领导者思科。2003年6月7日，美地方法院判华为停止使用有争议的代码，但认为思科没有足够证据证明华为抄袭。6月8日，华为宣布停止部分被指侵权产品在美国市场的销售。2003年6月11日，3COM要求法官裁决与华为合资生产的产品没有侵权。2003年10月1日，3COM与思科公司达成初步协议，同意终止对3COM的诉讼，思科对华为的诉讼延期6个月。2004年7月28日，华为、3COM和思科三家公司同时向法院提出了终止上诉的申请，最终思科诉华为侵权案以和解告终。

试分析此案例。

3. 聚风科技开发公司(以下简称聚风公司)欲开发一个农业服务计算机软件。其设计思路是将我国主要农作物病虫害的分类、危害、预防、用药等有关内容编制成专家系统。投资决策作出以后，聚风公司聘请了一个顾问小组对该项目进行技术经济论证。合同条款上载明，顾问小组对“农作物病虫害技术指导专家系统”进行技术经济论证，评估该开发项目所需费用、投资和实施后可取得的技术经济效益，咨询方式为顾问小组对咨询题目提交以分析为主的咨询报告，期限为合同签订后一个月之内。聚风公司的义务为提供充分和必要的资料、数据及有关协作事项，支付咨询活动的一切经费开支和一次性支付报酬1.2万元。上述合同条款均由双方当事人履行完毕。数月后，聚风公司开发的“专家系统”软件方式发表并投放市场，然而因价格较高、难以推广等原因，市场销售情况不好。公司不仅未达到预期的经济效益，而且连开发投资也未能收回。在这种情况下，聚风公司认为其所受到的损失与顾问小组未能预测分析到不利情况有很大关系，顾问小组提交的咨询报告中“报喜多，报忧少”，因而导致该项目草率实施，提出追回已支付的1.2万元咨询报酬。双方争执不下，于是聚风公司向法院提起诉讼，请求顾问小组退还咨询报酬并赔偿其经济损失。

试分析此案例。

参 考 文 献

[1] 托马斯·孟. 英国得自对外贸易的财富[M]. 北京:商务印书馆,1959.

[2] 亚当·斯密. 国民财富的性质和原因的研究[M]. 北京:商务印书馆,1979.

[3] 大卫·李嘉图. 政治经济学及赋税原理[M]. 北京:商务印书馆,1979.

[4] 瓦西里·里昂惕夫. 投入产出经济学[M]. 北京:商务印书馆,1980.

[5] 俄林. 地区间贸易和国际贸易[M]. 北京:商务印书馆,1986.

[6] 小岛清. 对外贸易论[M]. 天津:南开大学出版社,1987.

[7] 约翰·穆勒. 政治经济学原理[M]. 北京:商务印书馆,1996.

[8] 牟瀛,冯晴,胡迟. 世界各国关税制度[M]. 北京:中国大百科全书出版社,1995.

[9] 马歇尔. 经济学原理[M]. 北京:商务印书馆,1997.

[10] 吴家煌. 世界主要国家关税政策与措施[M]. 北京:法律出版社,1998.

[11] 高成兴. 国际贸易政策研究[M]. 北京:中国人民大学出版社,1999.

[12] 王新奎. 国际贸易与国际投资中的利益分配[M]. 上海:上海人民出版社,1999.

[13] 克鲁格曼. 国际经济学[M]. 5 版. 北京:中国人民大学出版社,2002.

[14] 克鲁格曼. 克鲁格曼国际贸易新理论[M]. 北京:中国社会科学出版社,2002.

[15] 迈克尔·波特. 国家竞争优势[M]. 北京:华夏出版社,2002.

[16] 石广生. 中国加入世界贸易组织知识读本[M]. 北京:人民出版社,2002.

[17] 海闻,等. 国际贸易[M]. 上海:上海人民出版社,2002.

[18] 范开石. WTO 与国际贸易惯例实用手册[M]. 北京:对外经济贸易大学出版社,2002.

[19] 陈宪,等. 国际贸易:原理、政策、实务[M]. 2 版. 上海:立信会计出版社,2002.

[20] 薛荣久. 国际贸易系列丛书:世界贸易组织(WTO)教程[M]. 北京:对外经济贸易大学出版社,2003.

[21] 吴建伟. 国际贸易比较优势的定量分析[M]. 上海:上海人民出版社,2004.

[22] 李坤望. 国际经济学[M]. 北京:高等教育出版社,2005.

[23] 张锡嘏. 国际贸易[M]. 北京:对外经济贸易大学出版社,2006.

[24] 刘建明. 国际贸易[M]. 北京:中国财政经济出版社,2006.

[25] 唐春根. 国际贸易[M]. 北京:化学工业出版社,2007.

[26] 严国辉. 国际贸易理论与实务[M]. 北京:对外经济贸易大学出版社,2007.

[27] 王林生. 世界贸易组织百科全书[M]. 北京:中国大百科全书出版社,2007.

[28] 杜学森. 国际贸易概论[M]. 北京:对外经济贸易大学出版社,2007.

[29] 薛荣久. 国际贸易[M]. 北京:对外经济贸易大学出版社,2008.

[30] 张二震,等. 国际贸易学[M]. 南京:南京大学出版社,2009.

[31] 尤宏兵. 国际贸易[M]. 北京:科学出版社,2010.

[32] 陈霜华. 国际服务贸易[M]. 上海:复旦大学出版社,2010.

[33] 刘继森. 世界经济概论[M]. 上海:上海财经大学出版社,2010.

[34] 国务院新闻办公室. 中国的对外贸易(白皮书)[R]. 2011.